윈윈 협상법

Win-Win Negotiation

박호환 최명원 정원준

나무미디어

서문

협상은 우리가 삶을 살아가며 경험하는 많은 순간과 밀접한 관련이 있다. 우리가 일상적 의사 결정을 할 때, 또는 상대방과 의사소통 할 때 각기 다른 수준이지만 협상의 원리가 대부분 적용된다. 친구와 점심 메뉴를 고르는 것부터 연봉 협상, 국제 무역 협정에 이르기까지 협상은 삶의 필수적인 요소다. 그러나 많은 사람들이 협상을 '이기는 것'으로만 인식하거나, 상대를 제압하는 기술로 오해한다. 이는 협상을 절반 정도만 이해하는 편협한 시각이다. 진정한 협상을 위해 우리가 지향할 것은 한쪽의 승리가 다른 쪽의 패배로 이어지는 윈루즈(win-lose)가 아닌, 모두가 만족하는 윈윈(win-win)이다.

「윈윈 협상법」은 이러한 관점에서 협상의 본질을 탐구하고, 실천적 방법론을 제시한다. 이 책은 총 11장으로 구성되어 있으며, 윈윈협상의 기본 개념부터 실전 전략, 그리고 많은 관심을 받고 있는 AI 협상까지 포괄적으로 다룬다.

책의 시작은 '협상이 왜 어려운가'라는 근본적인 질문에서 출발한다. 제1장에서는 협상의 난제와 딜레마를 살펴보고, 윈윈, 절충, 윈루즈, 루즈루즈(lose-lose) 등 다양한 협상 방법과 그 결과를 분석한다. 특히 갈등 해결의 다양한 방식을 소개하며, 대화를 통한 해결의 중요성을 강조한다.

제2장과 제3장은 윈윈협상의 핵심을 다룬다. 겉으로 드러난 요구가 아닌 근본적인 욕구를 파악하고, 협상 이슈와 인간관계를 분리하며, 창의적 대안을 도출하는 등 윈윈협상의 기본 원리를 상세히 설명한다. 실제 협상 현장에서 활용할 수 있는 구체적인 방법론도 함께 제시한다.

제4장은 윈루즈 상황에서 이기는 전략을 다룬다. 때로는 상대방이 윈윈을 거부하고 일방적 승리만을 추구할 수 있다. 이러한 상황에서 우리는 어떻게 대응해야 하는지, 22가지의 구체적인 전술을 함께 설명한다.

제5장부터 제9장까지는 윈윈협상의 성공 요인을 다섯 가지 측면에서 심도 있게 설명한다. 협상가의 역량, 협상전략의 수립, 협상의 진행과 마무리, 상대방 파악, 그리고 협상 상황에 대한 이해가 그것이다. 특히 협상가의 경청과 의사소통 능력, 관계, 신뢰, 감정 조

절, 레버리지와 파워 등 실제 협상에서 결정적 역할을 하는 요소들을 상세히 다룬다.

제10장은 협상 윤리를 다룬다. 협상에서 거짓말과 속임수가 왜 사용되는지, 어떤 결과를 초래하는지, 그리고 이에 어떻게 대처해야 하는지 현실적인 관점에서 접근한다. 윤리적 협상이 단순한 도덕적 당위가 아닌, 장기적 성공을 위한 필수 요소임을 강조한다.

마지막으로 제11장에서는 AI 시대의 협상을 조망한다. 최근 초미의 관심사가 된 AI가 협상에서 어떤 역할을 할 수 있는지, 인간 협상가와는 어떤 보완적 관계를 맺을 수 있는지 분석하고, 미래 협상의 모습을 그려본다.

이 책은 각 장마다 실제 사례와 구체적인 적용 방법을 제시한다. 단순히 이론이나 기법을 나열하지 않고 협상의 본질적 측면과 실용적 측면을 균형 있게 다룬다. 특히 윈윈의 관점에서 협상을 바라보는 올바른 시각을 제시함으로써, 현재 협상 상황에서 어려움을 겪는 일반인부터 협상 전문가에게까지 도움을 줄 것으로 기대한다.

「윈윈 협상법」은 협상을 배우고자 하는 모든 이들을 위한 안내서다. 이 책의 내용을 학생은 학교생활과 취업 과정에서 마주치는 다양한 협상 상황에, 직장인은 업무 현장에서 적용함으로써 각자의 협상력을 높일 수 있다. 더 나아가 일상생활에서 마주 치는 크고 작은 갈등을 윈윈식으로 해결하는 데도 유용한 통찰을 제공한다.

윈윈협상은 더 이상 특별한 상황에서만, 특정인들에게만 필요한 기술이 아니다. 변화하는 시대에 윈윈협상은 누구나 갖춰야 할 필수적인 생존 기술이자, 더 나은 관계를 만들어가는 도구가 되었다. 이 책을 통해 독자들은 윈윈협상에 대한 새로운 시각을 얻고, 윈윈의 가치를 실현하는 방법을 배울 수 있을 것이다. 협상이 이제는 부담스러운 과제가 아닌, 모두가 함께 성장하는 창조적인 과정이 되기를 희망한다.

2025년 2월

박호환 최명원 정원준

목차

제4장 윈루즈에서 이기는 전략_71

제5장 협상가의 역량_102

제8장 상대방 파악_235

제9장 협상 상황_267

1

협상을 잘하려면

I. 협상은 어려운가?

협상엔 王道가 없다. 모든 협상에 적용할 수 있는 최상의 수단은 없다.
상황이나 상대방, 협상 이슈의 성격에 따라 다양한 전략과 전술을 구사해야 한다.
책과 이론은 보조 수단에 불과하고, 실전과 실습이 최고의 훈련 방법이다.
- Richard Shell (2006)

1. 협상이 어렵다고 하는 이유

왜 우리는 협상하기를 싫어하고 협상 테이블에 앉는 것을 두려워할까? 예를 들어, 수박을 살 때 우리는 보통 재래시장에 가기보다 가격이 조금 더 비싸더라도 할인마트에 가는 것을 선호한다. 왜 그럴까? 한편으로는 할인마트의 수박이 더 신선하고 믿을 수 있다고 생각하기 때문이다. 하지만 그 외에도 다른 이유가 있다. 재래시장에서 가격을 깎으려고 애쓰는 것보다 할인마트에서 정해진 가격에 바로 사는 것이 스트레스를 덜 받는다고 생각하기 때문이다.

이처럼 우리는 흥정하고 밀고 당기기보다는 정해진 대로 값을 주고 깔끔하게 원하는 것을 얻고자 희망한다. 그렇다면 왜 우리가 협상을 어려워하고 피하려고 할까? 그 이유를 구체적으로 살펴보면 협상에 대한 오해에서 비롯된다는 점을 알 수 있다. 이러한 오해에는 다음과 같은 것이 있다.

① **'강인함의 신화'**에 물들어 있기 때문이다. '협상할 때는 터프해야 이기고, 협력하면 손해 본다'는 오해가 있다. 하지만 이런 생각은 영화나 드라마에서 나온 허상일 뿐이다. 대부분의 사람은 다른 사람에게 터프하게 대하는 것을 좋아하지 않는다. 다른 사람을 공격하거나 거만하게 행동하는 것을 꺼린다. 그래서 협상할 때 터프하게 상대를 몰아붙여야 한다고 생각하니 협상을 싫어하게 된다. 그런 생각을 갖고 협상하러 나가면 상대에게 기가 죽고, 상대가 세게 나오면 대충 받아들이고 합의해버린다. 그리고 돌아오면서 왜 큰소리를 못 쳤는지 자책하게 된다.

② **'정신력에 대한 환상'**에 사로잡혀 있기 때문이다. 협상할 때는 상대를 설득하고, 상대의 제안을 극복하고, 강한 정신력으로 임해야 한다는 오해가 있다. 하지만 이런 생각도 현실과는 다르다. 실제로 그렇게 강력한 정신력으로 상대를 압도하는 사람은 거의 없다. 최상급의 협상 전문가들도 그렇게 하지 못한다.

③ **'이겨야 한다'**는 강박관념도 협상이 어렵다고 느끼게 한다. 흔히 "협상에서는 무조건 이기기만 하면 된다"는 오해를 많이 한다. 상대를 굴복시키고 더 많은 것을 얻을 수는 있지만, 그렇게 하면 상대와 원수가 될 수 있다. 물론 상대와의 관계가 중요하지 않다면 괜찮겠지만, 상대와의 관계도 중요하다면 무조건 이기는 전략은 최악이다. 협상에서 상대의 입장을 무시하는 사람들은 "왜 사람들이 나를 좋아하지 않지?"라고 의문을 가질 수 있다. 자신이 상대와 협력하지 않고 이익만 챙기려고 하니 상대가 좋아할 리가 없는데 그걸 모른다. 더 큰 문제는 자신의 이런 성향을 모른다는 사실이다. 협상은 '모 아니면 도'가 아니다. 상대에게도 원하는 것을 어느 정도 허용할 때, 협력 관계를 유지할 수 있고 서로 윈윈(win-win)하는 결과를 얻을 수 있다.

요약하면, 우리가 협상하는 것을 두려워하고 협상을 어렵게 받아들이는 이유는 우리가 가진 협상에 대한 오해 때문일 수 있다. 협상을 "터프하게 할 것인가? 아니면 나이스하게 할 것인가?"라는 질문에는 어느 하나가 아니라 "상황에 맞게 선택한다"가 적절한 답이다. 또한 "협력할 것인가(win-win)? 아니면 경쟁할 것인가(win-lose)?"라는 질문도 택일의 문제가 아니라 동시에 추구할 수 있는 문제다. 상대에게 이겨야 한다는 고정관념은 서로에게 이익이 되는 결과를 얻지 못하게 만든다.[1]

2. 협상할 때 주의해야 할 것

협상은 협상 전문가들만 잘할 수 있는 것이 아니다. 협상에 대한 오해를 제거하고, 다음 사항들에 주의하면서 협상을 진행한다면 좋은 성과를 거둘 것이다.

① **서로가 손해를 보는 상황**을 피해야 한다. 협력하면 더 큰 이익을 얻을 수 있었을 텐데, 경쟁만 하다가 둘 다 손해를 보는 경우가 종종 있다.

1 Thompson (2016), p.20 참고

② **'승자의 저주'**를 피해야 한다. 이것은 처음에는 이겼다고 생각했지만, 나중에 돌이켜 보니 손해를 본 경우를 말한다. 너무 쉽게 합의하거나 손익 계산을 잘못했을 때 이런 일이 발생할 수 있다.

③ **협상을 결렬**시키는 것은 가능한 한 피해야 한다. 협상을 결렬시키는 것도 협상전략의 하나이지만 매우 신중해야 한다. 더 좋은 대안이 있을 때만 선택해야지, 습관적으로 결렬시키는 것은 매우 좋지 않다.

④ **만능의 협상 기술은 없다.** 특정 상황이나 상대방에 맞는 특별한 협상 기술이 있다고 생각하지 말아야 한다. 대신 협상의 기본 원칙과 기술을 잘 익혀두는 것이 중요하다. 기본만 잘 알면 대부분의 상황에서 활용할 수 있고 기본을 바탕으로 특별한 상황에서도 응용할 수 있다.

⑤ **협상 상대에 대한 고정관념**을 가져서는 안된다. 예를 들면, 사업가나 영업직 직원이라고 금전적인 것만 우선시할 것이라고 생각하는 것은 좋지 않다. 이들도 돈보다는 협상에서 얻는 만족을 중요하게 생각한다. 관계, 체면, 주변 사람들의 시선도 중요한 요소다. 이를 잘 고려하면 상대방의 협력을 더 잘 이끌어낼수 있다.

⑥ **서로의 속마음**을 드러내야 서로 이익이 된다. 나의 속마음을 끝까지 감추는 것은 결코 서로에게 도움이 되지 않는다. 협상에서 자신의 속마음을 드러내지 않으려는 경우가 많지만, 내가 감추면 상대도 속마음을 드러내지 않는다. 적절한 시점에서는 나의 의도를 드러내고, 상대방도 그렇게 할 수 있도록 하는 것이 서로에게 유익하다.

⑦ **자기중심주의**를 피한다. 자기중심주의는 세상을 자기중심으로 해석하고 행동하는 사고방식을 의미한다. 이러한 사람은 상대방의 입장을 고려하지 않고, 자신의 인식과 해석이 전부라고 믿는다.[2] 협상에서는 상대방과의 대화를 통해 문제를 해결하는 것이 중요한데, 자기중심적 사고를 가진 사람은 이런 것을 무시하고 자신의 요구나 결론만을 강조한다. 이들은 자신의 제안이 매우 합리적이라고 믿기 때문에, 상대방이 이를 반박하거나 역제안을 할 경우 불쾌감을 느끼고, 심지어 협상을 중단하기도 한다.

⑧ **협상을 피하지 말자.** 재래시장에 가서 장을 보지 않고 수퍼마켓이나 마트에 가서 비싼 값에 장을 보는 이유는 무엇일까? 물건의 질이나 서비스 때문이라고 할 수 있겠

2 자기중심주의의 생각이 잘 드러나는 예는 미국국가안전위원회에서 발표한 보고서에 나온다. 고속도로의 교통사고 1/4이 운전 중 전화나 문자 교환에 기인한다. 그러나 사고를 낸 운전자들 대부분은 "나만은 그렇게 해도 괜찮겠지"라고 생각했다고 한다. (김성환, 김중근, 홍석우 역(2020)에서 재인용)

지만 재래시장에서 흥정하고 값을 깎는 일 자체가 부담스럽기 때문이다. 다른 사람을 설득하고 자신의 요구를 관철시키는 것에 크게 부담을 느끼지 않는 사람도 있지만, 그 반대인 사람도 많다. 협상이 싫은 사람도 연습과 경험이 쌓이면 훌륭한 협상가가 될 수 있다.

⑨ **작은 성과에도 쉽게 만족**하면 안 된다. 일부 협상인들은 약간의 이득만 보일 것 같으면 서둘러 합의를 해버리는 경향이 있다. 협상 자체를 불편해하거나, 상대를 만나는 것을 두려워하는 사람들이 이런 조급한 행동을 보인다. 더 좋은 대안을 찾으려는 노력을 하지 않으면, 양측 모두 더 많은 것을 얻을 기회를 놓칠 수 있다. 협상에서 중요한 것은 충분한 시간을 갖고 밀고 당기기를 통해 최선의 결과를 도출하는 것이다.

⑩ **과신효과를 경계하자.** 과신효과(overconfidence effect)는 자신의 주관적 판단이 객관적 사실보다 더 확실하다고 믿는 오류를 가리킨다. 흔히 좋은 일이 발생할 확률이 실제보다 더 크다고 믿고, 나쁜 일이 생길 확률은 실제보다 더 낮게 본다. 협상에서는 자신이 이길 확률이나 상대가 양보나 굴복할 확률을 실제보다 더 높게 보고 낙관한다. 그래서 사전 준비를 게을리하고 상대를 과소평가한다. 그런데 의외로 상대가 세게 나오면 갑자기 겁먹고 도망갈 생각을 하게 된다.

⑪ **이익을 내야 한다**는 생각을 버리자. 협상에서는 딸 때도 있지만 잃을 때도 많다. 이런 사실을 간과하고 항상 이익을 내야 한다고 믿기 때문에 유연하게 접근하지 못하고 양보와 협력은 손해 보는 일이라고 절대 안 하려고 한다. "유능한 협상가는 잡초 같은 협상가여야 한다."라는 말이 있는데, 손실에 익숙해야 하고 끈기와 인내심을 발휘할 수 있는 협상가를 의미한다. 이런 사람이 결과적으로 더 많은 성과를 거둔다. 또 "승패는 병가상사(勝敗兵家常事)"라는 말처럼, 이기고 지는 것은 전쟁에서 흔한 일이니, 진 것에 너무 연연하지 말고 그 후를 대비하는 자세가 필요하다.[3]

⑫ **자신의 한계를 넘을 수 있는 실력**을 키우자. 자신의 무능력이나 부족함을 냉정하게 인식하고, 이를 개선하려는 노력은 많은 사람들에게 부담스러운 일일 수 있다. 그러나 유능한 협상가로 성장하려면 자신의 능력과 기술을 객관적으로 평가하고, 부족한 부분을 보완하기 위한 노력이 필요하다. 자신을 개선하지 않으면 협상에서 반복적인 실수를 하게 되고, 실패를 상대방이나 환경의 탓으로 돌리게 된다. 자기개발

3 『당서(唐書)』의 배도전(裵度傳)에 나오는 말로 당의 헌종이 전쟁에서 지고 온 배도에게 한 말 "一勝一敗兵家常事"에서 유래하였다.

을 통해 부족한 부분을 보완하는 것이 성공적인 협상가가 되는 길이다.[4]

3. 협상할 때 겪는 딜레마

협상하다 보면 딜레마에 빠져 어려움을 겪기도 한다. 이런 딜레마는 협상을 진행할 때 우리를 당황케 한다. 협상 과정에서 겪을 수 있는 몇 가지 딜레마와 그로 인한 어려움을 살펴보자.[5]

① 협상 상대가 **아군인지 적군인지** 헷갈리는 경우가 있다. 예를 들어, 아는 사람이 소유한 아파트를 사려고 할 때, 아는 사람이라서 저렴하게 구매할 수 있을지, 아니면 오히려 가격을 깎기 어려울지 고민하게 된다.

② 서로 교환하는 **정보**가 신뢰할 만한지 판단하기 어려운 경우가 있다. 정보를 주고받을 때, 그것이 진실인지 기만하는 것인지 알기 어렵다.

③ 상대방과 **협력할지 경쟁할지** 고민스러울 때가 많다. 상대방의 성격과 협상전략을 알아야 선택할 수 있을 텐데 잘 모르면 선택이 어려워진다.

④ 해결책을 **상대와 함께** 만들지, 아니면 **혼자 해결**하는 것이 더 나을지 고민하게 된다. 협상 마무리 단계에서는 서로 의논하면서 해결책을 만드는 것이 좋다. 하지만 상대의 술수에 말려들 수 있기 때문에 주의가 필요하다.

⑤ **분배 기준**을 서로에게 공정한 것으로 할지, 아니면 내게 유리한 것으로 할지 판단이 서지 않는 경우도 있다. 예를 들어, 함께 거둔 1,000만 원의 수익을 나누어야 할 때, 공정한 기준은 기여도에 따라 나누는 것이지만 내게 유리한 것은 절반씩 나눈 것이라면 어느 것을 주장할지 고민에 빠진다.

⑥ 협상이 **주변 상황**에 영향을 받고 있는지, 아니면 독자적으로 진행해도 되는지 판단해야 하는 경우가 있다. 예를 들어, 노동조합과의 협상에서 상급단체의 영향을 많이 받는다면 별도의 대책이 필요하다.

---

4 대학생들에게 자신의 학기말 성적을 예상해보라고 하자 상대평가를 하고 있음에도 불구하고 자신의 석차를 40~50%p 높게 예상하고 있었고, 심지어 하위 12%에 위치한 학생은 자신이 60% 순위 이내에 들어갈 것이라고 예상하였다. (김성환, 김중근, 홍석우 역 (2020)에서 재인용)

5 김동규 역 (2019) pp.26~29 참고.

⑦ **주도권**을 내가 가져야 할지, 상대와 함께 나누는 것이 더 나을지 고민해야 하는 경우가 있다. 협상을 하다 보면 주도권을 가지고 싶지만, 상대도 같은 생각을 할 것이다. 주도권을 어떻게 가져가야 할지, 또는 협력할 것인지 판단이 필요하다.

이러한 딜레마는 협상에서 흔히 접하는 상황이지만, 많은 사람들이 협상할 때 이에 대한 분명한 해법을 가지고 있지 않다. 오히려, 이러한 딜레마 때문에 협상이 어렵다고 느낄 수 있다. 이 책은 협상 과정에서 겪을 수 있는 다양한 딜레마를 깊이 있게 다루며, 합리적인 판단을 바탕으로 협상에 대한 두려움을 해소하고 협상에 대한 역량을 키워줄 것이다.

협상에 올바르게 접근하기 위해서 우선 협상이 다른 사람과 이해관계가 충돌하여 생긴 갈등을 해결하는 한 방법이라는 것을 기억해야 한다. 갈등은 피할 수 없으며 갈등을 잘 해결하는 것은 매우 중요하다.

다음 장에서는 협상 이외의 갈등을 해결하는 방법들을 알아보고, 협상을 진행할 때 얻을 수 있는 장점과 본서에서 강조하는 **윈윈**(win-win) 협상의 방법에 대해서 구체적으로 논의한다. 그리고 윈윈이 아닌 **절충**(compromise), **윈루즈**(win-lose), **루즈루즈**(lose-lose)의 방법에 대해서도 설명한다.

Ⅱ. 윈윈, 절충, 윈루즈, 루즈루즈

1. 윈윈

우리가 흔히 윈윈(win-win)이라고 부르는 협상 방식은 무엇이고 어떻게 하는 것일까? 아래 그림을 보며 이해해보자.

가. 윈윈의 의미

예를 들어, 퇴근 후 집에 들어갔을 때 큰아이와 작은아이가 귤 하나를 두고 서로 가지겠다고 싸우고 있다고 하자. 이 갈등 상황을 어떻게 해결할 수 있을까? 가장 흔한 방법은 귤을 반으로 잘라서 각자에게 반씩 나눠주는 것이다.

(출처) ChatGPT 그림

하지만 이렇게 귤을 나눠주는 것이 윈윈일까? 두 아이가 반이라도 가질 수 있으니 윈윈이라고 생각할 수도 있고, 귤을 똑같이 나누어 가졌기 때문에 상대적으로 불만이 적어 윈윈이라고 볼 수도 있겠다. 반면, 큰아이가 동생보다 더 많이 갖고 싶었는데 절반밖에 얻지 못했기 때문에 윈윈이 아니라고 생각할 수도 있다. 결론부터 말하면 그 어느 것도 윈윈에 해당되지 않는다.

윈윈은 글자 그대로 '**나도 win, 너도 win**'을 의미한다. 즉, 서로가 원하는 것을 모두 갖는 것이 윈윈이다. 위 예에서 윈윈이 되려면 큰애도 귤 하나 전부를, 동생도 귤 하나를 전부 가져야 한다. 한쪽이 양보를 하고 상대가 더 많이 차지하거나, 한쪽이 강압적으로 더 많이 빼앗아가거나 상대가 그만큼 포기하는 것은 윈윈이 아니다.

윈윈의 의미와 관련하여 많이 사람들이 갖는 의문이 있다. 예를 들어, "협상을 진행하다 상대에게 어느 정도 양보를 해야 합의를 할 수 있겠다 싶어서 본인이 감당할 수 있는 정도만큼 양보하고 합의를 할 수 있었다면, 그것도 윈윈인가?" 그리고 "그런 식으로 양보한 덕분에 타협을 했으니 다행이고 만족한다고 생각한다면 더더욱 윈윈이라고 볼 수 있지 않을까?" 하는 것이다. 이런 의문에 대한 답을 알기 위해서는 윈윈의 본질을 살펴볼 필요가 있다.

윈윈은 당사자가 모두 원하는 것을 얻어가는 것으로, 쉽게 윈윈을 이해하기 위해서 윈윈이 아닌 것을 먼저 살펴봐야 한다. 양보나 포기를 기반으로 하는 합의는 윈윈이라고 보지 않는다. 물론 협상을 진행하며 상대의 말을 듣다 보면 양보도 하고 처음에 가졌던 욕구와 목표는 변할 수 있다. 윈윈이라고 하여 협상 초기에 가졌던 목표와 욕구를 그대로 성취한다는 의미는 아니다. 상대방과 진솔한 대화를 하고 그 결과 수정된 욕구와 목표가 정해졌다면 그것을 성취하는 것도 윈윈이다. 즉, 합의하는 단계에서 서로 원하는 바를 얻었다면 일단 윈윈으로 봐야 한다.

하지만, 서로 원하는 바를 반씩 양보하여 절충하거나, 둘 다 이득을 볼 수 있는 다른 해법이 있음에도 불구하고 그것을 놓쳤다면 윈윈이 아니다. 또한 한 쪽이 상대를 속여서 더 많은 이익을 가져가고, 상대는 그런 줄 모르고 둘 다 만족하는 결과를 얻었다고 믿는다면 그것도 윈윈이라고 볼 수 없다. 즉, 서로가 모두 만족하는 결과를 얻기 위해 **여러 방법을 모두 동원해서 최선의 해법을 찾았다면** 그때 윈윈이라고 한다.

윈윈을 하기 위해서는 다음 두 가지 상황이 충족되어야 한다.

① **서로 진솔한 대화를 통해 상대가 진짜 원하는 바를 정확히 알아야 한다.**
② **상대와 함께 의논하면서 해결책을 찾아내야 한다.**

이런 의미에서 윈윈을 영미권에서는 '**문제해결**(problem solving)'이라고도 부른다.[6] 윈윈을 하려면 서로 머리를 맞대고 최선의 해법을 찾아가야 하는데 그 과정이 문제해결하는 과정과 닮았기 때문에 그렇게 부른다. 즉, 윈윈하는 과정을 보면 협상이나 흥정하

6 영어 problem solving을 우리나라 번역가들이 직역하여 '문제해결'이라고 번역하는 바람에 그것이 윈윈을 의미한다는 것을 알아채지 못하게 하고 있다. 문맥에 따라 윈윈으로 번역하는 것이 더 정확하면 그렇게 해야 한다.

는 단계를 넘어 둘이 함께 의논하고 검토하는 단계로 발전하게 된다.

결론적으로, 상대방의 진짜 속마음과 욕구를 모른 상태에서 상대의 입장과 요구 수준만 듣고 내 입장에서 '적당하다'고 생각되는 양보를 하고 타협하는 것은 윈윈이 아니라고 할 수 있다. 왜냐하면, 나는 '적당한 양보'를 했다고 여기겠지만 상대방은 '횡재'했다고 볼 수 있기 때문이다. 또, 내가 협상 기술에 미숙하여 선불리 양보했다거나 상대방의 속임수나 허세에 넘어갔을 수도 있다.

협상 TIP 귤을 정확히 반으로 쪼개는 방법

위의 귤을 나누는 사례에서, 부모 입장에서 가장 곤혹스러운 것은 귤을 정확히 반으로 쪼개야 한다는 점이다. 그렇지 않으면 아이들이 부모의 공정성에 의문을 갖게 되기 때문이다. 그런데 귤을 정확히 쪼개는 방법을 매우 어렵고 현실적으로 불가능한 일일지 모른다.

이런 곤혹스러운 상황에서 타개하는 방법은 본인이 나서지 말고 뒤로 빠지는 것이다. 방법은 큰아이에게 칼을 주면서 이렇게 말하는 것이다. "네가 잘라라. 그런데 먼저 집어가는 것은 작은아이가 한다." 그러면 큰아이는 아마 한참 동안 그 귤을 정확히 반으로 나누기 위해 애를 쓸 것이다.

나. 윈윈하는 기본 방법

윈윈을 이루는 것은 말처럼 쉽지 않다. 양측이 모두 원하는 것을 얻는 방법을 찾는 것이 간단하지 않기 때문이다. 예를 들어, 앞서 말한 귤 사례에서, 어떻게 큰아이에게도 귤 하나를 모두 주고, 작은아이에게도 귤 하나를 모두 줄 수 있을까? 윈윈을 실현하는 가장 기본적인 방법 세 가지를 먼저 살펴보고자 한다. 더 구체적인 방법은 다른 장에서 자세히 설명한다.

① 속마음(interest)의 파악

윈윈을 이루기 위해서는 먼저 상대방이 진정으로 원하는 것이 무엇인지 알아야 한다. 귤 사례에서, 두 아이가 싸우고 있다고 해서 곧바로 "둘 다 귤을 먹으려고 하는구나"라고 단정 짓지 말고, 왜 귤을 가지려 하는지 물어보는 것이 가장 중요한 첫 단계이다. 선입견을 버리고 상대방의 속마음을 물어봐야 진짜 속마음을 알 수 있다.

② 파이(pie) 키우기

만약 상대방이 원하는 것이 나와 동일하다면, 서로의 이해관계가 직접적으로 충돌하는 상황이다. 이때는 '파이 키우기'와 '양보-보상주기' 방법으로 윈윈할 수 있다. 먼저 '파이 키우기'는 주어진 자원(파이)을 나눠 갖지 말고, 자원을 더 늘려서 각자가 원하는 만큼을 가져가는 방법이다. 예를 들어, 두 아이가 모두 귤을 먹고 싶어 한다면, '파이 키우기' 전략으로 귤을 하나 더 가져와서 하나씩 주는 방법이 있다.

③ 양보-보상주기

그런데 귤이 집에 더 있어야 '파이 키우기'가 가능할 텐데, 없다면 어떻게 할 것인가? 그때는 '양보-보상주기' 방법을 쓴다. 예를 들어, 큰아이에게 "귤을 동생에게 양보해라. 그러면 좀 이따 마트에 가서 귤을 사다 네가 원하는 것보다 더 많이 줄게", 또는 "지금 양보하면 네가 원하는 다른 것(예: 게임 시간 연장)을 해줄게"라고 제안하는 것이다.[7]

④ 속마음 통합하기

'파이 키우기'와 '양보-보상주기'는 당사자 모두 동일한 것을 원할 때 윈윈하는 방법이고, 서로 다른 것을 원할 때는 '속마음 통합하기'를 쓸 수 있다. 서로가 다른 것을 원하므로 이해충돌이 없는 상태이고, 따라서 해야 할 것은 서로 원하는 것을 모두 충족시킬 수 있는 새로운(창의적인) 해결책을 찾아내는 것이다. 위의 귤 사례에서, 만약 큰아이는 내일 학교에서 귤껍질로 귤차 만드는 실습을 하기 때문에 껍질이 필요하다고 하고, 작은아이는 먹으려고 한다면, 서로 다른 욕구를 가지고 있으므로 둘의 욕구를 동시에 충족시켜주는 해결책을 찾으면 된다. 결국 귤을 까서 큰아이에게는 껍질 전부를, 동생에게는 속 모두를 주면 윈윈이 된다.

이상을 요약하면, 윈윈하는 방법은 ① 양측의 속마음과 이해관계를 파악하고, ② 둘 다 동일한 것을 원한다면, '파이 키우기'나 '양보-보상주기'를 사용하고 ③ 만약 둘이 서로 다른 것을 원한다면, 둘 다 만족할 수 있는 새로운 해결책을 찾아낸다.

7 사실 '파이 키우기'나 '양보-보상주기'는 갈등 해결을 위해 우리가 흔히 사용하는 방법이다. 다만 그것을 윈윈이라고 부르지 않았을 뿐이다.

그림 1-1 원윈의 기본 방법

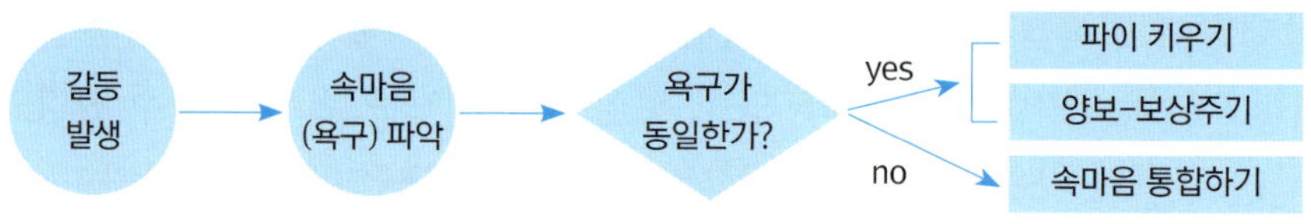

다. 원윈의 번역

영어 win-win에 적합한 **한국어 단어가 없다**. "너도 좋고 나도 좋고"가 가장 적합한 말이긴 하지만, 이것은 단어가 아니다. 윈윈에 해당되는 우리 말이 없다는 것은 5,000년 역사를 자랑하는 우리나라 사람들이 그동안 윈윈을 하지 않고 살아왔다는 것을 의미한다. 윈윈을 우리가 일상생활에서 잘 활용해왔다면 그것을 의미하는 단어가 있었을 것이다. 즉, 두 사람이 어떤 일로 다투다가 윈윈하고 싶으면 "우리 더 싸우지 말고 서로 좋게 OO합시다!"라고 말했을 것이다. 여기 OO에 들어갈 우리 말이 없다는 것이다.

이 얼마나 아이러니인가! 우리 주변에 크고 작은 갈등이 수도 없이 일어나는데 그런 것들을 윈윈으로 해결하지 않고 윈루즈(win-lose)나 루즈루즈(lose-lose)로 빠져버리는 것을 보게 된다.

학교에서도 **윈윈하는 방법을 가르쳐주지 않는다**. 아이들이 의견 충돌로 싸우면 선생님들은 '**사이좋게**' 해결하라고 재촉하는 것이 전부다. 어떻게 하는 것이 '사이좋게' 해결하는 것인지에 대한 지침도 가르쳐주지 않는다. 기껏 '**양보**'하거나 '**절충**'하는 것이 사이좋게 해결하는 방법이라고 가르친다. 하지만 양보하고 나서도 서로 사이가 좋아지지 않는 경우가 많다. 왜냐하면, 양보는 대개 힘이 없는 쪽이 하게 되고 양보한 측은 불공정하다고 느끼기 때문이다. 절충 역시 마찬가지다. 절충을 통해 중간에서 타협하면 양쪽 모두 만족하지 못한 채 불만을 품는 경우가 많다.

우리는 서구의 선진국들이 유치원에서부터 윈윈하는 방법을 가르치는 점을 눈여겨봐야 한다. 그들은 어린 시절부터 갈등을 윈윈으로 해결하는 법을 배우며 자란다. 우리나라도 이제 유치원과 초등학교에서 윈윈 방법을 교과과정에 포함시켜야 한다. 앞으로는 절충을 최선의 해결책으로 가르치는 교사나 부모는 없어야 할 것이다.

① 윈윈을 '상생'으로 번역하는 문제

윈윈을 상생(相生)으로 번역해 사용하는 사람들이 있는데, 이는 일본에서 그렇게 번역한 것을 우리나라 번역가들이 따라간 것으로 보인다. 그러나 상생은 윈윈의 번역어로 적절하지 않다. 그 이유는 상생의 본래 의미를 살펴보면 분명해진다.

상생은 **음양오행설**에서 **상극(相剋)의 반대말**로 사용되는 용어다. 상생은 두 사람이 서로 돕고 이로운 관계를 형성해 나가는 것을 의미하고, 상극은 서로 대립하고 해를 끼치는 관계를 의미한다. 예를 들어, 결혼할 때 보는 궁합에서 두 사람이 상생 관계인지 상극 관계인지를 따진다.[8]

이처럼 상생은 상극과 반대로 두 사람이 **서로 돕는 관계**를 나타내지만, 윈윈은 갈등의 당사자들이 서로 이익이 되는 방향으로 문제를 해결하는 것을 뜻한다. 따라서 윈윈을 상생으로 번역하는 것은 서로 의미가 다르기 때문에 적절하지 않다고 본다.

② 외국에서 윈윈의 번역 사례

① 중국 : 윈윈을 직역하여 '双赢(shuangying, 쌍영)'으로 번역해서 쓰고 있다. 双(쌍)은 쌍을 의미하는 雙의 간체이고, 赢영)은 승리를 의미한다. 따라서 둘 다 승리한다는 뜻이다.

② 일본 : 영어 win-win의 일본어식 표기인 ウィン・ウィン을 쓰거나 상생(相生)으로 번역해서 쓴다.

③ 독일 : 영어 win-win을 그대로 쓰고 있다.

④ 프랑스 : gagnant-gagnant로 번역해서 쓰고 있는데, gagnant는 winner(승리자)의 의미이다.

⑤ 아랍권 : الفوز المشترك라고 쓰고 있는데, 공동승리 또는 상호이익이라는 의미다.

⑥ 태국 : 영어 win-win을 그대로 사용하고 있다.

⑦ 터키 : 터키어 kazan-kazan으로 번역해서 쓰는데, kazan은 win을 의미하고 win-win을 직역한 것이다.

8 음양오행설에서 상생은 木生火(목생화), 火生土(화생토), 土生金(토생금), 金生水(금생수), 水生木(수생목)이며, 상극은 木剋土(목극토), 土剋水(토극수), 水剋火(수극화), 火剋金(화극금), 金剋木(금극목)이다.

2. 절충, 윈루즈, 루즈루즈

가. 절충

절충(compromise)은 **서로 반씩 양보하여 중간**에서 타협하는 방법이다. 절충과 윈윈은 완전히 다른 개념이다. 예를 들어, 위 예에서 큰아이와 작은아이가 귤을 각각 반 조각씩 나눠 갖는 것은 윈윈이 아니다. 가게에서 물건을 사면서 상인이 10,000원을 부르고, 내가 8,000원을 제시하여 몇 번 흥정하다가 그 중간값인 9,000원에 합의를 했다면, 전형적인 절충이다. 만약 서울에 사는 여자와 부산에 사는 남자가 데이트를 하려고 하는데, 서로 자기가 사는 곳으로 오라고 제안하다가 중간 지점인 대전에서 만나기로 했다면, 그것도 절충의 결과다.

나. 윈루즈

윈루즈(win-lose)는 **한쪽은 이기고 상대방은 지는 결과**를 의미한다. 앞의 귤의 사례로 설명하면, 큰아이가 귤 하나를 다 가져가고 작은아이는 아무것도 가져가지 못하는 경우이며, 큰아이가 승자(winner), 작은아이는 패자(loser)가 된다. 물론 이처럼 100:0인 경우도 해당되지만, 큰아이가 80%를, 작은아이가 20%를 가져간다면 큰아이가 동생보다 더 많이 가져갔으므로 역시 윈루즈라고 본다.

윈루즈는 **제로섬**(zero-sum)이라고도 불린다. 한쪽이 이익을 보면 상대방은 그만큼의 손해를 보기 때문에 이익과 손해를 합하면 제로(0)가 되는 것이다. 위의 귤 사례에서 큰아이가 다 가져갔다면, 큰아이는 100%의 이익을, 작은아이는 100%의 손해를 보게 되고, 그 이익과 손해를 합하면 0이 된다.

윈루즈는 파이를 키우는 대신에 주어진 파이를 두고 서로 더 많이 가져가려고 다투는 방식이라서 '**분배적 협상**(distributive bargaining)'라고도 불린다. 반면, 윈윈은 '파이 키우기'처럼 양 당사자의 욕구를 통합하는(모두 만족시키는) 결과를 창출하므로 '**통합적 협상**(integrative bargaining)'이라고 부른다.

다. 루즈루즈

루즈루즈(lose-lose)는 **양쪽 모두 손해보는 상황**을 의미한다. 예를 들어, 두 아이가 귤을 두고 싸우다가 결국 아빠에게 귤을 뺏겨버리면, 둘 다 손해를 본다. 즉 큰아이도 루즈(lose), 작은 아이도 루즈(lose)가 된다.

이 상황은 사자성어 '어부지리(漁父之利)'로도 설명할 수 있다. 조개를 먹으려는 도요새가 조개를 물자, 조개도 도요새 입을 물어 둘 다 놓지 않고 있는데 지나가던 어부가 이를 보고 둘 다 잡아가는 상황을 가리킨다. 조개와 도요새가 서로 상대를 놓지 않으려다 결국 어부에게 잡히면서 둘 다 패자가 된 것이다. 만약 둘이 적당한 시점에 서로 놓았다면 어부에게 잡히지 않았을 것이다.

루즈루즈는 **네가티브섬**(negative-sum)이라고도 불린다. 협상 당사자가 모두 손해를 보는 상황이므로, 이들이 얻은 결과는 합했을 때 마이너스(-)가 된다는 의미이다.

이상 설명한 윈윈, 절충, 윈루즈, 루즈루즈를 표로 비교하면 다음과 같다.

표 1-1 윈윈, 절충, 윈루즈, 루즈루즈의 비교

윈윈	절충	윈루즈	루즈루즈
· 당사자 모두 원하는 만큼 가져간다. (예상치보다 더 가져간다) · 포지티브섬(positive-sum) · 통합적 협상 · 문제해결(problem solving)	· 서로 반씩 양보하여 중간선에서 타협한다. · 제로섬 (zero-sum)	· 한쪽이 더 가져가고 상대는 그만큼 적게 가져간다. · 제로섬(zero-sum) · 분배적 협상	· 당사자 모두 손해를 본다. (예상치보다 더 적게 가져간다) · 네가티브섬 (negative-sum)

Ⅲ. 갈등 해결 방법

1. 갈등의 기능

가. 갈등의 의미

갈등은 **서로의 이해관계가 충돌**하는 상태를 의미한다. 국가 간에도 갈등이 있고, 회사와 회사 간에도 갈등이 생긴다. 또한, 개인 간에도 갈등이 생길 수 있다. 더 작게는 한 사람의 마음속에서도 서로 충돌하는 두 가지 마음이 생길 수 있다. 하지만 본서에서는 한 개인의 마음속의 갈등은 다루지 않는다. 그런 부분은 마음 관리나 심리상담의 영역이기 때문이다.

참고 social conflict의 의미

협상의 영역에서 다루는 갈등을 영어로 social conflict라고 하는데, 한국어로 직역하여 흔히 '사회적 갈등'이라고 한다. 그런데 '사회적'이라는 말 때문에 그 의미가 잘못 전달되고 있다. 마치 사회적으로 큰 이슈가 되는 갈등처럼 들린다. 영어로 social은 정치, 경제, 사회라는 할 때의 사회가 아니라, '사람 간' 또는 '사람과 관련된'의 의미로 이해하는 것이 더 정확하다. 따라서 social conflict는 사람 마음 속에 일어나는 갈등은 제외하고, 개인 간 또는 더 크게는 조직이나 사회, 국가 간에 발생하는 갈등을 의미한다. 본서에서는 social conflict를 '갈등'으로 통일하여 사용한다.

나. 갈등의 기능

인간 세상에서 갈등이 없는 것이 정말 좋을까? 갈등은 없앨 수 있는 것일까? 갈등이 나쁘기만 하고, 생기면 무조건 없애야 하는 것일까? 그리고 갈등이 생기기 전에 예방하는 것이 더 좋은 걸까? 많은 철학자와 종교 지도자들은 인간 세상에서 갈등은 피할 수 없는 것이라고 말한다. 갈등을 피할 수 없으니, 차라리 서로 잘 이해하고 타협하는 것이 최선이라는 것이다.

사람은 본능적으로 생존하려는 욕구와 탐욕을 가지고 있고 여러 욕구가 서로 충돌하는 상황에서 살아간다. 그래서 인간이 모인 조직이나 사회, 국가도 마찬가지로 갈등에 휩싸일 수밖에 없다. 이 때문에 많은 철학자와 종교 지도자들이 "욕심을 버려라", "다른 사람을 사랑하라", "이기심을 버려라", "이타심과 희생, 양보가 최고의 덕목이다" 등의 가르침을 주었다.

심리학자, 사회학자, 경영학자들은 갈등의 기능을 과학적으로 분석하면서 갈등이 꼭 나쁜 것만은 아니라는 점을 발견했다. 예를 들어, 회사에서 갈등이 조금 있는 경우에 조직의 성과가 더 높아진다고 한다. 갈등이 너무 없으면, 사람들은 같은 목소리만 내고 반대 의견이나 새로운 아이디어가 나오지 않아서 창의성과 의사소통이 죽어버리기 때문이다. 반대로 갈등이 너무 심하면, 서로 싸움만 하게 되어 조직에 해가 된다.

그래서 아래 그림에서 보는 바와 같이, 갈등 수준과 조직의 성과 간의 관계는 **역U자 모양**을 보인다고 한다. 하지만 이 적절한 갈등 수준이 어느 정도인지 정확히 파악하기는 어렵다. 경험이 많은 관리자나 갈등관리 전문가 정도가 되어야 그 정도를 직관적으로 파악할 수 있다.

그림 1-2 갈등 수준과 조직 성과 간의 관계

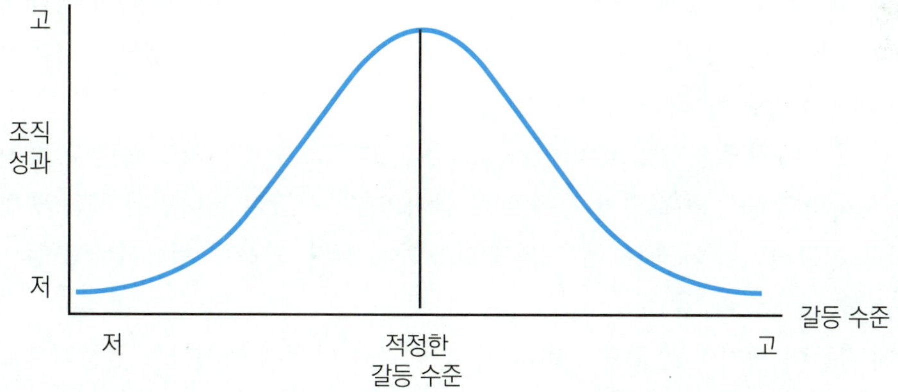

(출처) 김양균 등 역(2024), p.461

다. 투쟁에서 대화로 전환

대부분의 사람들은 다른 사람과 **이해관계가 충돌**하면, 자신에게 유리한 방향으로 문제를 해결하려고 한다. 하지만 상대방이 있기 때문에 그렇게 하기가 쉽지 않다. 그렇다면 상대방과 대화로 풀어갈 것인가, 아니면 힘을 사용해 뺏어올 것인가를 선택해야 한다.

심리학자들의 연구에 따르면, 사람들은 대개 상대방과 이해관계가 충돌할 때, 상대방과 협상력이 비슷하다고 판단되면 대화보다는 힘을 사용해 **뺏어오려는 경향**이 있다고 한다.[9] 이러한 경향은 상대방도 가지는 것이기 때문에 결국 둘은 대화를 하기보다 싸우게 된다. 그래서 우리 사회에 문제가 생겼을 때 평화롭게 대화로 해결하지 않고 싸우고 부딪히며 이득을 얻으려는 사람이 더 많은 이유를 이해할 수 있다.

하지만 일단 싸움으로 들어가면 쉽게 멈출 수 없다. 처음에는 작은 말다툼으로 시작하지만, 이내 크게 싸움이 번지는 것을 종종 볼 수 있다. 사람은 본능적으로 체면을 중요하게 여기고, 작은 손해라도 보지 않으려고 하기 때문에 한번 시작한 싸움은 쉽게 끝내지 않는다.

만약 한쪽이 상대방보다 훨씬 강한 힘을 가지고 있다면 상대방을 굴복시킬 수 있다. 그러나 인간 세상에서 굴복은 끝이 아니다. 굴복한 쪽은 반드시 **복수를 노리게** 된다. 그 복수는 또 다른 복수를 불러오게 된다. 이처럼 투쟁만 해서는 문제를 완전히 해결하는 것은 절대 불가능하다. 결국 둘은 승부를 가르지 못하고, 피만 흘리는 극한 상태에 이르게 된다. 이 단계에 이르면, 더 이상 싸우지 않고 서로 노려보며 긴장 상태를 유지하게 된다. 이런 대치 상황을 '**교착**'이라고 부른다.

교착 상태에 빠진 둘은 앞으로 나아가지도 못하고 뒤로 물러서지도 못한다. 하지만 여전히 둘 사이의 갈등은 해결되지 않은 채로 남아 있다. 시간이 지나면서 둘은 냉정을 찾고, 대화를 시도하거나 제3자에게 도움을 요청하게 된다. 싸움이 **협상이나 조정**으로 전환되는 것이다.

이렇게 갈등이 생기면 싸움으로 번지고, 결국 교착 상태에 빠졌다가 최종적으로 협상이나 조정을 통해 문제를 해결하게 된다. 이 과정은 동서고금을 막론하고 인간 세상에서 일반적으로 일어나는 갈등 해결 과정이다.

9 대부분의 사람은 갈등 상황에서 완력을 행사하면 빼앗아 올 수 있는 확률이 60% 이상이라고 본다고 한다. Prutt & Carnevale (1993) 참조.

갈등관리 측면에서 선진국과 후진국을 구분하는 기준은 그 사회가 갈등 해결 과정을 **얼마나 빨리 끝내느냐**에 있다. 갈등을 오래 끌지 않고 신속하게 해결하는 것이 중요한데, 한국 사회를 보면 아직도 이해 충돌을 대화보다는 폭력으로 해결하려 하거나, 갈등을 오래 끌어가는 경우가 많다. 비정상적인 권력과 물리력을 동원하거나, 합법적인 주장보다는 '떼법'으로 우겨서 이득을 챙기려는 경향이 더 강하다. 따라서 갈등관리 측면에서 한국 사회는 아직 선진국이라고 부르기 어렵다고 하겠다.

협상 Tip **조정의 타이밍**

일반적으로 갈등이 해결되는 과정은 ① 갈등 발생 〉② 싸움(투쟁) 〉③ 교착 상태 〉④ 다시 대화의 순서를 따른다. 그렇다면, 제3자가 개입하여 갈등을 조정해주려면 어느 시점에 개입하는 것이 가장 효과적일까? 정답은 **교착 상태가 깊어진 단계**이다. 많은 사람들은 싸움이 막 시작되면 갈등이 더 커지기 전에 제3자가 빨리 개입해 싸움을 말려야 한다고 생각하는데, 이는 갈등관리 이론에 따르면 잘못된 접근이다. 사람들은 일단 싸움이 시작되면 갈 데까지 가보려는 성향이 있기 때문에, 이 단계에서 제3자가 개입하면 오히려 갈등이 더 커질 수 있다. 더 나아가, 제3자가 개입하자 오히려 둘이 한 팀처럼 뭉쳐서 제3자를 공격하는 상황이 생겨, 개입한 제3자가 물러나야 하는 경우도 발생할 수 있다.
또한, 갈등이 발생했지만 아직 싸움으로 번지지 않은 초기 단계에서 제3자가 개입하는 것도 좋은 방법이 아니다. 갈등 당사자들은 다른 사람이 자신의 갈등 상황을 아는 것을 꺼릴 수 있으며, 개입한 제3자가 상대방에게 유리한 방향으로 상황을 이끌어갈지 모른다는 불신을 가질 수 있기 때문이다.

2. 갈등 해결 방법

갈등을 해결하는 방법은 크게 3가지가 있다. 당사자끼리 해결하는 방법, 제3자가 해결에 개입하는 방법, 그리고 각자가 독립적으로 해결하려고 노력하는 방법이다.

가. 당사자 해결

이것은 갈등에 직면했을 때 당사자들이 합의로 해결하는 방식이다. 여기에는 양측이 직접 대화로 해결하는 협상과 제3자인 조정인이 개입하지만 최종 합의는 당사자들이 하는 조정이 있다.

① **협상** : 당사자들이 서로 대화를 통해 이해 충돌을 해결하는 방법이다. 서로 의견을 조율해 합의를 이루면 해결되고, 그렇지 않으면 협상이 결렬된다. 만약 당사자들이 스스로 합의하지 못하면 제3자가 개입하는 조정, 중재, 소송 같은 방법을 사용할 수 있다.

② **조정(調停, mediation)** : 제3자인 조정인이 개입하되, 최종 결정을 조정인이 내리는 것이 아니라 당사자들이 결정하는 방식이다. 조정인은 대화가 단절된 당사자들이 협상 테이블에 나올 수 있도록 중재하고, 당사자들이 보지 못한 이슈나 이익을 보여주어 새로운 시각을 가지게 돕는다. 또한, 조정안을 제시하여 당사자들이 검토할 수 있도록 한다. 그러나 조정인의 역할은 여기까지로, 해법에 대한 최종 결정은 당사자가 한다. 이런 면에서 최종 결정을 중재인이 내리는 중재와 다르다.

나. 제3자 결정

이것은 제3자가 갈등 해결의 최종 결정을 내리고, 당사자는 그 결정을 따라야 하는 방식이다. 중재는 중재인이 개입하여 최종 결정까지 내리는 방식이고, 법원의 판사도 최종 판결을 내리기 때문에 제3자 결정에 포함된다.

① **중재(仲裁, arbitration)** : 제3자인 중재인이 개입하는 방법이다. 중재인은 갈등 당사자들의 주장과 증거를 바탕으로 본인의 판단에 따른 최종 결정을 내린다. 그러면 중재인이 불합리한 방식으로 중재 결정을 내리지 않았다면 당사자가 무조건 수용하고 따라가야 한다. 이런 점에서 중재는 최종 결정을 조정인이 아닌 당사자들이 합의하여 정하는 조정과 다르다.
예를 들어, 팀원 두 사람이 서로 자신의 업무 방식이 더 적절하다고 다투고 있을 때, 팀장이 나서서 둘 중 어느 하나를 정해주고 그것에 따라 하라고 지시하면 **중재**에 해당되고, 만약 팀장이 자신의 의견을 개진하면서 두 팀원이 더 논의를 하도록 하고 결정은 둘이 알아서 하라고 하면 **조정**에 해당된다.

② **소송** : 법원에 소송을 걸어서 판사가 판결을 내림으로써 갈등을 해결하는 방법이다. 소송은 비용과 시간이 상당히 소요되기 때문에, 협상이나 조정과 같은 여러 해결 방법을 다 사용해도 풀 수 없을 때 마지막으로 활용하는 방법이다.

다. 개별 행동

갈등을 상대방과 협상이나 조정과 같은 대화 방식으로 해결하지 않고, 싸움이나 협박을 통해 일방적으로 빼앗아 오려는 경우도 있다. 또 상대방의 요구에 손들고 항복하는 경우도 있다. 이런 식으로 **상대방은 제쳐두고 본인의 판단에 따라 일방적으로 행동**하는 것을 개별 행동이라고 한다. 개별 행동은 협상이나 조정을 하다가 결렬되자 하는 경우도 있고, 아예 처음부터 '내 갈 길을 가련다' 식으로 하는 경우도 있다.

이런 **개별 행동**은 협상이나 조정 초반부터 할 수도 있고, 어느 정도 진행하다가 전략적으로 구사하기도 한다. 상대방이 너무 깐깐하게 나오고 양보의 기미가 보이지 않을 때는 결렬하겠다고 협박을 할 수도 있고, 전략적으로 공격적인 태도를 보일 수도 있다.

개별 행동의 유형에는 아래와 같은 것이 있다.

① **투쟁** : 상대방의 요구를 무시하고, 자신의 요구를 관철하기 위해 물리적 혹은 정신적 힘을 사용하는 방식이다. 여기에는 육체적 싸움, 파업, 전투 같은 물리적 방법뿐만 아니라 협박, 비난, 욕설과 같은 심리적 방법도 포함된다. 또한, 정치적으로 연합세력을 형성해 상대방에게 대항하는 방식도 투쟁의 일종이다. 극단적으로는 절도나 강도와 같은 범법 행위도 해당된다.

② **항복** : 상대방에게 항복하여 그의 요구를 전부 수용하는 행동이다. 협상력의 차이가 너무 커서 굴복할 수밖에 없는 경우도 있지만, 장기적인 관점에서 관계를 유지하거나 좋은 관계를 형성하기 위해 전략적으로 굴복하는 경우도 있다.

③ **암묵적 조율**(tacit coordination) : 말이나 협의 없이 상대방과 눈치껏 조율하여 문제를 해결하는 과정을 의미한다. 예를 들어, 편도 2차선 도로에서 한 차선이 공사 중일 때, 양쪽 차선의 운전자들이 순서대로 차례로 빠져나가는 모습이 이를 잘 보여준다. 마치 운전자들끼리 사전 조율을 한 것처럼 보이지만, 사실은 각자 알아서 상황에 맞게 대처하는 것이다. 이렇게 대화나 협상 없이도 원만하게 문제를 해결하는 것을 암묵적 조율이라고 한다.

암묵적 조율은 비용도 들지 않고, 대화나 협상도 없이 갈등을 해결할 수 있기 때문에 매우 효율적이다. '신사협정'이나 '눈치껏 조율'이라고 불리기도 한다. 그러나 이러한 암묵적 조율을 잘 활용하기 위해서는 갈등 상황에 대한 많은 경험이 필요하다. 상대방과 여러 번 투쟁을 겪고 나면, 서로가 적절한 선에서 양보하며 문제를 해결하는 방식이 생긴다. 예를 들어, 결혼 생활을 오래 한 부부는 서로 싸우지 않고 눈치껏 조율하는 것이 가장 효율적이고 가정의 평화를 유지하는 사실을 알고 그렇게 한다. 하지만 암묵적 조율은 언제든 깨질 수 있는 단점이 있다. 이는 어디까지나 서로 신사협정에 의존하기 때문에, 한쪽이 더 많은 이익을 취하려고 배신하면 합의가 깨질 수 있다. 이러한 경우, 배신한 상대방에 대한 응징은 다양하다. 예컨대, 그동안 제공해왔던 서비스를 중단하거나, 관계를 완전히 끝내는 식으로 대응할 수 있다. 나아가 복수를 위해 적절한 시기를 기다리다가 실행에 옮기기도 한다.

라. ADR (대안적 분쟁해결)

법원에 소송을 제기하여 분쟁을 해결하는 방법은 판사가 중립의 위치에서 법리에 따라 시비를 확실하게 가려줄 것으로 믿기 때문에 갈등 해결의 마지막 단계에서 흔히 사용된다. 그런데 소송은 많은 단점을 내포하고 있다.

가장 큰 문제점은 모두가 잘 알고 있듯이 **시간이 오래** 걸리고 **비용이 많이** 든다는 것이다. 만약 하급심에 불만이 측이 대법원까지 가게 되면 적어도 4년 이상이 걸린다. 비용면에서는 비싼 변호사 수임료를 물어야 하고, 사건이 종결될 때까지 관련 일을 못하거나 관련 사업이 중단되기 때문에 그것에 따른 비용도 만만찮다.

소송의 두 번째 큰 단점은 판사가 내리는 판결은 절대 윈윈이 아니라는 점이다. 판사의 기본 임무는 '정의'의 이름으로 원고와 피고 중 누가 잘했고 누가 틀렸는지 밝혀주는 것이다. 즉, 윈윈 해법이 아니라 **윈루즈 해법을 판결문**에 담는다. 그 결과 재판을 받게 되면 원고와 피고 중 어느 한 쪽은 '착한 사람', 다른 쪽은 '나쁜 사람'이 된다. 과연 이렇게 이분법적으로 잘잘못을 가리는 것이 '정의'의 이념에 부합하는지 의문이다.

이러한 한계를 극복하기 위해, 미국의 법학자들을 중심으로 소송 이외의 방법을 통해 윈윈에 가까운 해결책을 찾아보자는 논의가 시작되었고, 그 결과 ADR이 등장하게 되었다. ADR은 법원 소송에 대한 대안이라는 의미에서 '**대안적 분쟁해결** 또는 **대체적 분쟁해결**(Alternative Dispute Resolution)'이라고 부른다. 이것에 해당되는 갈등해결방법은 위에서 설명한 협상, 알선, 조정, 중재가 가장 많이 쓰인다.[10] 알선의 경우, 제3자가 개

10 일부 학자들은 대안적 분쟁해결(ADR)의 범주에서 협상을 제외하는데, 이는 협상을 '당사자 간 대화를 통한 모든 갈등 해결 방식'이라는 광의의 관점에서 보기 때문이다. 반면 본문에서는 협상을 보다 협의의 개념으로 접근하였다. 갈등 발생 초기에 이루어지는 즉흥적이고 비체계적인 대화는 진정한 의미의

입하긴 하지만 갈등 당사자들이 다시 대화를 하도록 자리를 주선하는 정도의 역할만 수행하게 된다. 한편, 조정의 경우, 제3자인 조정인 좀 더 적극적으로 개입하여 양측의 의견을 조율하고 조정안도 제안해보는 것으로, 알선보다 조금 더 적극적으로 깊이 갈등 상황에 개입한다는 점에서 차이가 있다.

그림 1-3 ADR의 유형

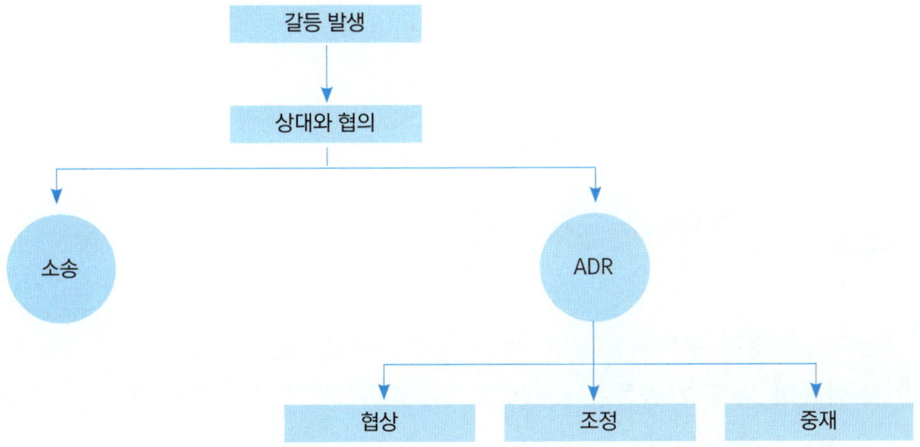

3. 제3자에 의한 해결 방식

제3자가 개입하여 갈등을 해결하는 방법은 공공기관이 하는 **공적 해결**과 민간 차원에서 사적(私的)으로 하는 **사적 해결**로 나뉜다.

협상으로 보지 않는 관점이다. 실제로 단순 협의만으로는 분쟁이 해결되지 않아 소송으로 이어지는 경우가 빈번하므로 ADR이 소송의 실질적 대안이 되기 위해서는, 체계적이고 전문적인 협상 과정을 ADR의 핵심 요소로 포함시키는 것이 더욱 합리적이라 하겠다.

그림 1-4 공적 해결과 사적 해결의 구분

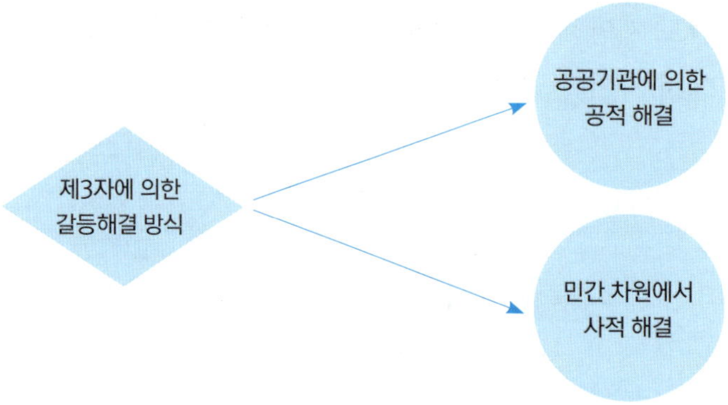

가. 공적 해결

공적 해결은 각 **정부 부처**에 설치되어 있는 **갈등해결위원회**를 통해 해결하는 방식이다. 예컨대, 아래와 같은 기관들은 민원인으로부터 갈등 해결 요청을 받으면, 조정이나 중재와 같은 서비스를 제공한다.

표 1-2 공적 분쟁해결 기구

기구 명칭	주무 부처	주요 활동(근거 법률)
노동위원회	고용노동부	인사 분쟁, 노사관계 분쟁의 판정 및 조정(노동위원회법)
환경분쟁조정위원회	환경부	환경분쟁의 조정 및 중재(도시 및 주거환경정비법)
도시분쟁조정위원회	국토교통부	재건축 사업의 시행과 관련한 분쟁의 심사 및 조정(도시 및 주거환경정비법)
국가인권위원회	독립 중앙행정기	인권, 평등권 침해에 대한 조사 및 구제. (국가인권위원회법)
국가권익위원회	국무총리	행정기관의 국민 권리 침해에 대한 시정 권고(부패방지 및 국민권익위원회의 설치와 운영에 관한 법률)
공정거래위원회	국무총리	사업자 간에 발생한 분쟁의 조정 및 소비자 피해 구제(독점규제 및 공정거래에 관한 법률)
방송통신위원회	대통령	전기통신사업자와 이용자 사이에 발생한 분쟁의 조정(방송통신위원회의 설치 및 운영에 관한 법률)
한국의료분쟁조정중재원	보건복지부	의료분쟁의 조정·중재 및 상담(의료사고 피해구제 및 의료분쟁 조정 등에 관한 법률)

(1) 해결 과정

대부분의 공적 해결기구는 민원인이 진정을 제기하면 관련 자료와 증거를 수집한 뒤, **조정위원회**를 소집해 분쟁 당사자들 간의 조정을 시도하거나, 조정이 불가능할 경우 어느 한쪽의 손을 들어주는 판정(중재)을 내린다. 이 조정위원회는 주로 민간 전문가들로 구성되며, 이들이 협의해 조정 또는 중재 결정을 내린다.

조정이 성공하면 **당사자 간에 합의서**가 작성되며, 중재가 이루어지면 **판정서**가 발행된다. 이 두 문서는 모두 법적 구속력을 가지므로, 당사자들은 반드시 그 결정을 따르게 된다. 예를 들어, 노동위원회나 환경분쟁조정위원회와 같은 기관에서는 2심제로 운영되는데, 초심의 결정에 불복하는 당사자는 재심을 신청할 수 있다. 재심의 결정에도 불복할 경우에는 법원에 소송을 제기해 판결을 받을 수 있다.

(2) 장점

공적 해결의 가장 큰 장점 중 하나는 **신속성**이다. 민원인이 진정을 제기한 후, 조정이나 판정이 내려지기까지 약 3~4개월 정도 소요되기 때문에 법원에 소송을 제기하는 것보다 훨씬 빠르게 분쟁을 해결할 수 있다. 또한, 이 진정 절차는 **무료**로 제공되기 때문에 비용 부담이 적다.

또한, 공공기관이 조정이나 중재를 주관한다는 점에서 **신뢰성**이 높다. 많은 국민들이 공공기관이 내리는 결정이 사적인 해결보다 중립적이고 공정하다고 믿기 때문에, 공적 해결 절차에 대한 신뢰가 두텁다.

(3) 단점

공적 해결은 분쟁을 신속하게 처리해 온 공로가 크지만, 몇 가지 중요한 한계와 단점도 있다.

① 공적 해결기구는 **조사권만 있고 수사권이 없다**는 점을 들 수 있다. 공적 해결기구는 수사권이 없기 때문에 사건의 실체를 파악하는 데 있어 양 당사자가 제출하는 자료와 주장에 의존할 수밖에 없다. 그 결과 당사자가 조사에 자발적으로 적극 협조하지 않는 한 사건의 실체적 진실을 밝혀내는 데 한계가 있다.

② **조정이나 판정에 투입하는 시간이 매우 짧다**는 점이다. 원칙적으로 한 사건은 한

번의 회의에서 1시간 정도 심의되고 의결되기 때문에, 위원들 간에 충분한 논의와 증거자료 검토가 이루어지기 어렵다. 이는 사건에 대한 깊이 있는 분석을 방해하는 요소가 된다.

③ 이러한 시간적 제약 때문에 윈윈(win-win) 해법을 찾기보다는 **윈루즈**(win-lose) 해법에 치우치는 경향이 강하다. 윈윈 해결책을 찾으려면 당사자들의 주장과 주변 정황에 대한 충분한 검토가 필요하지만, 제한된 시간 내에 그런 것을 하기 어렵다. 그 결과 잘잘못을 가리고 한 쪽의 손을 들어주는 윈루즈 결론이 나오는 경우가 많다.

나. 사적 해결

(1) 해결 과정

민간 차원에서 조정이나 중재를 잘하는 사람이 개입하여 분쟁을 원만하게 해결하는 것도 아주 좋은 방법이다. 갈등에 빠진 당사자들이 더 이상 자신들의 힘만으로는 해결이 어려워 다른 제3자에게 해결을 부탁하려면, 우선 그 일을 할 수 있는 사람(예, 사적 조정인)을 찾고, 그에게 해결을 위임하고 그에 수반되는 **보수와 비용에 대한 계약**을 체결한 후, 그와 당사자 (또는 대리인)들이 직접 만나서 해결을 시도한다. 여기서 합의가 되면 서로 합의서를 작성한다.

(2) 사적 조정인과 중재인

그러면 어떤 사람이 이런 역할을 할 수 있을까? 우리 주변에는 분쟁 상태에 놓인 이웃이나 친구들을 잘 조정하는 사람들이 있다. 또한 직업상 그런 일을 해온 사람들도 많다. 예를 들어, 회사의 인사 문제나 노사관계와 관련된 갈등은 노동조합에서 사측을 상대로 단체교섭을 오래 해본 **노조간부**나 노동조합을 상대로 일해 온 **사측 담당자**들이 갈등해결사로 나설 수 있다. 환경 관련 갈등은 **환경운동가**나 **환경 관련 전문가**들이, 도시 재개발이나 재건축 관련 분쟁은 재건축 사업을 오래 해온 이들이 담당할 수 있다. 그 외에 여러 분야에서 전문가들이 산재해 있는데, 위에서 언급한 공적 분쟁해결기구에서 조정이나 중재 역할을 수행한 경험이 있는 **공무원**, **변호사나 변리사**, **감정평가사**, **공인노무사**, **공인중개사**도 갈등 해결사 역할을 수행할 수 있다.

이상과 같이 개인 차원에서 조정인이나 중재인 역을 수행할 수도 있지만, 조정 전문

단체가 그런 역할을 할 수도 있다. 국내에 이미 갈등 조정을 전문하는 민간단체들이 있다. 예를 들어, **(사)한국조정중재협회**의 경우에는 회사의 인사 및 노사관계 관련 분쟁을 위시하여 환경, 재건축 등과 관련한 분쟁도 조정을 해주고 있고, 특히 '협상전문가' 자격증도 발급하고 있다.[11] **한국갈등관리연구소**는 대규모 송전선 설치와 관련한 지역 갈등을 조정하는 데 특화되어 있고, 갈등관리상담사 자격을 발급하고 있다.[12] **(사)한국갈등학회**는 관련 분야의 학자들이 중심되어 갈등 해결을 직접 하면서 연구도 병행하고 있다.[13]

(3) 사적 조정인이나 중재인의 자격

갈등의 당사자들 입장에서는 찾고자 하는 사적 조정인과 중재인들의 실제 해결 능력을 알 수 없기 때문에 이들이 **자격증**을 가지고 있는지 확인하고 싶어 한다. 그래서 우리나라에서는 앞에서 언급한 갈등 해결의 민간단체들이 일정한 관련 교육을 이수한 후 능력을 검증하는 과정을 통과한 사람들에게 자격증을 발급한다. 이 자격은 **민간자격**이며, 국가자격은 아직 아니다.

한편, 당사자 입장에서는 사적 조정인이나 중재인을 찾는 것이 쉽지 않다. 그래서 앞에서 언급한 갈등 해결을 대행해주는 민간단체들은 자기들이 보유하고 있는 조정인과 중재인의 명단을 제공하기도 한다. 이를 위해 이 단체들은 소속 조정인과 중재인에 대한 역량과 자질의 유지를 위해 노력하고 있다.

미국의 경우, 각 주에 따라 조정중재인의 자격 제도를 다양하게 운영하고 있는데, 주 정부가 직접 자격을 인증해주기도 하고, 우리나라처럼 민간단체가 민간 자격을 발급하기도 한다. 미국에서 가장 유명한 민간단체는 **미국중재협회**(AAA, American Arbitration Association)를 들 수 있다. 여기에 소속된 조정인이나 중재인은 소속된 것 자체를 명예로 생각하고 일반인도 그들의 능력을 절대 신임하고 있다. 가입 절차를 보면, 일정한 자격조건을 갖추고 이 협회의 기존 회원으로부터 추천을 받은 지원자 중에서 소수 인원만 선발된다. 가입 후 상당한 수준의 조정 및 중재에 관한 실무 훈련을 받아야 실제 갈등 현장에 파견되어 해결 임무를 수행할 수 있다. 또 이들이 받는 수수료는 변호사의 수임료와 거의 비슷한 수준인 것으로 알려져 있다.

11 (사)한국조정중재협회. http://www.ikma.co.kr

12 한국갈등관리연구소. http://www.한국갈등관리연구소.kr/

13 (사)한국갈등관리학회. http://www.conflictstudies.or.kr/

(4) 장점

사적 해결의 장점은 공적 해결이 가진 단점의 반대라고 볼 수 있다.

① 사적 해결에서는 **처리 시한을 길게** 잡을 수 있다. 공적 해결은 처리 시한이 짧게 정해져 있기 때문에 어쩔 수 없이 윈루즈(win-lose) 식 해법에 치중하지만, 사적 해결은 갈등의 당사자들과 조정인이 합의하면 기간을 충분히 길게 잡을 수 있어서 조정인은 양측의 주장과 이해관계를 모두 파악할 수 있고, 그 결과 양측이 만족할 수 있는 해법을 만들 수 있다.

② **조정전문가나 중재전문가의 전문적 서비스**를 받을 수 있다. 우리 사회에서 목사, 신부, 승려 등 성직자나 대학교수와 같은 사회 명망가들이 갈등 해결사로 거론되는 것이 일반적이나, 이들이 중대한 사회적 분쟁을 성공적으로 해결한 사례는 극히 드문 것이 현실이다. 이는 이들이 전문적인 조정·중재 훈련을 받지 않고 단순히 자신의 사회적 명성만으로 당사자들을 설득할 수 있다는 안일한 사고방식을 갖고 접근하기 때문이다. 특히 이해관계가 첨예하게 대립된 사안에서는 이러한 접근방식이 효과를 거두기 어려운 것이 사실이다. 따라서 갈등 해결은 반드시 체계적인 훈련을 받은 전문 조정인이나 중재인의 영역이어야 하며, 이러한 맥락에서 사적 분쟁해결제도는 각 분야의 전문가들로부터 맞춤형 서비스를 제공받을 수 있다는 실질적 이점을 지니고 있는 것이다.

③ **비밀 보장**이 가능하다. 사적 해결을 하면 서로의 비밀사항이 외부에 공개되지 않는다. 공적 해결은 공공기관에서 공개된 자리에서 해결을 시도하므로 양측은 속마음이나 비밀사항이 공개되는 것을 꺼리기 때문에 양보도 잘 하지 않으려 하고, 체면을 중시하고, 강경한 입장을 고수하는 등 원만한 합의가 불가능해진다. 그러나 사적 해결을 이용하면 당사자가 사적 조정·중재인만 따로 만나서 해결을 시도하므로 당사자들은 비밀사항이 외부로 알려지는 것을 염려하지 않아도 된다. 따라서 유명 연예인들은 이혼과 같은 사생활과 관련한 분쟁을 사적으로 해결하려는 경향이 있다. 그외에 유명 인사나 영업비밀이 공개되는 것을 꺼리는 대기업 등도 이런 사적 해결을 선호한다.

(5) 단점

사적 분쟁해결제도는 아직 우리나라에서 몇 가지 문제점을 가지고 있다.

① 일반 시민들이 이 제도를 잘 모르고 있고, 알고 있더라도 법원이나 관공서 같은 공식 기관보다 **공정성과 신뢰성**에 대해 의심하는 사람들이 많은 것으로 보인다.

② **비용 문제**로서, 이 제도를 이용하려면 수수료를 내야 하는데, 이게 부담스럽다고 말하는 사람들이 있다.

③ 아래 참고 사항에서 자세히 밝혔듯이, 한국의 **변호사법**에 따르면 변호사만 유료로 사적 분쟁해결 활동을 할 수 있게 되어 있어서 이 제도가 널리 퍼지는 데 한계가 있다.

반대로 미국이나 유럽에서는 이 제도가 매우 잘 활용되고 있다. 이런 나라들에서는 사적 조정인과 중재인이 전문직으로 정착되었으며 안정적인 수입도 보장받고 있다.

참고 변호사법에서 막는 사적 해결

우리나라에서 사적해결이 활성화되지 않는 큰 이유 중의 하나가 변호사법에서 변호사가 아니면 사적해결을 담당하지 못하게 막고 있는 점이다.

변호사법 제109조(벌칙)

다음 각호의 1에 해당하는 자는 7년 이하의 징역 또는 5천만 원 이하의 벌금에 처하거나 이를 병과할 수 있다.

1. **변호사가 아니면서 금품·향응 기타 이익을 받거나 받을 것을 약속하고** 또는 제3자에게 이를 공여하게 하거나 공여하게 할 것을 약속하고 소송사건·비송사건·가사조정 또는 심판사건·행정심판 또는 심사의 청구나 이의신청 기타 행정기관에 대한 불복신청사건, 수사기관에서 취급중인 수사사건 또는 법령에 의하여 설치된 조사기관에서 취급중인 조사사건 기타 일반의 법률사건에 관하여 감정·대리·**중재·화해**·청탁·법률상담 또는 법률관계 문서작성 기타 법률사무를 취급하거나 이러한 행위를 알선한 자

이 조항에 따르면 **변호사가 아닌 사람**이 갈등을 조정(화해)하거나 중재하고 그 대가로 금품이나 이익을 받으면 **징역형** 또는 **벌금형**에 처하게 된다. 게다가 이 조항에서 다루는 사건의 범위는 매우 광범위하다. **민사, 형사, 행정, 가사 사건** 등 거의 모든 사건을 포함하고 있으며, 대법원 판례에서도 이러한 사건 범위를 포괄적으로 해석하고 있다.[14]

따라서, 우리나라에서는 조정이나 중재에 대해 전문적인 능력을 가진 일반인이라도 변호사 자격이 없다면 유료로 갈등 해결을 해줄 수 없다. 이 조항은 변호사들의 기득권을 보호하려는 이기적인 발상에서 비롯된 것으로 보인다. 갈등 해결을 위한 전문성은 **변호사 자격증**에서 나오는 것이 아니라, 관련 **교육, 훈련**, 그리고 **실무 경험**을 통해 얻을 수 있는 것이다.

미국이나 **유럽**과 같은 선진국에서는 이런 법조항을 찾아볼 수 없다. 대한민국이 이미 선진국 대열에 올랐음에도 불구하고, 이러한 규제가 법전 안에 남아 있다는 사실은 놀랍다. 선진국에서는 사적 조정 전문가나 중재 전문가들이 활발하게 활동하며, 많은 사회적 갈등과 분쟁을 효과적으로 해결하고 있다. 우리나라의 **변호사법 제109조**는 이러한 전문가들의 활동을 막는 장애물로, 반드시 **폐지**되어야 할 것이다.

14 대법원 2015. 7. 9. 선고 2014도16204 판결 등

2
원원의 기본 원리

I. 윈윈의 의의

대부분의 경제적 오류는, 파이가 고정되어 있어서(fixed pie) 한쪽이 이익을 얻으려면
반드시 상대방이 손실을 봐야 한다는 고정관념에서 비롯된다.[15]
- Milton Friedman

윈윈(win-win)하는 방법은 여러 가지가 있다. 구체적인 방법들은 다음 3장에서 다루겠지만, 이 장에서는 윈윈의 기본 원리 5가지를 먼저 살펴본다. 이를 통해 독자들은 윈윈 협상이 무엇인지, 어떤 목표를 추구하며, 어떻게 접근하는지를 이해할 수 있을 것이다.

윈윈은 **절충**이나 **윈루즈**(win-lose)와는 다르다. 절충이나 윈루즈에서는 당사자들이 자신이 진정으로 원하는 것을 숨기고, 겉으로 보이는 요구를 최대한 포장하여 제시하거나, 압박, 거짓말, 술수, 권력 등을 이용해 상대방을 양보하게 하거나 굴복시키려고 한다. 반면, 윈윈은 자신의 **진정한 욕구**를 상대방에게 알리고, 상대방도 자신의 욕구를 드러내어, 서로의 진짜 욕구를 이해한 상태에서 양측 모두를 만족시킬 수 있는 해결책을 '흥정'이 아닌 '**의논**'을 통해 찾아내는 방법이다. 여기서 중요한 것은 윈윈을 위해서는 무조건 자신의 입장을 숨기고 원하는 바를 드러내지 않으려고 하기보다 서로의 진짜 욕구와 속마음을 상대방에게 알리는 것이 필수적이라는 점이다.

그러나 상대에게 자신의 욕구를 알리려면 상대를 신뢰할 수 있어야 한다. 왜냐하면 믿을 수 없는 상대에게 속마음을 드러냈다가 오히려 역이용당할 수 있기 때문이다. 그래서 윈윈을 하려면 협상을 시작하기 전에 먼저 상대와 신뢰를 쌓는 것이 중요하다. 예를 들면, 상대방을 처음 만날 때 가벼운 인사와 함께 날씨나 주변에서 일어난 사소하지만 유쾌한 이야기로 대화를 시작해 우호적인 분위기를 만드는 것이 좋다. 우리나라에서는 인맥, 학맥, 지연, 혈연 등 다양한 방식으로 사람들 간에 연결고리가 있으니, 이런 네트워크를 찾아보는 것도 좋은 관계를 맺는 방법이다. 서로 통하는 부분이 있다면, 그다음 단계로 식사나 음주를 함께하면서 친밀한 관계를 더욱 발전시킬 수 있다.

신뢰 관계는 상당한 시간이 필요하지만, 처음 만나는 사람과 협상할 때는 신뢰를 쌓을

15 Friedman & Friedman (1990), p.31

기회가 부족하다. 이런 경우에는 진솔한 태도로 진정성 있는 대화를 나누며 신뢰를 형성하고 유지해야 한다. 물론, 사기꾼은 이런 상황에서도 상대를 속일 수 있지만, 대부분의 사람은 몇 번의 만남만으로도 상대가 믿을 만한 사람인지 판단할 수 있다.

결론적으로, 윈윈을 하려면 반드시 두 가지 기본 전제, 즉 '**신뢰 구축**'과 '**속마음 파악**'이 이루어졌는지 확인하는 것이 절대적으로 필요하다.

그림 2-1 윈윈협상의 전제 조건

이러한 논의를 바탕으로, 아래의 5가지 윈윈 원리를 제시할 수 있다. 이 원리는 미국 하버드대학교의 피셔(Roger Fisher), 유리(William L. Ury), 패턴(Bruce Patton) 세 교수가 쓴 책 「Getting to Yes: Negotiating Agreement Without Giving In (1991)」에 제시된 것이다.[16] 이 책은 윈윈 협상법을 학문적으로 처음 접근하고 체계화한 것으로 평가받고 있다.

윈윈의 기본 원리는 다음과 같으며, 각각을 더 자세히 살펴보자.

① 겉요구협상을 하지 말자.
② 욕구협상을 하자.
③ 협상 이슈와 인간관계를 분리하자.
④ 창의적 대안을 만들자.
⑤ 객관적인 기준을 적용하자.

16 번역서는 박영환, 이성대 역, 「Yes를 이끌어 내는 협상법」 2014. 도서출판 장락.

Ⅱ. 윈윈을 위한 5대 기본 원리

1. 겉요구협상을 하지 않는다

'**겉요구**(position)'란 진짜 욕구와 속마음을 감추고 겉으로 내세운 요구를 말한다. 예를 들어, 금반지를 사려고 할 때 실제로는 100만 원까지 지불할 의사가 있지만, 겉으로는 주인에게 80만 원에 팔라고 제안하는 것이 바로 겉요구에 해당한다.

'겉요구협상'이란 서로의 겉요구만을 가지고 협상하는 방식을 말한다. 예를 들어, 금반지를 사는 협상에서 내가 80만 원을 제시하고, 주인은 120만 원에 팔면 되는데 겉으로는 130만 원을 요구하는 상황을 가정할 때, 나의 80만 원과 주인의 130만 원을 두고 흥정을 하는 것이 겉요구협상이다. 내가 실제로 지불할 의사가 있는 금액(속마음)이나 주인이 최소한 받고자 하는 금액(속마음)을 서로 알지 못한 채, 겉으로 드러난 요구만을 가지고 밀고 당기며 협상하는 것이다.

사람들은 종종 진짜 마음과 다르게 말하거나 행동한다. 빙산을 예로 들어 보면, 겉요구는 물 밖으로 드러난 부분이고, 속마음은 물속에 감춰진 부분이다.

그림 2-2 **겉요구와 속마음**

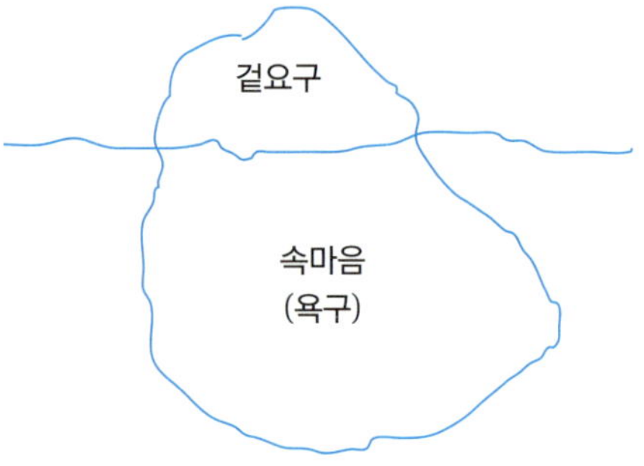

겉요구협상을 해서는 윈윈을 이룰 수 없는데 그 이유는 다음과 같다.

① **공동의 이익을 달성할 수 없다.** 겉요구 협상은 서로의 진짜 욕구를 파악하지 못하므로, 당사자들이 만족하지 못하는 합의에 이를 가능성이 높다. 또한, 협상 과정에서 힘을 사용하거나, 협박, 거짓말 등을 할 수 있어 비윤리적인 행위로 비난받을 수 있으며, 관계가 악화될 가능성도 크다.

② **비효율적인 시간 낭비를 초래한다.** 겉요구 협상은 진정한 쟁점에 집중하지 않고, 겉으로 드러난 요구를 가지고 불필요한 흥정을 계속하게 되어 시간을 낭비하게 된다. 그 결과 협상 과정이 길어지고, 그로 인한 비용도 증가할 수 있다.

③ **당사자 간 관계가 악화될 수 있다.** 겉요구 협상에서는 상대방이 최대한 양보하도록 압박하거나, 힘이나 거짓말을 사용하게 되어 상대방에게 불신과 적대감을 유발할 수 있다. 단기적으로는 이익을 얻을 수 있지만, 장기적으로는 관계가 악화되고 불신으로 이어질 가능성이 크다.

④ **다자간 협상에서 합의를 더욱 어렵게 만든다.** 협상 당사자가 셋 이상인 다자간 협상에서는 각자 겉요구에만 집중하게 되면 양자간 협상보다 합의점을 찾기가 훨씬 더 어려워진다. 예를 들어, 낙후 지역 재개발을 둘러싸고 입주민과 지자체 간의 협상에 환경단체가 개입하면 다자간 협상이 되며 서로 속마음을 감춘 체 겉요구만 하면 협상은 난항을 피할 수 없게 변한다.

따라서 겉요구협상은 시간 낭비, 관계 악화, 비윤리적인 행위로 이어질 가능성이 높아 피하는 것이 좋다. 대신, 서로의 진짜 욕구를 이해하고 이를 바탕으로 협상하는 것이 윈윈을 달성할 수 있는 가장 적절한 방법이다.

참고 '겉요구'와 '입장'의 구분

'겉요구'는 우리나라 문헌에서 종종 '입장'이라고 부른다. 이 둘은 영어 단어 'position'을 번역한 것이다. 그런데 'position'을 '입장'으로 번역하면 그 의미가 모호할 수 있어, 이 책에서는 특별히 '겉요구'라고 번역하여 사용한다. 한편, '속마음'에 해당하는 영어 단어는 'interest'이며, '욕구'나 '이해관계'로도 번역된다.

사람들은 협상 테이블에서 자신의 'interest(속마음)'를 숨기고, 대신 겉으로 드러나는 'position'을 제시한다. 그리고 협상이 진행되면서 각자의 'position'을 조정하거나 상대방이 'position'을 바꾸도록 하여 최대한 자신의 이익을 챙기려 한다. 이러한 점에서 볼 때, 'interest'는 '욕구', '속마음', '이해관계' 등으로 번역하는 것이 적절하고, 'position'은 '겉요구'라고 부르는 것이 적합하다.
본서에서는 'interest'를 바탕으로 한 협상, 즉 'interests-based bargaining'은 '욕구협상'으로 번역한다. 반면, 'position'을 바탕으로 한 협상, 즉 'position-based bargaining'은 이 책에서 '겉요구협상'으로 번역하여 사용한다. 우리나라의 많은 문헌에서는 'position-based bargaining'을 '입장협상'이라고 번역하지만, 이 책에서는 그 '입장'의 의미가 모호하므로 '입장협상'이라는 표현은 사용하지 않는다.

2. 욕구협상을 한다

가. 욕구협상의 중요성

욕구(interest)는 **협상을 통해 자신이 진짜로 얻고 싶은 것**, 즉 **속마음**을 의미한다. 이는 목표가 되며, 협상이 시작되기 전에 형성되지만, 협상 과정에서 변하기도 한다. 예를 들어, 물건을 살 때 처음에는 10만 원에 사면 좋겠다는 욕구를 가지고 협상을 시작했지만, 주인과 대화를 하다 보니 자신이 시세를 몰라서 10만 원으로 낮게 잡았다는 사실을 알게 되면, 욕구와 목표를 13만 원으로 상향시킬 수 있다.

욕구협상은 당사자들이 서로의 진짜 욕구를 파악하고, 이를 충족시킬 수 있는 해결책을 함께 찾아가는 협상이다. 반면, 앞에서 언급한 겉요구 협상은 서로의 욕구를 파악하지 않고, 겉으로 드러난 요구만을 가지고 협상하는 방식이다.

욕구 협상을 해야만 **윈윈**이 가능하다. 이를 위해서는 먼저 상호 신뢰 관계가 형성되어야 한다. 신뢰를 바탕으로 서로의 욕구를 파악하면, 더 이상 흥정이 필요 없고, 서로의 욕구를 충족시킬 수 있는 최선의 해결책을 함께 의논하여 찾아낼 수 있다. 그래서 영어로 윈윈 협상을 '**problem solving(문제해결)**'이라고 부르는 이유도 여기에 있다.[17] 윈윈은 단순한 협상이 아니라, 당사자들이 머리를 맞대고 문제를 함께 해결하는 과정이다.

그렇다면, 상대방의 욕구를 명확하게 파악하는 방법은 무엇일까?

① 상대에게 "왜 그런가요?" 또는 "왜 아닌가요?"와 같은 **질문**을 많이 해야 한다. 우

17 우리나라의 번역서에서 problem solving을 문맥과 상관없이 '문제해결'로 번역해 쓰기 때문에 의미 전달이 안 된다. 문맥상 윈윈의 의미일 경우에는 '윈윈'으로 번역하는 것이 더 정확한 의미 전달이 된다.

리는 흔히 상대의 의도와 속마음을 추측하고, 그것을 바탕으로 협상에 임하곤 한다. 하지만 이는 좋은 접근법이 아니다. 상대의 속마음은 우리의 짐작과 다를 수 있다. 사람들은 제각기 다른 욕구를 가지고 있다는 사실을 명심해야 한다. 상대방도 나와 같은 욕구를 가지고 있고, 같은 것을 원할 것이라고 생각하는 것은 잘못된 접근이다. 상대도 같은 것을 원한다고 생각하면, 경쟁 심리가 생길 수 있다. 하지만 실제로 물어보면, 상대가 나와 다른 것을 원한다는 사실을 깨닫는 경우가 많다. 물어보지 않고 선입견을 갖는 것은 협상에서 가장 경계해야 할 자세다.

② **상대방의 의도**에 대해 곰곰이 생각해보는 것이 필요하다. 상대의 말을 그대로 받아들이기보다는, 그 뒤에 숨겨진 의도와 욕구가 무엇인지 신중히 따져봐야 한다. 이는 욕구가 다층 구조로 되어 있기 때문이다. 겉요구 아래에는 감춰진 욕구가 있으며, 그 아래에도 또 다른 욕구가 존재할 수 있다. 가장 깊이 감춰진 욕구를 찾아내고 그것을 충족시켜야 확실한 윈윈이 가능해진다.
예를 들어, 팀장이 성과를 초과 달성하려고 무리하게 일을 추진하며 팀원들에게 과도한 요구를 한다고 하자. 이 과도한 요구는 겉요구에 해당한다. 이 겉요구만 보고 팀장의 욕심이 지나치다거나 인성에 결함이 있다고 비판하는 것은 팀장의 진짜 욕구를 보지 못한 것이다. 팀장의 겉요구 밑에는 목표 초과 달성으로 S급의 성과급을 받고자 하는 욕구가 있을 수 있다. 그리고 그 밑에는 조기 승진을 원하거나, 더 깊이 들어가면 자신의 권력욕을 채우고 싶은 욕구가 있을 수도 있다.

③ 상대의 욕구를 파악했으면, 그 욕구들의 **우선순위**를 파악하는 것도 중요하다. 여러 가지 욕구 중에서 어떤 것을 먼저 채우고 싶은지, 어떤 것은 나중에 미뤄도 되는지를 알아야 한다. 우선순위를 파악한 후에는, 상대방과 함께 그 욕구들을 충족시킬 수 있는 해결책을 찾아 나서기만 하면 된다.

나. 욕구협상의 사례

시나이반도는 이집트의 수에즈 운하 오른쪽에서 이스라엘까지 이어지는 길쭉한 반도이다. 1967년 6월 5일, 이스라엘은 '**6일 전쟁**'을 통해 이집트 영토인 시나이반도를 무력으로 점령하였다. 이로 인해 시나이반도 문제는 중동 분쟁의 핵심이 되었다. 이집트는 시리아 등 주변의 이슬람 국가들과 연합하여 계속 전쟁을 치르며 영토 회복을 시도했지만, 이스라엘은 시나이반도 반환을 거부하며 저항하였다.

그림 2-3 시나이반도의 위치

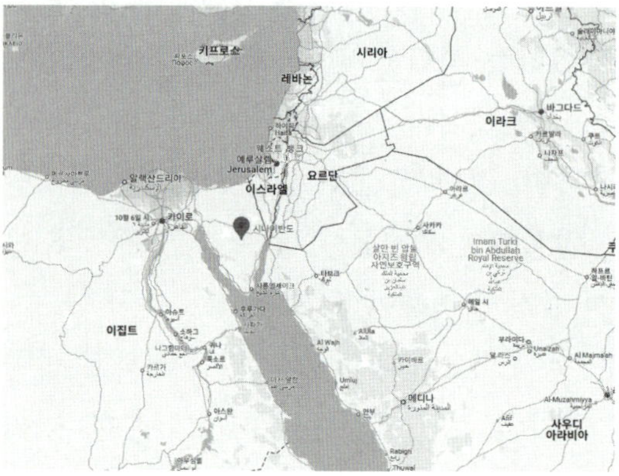

(출처) 구글지도에서 켑쳐

이 문제를 해결하기 위해 1978년 9월 5일부터 17일까지 미국의 지미 카터 대통령의 주선으로 캠프 데이비드에서 사다트 이집트 대통령과 베긴 이스라엘 총리가 협상 테이블에 앉았다.

여기서 카터 대통령은 뛰어난 조정자 역할을 했다. 양측의 신뢰를 얻었고, 양국 간의 근본적인 이견을 해소하는 데 큰 기여를 했다. 그 결과 1978년 9월, 이집트와 이스라엘은 '캠프 데이비드 협정'에 합의하였고, 이는 1979년 3월에 평화조약으로 이어졌다. 이 평화조약은 이스라엘과 아랍 국가 간에 체결된 최초의 평화조약으로, 이스라엘은 시나이반도를 이집트에 반환하기로 합의했다.[18]

카터 대통령은 이 문제를 어떻게 윈윈 방식으로 해결했을까? 그는 이집트와 이스라엘의 겉요구에 머물지 않고, 그 뒤에 **숨겨진 속마음**을 찾아내서 그것을 동시에 충족시키는 해결책을 찾는 데 집중했다.

표 2-1 이집트와 이스라엘의 겉요구와 속마음 분석

	이집트	이스라엘
겉요구	시나이반도를 돌려달라.	철수 못 한다.
속마음(욕구)	영토 회복은 민족 자존심 문제	시나이반도는 국가안보의 보루

양측의 겉요구를 단순화하면(표 2-1 참고), 이집트는 시나이반도를 돌려받고 싶어 했고, 이스라엘은 시나이반도를 돌려줄 수 없다고 주장했다. 양측은 이 겉요구를 실현하고자 전쟁을 계속했지만, 결과적으로 전쟁은 아무것도 해결하지 못했고 피해만 커져갔다.

카터 대통령은 이 문제를 윈윈 방식으로 해결하려고 했다. 그는 양측과 대화를 나누며 각자의 속마음을 분석하기 시작했다. 이집트의 속마음은 빼앗긴 국토를 되찾는 것이었

18 이 평화조약의 체결의 공로를 인정받아 이집트의 사다트 대통령과 이스라엘의 베긴 수상은 연말에 노벨 평화상을 공동 수상하였다.

고, 영토를 잃은 것은 민족의 자존심에 큰 상처를 주는 일이었다. 따라서 어떠한 희생을 치르더라도 그 땅을 되찾아야 했다.

이스라엘의 속마음은 **국가 안보**가 최우선이었다. 이스라엘은 1948년에 어렵게 건국한 후, 이집트를 비롯한 주변 아랍 국가들로부터 끊임없는 공격을 받아왔다. 시나이반도를 점령한 것도 이집트의 위협을 선제적으로 차단하기 위한 것이었다.

카터 대통령은 이집트의 국토 회복 욕구와 이스라엘의 국가 안보 욕구를 동시에 충족시킬 수 있는 해결책을 찾아냈다. 그는 이스라엘에게 시나이반도를 이집트에 돌려주라고 제안했고, 그 대신 이집트는 시나이반도를 **비무장 지대**로 만들어 이스라엘의 안보 위협을 해소하라고 했다. 이 제안을 양측이 수락했고, 이스라엘은 철수하였으며, 이집트는 중무장 군대를 시나이반도에 주둔시키지 않기로 합의했다. 이후 유엔 평화군이 그 지역에 주둔하게 되었다.

이 캠프 데이비드 협정은 팔레스타인 문제를 해결하지 못했고, 주변 아랍 국가들의 반발을 불러왔다는 점에서 완벽한 해법이라고 볼 수는 없지만[19], 이집트와 이스라엘 간의 외교 관계를 수립하고, 지금까지 평화를 유지하는 데 큰 기여를 했다. 또한, 국제 분쟁을 윈윈 방식으로 해결한 모범적인 사례로 인정받고 있다.

3. 협상 이슈와 인간관계를 분리한다

서로 친한 친구들 사이에서 협상을 하다가 관계가 틀어져 적대적으로 변하거나 서운한 감정을 갖게 되는 경우를 가끔 보게 된다. 어떤 경우에는 협상 이슈에서 이득을 챙기기 위해 상대와의 인간관계를 저버리고, 배신자로 낙인찍히는 경우도 있다. 반대로, 서로 친하기 때문에 속마음을 쉽게 드러내고 윈윈을 이루는 경우도 많다. 당사자 간의 관계는 협상에서 매우 중요한 요소이며, 특히 윈윈을 이루려면 서로 우호적인 관계를 유지하는 것이 필수적이다.

19 캠프 데이비드 협정을 이끈 이집트 사다트 대통령은 3년 뒤 카이로에서 열린 군사 퍼레이드 중에 암살되었다. 캠프 데이비드 협정에 따라 1979년 이집트와 이스라엘이 평화조약을 체결하였는데 아랍권 내에서 반대가 심하였고, 특히 극단주의 단체들과 이슬람 근본주의자들이 강하게 반발하였다. 암살은 극단주의 이슬람 단체인 이슬람 지하드에 소속된 군인들에 의해 자행되었다.

가. 인간관계 고려

협상을 할 때는 두 가지 요소를 고려하고 균형을 맞추어야 한다. 하나는 **협상에서 다루어야 할 이슈**, 즉 해결해야 할 문제이고, 다른 하나는 **상대방과의 인간관계**이다. 협상 이슈만을 생각하고 협상을 진행하면 인간관계가 걸림돌이 될 수 있다.

예를 들어, 중고차를 구입하려는 상황을 생각해보자. 이 협상에서 해결해야 할 이슈는 차를 사고파는 일이다. 인간관계는 둘이 서로 친한 사이인지, 적대적인 사이인지를 의미한다. 서로 친한 사이면 대개 협상이 쉽게 진행되지만, 사이가 나쁘면 협상은 어렵게 진행된다. 때로는 비싸게 팔기 위해 친구를 속이거나 양보하지 않아서 관계가 소원해지기도 한다. 배신은 협상에서 종종 나타나는 행태지만, 이기적인 사람에게는 오히려 정당한 것으로 여겨지기도 한다.

인간관계를 고려하면서 협상에 임할 때는 다음의 과정을 따르는 것이 좋다.

① 협상 **이슈**와 상대와의 **인간관계**를 먼저 파악한다.
② 서로 모르는 사이라서 인간관계를 고려할 필요가 없다면, 협상 이슈에 집중한다. 만약 서로 속마음을 내놓을 수 있다면 윈윈을 시도하고, 그렇지 않다면 윈루즈 방식으로 최대한 이익을 챙긴다.
③ 상대와 좋은 사이라면, 서로 협력할 수 있는지를 판단하고, 협력할 수 있다면 윈윈을 시도한다. 만약 좋은 사이지만 인간관계를 유지하는 것보다 이득에 더 관심이 크다면 인간관계를 희생할 수도 있다. 그러나 이렇게 되면 윈윈은 어려워진다.

나. 감정 조절

인간관계가 윈윈 협상에서 중요한 이유는 그것이 협상 당사자들의 감정에 영향을 미치기 때문이다. 그리고 협상에서 감정은 의사결정과정에도 중요한 영향을 미칠 수 있다. 상대방에게 우호적인 감정을 가지고 있으면 양보도 잘하고 속마음도 잘 드러내며, 상대를 배려하려는 마음이 생긴다. 그러면 윈윈은 서로 시도만 하면 절반은 성공한 셈이다. 반대로, 상대방에게 좋지 않은 감정을 가지고 있으면 양보하지 않고 고집을 부리며, 겉 요구에만 집착하게 되어 윈윈이 거의 불가능해진다.

협상에서 감정과 관련하여 두 가지 측면을 염두에 두어야 한다:

① **나의 감정**을 잘 관리해야 한다. 흔히 말하는 '포커 페이스'를 유지하는 것이 협상할 때 꼭 필요하다. 감정을 얼굴 표정이나 목소리 톤에 바로 드러내면, 상대방을 지나치게 위축시키거나 반감을 가지게 할 수 있다. 이렇게 되면 윈윈 협상은 어려워진다. 그러나 시종일관 포커 페이스를 유지하면 상대의 신뢰를 얻기 어려울 수 있다. 따라서 적절한 때에 나의 속마음을 상대방에게 보여주고, 진심임을 표현하는 것이 중요하다. 그래야 상대도 이를 알아차리고 함께 윈윈을 시도할 수 있다.

② **상대방의 감정**을 잘 살피고 배려해야 한다. 상대가 나에 대해 어떤 감정을 가지고 있는지 대화를 통해 판단해야 한다. 상대방이 나쁜 감정을 가지고 있다면, 그 원인이 무엇인지 고민해봐야 한다. 나의 협상 태도에 문제가 있는지, 내가 제안한 것이 상대방에게 자존심을 상하게 했는지, 내가 속임수를 쓴다고 믿는지 등을 점검해봐야 한다. 반대로, 상대방이 나에게 좋은 감정을 가지고 있다면, 그 감정을 협상 내내 잘 유지하고, 이를 활용해 윈윈을 시도하는 것이 필요하다.

협상 TIP 감정 싸움을 촉발하는 말

우리 사회에서 대화나 협상을 하면서 상대방의 감정을 상하게 만드는 발언들이 있다. '나이', '반말', '당신' 등이 그것이다. "나보다 나이도 어린 것이", "반말하지마", "내가 왜 '당신'이냐"라 시작되는 발언은 즉각 감정싸움으로 치닫게 만들고 협상을 바로 깨지게 만든다. 협상할 때는 이런 발언을 절대 해서는 안 된다.

4. 창의적 대안을 만든다

윈윈 협상을 이루기 위해서는 당사자들이 모두 만족할 수 있는 해결책을 찾아야 한다. 그러나 협상은 서로의 이해관계가 상충된 상황에서 시작되기 때문에, 모두가 만족할만한 해법을 찾는 것이 불가능해 보일 수 있다. 이럴 때는 일반적인 해결책이 아닌, 완전히 새로운 창의적인 해법을 고안해내야 한다.

가. 창의적 대안의 사례

유대인의 지혜를 담고 있는 책 「탈무드」에는 다음과 같은 윈윈 해결의 사례가 나온다. 중동에 사는 한 상인이 낙타 17마리를 소유하고 있었는데, 임종을 앞두고 아들 셋에게 유산을 나누어 주었다. **첫째 아들에게는 절반**을, 둘째 **아들에게는 1/9**을, **셋째 아들에게는 1/3**을 준다는 것이었다.

아버지가 세상을 떠난 후, 아들들은 17마리의 낙타를 유언에 따라 나누려 했지만, 절반은 8.5마리, 1/9는 1.88마리, 1/3은 5.66마리여서 정확히 나누는 것이 불가능했다.

반올림하는 방법은 어떨까? 반올림하면 첫째 아들은 9마리, 둘째 아들은 2마리, 셋째는 6마리를 갖게 되고, 합계 17마리로 남거나 부족하지도 않다. 그러나 이 방법에 대해 첫째 아들은 무조건 오케이라고 하지만 둘째 아들은 절대 반대한다. 이유는 첫째 아들은 반올림하면서 0.5마리를 더 가져가게 되지만 둘째 아들은 가장 적게 받는데다가 반올림해도 0.111... 마리밖에 늘지 않으므로 상대적으로 손해를 보므로 받아들이지 못한다.

또한 낙타를 팔아서 돈으로 나누는 것도 깔끔한 방법이긴 하지만 팔게 되면 값이 떨어지므로 모두가 손해였고, 새끼를 낳게 해서 나누는 것도 몇 마리가 태어날지 불확실했다. 이런 식으로 아들 셋이 분배 방식에 대해 합의를 보지 못한 채 서로 양보하라고 다투고만 있었다.

이때 옆집에 사는 한 **할머니**가 등장해 다음과 같은 제안을 했다. "부친의 유산을 둘러싸고 자식들이 싸우고 있다니 한심하고 너의 부친 보기가 민망하구나. 내 낙타 한 마리를 줄 테니 그것을 넣어서 나눠 가져라." 그러자 낙타는 총 18마리가 되고, 첫째 아들은 9마리, 둘째 아들은 2마리, 셋째 아들은 6마리를 가져갔다. 그런데 합계가 17마리이므로 한 마리가 남게 되었다. 그러자 그 할머니는 "내가 준 것이 남았으니 내가 도로 가져갈란다."며 끌고 갔다. 이에 대해 세 아들은 아무 말도, 아무런 이의도 제기하지 못하고 배분 결과에 승복할 수밖에 없었다. 이 할머니야 말로 뛰어난 윈윈 협상가다. **반올림과 똑같은 결과**지만, 반올림에 대해서는 합의가 안 되었지만 할머니의 방법에 대해 아무도 이의를 제기하지 않았다.

이 사례는 윈윈 협상을 위해 창의적이고 간접적인 방법이 필요하다는 점을 잘 보여준다. 직선적인 해결책으로는 절충이나 윈루즈(win-lose), 또는 루즈루즈(lose-lose) 결과로 이어지기 쉽다. 따라서 창의적인 해법을 찾기 위해서는 협상 상황에서 한 걸음 물러서서, 간접적이고 새로운 방법을 찾아야 한다.

창의적인 해법을 찾으려면, 어느 한쪽만의 노력이 아닌 모든 당사자가 함께 머리를 맞대고 진솔한 대화를 통해 해결책을 모색해야 한다. 이렇게 되면 흥정이나 밀고 당기기는 필요 없고, 모두가 함께 문제를 풀어가는 협력적 상황이 만들어진다.

나. 창의적 해법의 모색 방법

창의적인 해법을 찾기 위해서는 다음과 같은 점을 유의해야 한다.

① **성급한 판단을 피하라**. 문제를 진단하고 해법을 고안할 때는 상황과 상대방의 제안을 신중히 살펴보고 정확히 계산해야 한다. 성급한 판단은 겉요구협상만 하게 만든다.

② **유일한 해답이 있다는 생각을 버려라**. 해법이 한 가지라는 생각은 창의적인 해결책을 찾는 데 방해가 된다. 다양한 가능성을 열어두고, 직선이 아닌 우회적인 방법으로 접근해야 새로운 해법이 보이기 시작한다.

③ **파이가 고정되어 있다는 편견에서 벗어나라**. 윈윈의 기본은 파이를 키우려는 자세에서 시작된다. 파이를 키우려고 노력하면 새로운 방법이나 우회하는 방법을 찾게 되어 더 나은 해결책에 도달할 수 있다.

④ **상대의 문제를 함께 해결하라**. "당신의 문제는 당신이 알아서 할 일"이라는 생각을 버리자. 진정한 윈윈을 이루려면 서로의 속마음을 터놓고 함께 해결책을 찾아야 한다. 방관자의 자세로는 상대의 협조를 이끌어 낼 수 없다.

다. 브레인스토밍 방법

윈윈을 위한 해법을 찾기 위해서는 여러 대안을 많이 고안해내고, 그중에서 최선의 것을 선택하는 과정이 필요하다. 이를 위해 흔히 브레인스토밍(brainstorming)을 활용한다. 이 방법은 참여자들의 아이디어를 최대한 많이 끌어내는 데 유용하다. 그 과정은 다음과 같다.

① **목표 설정** : 브레인스토밍을 시작하기 전에, 협상 당사자들이 해결해야 할 문제나 목표를 명확히 정한다.

② **규칙 설정** : 제안된 아이디어나 대안에 대한 비판을 금지하고, 자유롭게 생각나는 것을 주저 없이 제안하도록 한다. 양보다 질을 중시하며, 서로의 아이디어를 발전시키는 데 집중한다는 등의 규칙을 설정한다.

③ **아이디어 제안** : 브레인스토밍의 종료 시간을 정해두고, 그 시간 동안 자유롭게 아이디어를 제시한다. 모든 아이디어는 기록하며, 비판이나 평가 없이 기록한다.

④ **아이디어 정리 및 평가** : 아이디어 제안이 끝나면, 아이디어들을 주제별로 분류하고, 수정과 변경, 통합하는 과정을 거친 후 몇 가지 대안으로 정리한다. 그 후 실현 가능성과 효과성을 기준으로 평가한다.

⑤ **결론 및 합의 도출** : 평가 기준에 따라 가장 유익하고 실현 가능한 대안을 선택하여 최종 해법으로 정하고 그것에 합의한다.

5. 객관적인 기준을 적용한다

협상에서 당사자들이 최종적으로 결정해야 하는 것은 양측의 제안 중 어느 것이 더 적절한지를 선택하는 것이다. 이를 위해서는 적절한 **평가기준**에 합의하고 그것을 바탕으로 각 제안의 장단점이나 손익을 평가해야 한다. 예를 들어, 물건을 사고파는 협상에서는 가격을 기준으로 "구매자와 판매자가 제시한 가격 중 어느 것이 적절한가?"를 평가해야 하고, 프로젝트 사업자를 선정하는 협상에서는 추진 능력과 실현가능성을 기준으로 하여 "누구의 제안이 더 현실적이고 실행 가능한가?"를 평가해야 한다.

평가 기준을 정하는 문제는 매우 중요한 이슈다. 어떤 기준을 적용하느냐에 따라 평가 결과가 달라지기 때문이다. 평가 기준에는 객관적인 것과 주관적인 것이 있다. '**객관적 기준**'은 누구나 합리적이고 적절하다고 인정할 수 있는 것이고, 반면에 '**주관적 기준**'은 누구나 동의하기 어려운 자의적인 기준을 말한다.

예를 들어, 회사에서 오늘 야근할 사람을 정하는 협상을 생각해보자. 업무적으로는 누가 야근해도 상관없다면, 어떤 기준을 정해서 한 명을 정해야 한다. 예를 들어, 저녁에 특별한 집안일이 있는 사람은 제외한다는 기준을 적용하면, 이는 누구나 수긍할 수 있는 객관적 기준이 될 수 있다. 감기나 몸살 등 질병도 객관적인 기준이 될 수 있다. 또한, 가위바위보로 정하거나 추첨으로 정하는 것도 객관적으로 받아들여질 수 있다. 신입 직원 순서로 정하는 것도 일부 불만이 있을 수 있지만, 대체로 사회적으로 수용 가능한 기준으로 여길 수 있다.

반면에, 출퇴근 거리를 기준으로 하자는 주장이 나온다면 반대가 심할 것이고, 그런 주장을 한 직원은 이기적이고 비협조적이라는 평을 받을 가능성이 높다. 또한, 몸무게나 키를 야근 대상자의 선정 기준으로 하자는 주장은 저의를 의심받고, 주관적 기준을 제시한다는 비난을 피하기 어렵다.

객관적인 기준을 적용해야 하는 이유는, 그래야 협상 결과에 대해 **당사자들이 모두 수긍**할 수 있기 때문이다. 주관적이고 자의적인 기준이 한번 적용되면 그 영향은 오래간다. 이후의 협상에서도 각자 자신에게 유리한 기준을 제시하려고 하여, 합리적인 합의에 도달하기 어려워질 것이다. 이렇게 되면 협상은 윈윈으로 진행될 수 없고, 정치적인 협상으로 변질되어 권모술수가 난무하게 되며, 결국 힘이 센 측이 이익을 챙기는 윈루즈식 결과로 이어질 가능성이 크다.

협상 TIP **화끈한 양보는 금물**

협상에서 당사자들이 함께 평가 기준을 정하고, 그 기준을 바탕으로 대안들을 평가하는 과정은 쉽지 않다. 상대방이 강압적으로 나오면 대안을 평가하는 과정 자체가 불가능해질 수 있다. 또 내가 그런 평가 과정에 익숙하지 않다면, 기준을 함께 만들자고 요구하는 것도 어렵다. 그러면 빨리 결말을 내기 위해 양보를 해버리는 것이 더 낫겠다고 생각하기 쉽다.

하지만 양보를 할 때는 반드시 지켜야 할 원칙이 있다. 함부로 양보하면 나만 손해보고 상대방은 이득을 얻는다. 손해를 보고도 기분 좋을 사람은 없다. 합의를 이루었다고 해서 기분 좋다고 생각해서는 안 된다. 물론 합의 자체가 목표인 협상에서는 양보를 통해 합의하는 것이 좋을 수도 있긴 하다.

그런 극단적인 경우가 아니라면 양보는 매우 신중하게, 사전 계획에 따라 해야 한다. 가장 어리석은 양보는 상대방이 기대하지도 않았는데 갑자기 양보하거나, 큰 양보를 하면서 상대방도 같은 정도로 양보해주기를 기대하는 것이다. 만약 그런 식으로 양보하면 상대방은 내 양보를 그냥 받으려고 하지 내게 그에 상응하는 양보를 해주려고 하지 않는다. 즉, 쓸데없이 일방적으로 큰 양보를 하게 된 셈이다.

결론적으로, 양보는 **조금씩, 천천히** 하고, 나아가 **상대가 나를 따라 양보하거나 내 말을 들어줄 것이라는 확신**이 섰을 때 해야 한다.

3

윈윈 전략

I. 윈윈 가능성의 검토

협상에서 윈윈을 이끌어내기는 쉽지 않다. 비즈니스에서 많은 경험이 있는 경영자들을 대상으로 한 연구에 따르면, 모의 협상에서 윈윈을 달성한 경영자는 25%도 되지 않았고, 그 중 절반 정도는 우연히 달성했다고 한다.[20]

이처럼 어려운 윈윈을 달성하려면, 첫 단계로 협상을 개시하기 전에, 이 협상이 과연 **윈윈이 될 수 있는지** 검토해야 한다. 사전 준비 단계에서부터 그 가능성을 따져보고, 이어서 협상 중에도 계속해서 윈윈 가능성을 평가해야 한다. 협상 중반에 이르면 그동안 나왔던 요구와 제안을 종합하여 다시 한번 윈윈 가능성을 검토한다. 만약 윈윈이 불가능하다고 판단되면, 윈루즈(win-lose) 협상으로 전환하여 최대의 이익을 추구하는 데 집중해야 한다.

1. 윈윈 가능성의 검토 방법

윈윈이 가능한지는 협상을 준비하는 단계에서도 검토하고, 또 개시하여 진행해가면서도 계속 확인해봐야 한다. 그 방법과 절차를 보면 다음과 같다.

① 서로 공통이익이 있는지 분석한다

윈윈하고자 할 때는 먼저 서로의 요구사항을 살펴보면서 공통된 이익이 있는지 확인할 필요가 있다. 일반적으로 협상에서는 각자 자기 이익만을 추구한다고 생각하기 때문에, 상대방이 뭔가를 제안했을 때 이를 받아들이면 무조건 나에게 손해가 될 것이라고 생각하고 거부하는 경우가 많다. 하지만 윈윈을 위해서는 이런 **고정관념**을 버리고, 상대방의 제안 중 나에게도 도움이 될 만한 것이 있는지 검토해야 한다. 또한, 내 제안 중 상대방에게 유리한 것이 있다면, 그것을 상대와 공유하고 함께 이익을 보자고 권유해야 한다.

예를 들어, 노조와 사용자 간의 단체교섭에서 노조가 기본급 6% 인상과 계약직 20명의 정규직 전환을 요구하고 있다고 가정하자. 노조는 사용자가 정규직 전환을 거부할 것

20 김성환 등 역 (2020), p.129

이라고 예상하고 기본급 인상을 과하게 요구하고 있지만, 실제로 사용자는 정규직 전환을 통해 더 효율적으로 인력을 운영하고 싶어 한다면, 정규직 전환은 양측 모두에게 공통적으로 이익이 되는 것이다. 이 경우, 양측은 정규직 전환을 수용하고, 대신 기본급 인상에서 서로 양보하여 협상을 타결할 수 있다.

② 양측의 속마음을 통합하는 새로운 해법을 찾아본다

윈윈을 하려면 자신의 요구만 고집하지 않고, 상대에게 자신이 진정으로 원하는 욕구를 이야기한 후, 상대와 함께 **제3의 해법**을 찾아보는 것이 필요하다. 예를 들어, 자동차 부품 공급업체와 자동차 회사 간의 협상을 생각해보자. 부품업체는 높은 가격을 원하고, 자동차 회사는 낮은 가격에 고품질 부품을 원한다. 이 경우 서로의 요구만 주장하면 협상이 결렬될 수 있다.

하지만 서로의 진정한 욕구를 살펴보면, 부품업체는 일정한 이윤을 보장받고 싶어 하고, 자동차 회사는 고품질 부품을 안정적으로 공급받고 싶어 한다는 것을 알 수 있다. 따라서, 자동차 회사는 부품업체에 기술 지원을 통해 생산 원가를 낮추고, 부품업체가 적정 이윤을 보장받으면서도 고품질을 유지할 수 있도록 협력하는 것이 좋은 해법이 될 수 있다.

③ '양보교환'의 가능성을 따져본다

협상 주제가 **두 가지 이상**일 때, 양측의 **선호도(우선순위)**를 따져보고 선호도가 서로 다를 경우 '**양보교환**(log-rolling)'이 가능하다. 상대방이 중요하게 생각하는 이슈에 대해 상대방에게 양보하는 대신, 내가 중요하게 여기는 이슈에서 상대방의 양보를 얻어내는 방법이다. 예를 들어, 화장품 체인점에서 본사는 매출을 올리기 위해 대리점들이 마케팅 비용을 더 많이 부담해줄 것으로 요구하고, 반면 대리점들은 제품 공급이 지체되는 문제를 해결하기 위해 유통망 정비를 요구하고 있다고 하자.

본사와 대리점 대표가 만나 협상을 하면서 만약 서로 요구 사항만 주장한다면 평행선을 달리며 해결이 되지 않을 것이다. 이때 서로의 속마음을 알게 되면 사정이 달라질 수 있다. 본사의 속내를 알고 보니 만약 대리점 측에서 마케팅 비용을 더 부담만 해준다면 유통망 정비는 빨리 진행해주겠다는 것이었다. 또 대리점 측의 속마음을 알아보니 유통망 정비만 해주면 마케팅 비용을 더 부담해줄 수 있다는 것이었다. 만약 이런 **속마음을 서로 알게 된다면** 문제는 윈윈으로 해결될 수 있다. 즉, 대리점은 마케팅 비용을 더 부담하고 대신 본사는 유통망을 빨리 정비해주는 것으로 합의할 수 있고, 양측에 모두 이익이 되는 윈윈 결과이다.

- 본사의 우선순위 : 대리점의 마케팅 비용 부담 증액 〉 유통망 정비
- 대리점 측의 우선순위 : 유통망 정비 〉 마케팅 비용 부담 증액

이처럼 양측 욕구의 우선순위가 반대로 되어 있을 때는 우선순위가 가장 높은 것을 서로 가지고 낮은 것을 상대방에게 양보하는 것이 '양보교환'이다. 여기서도 상대방의 속마음을 알아내고 나의 속마음을 상대에게 알리는 것이 전제되어야 한다는 사실을 명심해야 한다.

2. 윈윈 가능성의 판단 절차

원윈이 가능한지 판단하는 절차는 다음 그림에 나타나 있다.

그림 3-1 윈윈 가능성의 판단 절차

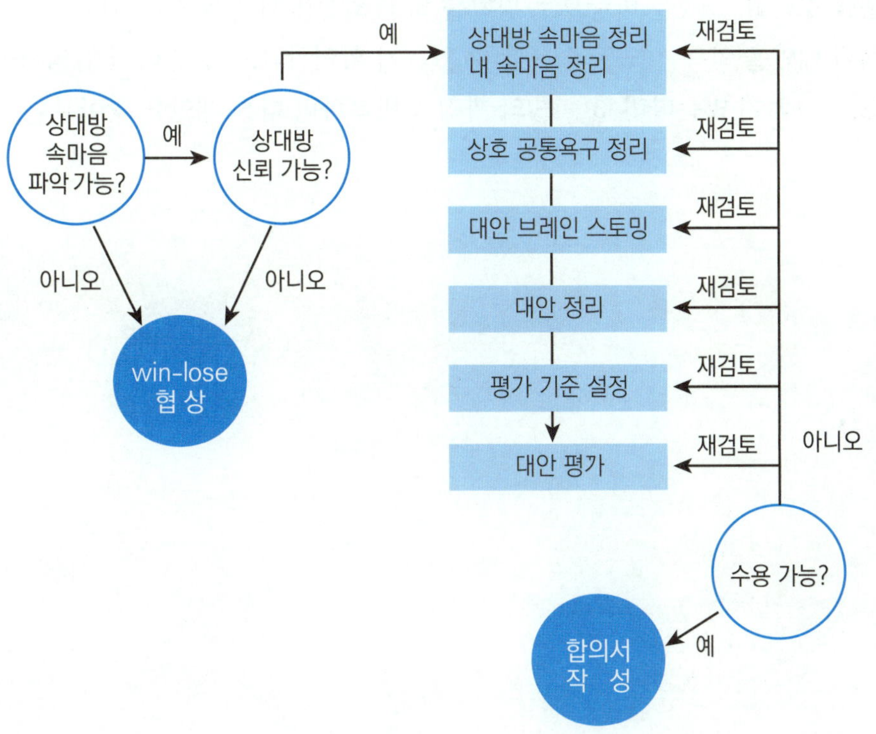

① 협상을 진행하면서 상대방 속마음과 진짜 욕구를 파악할 수 있는지 확인한다. 물론 타인의 속마음을 완전히 파악한다는 것은 한계가 있다. 다만 상대가 자기 속마음이라고 이야기하는 경우 그 내용을 속마음으로 믿을 수 있는지 자신이 판단할 수밖에 없다. 상대의 속마음과 욕구의 파악이 불가능하다면 더 이상 윈윈은 불가능하므로 윈루즈로 전환해야 한다.

② 다음 단계에서는 상대방이 믿을 수 있는 사람인지 확인해야 한다. 신뢰할 수 없는 상대방이라면 협상과정에서 자신의 속마음과 욕구를 드러내고 함께 문제를 풀어가는 것이 의미가 없다. 따라서 상대를 신뢰할 수 없다면 윈루즈로 가야 한다.

③ 서로 속마음과 욕구를 드러냈다면, 그것을 정리하는 단계로 넘어간다. 겹치는 것, 합칠 수 있는 것, 버릴 수 있는 것들을 정리하고 우선순위를 정한 후 리스트를 작성한다.

④ 리스트를 바탕으로 공통 욕구를 만든다. 이 공통 욕구는 양측이 꼭 이루고 싶은 요구로, 창의적인 해법을 찾아야 할 대상이다.

⑤ 적당한 해법을 찾기 위해 대안들을 모색한다. 앞에서 기술한 브레인스토밍 방법을 사용해 최대한 많은 대안을 찾아낸 후, 몇 가지로 정리한다.

⑥ 정리된 모든 대안 중에서 최적의 것을 선택하기 위해 평가를 진행한다. 함께 평가기준을 정하고, 그것을 바탕으로 평가를 하고 최선의 대안을 선택한다.

⑦ 선택된 대안을 양측이 모두 수용할 수 있는지 확인한다. 수용한다면 합의서를 작성하고, 수용하지 않는다면 ③ ~ ⑤의 과정을 반복하며 다른 대안을 찾아본다.

Ⅱ. 윈윈 방법

1. 파이 키우기

'파이(pie) 키우기'는 기존의 파이(자원)를 놓고 싸우는 대신, 파이(자원)를 확대하거나 새로운 기회를 찾아 양측이 더 많은 이익을 얻을 수 있게 하는 협상전략이다. 만약 두 사람이 하나의 파이를 나누려 한다면, 각자 더 많은 부분을 차지하려고 갈등이 생길 수 있다. 한쪽이 더 많은 파이를 가져가면 상대방은 적게 가져갈 수밖에 없고 이는 전형적인 **윈루즈(win-lose) 협상**에 해당된다. 반면, 파이를 하나 더 가져오거나 더 큰 파이로 교환할 수 있다면, 두 사람 모두 원하는 만큼 가져갈 수 있게 되어 **윈윈(win-win) 상황**을 만들 수 있다.

예를 들어, 두 회사가 하나의 시장에서 점유율을 놓고 경쟁하는 상황을 생각해보자.서로 더 많은 시장 점유율을 차지하려고 다투면, 결국 한 회사는 이익을 얻고 다른 회사는 손해를 보게 되는 제로섬 게임이 될 것이다. 그러나 새로운 시장을 개발하거나 더 많은 고객을 유치하는 방법을 함께 모색한다면, 기존 시장을 나누는 것이 아니라 시장을 확장하여 양쪽 모두 더 많은 이익을 볼 수 있는 기회를 만들 수 있다. 이렇게 하면 두 회사 모두 성장할 수 있는 가능성이 커지고, 협력이 가능해진다.

또 임금교섭을 **생산성교섭**으로 전환하는 것도 파이 키우기의 좋은 예가 될 수 있다. 일반적으로 노조가 임금 인상을 요구하면, 회사는 비용 부담을 우려해 그 요구를 들어주지 않거나 임금 인상 정도를 낮추려 할 것이다. 이는 노조가 높은 인상률을 요구할수록 회사는 손해를 보는 윈루즈 구조이기 때문이다. 하지만 단순히 임금 인상에 대해 집중하기 보다 생산성교섭으로 전환하는 방법이 있다. 이는 노사가 협력하여 생산성을 향상시킴으로써, 생산성 증가분의 일부를 노조원들과 나누어 임금 인상 효과를 거둘 수 있는 것이다.

예컨대, 노조가 5% 임금 인상을 요구하고, 회사는 2% 인상을 제안했다고 가정하자. 여기서 '**파이 키우기**'를 적용해, 임금 인상률을 회사가 3%로 결정한 뒤, 연초에 회사가 설정한 생산성 증가율 목표(5%)를 초과 달성할 경우 그 초과분을 노조원에게 일정 비율 배분하기로 합의한다. 만약 생산성을 7%까지 증가시킬 수 있다면, 그 초과분 2%p 중

60%를 노조원에게 배분하여 1.5%p의 임금 인상 효과를 추가로 얻게 된다. 그 결과, 노조원들은 총 4.5%(= 3% + 1.5%)의 임금 인상 효과를 얻는다. 이러한 생산성교섭은 임금교섭을 대체하는 윈윈 방식으로 미국의 제조업에서 도입되어 긍정적인 성과를 거두고 있다.

2. 우회하는 해법 찾기

윈윈은 서로 상반된 요구를 하는 상황에서 양측을 모두 만족시키는 해결책을 찾는 것을 의미한다. 그런데 이런 작업 자체가 **모순적인 상황**처럼 보일 수 있다. 예를 들어, 한 명은 짜장면을 먹고 싶어 하고 다른 한 명은 치킨을 먹고 싶어 하는 상황에서, 둘 다 만족시킬 수 있는 메뉴를 찾는 것이 불가능해 보이는데, 그런 해법을 찾는 것이 윈윈하는 것이다.

이런 상반된 상황을 해결하기 위해서는 **새로운 우회 방법**을 찾아내는 것이 중요하다. 앞에서 다룬 시나이반도를 둘러싼 이집트와 이스라엘 간의 분쟁이나, 17마리의 낙타를 세 아들에게 공평하게 나누는 문제도 우회적인 해법의 좋은 예시이다.

이스라엘이 점령한 시나이반도를 이집트가 되찾으려는 상황에서, 미국의 지미 카터 대통령은 시나이반도에서 이스라엘군이 철수하고, 대신 이집트가 그곳에 중무장한 군대를 주둔하지 않는 윈윈 해법을 도출해냈다.

또한, 낙타 17마리를 세 아들에게 나누는 문제에서는 옆집 할머니가 자신의 낙타 한 마리를 추가로 제공해 9마리, 2마리, 6마리로 나눌 수 있었던 것은 또 다른 우회 해법의 예시이다.

다음 사례에서 윈윈 해법과 윈루즈 해법의 차이를 살펴보자.

사례 1

상황	폭풍우가 몰아치는 밤에 당신은 차를 몰고 가다가 버스 정류장에서 세 사람을 발견했습니다. 그들은 당신의 생명을 구해준 의사, 당신의 이상형인 멋진 사람, 그리고 배를 움켜쥐고 고통스러워하는 할머니였습니다. 하지만 당신의 차는 2인승이어서 단 한 사람만 태울 수 있습니다. 이 세 사람 중 누구를 태울까요?[21]

21 이 문제는 모 대기업의 신입직원 면접 질문이라며 한 때 SNS에서 크게 관심을 끌었었다.

윈루즈	세 명 중에 한 명을 택할 수밖에 없는데, 누구를 태우더라도 남은 두 사람으로부터 원망을 받을 수밖에 없다.
윈윈	자동차에서 내려 키를 의사에게 주면서 빨리 할머니를 태워서 병원으로 가게 한다. 당신은 이상형과 남아서 위험한 순간들을 극복하면서 좋은 관계를 만들어본다.

사례 2

상황	한 산골 마을에 양치기가 30여 마리의 양을 키우고 있었다. 그의 옆집에는 사냥꾼이 살고 있었고, 덩치가 크고 사나운 사냥개를 기르고 있었다. 양치기는 낮은 울타리 때문에 사냥개가 넘어와 양들을 해칠까 봐 늘 걱정했다. 그래서 양치기는 사냥꾼에게 사냥개를 묶어두라고 부탁했지만, 사냥꾼은 사냥개를 묶어두면 근육이 줄어들어 사냥을 못하게 된다고 하며 거절했다. 며칠 뒤, 결국 사냥개가 울타리를 넘어와 양 한 마리를 물어 죽였다. 화가 난 양치기는 법원에 소송을 제기하여, 사냥개를 묶어두라는 명령과 함께 손해배상을 요구했다. 당신이 판사라면 어떤 판결을 하겠는가?[22]
윈루즈	당신은 잘잘못을 가리는 윈루즈식 판결을 한다면 손해배상과 개를 묶어두라는 판결을 할 것이다. 그렇게 되면 양치기는 승자가 되고 사냥꾼은 패자가 된다. 이후 두 사람은 이웃이지만 원수처럼 지낼 것이다.
윈윈	윈루즈식 판결은 잘잘못을 가리긴 했지만, 양치기와 사냥꾼 모두에게 만족스러운 결과를 주지는 못했을 것이다. 양치기는 만족할 수 있겠지만, 사냥꾼은 전혀 만족하지 못했을 것이다. 그러나 탈무드에서 판사는 윈윈의 결과를 만들어내기 위해 아주 현명한 방법을 제시했다. · 판사 : "(양치기에게) 만약 손해배상과 개를 묶어두라는 판결을 하게 되면 앞으로 사냥꾼과 원수처럼 지내게 될 텐데 그런 것을 원합니까?" 그러자 양치기는 그런 것은 원하지 않는다고 대답하였다. · 판사 : "(양치기에게) 그렇다면 이유는 묻지 말고, 사냥꾼의 4살과 6살 아들에게 당신이 가지고 있는 새끼 양 한 마리씩을 선물해주십시오. 그리고 한 달 뒤에 우리 다시 얘기합시다." 양치기는 판사의 말을 따랐고, 새끼 양을 사냥꾼의 두 아들에게 선물했다. 두 아들은 그 새끼 양들을 매우 소중하게 돌보며 좋아했다. 이 모습을 본 사냥꾼은 한 가지 걱정이 생겼다. "우리 사냥개가 저 새끼 양들을 물어 죽이면 큰일이다!" 그래서 사냥꾼은 자발적으로 사냥개를 묶어두기로 했고, 양치기에게도 고맙다며 죽은 양에 대한 넉넉한 배상을 해주었다. 이 판사는 윈윈이 무엇인지 알고 실천한 정말 현명한 판사였다. 일반적인 판결과 같은 결과를 얻으면서도, 양치기와 사냥꾼이 원수가 아닌 화목한 이웃이 될 수 있도록 만든 것이다.

이상의 사례가 보여주는 것과 같이 윈윈은 우회하는 간접적인 방법으로 풀어가야 가능해진다. 이슈 자체만 대상으로 하여 그것을 이리저리 쪼개는 방법을 고민해서는 안 되고, 주어진 이슈 이외 다른 이슈들을 끌어들여서 함께 해결하는 방법으로 나가야 한다.

22 이것은 탈무드에 나오는 에피소드이다.

3. 양보교환

윈윈을 이루는 방법 중 하나로 양보교환(로그롤링, log-rolling)이 있다. 이 방법은 협상에서 다루는 이슈가 **두 가지 이상**이고 나와 상대방의 **선호도가 서로 반대**일 경우에 사용할 수 있다.

나의 선호도가 가장 높은 것(즉, 상대의 선호도는 가장 낮은 것)은 내가 원하는 수준으로 정하고, 상대의 선호도가 가장 높은 것(즉. 나의 선호도가 가장 낮은 것)은 상대가 원하는 수준으로 정하여 타결하는 것이다. 이렇게 하면 나는 내가 가장 원하는 것을 최대의 조건으로 갖고, 상대도 그가 가장 원하는 것을 최대의 조건으로 갖게 되므로 서로 윈윈이 된다.

양보교환은 '통나무 굴리기'(로그롤링, log-rolling)라고도 부르는데, 두 사람이 통나무를 굴릴 때 서로 협력해서 같은 방향으로 굴려야 하기 때문이다. 만약 서로 생각이 다르거나 다른 방향으로 힘을 주면 통나무를 제대로 굴리기 어렵거나 엉뚱한 방향으로 가버릴 수 있다.[23]

(출처 : ChatGPT 4o로 그림)

한편, 양측이 논의하고 있는 이슈들이 다행히 선호도 순위가 반대로 되어 있어서 바로 양보교환을 할 수 있는 경우도 있지만, 선호도 순위가 반대로 되어 있지 않아서 바로 양보교환을 할 수 없거나 기존의 이슈들로서는 불가능하여 뒤에서 설명하는 바와 같은 별도의 방법을 사용해야 하는 경우도 있다.

23 통나무 굴리기(로그롤링, log-rolling)의 유래를 미국의 초기 정치에서 서로 다른 지역의 정치인들이 각자의 지역구에 도움이 되는 법안을 통과시키기 위해 서로의 법안에 투표를 해주는 관행에서 찾기도 한다.

가. 양보교환의 원리

예를 들어, 한 백화점의 가전제품 코너 사장이 가전제품 회사에서 TV, 청소기, 냉장고를 각각 하나씩 구입하는 상황을 생각해보자. 이 상황에서 구매자와 판매자의 목표는 모두 최대한 많은 이익을 얻는 것이다. 각 제품의 가격별 구매자의 이익과 판매자의 이익은 아래 표와 같다.

표 3-1 제품 가격별 구매자의 이익

TV		청소기		냉장고	
가격	구매자 이익	가격	구매자 이익	가격	구매자 이익
50	2000	10	1200	80	800
51	1750	10.5	1050	81	700
52	1500	11	900	82	600
53	1250	11.5	750	83	500
54	1000	12	600	84	400
55	750	12.5	450	85	300
56	500	13	300	86	200
57	250	13.5	150	87	100
58	0	14	0	88	0

(주 : 가격과 이익의 단위는 생략함)

표 3-2 제품 가격별 판매자의 이익

TV		청소기		냉장고	
가격	판매자 이익	가격	판매자 이익	가격	판매자 이익
50	0	10	0	80	0
51	100	10.5	150	81	250
52	200	11	300	82	500
53	300	11.5	450	83	750
54	400	12	600	84	1000
55	500	12.5	750	85	1250
56	600	13	900	86	1500
57	700	13.5	1050	87	1750
58	800	14	1200	88	2000

(주 : 가격과 이익의 단위는 생략함)

각 제품의 가격에 따른 구매자와 판매자의 이익은 아래와 같다.

- 구매자 : 가장 큰 이익을 얻으려면 TV는 50, 청소기는 10, 냉장고는 80에 구입해야 한다. 이 경우 총이익은 4,000이다.
- 판매자 : 가장 큰 이익을 얻으려면 TV는 58, 청소기는 14, 냉장고는 88에 판매해야 한다. 이 경우 총이익은 4,000이다.

(1) 윈루즈 협상 : 한쪽이 이익을 보면 상대는 손해

이 상황에서 양측은 서로에게 가장 유리한 가격으로 사고 팔기 위해 최선을 다할 것이다. 이것은 전형적인 윈루즈 협상이다. 예를 들어, 구매자가 TV를 50이 아닌 51에 구입하면 이익이 2,000에서 1,750으로 줄어 250의 손해를 본다. 판매자가 TV를 58이 아닌 75에 판매하면 이익이 800에서 700으로 줄어 100의 손해를 본다. 즉, 한쪽이 이익을 보면 상대방은 손해를 보는 구조이다.

(2) 절충: 불만족스러운 중간 지점

양측이 서로 손해를 보지 않으려고 하면서도 이익을 얻고자 하면, 결국 중간 가격에서 절충하는 것이 최선이다. 예를 들어, TV를 54, 청소기를 12, 냉장고를 84에 거래하는 것이다. 이 경우 양측의 총이익은 각각 2,000이 된다.

(3) 윈윈 협상: 양보교환으로 모두에게 만족스러운 결과

서로 윈윈할 수 있는 방법은 무엇일까? '양보교환'의 원리를 따르면 된다. 먼저 양측의 선호도를 살펴보면, 구매자는 TV의 이익이 가장 크므로 TV를 50에 사는 것을 선호한다. 다음은 청소기를 10에 사는 것이고, 냉장고는 가격에 크게 신경 쓰지 않는다. 반면, 판매자는 냉장고를 88에 파는 것을 가장 선호하고, 그 다음 청소기를 14에 파는 것이다. TV는 58에 팔아도 이익이 상대적으로 적어서 신경을 별로 안 쓴다.

구매자 : TV(50) 〉 청소기(10) 〉 냉장고(80)
판매자 : 냉장고(88) 〉 청소기(14) 〉 TV(58)

이제 서로의 선호도를 바탕으로 양보교환을 진행한다. 이렇게 양측의 선호도가 서로 반대인 경우, 각자 자신에게 가장 유리한 것을 선택하고 상대에게는 그가 가장 선호하는 것을 양보해준다. 구매자는 TV를 50에 구입하고, 대신 판매자를 위해 냉장고를 88에 구입해준다. 청소기는 10과 14의 절충인 12로 한다.

- 구매자 : TV 50에 구매하고(자신에게 유리한 것 선택), 대신 냉장고는 양보하여 88에 구매함(상대의 선호 존중). 청소기는 12에 구매하는 것으로 절충함.
- 판매자 : 냉장고는 88에 판매하고(자신에게 유리한 것 선택), 대신 TV는 양보하여 50에 판매함(상대의 선호 존중). 청소기 12에 판매하는 것을 절충함.

이렇게 하면 구매자와 판매자의 총이익은 각각 2,600이 되고, 이는 세 제품 모두에서 절충 가격을 선택했을 때의 총이익인 2,000보다 크다. 이것이 윈윈 결과이다. 양측이 얻는 이익의 합계를 보면, 절충의 경우 4,000이고, 윈윈의 경우 5,200이다.

또한 구매자가 자신의 이익을 최대화했을 때의 총이익은 4,000이고, 판매자의 이익은 0이 된다. 반대로 판매자가 이익을 최대화했을 때는 그 반대가 된다. 각각의 경우 양측의 총 이익 합계는 4,000으로, 모두 윈윈의 경우보다 적다.

① 윈윈 합의의 조건

위 예가 윈윈이라고 보는 이유는 아래 두 가지 조건이 충족되었기 때문이다.

- **공동이익 극대화** : 양측이 얻는 이익의 합계가 최대가 되어야 한다.
- **균등한 이익** : 양측이 얻는 이익이 동일해야 한다. 그래야 서로 불만이 없다.

판매자와 구매자의 이익을 합한 공동이익이 5,200으로 최대이며, 동시에 양측의 이익이 각각 2,600으로 동일하기 때문이다.

② 상대방의 선호도 파악 방법

양보교환의 핵심인 상대방의 선호도는 어떻게 파악할 수 있을까? 상대와 대화를 하면서 상대의 주된 요구와 관심사를 잘 관찰하여 파악한다. 구매자는 TV에 이익이 가장 많이 걸려있으므로 TV 50을 계속 요구할 것이고, 냉장고에 대해서는 거의 언급을 안 할 것이다. 그렇다면 판매자는 구매자의 선호도가 TV > 청소기 > 냉장고임을 눈치챌 수 있다. 한편, 판매자의 경우에는 냉장고를 88에 팔고 싶다는 얘기가 많이 나오고 TV는 상대적으로 등한시한다는 것을 알아차릴 수 있다. 그렇다면 판매자의 선호도는 냉장고 > 청소기 > TV임을 알 수 있다.

협상 이슈 개수에 따라, 위에서 설명한 이슈가 3개인 경우를 적절히 응용하여 다음과 같이 접근할 수 있다. 이때, 이슈가 짝수이면 선호도 순서에 따라 하나씩 차례로 가져갈 수 있으며, 이슈가 홀수이면 중간의 것이 남는데 이에 대하여는 절충을 시도할 수 있다.

③ 협상 이슈가 2개 또는 4개 이상인 경우 양보교환 방법

- 협상 이슈가 2개 : 협상 이슈가 2개인 경우에는 각자에게 선호도가 가장 큰 것을 하나씩 가지면 된다.
- 협상 이슈가 4개 : 협상 이슈가 4개 이상이면 위에서 설명한 이슈가 3개인 경우를 응용하면 풀 수 있다.양측의 선호도가 가장 큰 것과 그 다음 큰 것을 차례차례 가지면 된다. 예를 들어 양측의 선호도가 아래와 같다면, 1차에서는 나는 A를, 상대방은 D를, 2차에서는 나는 B를 상대방은 C를 가진다.

나 : A〉B〉C〉D
상대방 : D〉C〉B〉A

- 협상 이슈가 5개 : 먼저 나는 A를, 상대방은 E를, 이어서 나는 B를 상대방은 D를 가진다. 그러면 C가 남는데 이것은 중간선에서 절충하여 각자 갖는다.

나 : A〉B〉C〉D〉E
상대방 : E〉D〉C〉B〉A

- **요령 요약** :

이슈가 **짝수**이면 선호도 순서에 따라 하나씩 차례로 가져간다.
이슈가 **홀수**이면 짝수의 경우와 같이 한 뒤, 중간의 것이 남는데 이것은 절충한다.

협상하면서 상대방의 선호도 순위를 파악하는 것이 양보교환의 첫걸음이다. 그리고 양보교환을 하면 양측이 모두 절충할 때 보다 더 많은 이익을 가져갈 수 있다. 또한 양보교환을 하면 윈루즈보다 더 공평한 협상 결과를 얻을 수 있고 협상 이후 상대방과의 관계도 악화되지 않고 좋게 유지할 수 있다.

나. 양보교환이 곤란한 경우

양보교환은 협상 이슈가 두 가지 이상일 때, 그리고 그 이슈에 대한 양측의 선호도가 서로 반대일 때 효과적이다. 하지만 항상 선호도가 반대로 되어 있지 않을 때도 많다. 이런 상황에서도 다음과 같은 방법을 사용하면 양보교환이 가능하다.

(1) 새로운 협상 이슈 추가

현재 협상 이슈만으로는 양측의 선호도가 반대로 되어 있지 않아 양보교환이 어려운 경우, **선호도를 반대**로 만들 수 있는 새로운 이슈나 대상을 추가함으로써 윈윈할 수 있다. 예를 들어, 돈을 빌리는 문제를 협상하고 있을 때, 이슈가 금액과 이자에 한정되어 있다면, 빌리는 기간(1년 또는 2년)을 새롭게 협상 이슈로 추가하는 것이다.

(2) 이슈의 분할

만약 추가할 이슈가 없다면, **기존 이슈를 작게 나눠**서 각각을 협상 대상으로 해보는 방법도 있다. 이렇게 할 때 양측의 선호도가 반대가 될 수 있는데, 그러면 양보교환이 가능해진다. 예를 들어, 직원과 연봉 협상을 할 때, 연봉을 총액으로 협상하기보다는 기본 연봉과 성과 연봉으로 나누어 협상하게 되면 회사와 근로자측의 우선순위가 반대로 될 수 있다.

(3) 협상 이슈 중 몇 개를 제거

기존 협상 이슈 중 양측의 선호도를 반대로 만드는 데 방해가 되는 이슈를 양측이 합의하여 제거함으로써 양보교환을 할 수 있다. 예를 들어, 친구와 독도 여행을 계획하면서 2박 3일 동안의 코스를 정하고 있다고 하자. 의논 중인 코스가 성인봉, 남서일몰전망대, 나리분지, 도동시가지관광, 저동항야경인데 선호도 순위가 반대로 되지 않아 양보교환을 못하고 있다. 만약 도동시가지관광만 제외하면 선호도 순위가 반대로 될 것 같으면 친구와 상의하여 그것을 코스에서 제외하여 양보교환을 할 수 있다.

(4) 양보-보상주기

위에서 논의한 파이 키우기, 양보교환, 새로운 이슈 추가나 이슈 쪼개기, 이슈 제거 등과 같은 윈윈 방법이 불가능하다면, 어느 한쪽이 양보를 하는 수밖에 없다. 그 대신 양보를 하는 측에게 **협상 이슈 외의 다른 것으로 보상**을 줌으로써 윈윈으로 해결할 수 있다. 예를 들어, 귤과 사과가 1개씩 있고 나와 친구가 1개씩 집어 가는 상황이 있다. 서로의 선호도 순위를 보니 아래 표와 같이 나는 1순위는 귤, 2순위는 사과라고 하는데, 친구는 귤만 고집하고 사과는 아예 싫다고 한다.

선호도	나	친구
1순위	귤	귤
2순위	사과	귤

여기서 다른 과일을 추가하거나 귤이나 사과 중에 하나를 제거하는 등의 방법을 쓸 수 없다고 한다면, 어떻게 윈윈을 할까? 방법은 내가 귤을 친구에게 양보하는 대신, 친구는 내게 다른 것으로 보상을 주는 것이다.[24]

4. 윈윈을 위한 제안 패키지 만들기

협상에서 다루는 이슈가 **2개 이상**일 경우, 제안을 패키지로 만들어서 제시하는 것이 윈윈을 달성하는 데 도움이 된다. 이때 각 패키지는 **내가 얻는 가치가 동일하도**록 구성해야 한다. 이렇게 하면 상대방이 어떤 패키지를 선택하더라도 내가 얻는 가치는 같아지므로 일단 내가 만족하게 되고, 상대도 자신이 선택하였으므로 만족한다.

예를 들어, 우리 회사가 파트너 회사와 내년도 제품 구매에 대해 협상한다고 가정하자. 협상 이슈는 납품 총액, 설계 변경 정도, 품질 개선, 납기 단축, 그리고 유지보수 등 총 5가지이다. 각 이슈의 중요도를 고려하여 우리 회사의 제안 패키지 3개를 구성하는데, 그 3개가 모두 동일한 가치가 되도록 구성한다.

24 이와 같은 방법은 불특정 보상(nonspecific compensation)에 해당된다. 이것은 상대에게 특정한 요구와 관련이 없는 보상을 주는 방법이다. (예, 내가 상대에게 상대가 가장 원하는 것을 양보하되, 상대는 나에게 현재 의논하고 있는 이슈가 아닌 다른 것으로 보상해줌)

이 패키지를 파트너 회사에 제시하고 마음에 드는 것을 선택하라고 하면 그 회사는 자신에게 가장 이득이 되는 것을 고를 것이다. 그런데 그 선택은 우리 회사 입장에서는 어차피 다른 것과 동일한 가치를 가지고 있으므로 두 회사는 윈윈이 된다.[25]

표 3-3 우리 회사의 3가지 제안 패키지

협상 이슈	비중(%)	A 안	B 안	C 안
납품 총액	40	납품 총액 500억	700억	1,000억
설계 변경	30	약간의 변경	약간의 변경	상대가 원하는 대로
품질	15	기존 수준	10% 개선	10% 개선
납기	10	기존 수준	기존 수준	5일 단축
유지보수	5	기존 수준	기존 수준	담당 인원 2명 추가

25 Thompson (2009), pp.114-115 참고

Ⅲ. 윈윈을 위한 제안과 질문 방법

윈윈을 이루려면 상대방과 협력하고 서로의 속마음을 솔직하게 공유해야 한다. 이를 위해 대화할 때는 다음 세 가지를 염두에 두고 활용해야 한다. 이것을 흔히 **'Triple I'**라고 부른다.[26]

① Interests(**욕구**) : 협상에 참여하는 모든 당사자들의 근본적인 욕구와 필요를 이해하는 것이다. 이는 겉으로 드러나는 입장과는 다를 수 있으며, 그렇기 때문에 당사자들이 실제로 무엇을 원하고 필요로 하는지를 파악하는 것이 중요하다.

② Incentives(**유인책**) : 협상 과정에서 상대방이 원하는 것을 제공하거나, 협상에 동의하도록 유도하는 보상이나 혜택을 의미한다. 이는 상대방에게 협상 타결의 동기를 부여하는 중요한 요소이다.

③ Inquiry(**탐구**) : 협상 과정에서 상대방의 입장과 속마음을 더 잘 이해하기 위해 적극적으로 질문하고 정보를 수집하는 것이다. 이는 오해를 줄이고, 보다 정확한 정보를 바탕으로 협상할 수 있도록 돕는다.

요약하면, 서로의 이해관계와 욕구를 드러내고, 그것을 충족시키기 위해 협력하며, 그 과정에서 인센티브를 제공하고, 상대를 설득하는 데 집중하기보다는 질문하고 정보를 수집하는 데 중점을 두는 것이 윈윈에 이르는 방법이다.

그러나 이러한 대화 방식은 보통 사람들에게는 익숙하지 않다. 연구에 따르면, 실제 협상에서 정보를 공유하는 대화는 전체 대화 중 **10% 미만**이라고 한다.[27] 따라서 협상을 잘하기 위해서는 일상생활에서 장소를 구분하지 않고 이러한 대화 방식을 연습하고 적용하려는 **노력**을 기울여야 한다.

다음 사례에서 이러한 요소들을 활용한 대화를 살펴보자.

◦ 상황 : 직장에 다니는 부모님을 대신하여 철수(15살)와 영희(13살)는 설거지와 강아

26 Thompson (2009), p.99

27 Pruitt & Lewis (1975); Carnevale, Pruitt, & Seilheimmer(1981)

지 돌보는 일을 나눠서 하기로 하고, 각자 어떤 일을 할 것인지 의논하고 있다. 철수가 제안하는 두 방식을 비교해보자.

ㅇ 철수의 두 가지 제안 방식 :

A 방식	B 방식
나는 요새 학교 수업도 있고, 학원도 가야 해서 아주 바쁘네. 그래도 일은 나눠서 해야 하니까, 나는 설거지를 할게, 너는 매일 강아지 산책시키고 목욕시켰으면 좋겠어. 이렇게 하면 가장 공평할 것 같아. 너는 강아지를 좋아하니, 이렇게 하는 걸 좋아할 것 같아. 그렇게 하자!	너는 일을 어떻게 나누면 좋겠니? 설거지와 강아지 돌보는 거 모두 귀찮기는 하지. 그래도 해야 하니 먼저 내 생각부터 얘기해볼게. 너도 네 생각을 얘기해줘. 나는 솔직히 학원까지 가려니 시간이 잘 나지 않아서, 아무 때나 해도 되는 설거지를 했으면 좋겠어. 너는 강아지를 좋아하니까, 강아지 산책과 목욕은 네가 하면 좋겠는데 어때? 억지로 하라는 건 아니고, 일단 내 생각인데, 어떻게 하는게 좋겠어?

ㅇ A 방식과 B 방식의 차이점 :

A방식 : 협박과 요구, 일방적인 지시로 일관하고, 나의 입장을 확인하거나 고려를 하지 않는 제안을 한다.

B방식 : 상대의 의견과 속마음을 묻는 말과 나의 인식을 전달하고 공유하는 표현들을 하고 있다.

Ⅳ. 윈윈 협상 시 주의 사항

1. 윈윈이 아니라고 판단되는 상황

윈윈협상은 기본적으로 **어려운 과정**이다. 이를 위해서는 상대방과 신뢰와 우호적인 관계를 유지하며, 함께 문제를 해결하려는 협조적인 자세가 필요하다. 또한 서로 속마음을 드러내고, 그 속마음을 충족시킬 수 있는 방법을 찾기 위해 윈윈 기법들도 이해하고 있어야 한다. 이러한 조건들이 갖춰지지 않으면 협상은 윈루즈(win-lose)로 전개될 수밖에 없다.

윈윈이라고 생각하고 열심히 협상했지만, 만약 협상이 진행된 과정이 아래와 같은 경우라면 윈윈이 아니라고 봐야 한다.[28] 구체적으로 아래 항목 중 **3가지 이상**에 해당한다면, 그 협상은 윈윈이 아니라고 볼 수 있다.

- **나의 첫 제안을 상대가 즉시 수용한 경우** : 상대가 너무 쉽게 동의했다면, 내가 더 좋은 조건을 제시할 여지가 있었을 수 있다.
- **나의 제안과 상대의 역제안을 두고 서로 반씩 양보한 경우** : 이는 단순 절충으로, 진정한 윈윈이 아닐 수 있다.
- **양측이 모두 다섯 번 이하로 제안을 주고 받은 경우** : 충분한 협상이 이루어지지 않았을 가능성이 있다.
- **내가 상대방에게 질문을 하지 않은 경우** : 상대의 속마음을 이해하지 못했을 수 있다.
- **상대방이 내게 질문을 하지 않은 경우** : 상대가 내 속마음을 이해하지 못했을 수 있다.
- **서로 제안을 수정이나 역제안해보지 않은 경우** : 제안에 대해 충분히 논의되지 않았고, 이렇게 합의하였다면 한쪽이 더 많이 이긴 윈루즈 합의일 가능성이 크다.
- **상대에게 나의 제안이나 욕구, 속마음을 알리지 않은 경우** : 진정한 대화가 이루어지지 않았다.
- **상대가 내게 자신의 제안이나 욕구를 알리지 않은 경우** : 상대방도 속마음을 드러

28 Thompson (2009), p.87

내지 않았다.

- **단 하나의 이슈만 가지고 협상한 경우** : 협상의 여지가 제한적이었을 수 있다.
- **둘 이상의 이슈가 있었으나 각각 따로 협상한 경우** : 전체적인 관점에서 윈윈을 이루지 못했을 수 있다.

2. 윈윈을 못하는 이유

앞에서 우리는 윈윈과 절충의 차이점을 살펴보았지만 현실에서는 **절충을 윈윈으로 잘못 알고 있는 경우**가 많다. 갈등이 생기면 일단 서로 반씩 양보하여 중간선에서 타협을 하자고 제안하고, 그렇게 합의를 도출하고 좋은 협상이었다고 만족할 수 있다.

이런 오해를 포함하여 윈윈을 못하는 이유가 다양하게 있다. 뒤에서 자세히 설명하겠지만 여기서는 주요한 것들만 간단히 살펴본다.

가. 협상의 본질에 대한 잘못된 인식

- **절충의 함정** : 많은 사람이 절충을 윈윈으로 잘못 알고 있다. 그래서 "내가 이만큼 양보할테니 당신도 이만큼 양보해서 서로 중간선에서 타협합시다"라는 식으로 절충을 시도한다. 윈윈은 당사자 각자 원하는 것을 모두 얻는 것이다.
- **제로섬 게임의 함정** : 이것은 '**고정된 파이 오류**'라고도 한다. 상대방과 나눠야 할 파이가 고정되어 있으므로, 협상을 통해 내가 무조건 더 가져와야 한다는 고정관념이 그것이다. 이렇듯 '협상=윈루즈'라는 등식을 머릿속에 갖고 상대를 대하게 된다면, 윈윈은 상상조차 할 수 없는 것이 된다.
- **'극대화(상호 욕구 충족)'가 아니라, '만족'에 그침** : 사람들이 의사결정을 할 때 모든 정보를 수집하고 그것을 분석하여 최상의 결정을 내리면 좋겠지만, 실제는 그렇게 하지 않는다. 즉, 우리의 의사결정은 '제한된 합리성(bounded rationality)'을 기반으로 하고 있다.[29] 예를 들어, 새로운 스마트폰을 구매할 때 모든 옵션을 비교할 시간이 없거나 정보를 다 알 수 없으므로, 완벽하게 좋은 것이 아니라 '적당히' 좋은 것

29 노벨 경제학상 수상자 허버트 사이먼(Herbert Simon) 교수는 사람들이 정보의 제한, 인지능력의 한계, 시간의 제약 등으로 인해 '제한된 합리성(bounded rationality)'을 기반으로 결정을 내린다고 주장했다.

을 선택하게 된다. 협상에서도 제한된 합리성이 보이는데, 양측이 윈윈을 위해 끝까지 노력하는 대신 적당한 선에서 타협을 해버리거나 중도에 포기하고 결렬을 해버리는 것이 이에 해당한다. 특히 친한 관계에서는 최선의 결과를 얻기 위해 오래 협상하는 것이 아니라 오히려 빨리 타협을 해버는 경향이 있다. 부부나 연인끼리 협상은 대개 '만족'하는 선에서 끝나고, 심지어 첫 제안 단계에서 끝나는 경우도 허다하다. 서로 모르는 사람 간에 윈윈을 더 잘한다고 알려져 있다.[30]

- **합의에 대한 강박관념** : '협상을 통해 반드시 합의에 이르러야 한다'는 강박관념 때문에 너무 많이 양보하거나, 결렬이 더 나은 상황임에도 불구하고 타협해버리는 경우가 있다. 결렬도 하나의 전략이라는 사실을 모르는 것이다.

나. 상대방에 대한 잘못된 인식

- **'상대방 = 적'이라는 고정관념** : 협상 상대를 적이라고 보는 고정관념도 많이 가지고 있다. 그 결과 서로 주장하는 바가 사실은 서로에게 이익이 되는 것인데 그것을 못 보고 자기 주장만 하다가 윈루즈로 빠지거나 결렬해버린다. 예를 들어, 5,000여 명을 대상으로 한 32가지 협상 상황을 분석한 연구 결과를 보면, 서로 공통의 이익이 있음에도 대상자의 50%가 이를 인지하지 못하였고, 그 중 약 20%는 아예 루즈루즈(lose-lose)로 진행하였다고 한다.[31]
- **선입견** : 사전에 상대방에 대해 잘못된 정보나 부정적인 이미지를 가지고 있으면 그 사람과 협력하는 방식으로 갈등을 풀어갈 수 없다.

다. 윈윈 협상 기술의 부족

- **협상 기술 문제** : 윈윈을 위한 협상 기술을 갖추지 못하면 서로 욕구를 만족시킬 수 있는 해결책을 찾지 못한다. 윈윈을 잘하려면 창의적인 발상을 잘할 수 있어야 한다.
- **소통 기술 부족** : 상대방과 대화를 하면서 상대의 감정을 상하게 하거나 거짓말을 하는 것처럼 보이는 것은 절대 금물이다. 경청과 공감 능력은 윈윈의 기본 덕목이지만 많은 사람들이 이것을 잘 못한다.

30 Fry, Firestone, & Williams (1983) 참고

31 Thompson & Hrebec (1996) 참고.

- **협상 결과에 대한 피드백 부족** : 협상이 끝나면 처음부터 복기하고 실수를 반성하고, 새로운 전략을 짜보는 습관을 기르면 협상력을 키우는 데 큰 도움이 된다.
- **윈루즈의 습관화** : 항상 윈루즈 방식으로 협상해온 사람들은 윈윈이 가능하다는 사실을 모르거나, 알더라도 시도하지 않는다. 예를 들어, 노동조합이 이런 습관에 젖어 있을 수 있는데, 파업을 노동조합의 주요 임무라고 보는 조합이 있다. 그런데 파업을 한 뒤에 얻은 결과가 파업 없이 얻은 결과와 유사한 수준이라는 연구 결과가 있듯이 파업의 효과는 기대 이하라고 봐야 한다.[32]

라. 부족한 준비 및 전략

- **목표 설정 미흡** : 상대를 만나기 전에 명확한 목표를 설정하지 않으면, 협상 과정에서 방향을 잃거나 원하는 결과를 얻지 못할 가능성이 크다.
- **대안 부족** : 결렬시최선책(BATNA: Best Alternative to a Negotiated Agreement), 즉 협상 결렬 시 시행할 수 있는 최상의 대안을 사전에 확인하고 있어야 한다. 만약 그 대안이 좋지 않다면 시간과 노력을 들여서 더 좋은 것을 만들어놓고 협상에 임해야 한다.
- **협상전략 미흡** : 상황에 맞는 적절한 협상전략을 사용하지 못하면, 상대방에게 유리한 결과로 협상이 끝날 가능성이 높아진다.

마. 감정적인 요소

- **감정적 대응** : 객관적인 대응을 하지 않고 감정적으로 대응하여 섣부른 결정을 내리거나 상대에게 공격적인 태도를 보이면 협력적 분위기를 만들 수 없고 그 결과 윈윈은 불가능해진다.
- **두려움** : 상대방에 대한 두려움이나 협상 자체에 대한 불안감 때문에 자신의 입장을 제대로 주장하지 못하거나, 상대방에게 쉽게 양보하는 경우가 많다.
- **욕심** : 협상은 상대방이 있는 게임이다. 지나치게 자신의 이익만 추구하려는 욕심은 상대방과의 갈등을 심화시킬 뿐이다.

32 Keenan & Wilson (1993), Roth (1993) 참고

바. 구조적인 문제

- **협상 시한 문제** : 협상 시간이 부족하면, 서로의 입장을 충분히 이해하고 합의점을 찾기 어려워 윈윈을 달성하기 힘들어진다.
- **정보 비대칭** : 정보 비대칭은 협상과 관련된 정보가 한쪽에만 집중되어 있고 상대방을 잘 모르는 경우를 의미하는데, 이렇게 되면 정보가 부족한 쪽은 불리한 상황에 놓여 윈루즈가 갈 가능성이 높다.
- **문화적 차이**: 서로 다른 문화적 배경을 가진 사람들 간의 협상에서는 문화적 차이로 인해 오해가 발생하거나 의사소통에 어려움이 있을 수 있다.

V. 속마음을 상대에게 알릴 때 주의 사항

협상 중에 상대방에게 내 속마음을 알려줄 것인지 여부를 정하는 것은 매우 어렵다. 그러나, 협상은 **상호주의**, 즉 서로 주고받는 관계를 바탕으로 이루어지기 때문에, 상대방이 나에게 정보를 알려주면 나도 그에 상응하는 정보를 알려주면서 신뢰 관계를 유지하는 것이 중요하다.

연구에 따르면, 본인의 정보를 상대에게 알려주면 상대도 그 자신의 정보를 본인에게 알려주는 경우가 연구 참여자의 40%인데, 본인의 정보를 알려주지 않았음에도 상대가 그 자신의 정보를 알려주는 경우는 19%에 불과하였다.[33] 그러나 현실에서는 내 속마음을 상대에게 말해주다가 자칫 역이용당할 수 있어 함부로 할 수 없는 문제다.

만약 내 속마음을 알리고자 한다면, '**구체적으로 알려야 한다**'는 점을 명심해야 한다. 예를 들어, 아래 A와 같이 하는 것보다 B처럼 구체적으로 하는 것이 더 좋다.

> A : "생산량보다 품질이 내게 더 중요합니다. 그렇지만 둘 다 고려합니다."
> B : "생산량 10% 올리는 것보다, 품질 50% 올리는 것이 내게 더 중요합니다."

또한, 내가 알려주는 정보를 상대가 역이용할지 모른다는 걱정이 들 때는 **내 정보를 먼저 알려줘서는 안 된다**. 특히 일방적으로 내 정보를 상대에게 주기만 하면, 역이용당할 확률이 아주 높다. 그리고 일방적으로 내 정보를 주기보다 상대의 정보를 물어보는 것에 치중하는 경우에 협상 성과가 더 좋고, 윈윈도 많이 이끌어낸다는 연구 결과가 있다.[34]

요약하면 아래와 같다.

- 협상 **초반**에 내 정보를 **일방적**으로 제공하면 역이용당할 가능성이 크다.
- 협상 초반에는 탐색만 하다가 **윈윈의 가능성**이 보이면 그때 가서 내 정보를 알려주는 것이 현명한 방법이다.
- 상대가 어떤 **협상 스타일**인지 파악하는 것이 필요한데, 만약 경쟁형이라면 함부로

33 Thompson (2009), p.102 참고
34 상동

속마음을 터놓지 말아야 한다.

- **윈루즈 상황**이라면 속마음 터놓기는 아주 조심스럽게 해야 한다. 상대의 협조를 전혀 기대할 수 없다면 내 속마음을 알려줄 이유가 전혀 없다.

4

윈루즈에서 이기는 전략

I. 윈루즈 전략의 기본 원리

윈루즈(win-lose)는 협상에서 한쪽이 이익을 얻고 상대방은 손해를 보는 상황을 의미한다. 예를 들어, 친구와 피자 한 판을 나눠 먹을 때 내가 더 많이 먹으면 친구는 그만큼 적게 먹게 되는 상황이나, 상인이 물건을 팔 때 이윤을 더 많이 남기면 구매자는 그만큼 비싸게 물건을 사게 되는 상황이 대표적인 윈루즈에 해당한다. 이렇게 보면 대부분의 협상은 이런 윈루즈에 해당된다고 볼 수 있다.[35]

1. 이기는 방법의 기본 원리

윈루즈에서는 상대방보다 더 많은 이익을 거둬서 이기는 것이 목표이기 때문에 이기는 방법을 알아야 한다. 그 기본 원리는 다음과 같다.

① 요구 수준을 최대한 높게(낮게) 설정하기

협상에서 성공하려면 자신의 요구 수준을 최대한 강하게 설정해야 한다. 예를 들어, **판매자는 가격을 최대한 높게** 부르고, **구매자는 최대한 낮게 부르는** 것이다. 만약 요구 수준을 처음부터 자신의 목표 수준에 맞추면, 그 목표는 달성하기 어렵다. 협상하는 중에 서로 양보를 해야 하는데, 양보의 출발점이 자신의 목표 수준이라면 이미 그 목표는 달성하기 불가능하게 되기 때문이다. 예를 들어, 구매자가 10만 원에 사려는 목표를 세웠다면 요구는 목표보다 더 낮은 9만 원으로 해야 양보를 하더라도 10만 원에 가까운 가격에 살 수 있다.

다만, 과도한 요구는 상대방을 포기하게 하거나 신뢰성을 의심하게 할 수 있으므로 근거 있는 수준에서 강하게 요구해야 한다.

35 윈루즈 협상은 다른 말로 분배적 협상 또는 제로섬(zero-sum) 협상이라고도 한다.(제1장을 참고)

② 상대방의 저항선을 변경하도록 유도하기

저항선은 **양보할 수 있는 하한선**을 의미한다. 그러므로 **저항선이 높으면 양보나 타협하기 어렵다**. 만약 상대방의 저항선이 높게 책정되어 있는 것으로 보이면 상대가 양보를 거의 안 할 것으로 예상해야 한다. 그렇다면 내가 해야 할 일은 상대방으로 하여금 저항선을 낮추도록 유도하는 것이다.

예를 들어, 중고차 구매자가 600만 원 이상이면 절대 사지 않을 것으로 보이는 상황에서(즉, 저항선이 600만 원), 만약 판매자가 600만 원 넘는 가격에 팔고 싶다면 구매자의 저항선을 600만 원 이상으로 올리는 작업을 해야 한다. 예컨대, 구매자에게 다른 매장에 가더라도 600만 원으로는 절대 구매할 수 없고 700만 원 이상은 줘야 한다는 점을 근거를 들어 보여주거나, 다른 매장의 실제 판매가가 600만 원이 넘는다는 사실을 인터넷 검색하여 보여주는 등의 방법으로 설득할 수 있다.

③ 본인의 저항선을 조정하기

협상 중에 상대방의 목표와 저항선, 결렬시최선책(BATNA)을 파악하게 되면, 이 정보를 반영하여 처음 생각했던 나의 저항선을 조정할 필요가 있을 수 있다. 내가 설정한 저항선이 너무 낮았다면 높여야 하고, 반대로 너무 높았다면 낮출 필요가 있다.

예를 들어, 중고차를 구매하러 온 손님이 예상 밖으로 높은 가격을 지불할 것으로 보인다면, 판매자는 처음 마음먹었던 저항선을 더 높여서 높은 가격에 팔도록 한다. 예컨대, 판매자는 원래 700만 원이 저항선인데, **구매자가 750만 원까지는 지불할 의사가 있어 보이면**, 판매자는 저항선을 700만 원으로 계속 갈 것이 아니라 750만 원으로 올려서 결국 750만 원에 팔아서 더 많은 이익을 거둔다.

④ 이번 합의가 최선의 것이라고 믿도록 하기

일단 합의가 성립되었다면, 상대방이 **그 합의를 잘 이행하도록** 해야 한다. 그렇게 하기 위해서는 첫째, 상대방이 이번 합의가 최선이었다고 생각하도록 만들어야 하며, 둘째, 설사 내가 이익을 더 많이 봤더라도 기분 좋다는 표정이나 행동을 하지 말아야 한다. 상대방이 자신이 손해를 봤다고 느끼거나 내가 만족해한다는 것을 알아차리게 되면 합의를 번복하거나 이행하지 않을 수 있기 때문이다. 물론 합의서에 이런 경우에 대비하여 위약금과 같은 조항을 넣긴 하지만, 새로운 갈등을 일으키는 것보다 바로 이행하게 하는 것이 더 나은 방법이다.

2. 상대방의 저항선을 낮추는 방법

상대방의 저항선을 낮추는 방법은 우선 그 저항선이 어느 정도인지 알아내고, 이어서 그것을 변경시킨다.[36]

가. 상대방의 저항선을 알아내기

상대방의 저항선을 파악하기 위해서는 다음 네 가지 사항을 분석해야 한다.

① 상대방이 이 협상을 통해 얻게 되는 결과물에 부여하는 가치

협상에서 얻고자 하는 것은 협상 목표에 해당된다. 상대방이 이 목표를 꼭 얻어가야 할 정도로 가치가 크다고 여기면 양보를 잘하려고 하지 않고, 따라서 그의 저항선은 높게 설정된다.

② 협상이 지연되거나 교착 상태에 빠졌을 때 상대방이 입게 되는 손실

이 손실이 클수록 상대방은 협상을 빨리 마무리하고 싶어 하므로 그의 저항선은 낮아진다. 이를 잘 파악하면 협상을 내가 주도적으로 이끌어 갈 수 있다.

③ 협상이 결렬될 때 상대방이 입게 되는 손실

결렬로 인한 손실이 클수록 상대방은 내 요구에 순응하고 결렬을 피하려고 할 것이므로 그의 저항선은 낮아진다.

④ 나의 이익과 손실에 대한 상대방의 인식

상대방은 내 상황에 대해서도 예상해보고 전략을 구상하기 때문에 이 점도 함께 고려해야 한다. 내가 이 협상으로부터 얻게 될 예상 이익과 협상 지연이나 결렬이 되었을 때 내가 입게 되는 손실 등에 대해서 상대방이 얼마라고 추산하는지 파악한다.

36 이하 설명은 Lewicki, Saunders, & Minton (1999), chapter 3을 참고함

한편, **상대방 저항선을 알아내기 위해 흔히 사용하는 수법**은 다음과 같다.

① 간접적으로 알아내는 방법

상대가 협상 목표와 저항선을 정하기 위해 사용했을 것으로 예상되는 정보들을 수집한다. 예를 들어, 부동산 매매의 경우 매물이 나와 있는 기간, 공시지가, 시가, 매매 시기, 매입자의 재정 상태, 주변 시세 등을 파악함으로써 매물의 적정 가격을 추정할 수 있다.

② 직접적으로 알아내는 방법

상대에게 질문하거나 실토하게 하여 정보를 직접 알아낸다. 상대가 협상에 미숙하거나 본인의 급한 사정 때문에 속마음을 솔직히 털어놓는 경우도 있다. 우호적인 관계를 형성하면 속마음을 드러낼 수도 있으므로 상대와 친분을 나누는 시간을 충분히 갖는 것도 도움이 되고, 거꾸로 상대방의 감정을 자극하여 속내를 드러내게 하는 방법도 쓴다.

사실 사람의 속마음을 다 알아내기는 쉽지 않다. 상대가 노련하거나 표정 관리를 잘하는 사람이면 그의 진심을 알아내기가 더욱더 어렵다. 오히려 상대에게 말려들어서 내 속마음을 드러낼지도 모른다. 결국 많은 **연습**과 **실전**을 통해 **열린 질문**을 하고 **심층적으로 질문하는 법**을 터득해야 한다.

나. 상대방의 저항선을 변경시키기

상대방의 저항선을 대략 파악하였다면 다음 단계는 그것을 내게 유리하게 변경시키는 작업에 들어간다. 그 구체적인 방법 4가지는 다음과 같다.

(1) 상대방이 협상 결과에 부여하는 가치와 결렬 시 입게 될 손해로 설득한다.

상대방이 협상 결과를 중요하게 여기면 이번 협상을 꼭 성사시키겠다는 생각을 강하게 가지고 있다. 즉 결렬되면 큰 손해를 본다는 의미가 된다. 그렇다면 상대에게 결렬의 가능성을 가지고 회유하거나 협박할 수 있다. 혹은 협상을 고의로 지연시켜도 상대는 조바심이 나서 양보하게 되고 저항선도 낮추어 타협하려고 할 것이다.

(2) 나의 속내를 정확히 파악하지 못하게 한다.

이는 협상 초기에 유용한 전술인데, 상대방이 나의 진짜 속내가 무엇인지 헷갈리게 만드는 것이다. 즉, 내가 가진 정보를 제공하지 않고 동시에 내가 과장하여 제시한 요구가 마치 내가 진짜 원하는 것으로 생각하도록 만든다. 이런 식으로 대화하는 과정에서 나는 상대방에 대한 정보를 수집하고, 나의 저항선을 재평가하고 전술을 수정할 수 있는 시간을 번다.

다음은 나의 속마음을 숨기는 **4가지 연막전술**이다.

① **침묵하기** : 말실수를 조심하고 꼬투리 잡히지 않도록 하며, 즉각 반응을 자제함으로써 상대를 조급하게 만든다.
② **무능하게 보이기** : 상대가 우위에 있는 것처럼 착각하게 하여 실수를 유도한다.
③ **상대방을 관찰하기** : 협상팀으로 나갈 때는 대표자만 말하고, 다른 팀원은 말하지 않고 듣고 관찰만 한다. 그러면 상대는 이쪽의 정체를 파악하기 어렵다.
④ **잡탕 만들기** : 불필요한 이슈들을 추가하여 이쪽의 진짜 이슈를 모르게 한다.

협상 중반에 들어가서는 상대방이 **내 속마음에 대해 알고 있는 인식을 바꾸는** 작업도 한다. 이를 위해, 다음의 방법을 쓸 수 있다.

① **나에게 유리한 정보**만 선별하여 알리거나 뒤로 흘린다.
② 알려진 사실을 나에게 유리한 방향으로 **조작하여** 상대를 직접 설득한다. 그런데 이미 알려진 사실을 조작할 때는 내가 중립적이고 합리적인 사람으로 보여야 먹혀든다. 한편, 사실 조작은 발각될 경우 윤리적인 문제와 결렬 및 보복의 가능성이 큰 전술이므로 매우 조심해야 한다.
③ 사실, 제안, 가능한 결과물 등에 대해 **감정적인 반응**을 보인다. 예를 들어, 실망하는 반응, 무관심한 반응, 적극적인 관심, 격한 표정 보이기 등을 쓸 수 있다.

(3) 상대방이 자신에 대한 인식을 바꾸도록 만든다.

상대방이 **자신에 대해 잘못 알고 있음**을 상기시켜 저항선을 바꾸게 한다. 이에는 두 가지 방법이 있다.

① 상대의 목표가 **사실은 좋은 것이 아닌 것처럼** 느끼게 만들거나, 그것을 달성하려면 비용이 아주 많이 들고, 내 제안이 더 매력적인 것으로 보이게 만든다.
② 상대가 **고려하지 않은 변수들**을 크게 부각시키거나, 상대가 원하는 것을 얻더라도 사실은 좋은 것이 아니라는 점을 논리적으로 설명한다.

(4) 협상의 지연 또는 결렬에 따른 실제 비용을 조작한다.

협상의 **마감 시한이 임박한 쪽**이 타결을 서두르게 마련이다. 여러 사례연구에서 투쟁적 협상은 최종시한이 임박한 시점에 가서 타결된다고 하였다. 따라서 여유가 있으면 합의를 지연시키거나, 최종시한을 조작하는 것이 유효한 전술이다.

협상의 지연 또는 결렬에 따른 실제 비용을 조작하는 전술도 사용하는데, 아래와 같은 방법들을 쓴다.

① **사업 방해** : 빨리 합의하지 않으면 사업상 손해를 입는다는 점을 강조한다. (예, 자동차 구입 후 하자를 고쳐주지 않으면 그 사실을 SNS에 계속 올린다.)
② **외부 세력과 연대하기** : 시민단체나 전문가집단을 활용한다.
③ **협상 스케줄 조정하기** : 자신에게 유리한 날짜, 시간에 회의를 개최하고 진행을 최대한 지연시킨다.

II. 윈루즈에서 이기는 전술

협상에서 상대방을 몰아붙여 이길 수 있는 전술이 여러 가지 있다. 나도 그런 전술을 쓸 수 있지만, 상대방도 쓸 수 있으므로 이에 대비하는 것이 중요하다. 아래는 몇 가지 주요한 강경 전술과 그에 대한 대처 방법을 살펴본다.[37]

1. 극단적인 요구 후 느리고 작은 양보

이 전술은 협상 초기부터 매우 높은 요구를 제시하고, 이후 양보를 최대한 늦추거나 아주 조금씩만 하는 것이다. 이는 매우 일반적인 강경 전술로, 단점은 협상 타결을 어렵게 하거나 협상을 지연시킬 수 있다는 것이다.

상대가 이런 전술로 나오면 다음과 같은 방법으로 대응한다.

- 자신의 목표와 저항선을 명확히 파악한다.
- 상대가 무리하게 요구할 때는 나의 결렬시최선책(BATNA)를 잘 이해하고, 협상을 계속할지 결렬할지 판단한다.
- 상대방의 요구에 과도하게 반응하지 말고, 차분하게 내 입장을 유지한다.

2. 제한적 재량권

제한적 재량권 전술은 자신에게 재량권이 별로 없어서 자신이 직접 양보나 타협할 수가 없다고 주장하는 것이다. 예를 들어, 공급업체 영업담당자가 "우리 **회사의 정책** 때문에 이 가격 이하로는 거래할 수 없다"고 주장하는 방법이다. 이는 자신의 권한이 제한적이라는 점을 보여서 오히려 협상력을 높이려는 시도이다.

37 Mnookin et, al. (2004) 참조

상대의 이런 전술에는 다음과 같이 대응하는 것이 좋다.

- 상대방의 주장이 진실인지 확인하기 위해 더 높은 권한을 가진 사람과의 대면을 요청한다.
- 상대방의 제한된 권한에 대해 구체적으로 질문을 던져 진위를 파악한다.

3. 일방적 양보만 강요

이 전술은 상대방의 제안에 대해 아무런 응답을 하지 않거나, 그가 더 양보하면 그때 반응을 보이겠다고 하여 그가 참지 못하고 양보하게 만드는 방식이다. 이것은 상대방이 스스로 양보하도록 유도하는 전술이다.

예를 들어, 직원이 급여 3% 인상을 요구했을 때, 사장은 아무런 대답을 하지 않음으로써 그 직원 스스로 2% 인상으로 수정하게 만들거나, 사장이 "자네가 먼저 추가 업무를 처리하면 인상을 고려해 보겠다"고 말해 그 직원이 포기하고 먼저 추가 업무를 하도록 유도하는 방법이다.

상대방이 이 전술을 쓰면 다음과 같이 대응한다.

- 상대방이 먼저 반응을 하지 않으면, 나도 추가적인 양보를 하지 않도록 한다. 그리고 반응을 기다리고 있음을 상대에게 분명히 알린다.
- 내가 양보를 먼저 하기 전에 나의 양보에 대해 상대방이 줄 수 있는 양보에 대해 밝힐 것을 요구한다. 예를 들어, "제가 추가 업무를 처리한다면 구체적으로 어떤 조건에서 급여 인상이 가능한가요?"라고 물어본다.

4. 계속 몰아붙이기

이 전술은 상대에게 점점 더 큰 요구를 하거나 압력을 가해 상대를 코너로 몰아붙이는 방식이다. 상대가 결국 양보할 것이라고 믿고, 요구를 점점 더 강화하며, 그 결과 압박감을 느끼고 굴복하도록 유도한다. 이는 내가 더 강한 위치에 있으며, 상대로 하여금 본인이 불리한 입장에 있다는 인식을 갖도록 유도하는 것이다.

상대방이 이 전술을 쓰면 다음과 같이 대응한다.

- 상대방의 행동이 지나치다고 명확히 알린다. 예를 들어, "당신이 계속해서 요구를 높이는 것은 이 협상을 깨자는 것으로 보인다."라고 말한다.
- 협상은 서로 양보를 주고 받아야 한다는 점을 강조하고, 상대방에게도 양보를 요구한다. 예를 들어, "일방적으로 가격을 계속 깎아내리지만 말고, 제가 양보한 가격에 대해 당신도 양보하셔야죠. 어느 정도 양보하시겠어요?"라고 묻는다.
- 냉정하게 대응한다. 상대방의 위협에 흔들리지 말고, 냉정하게 대응하면서 논리적으로 반박합니다. 예를 들어, "당신이 제안한 가격은 시장 가격보다 훨씬 높습니다. 저는 시장 가격에 맞는 제안이면 받아들이겠습니다."라고 말한다.
- 결렬에 대비한다. 협상이 결렬되더라도 다른 대안이 있다면 강한 입장을 유지할 수 있다. 따라서 나의 결렬시최선책(BATNA)를 분명히 알고 시작한다.
- 일시 중단한다. 협상 중 상대방의 요구가 지나치게 과도하다고 느껴질 때는 잠시 협상을 중단하고 생각할 시간을 갖는다. "제가 이 제안을 다시 검토할 시간이 필요합니다. 내일 다시 이야기합시다."라고 말하고 자리에서 일어선다.

5. 개인적인 모욕과 감정 자극

모욕하거나 약점을 건드리고 불안감을 자극하여 상대를 움츠러들게 만드는 전술이다. 예를 들어, 상대방에게 "당신은 이 일을 할 능력이 없는 것 같다"는 식으로 모욕을 주는 것이다. 이는 상대방을 심리적으로 압박하여 우위를 점하려는 전술이다.

상대방이 이 전술을 쓰면 다음과 같이 대응한다.

- 상대방의 도발에 당황스러우면 잠시 고개를 돌려 심호흡을 한 후, 다시 냉정하게 협상에 임한다.
- 모욕적인 발언을 더 이상 용납하지 않을 것임을 분명히 알린다.

6. 허풍, 과장, 거짓말

사실을 과장하거나 왜곡하여 상대방을 위축시키는 방법이다. 허풍을 떠는 전형적인 예는 "어떤 희생을 치르더라도 목표를 달성할 것이다."라고 강조하는 것이다. 법원에서 흔히 보이는 허세는 "변호사 비용에 상관없이 무조건 대법원까지 가서 나의 정당함을 증명받겠다."라고 큰소리치는 것이다. 그러나 이런 사람들은 대부분 얼마 지나지 않아 꼬리를 내리고 잘못을 빌거나, 약간의 합의금만 주면 쉽게 합의한다.

이렇게 나오는 상대방에 대한 대응 방법은 다음과 같다.

- 상대방의 의도와 진심이 어디에 있는지 질문과 경청을 통해 잘 파악한다.
- 상대방 제안이 너무 좋아 보이면 일단 의심하고 신중히 조사한다.
- 상대방의 주장에 대한 증거를 요구하고, 사실 확인을 철저히 한다.

7. 상대방의 결렬시최선책을 깎아내리기

상대방의 결렬시최선책(BATNA)이 별 것 아니라는 식으로 깎아내려서 기죽기를 바라는 전술이다. 예를 들면, 내가 상사에게 급여 인상을 요구하며 다른 회사로 가면 더 좋은 급여와 근무조건을 확보할 수 있다고 주장할 때, 상사가 "자네가 잘못 알고 있구먼. 다른 회사에 가봤자 더 나은 조건도 없고 안정적이지도 않아."라고 말하는 것이다. 상사는 다른 회사의 제안이 현실적이지 않거나 신뢰할 수 없다는 점을 강조하여, 나의 의지를 꺾고 협상에서 우위를 점하려는 전술이다.

대응은 다음과 같이 한다.

- 자신의 결렬시최선책(BATNA)이 어느 정도인지 명확히 알고 있어야 하고 이를 흔들리지 않게 유지한다.
- 상대방에게 주장의 근거를 요구하고, 나의 입장을 논리적으로 설명한다.

8. 시간 끌기

협상을 지연시키면서 지치게 만드는 전술이다. 시간 끌기는 상대방의 인내심을 시험하고, 협상의 주도권을 차지하려는 전술이다.

이에 대응하려면 협상 일정을 명확히 하고, 정기적으로 진행 상황을 점검해야 한다.

9. 분열과 지배

분열과 지배(divide and rule) 전술은 상대방의 협상 팀원 간에 불화가 생기게 유도하여 그들이 통일된 협상전략을 수립하지도 못하고 추진도 못하게 만드는 방법이다. 나아가 그들의 내부 사정이 복잡하여 협상 팀원 간에 의견 차이가 있음을 간파한 경우 그것을 이용하여 굴복을 유도한다.

상대가 이 전술을 구사한다면, 이쪽에서는 내부 의견을 통일하고, 필요하다면 외부 전문가의 도움을 받아 협상에 임해야 한다.

10. 협박

협박은 '상대방이 요구에 응하지 않으면 벌을 주겠다고 위협하는 행위'를 의미한다. **협박**(threat)은 말로만 벌을 주겠다고 하는 것이고, 실제로 벌까지 주는 것은 **괴롭힘**(harassment)이라고 한다.[38] 예를 들어, 엄마가 아들에게 "당장 게임을 멈추지 않으면 오늘 저녁밥은 없다."라고 말했지만, 결국 저녁을 주었다면 이는 협박이다. 반면에 정말로 저녁을 주지 않았다면 괴롭힘에 해당한다.

가. 협박의 효과

협박은 무엇보다 상대로 하여금 양보를 하게 하고, 내 제안을 받아들이도록 하여 합의

38 영어권에서는 협박(threat)과 harassment를 구분하지만 한국어에는 harassment에 해당되는 적합한 단어가 없어서 괴롭힘 또는 애먹임으로 번역하였다.

하도록 만드는 효과가 있다. 또한 상대가 협상장에 나와 문제를 직접 해결하지 않고 뒤에서 불평이나 하고 언론 플레이를 하는 경우에도 협박을 이용하여 협상장에 나오게 만들 수 있다.

나. 협박의 효과를 높이는 방법

협박은 정도의 차이가 있지만 일상생활에서도 많이 쓰고 있고, 협상에서도 간혹 쓴다. 그런데 협박은 말만 하는 것이므로 그 효과는 의문스럽다. 협박의 효과를 키우려면 다음 두 가지 조건을 갖추어야 한다.

① **벌칙이 무거울 것** : 벌칙이 심각할수록 협박의 효과가 크다. 예를 들어, 말 듣지 않는 아이에게 "내 말 안 들으면 혼난다!"보다 "내 말 안 들으면 용돈 깍는다!"가 더 엄하게 느껴진다. 한편, 벌칙이 매우 심각한 경우에는 실행 가능성이 낮더라도 여전히 큰 효과를 가질 수 있다. 예를 들어, 적국을 상대로 '핵공격'을 하겠다고 협박하면, 실행 가능성이 낮더라도 상대방이 느끼는 두려움은 매우 크다.

② **벌칙이 실제로 실행될 가능성이 높을 것** : 상대방이 벌칙이 실제로 실행될 가능성이 높다고 느낄수록 협박의 효과가 커진다. 이때 실행 가능성은 객관적인 것이 아니라 상대방이 느끼는 인식의 정도다. 예를 들어, '한다면 꼭 하는' 사람이 협박을 하면 벌칙이 가해지리라는 실행 가능성은 높게 인식된다.

다. 협박의 실행 가능성을 높이는 방법

협박이 실제로 일어날 것처럼 보이게 하려면 다음과 같은 방법을 사용할 수 있다.

① **언행이 일치하는 사람** : 항상 말한 대로 행동하는 사람이 협박할 때, 상대방은 그 협박이 실제로 실행될 것이라고 믿게 된다.

② **벌칙을 실행할 수 있는 자원이나 권한을 가진 사람** : 벌칙을 실행할 수 있는 자원이나 권한이 있는 사람이 협박할 때, 상대방은 그 협박이 실제로 일어날 가능성이 크다고 느낀다. 예를 들어, 엄마가 "이 숙제를 밥 먹기 전에 끝내지 않으면 밥을 안 주겠다"라고 말하면, 그 협박은 실제로 일어날 가능성이 크다고 느끼게 된다.

③ **지위가 높은 사람** : 높은 지위에 있는 사람이 협박할 때, 상대방은 그 협박이 실제로

일어날 것이라고 더 크게 느낀다. 예를 들어, 사장이 "이 일을 주말까지 끝내지 않으면 해고하겠다."라고 말하면, 팀장이 같은 말을 했을 때보다 더 큰 위협으로 느껴질 것이다.

④ **무서운 외모나 태도를 가진 사람** : 예를 들어, 온몸에 문신을 한 험악한 사람에게 협박을 당하면 상대방은 그 협박의 실행 가능성이 크다고 느낀다.

⑤ **협박이 협박하는 사람에게도 손해를 주는 경우** : 만약 협박을 하는 사람도 그것을 실행에 옮기면 손해를 본다면, 상대방은 그 협박이 실제로 **실행될 가능성이 낮다**고 느낀다. 예를 들어, "내 말을 듣지 않으면 죽인다"고 하는 협박은 실행에 옮길 경우 협박한 사람도 살인죄로 매우 엄한 처벌을 받을 것이므로, 상대방은 실행 가능성이 낮다고 느낀다.

라. 협박의 부작용

협박은 상대방에게 원한과 저항심을 불러일으킬 수 있다. 또한, 협박을 당한 사람은 협박하는 사람에 대한 존경심을 잃을 수 있으며, 협조하려는 마음이 줄어들게 된다. 상대방은 협박에 대응해 피하려고 하거나, 다른 사람들과 힘을 합쳐 저항할 수도 있다. 게다가 협박을 자주 사용하면 효과가 떨어지게 된다. 협박을 습관적으로 사용하면 상대방은 그것이 실제로 실행될 가능성이 낮다고 생각하게 된다.

협박을 너무 심하게 하면 법적인 문제로 이어질 수 있으므로 조심해야 한다. **협박죄, 공갈죄, 명예훼손죄, 업무방해죄** 등으로 처벌받을 수 있다. 최근에는 SNS를 통한 협박이 성행하는데, '**정보통신망 이용 협박죄**' (정보통신망법 제58조의4)에서 그런 것을 규제하고 있다. 여기에는 익명의 전화로 협박하는 행위, 인터넷에 **악성 댓글**을 달아 협박하는 행위, **문자 메시지**로 협박하는 행위 등이 해당된다.

마. 협박의 효과를 높이면서 동시에 부작용을 줄이는 방법

협박의 효과는 높이면서 동시에 상대방의 원한이나 저항을 줄이는 방법은 다음과 같다.

① 암시적인 협박

ㅇ 직설적인 겁박보다는 **암시적으로 벌칙을 알려줌**으로써 상대방이 스스로 깨닫게 한

다. 예를 들어, "내 말을 듣지 않으면 바로 공장 문을 닫게 하겠다!"라고 하지 말고 "내 말을 듣지 않으면 어떤 일이 일어날지 모르겠다."와 같이 에둘러 말한다.

- 상대방이 불리하다고 느낄 수 있는 상황이나 정보를 간접적으로 언급하여 압박감을 느끼게 한다. 예를 들어, "당신이 한 일을 누군가 알고 있다는 소문을 들었다."와 같이 말한다.

② 긍정적인 대안 제시

- 협박과 동시에 긍정적인 대안도 함께 제시하여 협력할 것을 권한다. 예를 들어, "내 말을 따라 협력한다면, 새로운 사업에 특별히 참여시키겠다."와 같이 제안한다.

③ 감정에 호소

- 상대방의 감정에 호소하면서 협조를 부탁한다. 예를 들어, "나를 좀 도와주면 좋겠다. 나는 당신을 해치고 싶지도 않다. 그런데 이 상황을 해결하기 위해서는 당신의 협조가 필요하다."와 같이 말한다.
- 공통의 적이나 위협을 설정하고, 그에 맞서 싸우기 위해서는 둘이 협력해야 한다고 호소한다. 예를 들어, "우리가 손을 잡지 않으면 저들에게 전부 빼앗길 거다. 나는 저들과 손잡기 싫다. 같이 힘을 합해보자"와 같이 말한다.

바. 협박에 대한 대응책

상대방이 협박을 해오는 경우 가장 유의해야 할 점은 겁을 먹거나, 감정적으로 맞대응하지 말고 차분하게 대처하는 것이다. 감정적으로 나가면 상대가 던진 미끼를 무는 꼴이 된다. 내가 감정적으로 흥분하면 실수하게 되고 내 속마음을 들키게 된다. 먼저 심호흡을 하고 안정을 찾은 뒤 다음과 같이 행동한다.

- 감정을 조절한다. 겁을 먹거나 화를 내지 말고 차분하게 보이는 것이 좋은 방법이다. 상대는 내가 흥분하길 기다리고 있다는 점을 명심하자. 예를 들어, "당신이 화난 것은 이해하지만, 차분히 논의합시다."라고 설득한다.
- 무시하고 넘어간다. 협박은 이쪽이 받아들일 때 효과가 나오기 때문에 무시해버리면 대부분 소용이 없어진다.

만약 상대의 협박을 무시할 상황이 아니면 다음과 같이 행동한다.

- 한계를 분명히 알린다. 무엇이 허용되는지, 무엇이 허용되지 않는지 명확히 알리는 것이 좋다. 예를 들어, "나는 그런 식의 협박을 용납하지 않을 것이다. 계속 그러면 이 대화를 끝내야겠다."와 같이 통보한다.
- 주변에 도움을 요청한다. 친구나 권위 있는 사람에게 도움을 요청한다. 협박에 대처하는 법을 아는 사람과 팀으로 상대하는 것도 좋은 방법이다. 그리고 다음과 같이 말한다. "당신 말이 협박으로 들리니 도움을 줄 사람에게 알려야겠다."
- 기록한다. 상대의 말과 행동을 기록한다. 그리고 다음과 같이 말한다. "당신의 말을 기록해서 증거로 남겨두겠다."

11. 괴롭힘

협박은 말로만 하는 것이지만, **괴롭힘**(harassment)은 요구를 따르지 않으면 **실제로 벌칙을 가하는 것**을 의미한다. 이 점에서 협박과 괴롭힘은 차이가 있다.

괴롭힘은 협박보다 더 강력한 효과를 가진다. 벌칙이 구체적이고 즉각적으로 가해지기 때문에, 피해자는 가해자가 곧바로 행동에 나설 것이라고 예상하게 된다. 따라서 실행 가능성이 매우 높게 인식된다.

다만, 피해자는 가해자의 요구를 따르면 벌칙이 가해지지 않을 것이라는 확신이 서야 그의 요구를 따를 것이다. 만약 피해자가 그 요구를 따랐음에도 불구하고 벌칙이 가해지면, 피해자는 가해자에게 반발하고 저항할 가능성이 크다.

괴롭힘은 효과가 강력하지만, 단점도 크다. 괴롭힘은 협박보다 더 큰 원한과 저항을 불러일으킬 수 있다. 또한, 법적으로도 협박보다 더 엄한 형사처벌까지 받을 수 있다는 점을 명심해야 한다. 결론적으로 괴롭힘을 통해 문제를 해결하는 것은 거의 불가능하며, 오히려 분쟁을 더 악화시키는 결과를 초래하게 된다.

12. 입장고수

입장고수는 협상에서 **자신의 입장을 고수하며 더 이상의 양보는 없다고 선언**하는 전

협상 Tip **최후통첩식 협상의 끝판왕 - 불워리즘(Boulwarism)**

1950년대~60년대 미국 GE의 노사관계 담당 임원이었던 러뮤얼 불워(Lemuel Boulware)는 노조와 단체교섭을 하면서 초강경 교섭방식을 구사하였다. 노동조합에 회사의 제시안을 주면서 그것을 받든지 아니면 회사에서 나가라("take-it-or-leave-it")고 일방적으로 통보하는 식이었는데, 그의 이름을 따 불워리즘(Bulwarism)이라고 불렸다.

이 방식은 다음과 같은 특징을 갖고 있었다.

· 회사가 일방적으로 제시한 최종안을 노조에 강요.
· 노조가 이를 수용하지 않으면 대체인력 투입, 직장폐쇄 등 강경 대응.
· 파업 시 절대 임금을 지급하지 않는 '무노동무임금' 원칙 고수.
· 노동조합 지도자들과의 협상보다는, 직접 노동자들과 소통하여 회사의 입장을 전달하고, 지지를 얻으려 노력. 이를 통해 노조의 영향력을 약화시킴.
· 노동자들에게 회사의 제안과 그 근거를 설명하는 교육 프로그램과 홍보 활동을 강화. 이를 통해 노동자들이 회사의 입장을 이해하고, 지지하도록 유도함.

이 방식을 통해 교섭 기간을 단축하고, 비용을 줄일 수 있었으며, 회사의 일관된 입장을 유지할 수 있었다. 그러나 이 방식에 대해 미국 노동위원회(National Labor Relations Board)는 성실한 교섭 의무 위반, 노동조합을 우회하여 노동조합 가입자에게 직접 호소하는 등 여러 가지 불공정 행위를 한 것으로 보아 와그너법(Wagner Act)과 국가노동관계법(National Labor Relations Act)을 위반하였다고 판정하였다.

략이다. 흔히 '**최후통첩**' 또는 '**받든지 말든지**'(take-it-or-leave-it) 전술이라고 한다. 이는 상대방이 무조건 수용하거나, 대폭 양보하도록 압박하기 위해 사용한다. 흔히 "내 말을 듣지 않으면 협상을 깨겠다."는 협박과 함께 사용한다. 이 전술의 전형적인 사례는 아래에 설명되어 있는 GE의 노동조합 대응 전술로 유명한 불워리즘(Boulwarism)에서 볼 수 있다.

가. 입장고수를 효과적으로 사용하는 방법

입장고수가 효과를 발휘하려면 다음과 같은 조건을 충족해야 한다.

o **협상 결렬이 상대에게 큰 부담이 되어야 한다** : 상대방이 협상 결렬로 인해 큰 손해를

보게 될 상황이어야 한다. 동시에, 입장고수하는 쪽은 큰 손해를 보지 않아야 한다. 본인에게 돌아오는 손해는 생각하지 않고 입장고수를 선언해버리는 사람들이 있는데 협상하는 사람으로서는 가장 피해야 할 행동이다.

- **유리한 결렬시최선책(BATNA)을 가지고 있어야 한다** : 나의 입장고수 선언이 설득력을 가지려면, 결렬되어도 내게 다른 좋은 대안이 있음을 보여줄 수 있어야 한다. 예를 들어, 중고차를 살 때, 700만 원 넘게는 못 사겠다고 선언했는데 판매자가 불응하면, 다른 판매자에게 가도 700만 원에 살 수 있음을 보여줄 수 있어야 한다.
- **규범적인 원칙이나 인생철학을 담아야 한다** : 내 입장이 단순한 가격 협상이 아니라, 어떤 원칙이나 인생철학에 기반하고 있음을 보여주면, 상대방은 내 입장이 아주 확고하다고 느끼게 된다. 예를 들어, 중고차를 살 때 판매자가 1,000만 원을 요구하는 경우에 그렇게 비싼 차는 나의 인생철학에 맞지 않고 700만 원 정도의 중고차면 내 형편에 족하다는 주장을 펴서 내 입장이 확고하다는 점을 보여줄 수 있다.
- **양보가 나에게 큰 손해를 가져온다는 점을 강조해야 한다** : 내가 양보하면 나 자신이 큰 손해를 보게 될 것이라는 점을 상대방에게 인식시키면, 상대방은 내가 쉽게 물러서지 않으리라고 생각하게 된다. 그 결과 상대방은 내 요구를 받아들이거나, 더 큰 양보를 하게 된다.
- **의뢰인의 세력을 알린다** : 내가 강력한 세력가를 대리하여 협상에 나섰다면, 그 세력가의 존재를 알려준다. 만약 내가 협상에서 질 경우 그 세력가로부터 큰 손실을 얻게 된다는 점을 알리면 상대는 내가 절대 물러서지 않으리라고 깨닫게 된다. 즉, 내가 양보하면 상당한 손해를 입게 되는 '약점'이 있는 경우, 그런 사실을 입장고수와 결합시키면, 거꾸로 상당한 '강점'이 될 수 있다.

나. 입장고수의 단점과 대처 방법

입장고수의 가장 큰 단점은 결렬 가능성이 높다는 것이다. 만약 내가 상대방이 받아들일 수 없는 조건을 고수하면, 상대방도 어쩔 수 없이 결렬할 수밖에 없다. 이 단점을 극복하려면 나의 입장이 유연하다는 점도 함께 보여주어야 한다. 즉, 입장고수를 선언하면서도 상대방이 어느 정도 양보를 하면 입장고수를 철회할 수 있다는 단서를 다는 것이다. 그러나 이러한 조건을 제시하는 것이 이 전략의 실행 가능성을 낮추는 역효과를 초래할 수 있다는 점도 고려해야 한다.

결론적으로, 입장고수는 상대방을 굴복시키거나 큰 양보를 끌어내는 강력한 전략이지만, 상대방의 상황과 운신의 폭을 고려하면서 신중하게 사용해야 한다. 상대방이 양보할 수 있는 여유가 있을 때 사용하는 것이 좋다. 노련한 협상가들은 초보자들에 비해 입장고수를 끝까지 선언하지 않으며, 유연하게 접근한다는 점을 명심해야 한다.

13. 착한 놈/나쁜 놈

'착한 놈/나쁜 놈(good guy/bad guy)' 전술은 경찰들이 피의자를 심문할 때 사용하는 방법에서 유래한 것으로, TV나 영화에서 자주 볼 수 있다. 이 전술은 경찰 둘이 한 팀이 되어 피의자를 심문하는데, 먼저 험하게 생긴 경찰이 와서 협박하고 위협하며 피의자를 압박한 후, 이어서 착하게 생긴 경찰이 들어와 위로하고 달래며 자백을 유도하는 방식이다. 착한 경찰은 험한 경찰이 다시 들어오기 전에 자백하라고 재촉하기도 한다.

협상에서는 상황이 불리하게 흘러가면 나쁜 역할을 맡은 협상 팀원이 나서서 분위기를 반전시키고, 상황이 나아지면 착한 역할을 맡은 팀원이 나서서 합의를 유도하는 방식으로 이 전술을 활용한다.

이 전술은 상대방으로부터 양보와 합의를 이끌어내는 데 유용할 수 있지만, 의도가 너무 명확하게 드러날 경우 상대방이 금방 알아차리고 반응하지 않거나, 오히려 역공을 가할 수 있다는 단점이 있다.

14. 하이볼/로우볼

하이볼/로우볼 전술(highball/lowball)은 협상에서 첫 제안을 할 때 터무니없이 높은(하이볼) 또는 낮은(로우볼) 제안을 하는 방식이다. 이 전술의 목적은 상대방의 기를 죽여 스스로 자신의 요구 수준과 저항선을 낮추도록 유도하는 것이다.

그러나 이 전술은 상대방이 협상을 포기해버릴 수 있다는 단점이 있다. 따라서, 상대방의 반응을 잘 파악하고, 상대가 결렬과 같은 극단적인 선택을 하려는 낌새가 보이면 얼른 알아차리고 양보를 하거나 다른 제안을 할 수 있어야 한다.

상대방이 이 전술을 쓰면 다음과 같이 대응한다.

- **맞대응이나 수정된 제안을 하지 않는다** : 상대방의 이런 제안을 받아들이거나 반박하지 말고, 합리적인 가격을 다시 제안하라고 요청한 후, 그때까지 협상을 거부하는 것이 좋다.
- **일반적인 거래 가격을 근거로 제시한다** : 상대방에게 일반적인 시장 가격을 근거로 제시하며, 자신이 속지 않을 것임을 분명히 보여준다. 그리고 만약 상대방이 계속 터무니없는 제안을 한다면, 협상을 결렬할 수도 있다는 점을 경고한다.

15. 보기

보기(bogey) 전술은 '**성동격서**(聲東擊西)'로 표현할 수 있다. 이 말은 서쪽을 공격하려면 동쪽에서 큰 소리를 내어 상대방이 동쪽으로 병력을 몰리게 한 다음, 실제로는 서쪽을 공격한다는 뜻이다. 협상에서는 **먼저 덜 중요한 협상 대상을 가지고 흥정을 하다가, 갑자기 진짜 원하는 것으로 협상 대상을 전환하고 결국 양보를 얻어내는 전략이다.**

예를 들어, 새 차를 구입하려고 영업소에서 차를 둘러보니 하나가 마음에 들었다. 판매자는 4,500만 원을 요구하는데 내 예산은 4,200만 원이고 판매자는 깎아주지 않는다. 보기 전술을 사용하려면, 먼저 가격이 아닌 다른 이슈를 거론하고 그것에 집중한다. 즉, 사려는 차의 색상에 대해 "나는 진한 감청색이면 좋겠는데 이 모델에는 없는 게 아쉽네요."라고 말하고, "이 모델은 성능이 뛰어나서 꼭 사고는 싶은데 색상이 문제"라고 혀를 찬다. 사실 나는 검정색이 좋지만 감청색 쪽을 선호한다고 거짓말을 하는 것이다. 실망감을 나타내면서 "좀 비슷한 색이라도 없나요?", "다른 모델에서도 없어요?", "다른 회사 차에는 그런 게 있다고 하던데..." 등과 같은 말을 하며 아쉬운 듯 주저하며 서성거린다.

그러면 판매자는 나와 대화하고 흥정해온 시간이 아깝고 어떻든 내게 팔아야겠다는 생각을 가지게 된다. 그때 내가 갑자기 "사장님, 그렇다면 검정색을 살 테니 그 대신 가격을 좋게 해주세요. 4,200만 원에 합시다."라고 제안한다. 만약 판매자가 거절한다면, "다른 회사로 가면 할인 혜택도 받을 수 있다."고 협박까지 곁들인다. 그러면 판매자는 거의 다 내 요구를 받아들인다.

보기 전술에서 핵심은 먼저 중요하지 않은 이슈를 들고 흥정을 오래 하는 것이다. 그러다 상대가 지칠 때쯤 그 이슈를 포기하고 대신에 내가 바라는 이슈에서 양보를 얻어내는 것이다.

보기 전술의 약점은 상대와 가짜 이슈를 가지고 흥정을 하는 도중에 상대가 예상보다 빨리 합의하자고 나오면 취소하기 어렵게 된다는 점이다. 그래서 가짜 이슈를 포기하는 시점을 잘 잡아야 한다.

만약 상대가 보기 전술을 쓰는 것으로 보이면, 상대의 진짜 욕구를 자세히 파악해야 한다. 왜 그런 선호도를 보이는지, 입장을 바꾼 이유가 무엇인지 물어보고, 조사도 해봐야 한다. 정말 보기 전술이라고 판단되면 양보를 해주지 않고 결렬까지 거론하면서 진심으로 원하는 것을 알려달라고 하는 것이 현명한 방법이다.

16. 덤 받아내기

협상 마무리 시점에 가서, 그동안 한 번도 요구하지 않았던 것을 덤으로 달라고 요구하는 전술이다. 덤으로 달라고 하는 것은 흔히 큰 것은 아니고 작은 선물 정도에 지나지 않는 것이다. 예를 들면, 옷 가게에서 양복을 산다며, 여러 벌을 다 입어보고 살듯 말듯 망설이다가, 갑자기 넥타이를 공짜로 끼워달라고 요구하는 것이다.

이 전술은 요구를 받은 상대방 입장에서는 기분이 상할 수 있고, 요구하는 사람의 진정성에 대해 의심하게 만들 수 있다. 따라서 상대를 잘 보고 그런 요구를 해도 괜찮다고 판단되는 상황에서 해야 한다.

상대방이 이 전술을 쓰면 다음과 같이 대응한다.

- **그가 요구하는 것이 전부인지 확인한다** : 그 외에 또 다른 것을 덤으로 요구할 것인지 확인하고, 상대가 모든 것을 다 얘기할 때까지 협상을 일시 중단한다.
- **미리 덤을 준비한다** : 덤 요구는 가능한 한 받아주지 않는 것이 원칙인데, 다만 합의를 위해 필요할 수도 있으므로 미리 덤으로 줄 것을 준비하는 것이 필요하다.

17. 벼랑 끝 전술

'**치킨 게임**(chicken game)'이라고도 하는 이 전술은 상대방이 겁을 먹도록 해서 양보나 타협을 받아내는 것이다.[39] 예를 들어, 차를 운전해서 좁은 이면 도로로 들어가서 좌회전을 하니 앞에서 다른 차가 들어오고 있었다. 골목길이라 좁아서 두 대가 교차해서 갈 수 없는 상황이라면 어떻게 할 것인가? 둘 중 한쪽이 양보해서 뒤로 물러서지 않으면 두 차는 꼼짝달싹할 수 없다. 여기서 치킨 게임 전술을 쓴다면, 두 눈을 감고 '돌격 앞으로!'하는 것이다. 그러면 상대 차가 겁을 먹고 뒤로 후퇴한다는 것이 이 전술의 핵심이다.[40] 이 전술을 쓰면 상대가 겁을 먹고 대폭 양보를 하고, 나는 그만큼 큰 이득을 보는 효과가 있다.

이 전술의 최대 약점은 서로가 이성적인 판단을 하지 못하고 끝까지 가게 되면, 둘다 큰 손실을 입거나 힘이 약한 쪽이 극단적인 피해를 입을 수 있다는 점이다.

만약 상대가 이 전술을 사용해오면, 우선 답답하고 좌절감을 느낄 수 있다. 그러나 다음과 같이 침착하게 대처하면 오히려 유리한 결과를 얻을 수도 있다.

- **상황 파악** : 먼저 상황을 정확히 파악해야 한다. 상대가 진짜 이 전술을 구사하려는 것인지, 아니면 협상전략 차원에서 해보는 것인지 파악해야 한다. 상대방의 행동, 발언, 과거 경험 등을 종합적으로 분석하여 판단한다. 상대방이 치킨 게임을 하는 이유를 파악하는 것도 중요하다. 두려움, 불안정성, 정보 부족 등이 이유일 수도 있다. 상대방의 이유를 이해하면 적절한 대응 전략을 세울 수 있다.
- **침착 그리고 감정 조절** : 상대방은 나를 화나게 하거나 좌절감을 느끼게 해서 이득을 취하려 하는 감정 게임을 하고 있다. 따라서 감정에 휩쓸리지 말고 침착하게 상황을 분석하고, 논리적으로 생각하며, 전략적으로 대응하는 것이 중요하다.
- **다양한 대안을 제시** : 상대가 극단적인 요구를 해올 때 그것을 대체할 수 있는 새로운 대안을 만들어 제시할 수 있어야 한다.
- **적극적 소통과 정보 공유** : 상대방과의 진솔한 소통을 통해 오해를 풀고, 서로의 입장을 이해하는 것이 중요하다. 상대방의 의견에 경청하고 상대방을 존중하며 상호 이익을 위해 노력하고 싶다는 점을 분명히 밝힌다.

39 영어 치킨(chicken)의 뜻에는 병아리 외에 겁쟁이도 있다.

40 1955년에 개봉되어 큰 히트를 친 영화 '이유 없는 반항'에서 주인공 제임스 딘이 학교의 일진과 내기를 벌이는 장면이 나온다. 각자 자동차를 타고 절벽 위 공터에서 절벽 끝을 향하여 질주하다가 추락이 겁나서 먼저 차에서 뛰어내리면 지는 게임이다. 여기서 제임스 딘이 먼저 뛰어내려 목숨을 건졌지만 상대방은 차 문을 열지 못하여 결국 차와 함께 절벽 아래로 추락하여 죽게 된다. 당시 미국의 젊은이들 사이에서 유행했던 치킨 게임이라고 한다.

- **타협할 타이밍 모색** : 치킨 게임에서 상대를 제압할 방법은 사실 거의 없다. 상황에 따라 적절한 시점에서 양보하는 것도 현명한 전략이다. 그러나 양보하더라도 자신의 입장을 명확하게 전달하고, 상대방으로부터 합당한 보상을 받는다.
- **인내심** : 치킨 게임은 시간이 걸리는 협상이다. 즉각적인 결과를 기대하기보다는 인내심을 가지고 꾸준히 노력하는 것이 가장 중요하다. 상황을 지속적으로 관찰하고, 필요에 따라 전략을 조정해야 한다. 상대와 유대 관계를 끊지 말고, 동시에 끈기 있게 새로운 대안들을 제시해 가면 결국 상대도 내 말에 귀 기울이게 된다.

18. 공격적 언행

상대를 겁박하거나 욕을 퍼붓는 행위를 하는 것이다. 상대가 거부감이나 불안을 느껴서 합의하거나 양보하게 하는 효과를 노린다. 그러나 이 전술은 협박처럼 원한이나 저항을 불러올 수 있어서 좋은 협상 전술은 아니다.

상대가 이 전술을 사용하는 경우 다음과 같이 대응한다.

- 협상을 중단하고, 협상 방식과 매너에 대해 분명한 선을 그어야 한다.
- 혼자 상대하기 힘들다 싶으면 팀을 구성하거나 제3자를 불러서 함께 대응하는 것도 좋은 방법이다.

19. 과다한 정보 제공

상대방에게 과다한 양의 정보를 제공하여 상대가 그것을 분석·정리하지 못하도록 하여 혼돈에 빠지게 하는 전술이다.[41] 예를 들면, A회사가 B회사와 계약 조건에 대해 협상하고 있는 상황에서, A사가 계약서 초안에 아주 많은 기술적 세부 사항과 복잡한 용어를 포함시켜 B사에 건네주고 서명하라고 한다. B사는 계약서를 읽는 데 많은 시간을 소비하지만, 중요한 부분을 놓치거나, 이해하지 못한 상태에서 시간에 쫓겨 결국 계약서에

41 이 전술은 영어로 snow job이라고 하는데, 마치 눈사람을 만드는 데 눈뭉치를 아주 많이 사용하듯이 상대에게 방대한 정보를 주어 헷갈리게 만든다.

서명하게 된다.

그 외 흔한 사례로는 관련 통계, 시장 조사 결과, 경쟁사 정보 등을 엄청난 양으로 제시하여 상대방이 분석하고 검증할 시간을 빼앗고 의사 결정을 어렵게 만들기도 하고, 논리적 오류나 부실한 근거를 가진 주장을 수많은 정보 속에 섞어 넣고 상대방이 발견하지 못하도록 속이기도 한다. 방대한 양의 정보를 제시한 후 즉각적인 결정을 요구하여 상대방이 충분히 검토할 여유가 없어서 양보하도록 압박하기도 한다.

하지만 이 전술은 남용하면 오히려 역효과를 초래할 수 있다. 상대방이 과도한 정보 공격에 지쳐 버리거나 불쾌감을 느끼고 협상을 포기할 수 있으며, 의도적으로 속이는 행위로 인식될 경우 신뢰를 잃을 수도 있다.

상대방이 이 전술을 사용할 경우 대처 방법은 다음과 같다.

- **전문가의 조언 받기** : 필요하다면 법률, 회계, 기술 전문가 등의 조언을 받아 계약서나 협상 내용을 검토한다.
- **명확한 질문하기** : 상대방이 제공하는 정보가 너무 복잡하거나 이해하기 어려울 때는 명확한 질문을 통해 핵심 내용을 파악해야 한다. 중요한 사항을 분명히 이해할 때까지 반복해서 질문하는 것이 필요하다.
- **시간 여유 갖기** : 협상을 서두르지 말고 충분한 시간을 두고 검토한다. 상대방은 내게 혼란 속에 빠져서 잘못된 결정을 하도록 노리는 것이므로 시간 여유를 가지고 충분히 검토한 후 결정을 내린다.
- **요약 요청하기** : 상대방에게 중요한 사항을 간단하고 명확하게 요약해달라고 요청한다. 이렇게 하면 핵심 내용을 더 쉽게 파악할 수 있다.

20. 팃포탯

팃포탯(Tit-for-Tat) 전술은 '**눈에는 눈, 이에는 이**'와 같은 방식으로 상대방의 행동을 그대로 따라 하는 것이다. **사용하는 순서**는, 처음에는 내가 상대에게 협조적으로 행동하고, 이어서 만약 상대방이 협력하면 나도 똑같은 수준으로 협력하고, 상대가 비협조적으로 나오면 나도 그만큼 비협조적으로 나간다.

이것은 상대로 하여금 협력적으로 행동하게 만드는데 아주 유용한 방법이다. 상대가 때리면(비협조적) 나도 때리고, 상대가 물러서면(협조적) 나도 물러서는 방식이므로, 상대는 때리기 보다 물러서는 것이 더 낫다는 생각을 하게 된다.

예를 들면, 두 국가 A와 B가 관세 인하를 놓고 협상 중이라고 하자. B국이 팃포탯(Tit-for-Tat) 전술을 쓴다면, A국이 B국의 주요 수출품에 대한 관세를 5% 인하하면, B국도 따라서 A국의 주요 수출품에 대해 5%의 관세 인하를 해준다. A국이 추가로 3% 더 인하하면, B국도 동일하게 3% 인하한다. 하지만 A국이 갑자기 관세를 높이면, 상대국도 같은 수준으로 관세를 올린다. 이렇게 하면 A국은 B국이 항상 보복을 한다는 사실을 알게 되므로 배신이나 약속 파기 같은 비협조적인 행동을 하지 않게 된다.

이 전술의 가장 큰 단점은 자칫 보복의 악순환에 빠질 수 있다는 점이다. 단점을 살펴보면 다음과 같다.

- **보복의 악순환** : 상대방이 부정적인 행동을 했을 때, 이에 따라 똑같이 보복하면 서로 치고받는 악순환에 빠질 수 있다. 계속해서 보복만 해서는 협력할 기회가 사라진다.
- **유연성 부족** : 이 전술은 상대방의 행동에 즉각적으로 반응해야 하기 때문에 상황에 따라 유연하게 대응하기 어렵다.
- **신뢰 상실** : 상대방이 전략을 오해하거나 부정적으로 받아들일 경우, 신뢰가 손상될 수 있다.
- **초기 협력 실패** : 상대방이 처음부터 비협조적인 태도를 보일 경우, 전략이 효과를 발휘하지 못할 수 있다.

21. 살라미 전술

살라미(salami) 전술은 마치 살라미 소시지를 얇게 썰듯이, **요구를 작은 단위로 쪼개고 하나씩 제안하여 합의를 받아내는 방법**이다. 예를 들면, 한 회사가 다른 회사와 중요한 계약을 체결하려고 할 때, 살라미 전술을 쓰려면 다음과 같이 하는 것이다.

① 첫 번째 요구

- 처음에는 작은 요구부터 제시한다. 예컨대, "계약서에 서로 연락을 전담하는 담당자를 지정한다는 조항을 추가하고 싶습니다. 이 조항은 우리가 원활하게 사업을 추

진하기 위해 필요한 간단한 사항입니다."
- 상대방은 이런 정도의 요구는 별문제가 되지 않으므로 쉽게 받아들일 수 있다.

② 두 번째 요구

- 첫 번째 요구가 받아들여지면, 조금 더 큰 요구를 한다. "추가적으로, 협력의 효율성을 높이기 위해 매달 정례 회의를 한다는 조항도 포함하고 싶습니다."
- 상대방은 이미 작은 요구를 받아들였기 때문에, 이번 요구도 수용할 가능성이 높다.

③ 세 번째 요구

- 두 번째 요구가 받아들여지면, 이번에는 더 큰 요구를 한다. "프로젝트 진행 상황을 파악하기 위해 월별 진행보고서를 작성해주시면 좋겠습니다."
- 상대방은 두 가지 요구를 받아들였기 때문에, 이번에도 수용할 가능성이 높다.

④ 네 번째 요구

- 점진적으로 더 큰 요구를 한다. "마지막으로, 상호 협력을 강화하기 위해 담당 인력을 더 파견해 주실 수 있나요?"
- 상대방은 여기까지 왔는데 거부할 수 없으므로 내 요구를 수용한다.

이렇게 한 단계씩 요구를 늘려가며, 결국 아주 큰 요구까지 자연스럽게 받아들이게 만드는 것이 살라미 전술이다. 상대방은 작은 요구들이 하나하나 모여 큰 부담이 되는 것을 미처 깨닫지 못하고, 결국 처음부터 큰 요구를 했을 때보다 더 많은 것을 양보하게 된다.

살라미 전술은 상대방이 눈치채지 못하게 점진적으로 요구를 늘려가는 방법으로, 협상에서 자신에게 유리한 조건을 얻어내는 효과적인 전략이다. 이 전술을 사용할 때는 처음에는 작은 요구부터 시작해 점차 큰 요구로 이어가서 상대방의 경계심을 늦추도록 하는 것이 중요하다.

살라미 전술을 사용할 때 주의할 점도 여러 가지 있다.

- **욕심 내지 않기** : 단계별 목표를 달성했다고 해서 욕심을 내어 무리한 요구를 하지 않도록 주의한다.
- **상대방 입장 존중** : 상대방의 입장을 존중하고, 합리적인 요구를 제시하며 협상을 진

행해야 한다. 상대가 의심하기 시작하면 이 전술은 효과가 없다.

- **충분한 준비** : 협상 전에 충분한 정보를 수집하고, 상대방의 입장을 분석하여 전략을 세운다. 단계별 요구 사항을 잘 정리해두는 것이 꼭 필요하기 때문이다.
- **유연한 태도 유지** : 상황에 따라 유연하게 대처하고, 필요시 타협할 수 있는 준비도 한다.

만약 상대가 살라미 전술을 쓴다는 의심이 들 때는 다음과 같이 대처한다.

- **큰 그림 파악하기** : 상대방이 작은 요구를 반복할 때, 그들이 얻고자 하는 큰 그림을 이해하고 파악하는 것이 중요하다.
- **한계 설정** : 협상 초기 단계에서 양보의 한계를 명확히 설정하고, 이를 상대방에게 분명히 전달한다.
- **모든 요구 기록하기** : 상대방의 요구 사항을 꼼꼼히 기록하고, 이를 바탕으로 전체적인 요구 사항을 그려보고 평가한다.
- **상호 양보 요구** : 작은 요구를 들어줄 때마다 상대방에게도 상응하는 양보를 요구하여 균형을 맞춘다.
- **협상 단계 구분** : 협상을 여러 단계로 나누어 각 단계별로 명확한 목표와 한계를 설정하고 상대의 요구가 그 한계를 넘지 않게 관리한다.

22. 공언

공언(公言, commitment) 전술은 자신의 요구나 주장을 다른 사람이나 언론에 공개적으로 밝혀버리는 것이다. 그렇게 함으로써 더 이상 양보나 타협할 의사가 없다는 점을 분명히 하는 것이다. 이 전술의 장점은 상대방에게 자신의 입장을 분명히 전달하여 협상 테이블에서 주도권을 차지할 수 있고, 상대방이 협상에 더 진지하게 임하게 만들 수 있다는 점 등을 들 수 있다.

가. 공언을 효과적으로 사용하는 방법

① 공언을 확실하게 하는 조건

공언으로 효과를 보려면, 그 공언이 단순한 허세가 아니라 진심이라는 점을 상대방이 확실히 느끼도록 해야 한다. 이를 위해서는 공언이 구체적이고 실현 가능하며, 구체적인 행동 계획을 제시해야 한다. 예를 들어, 아래 두 가지 공언을 비교해보자.

A : "우리 동네를 통과하는 도로를 만들려면 주민들이 입는 피해를 적절하게 보상해 주시오. 그렇지 않으면 우리는 가만히 있지 않을 겁니다."

B : "우리 동네를 통과하는 도로를 만들려면 소음과 먼지를 예방하는 조치를 하고 주민이 입는 정신적 피해에 대해 가구당 1억 원씩 공사 시작 전에 보상해 주시오. 그렇지 않으면, 내일부터 주민들이 공사장 앞에서 시위를 시작하겠습니다."

앞의 예를 보면, B가 훨씬 구체적이며, 요구 사항이 충족되지 않을 경우 취할 행동이 명확하게 제시되어 있다. B의 경우, 보상액과 시위 시작 시점까지 명시되어 있어, 상대방이 이 공언을 단순한 협박으로 치부하지 않고, 실제로 실행될 가능성이 높다고 인식할 수 있다.

공인이 확고부동하다는 점을 알리려면 다음 3가지 조건을 갖추어야 한다.

- **최종성**(finality) : 언제, 어떻게 해달라고 최종 통고한다.
- **구체성**(specificity) : 요구 수준을 구체적으로 밝힌다.
- **결과**(consequence)**에 대한 언급** : 안 되면 어떻게 하겠다고 밝힌다.

② 공언의 강도를 강화하는 방법

- 공개적으로 발표해 버린다.
- 외부 세력과 연계를 맺는다.
- 요구를 확실하게 전달한다. 구두로 하지 않고 서면으로 보내는 것이 확실하다.
- 협박이나 약속을 강화한다. 예를 들어, 협박이 실행될 수 있음을 보이기 위해 작은 협박부터 실행에 옮기고, 점차 수위를 높혀간다.

나. 공언의 단점

① **융통성 상실** : 자신이 설정한 제약으로 인해 협상에서 더 나은 결과를 얻을 수 있는 기회를 놓치게 된다.

② **상대방의 반발** : 지나친 압박은 상대방의 반발이나 관계 악화를 초래할 수 있다.

③ **교착 상태 발생** : 상대방이 반응하지 않을 경우 협상이 중단되거나 실패할 위험이 있다.

다. 공언을 취소하는 방법

① **공언 시 취소 여지를 남기기** : 공언을 할 때부터 상황 변화에 따라 입장을 수정할 수 있음을 미리 언급하는 것이 좋다. 예를 들어, "그러나 상황이 변하면 내 입장을 수정할 수도 있습니다"라고 말하면 나중에 취소하기가 쉬워진다.

② **조용히 문제를 잠재우기** : 공언을 했지만 상황이 달라지거나 더 이상 추진하기 어려운 경우, 그 문제를 조용히 덮어두고 여론이 잦아들기를 기다릴 수 있다. 이는 정치인들이 종종 사용하는 방법으로, 시간을 끌며 자연스럽게 이슈를 희석시키는 것이다.

③ **반복하지 않고 서로 묵인하기** : 공언에 대해 다시 언급하지 않고 시간이 지나도록 내버려 두는 방법도 있다. 서로 결렬에 대해 부담감이 있다면 공언에 대해 더 언급도 하지 않고 반복도 하지 않고 시간이 지난 후 마치 그런 것이 없었다는 듯 행동하는 것이다.

④ **공언을 두리뭉실하게 수정하기** : 구체적이었던 공언을 좀 더 모호한 표현으로 바꾸는 것도 효과적이다. 예를 들어, "3일 안에 확답을 주지 않으면 우리는 철수한다"는 공언을 "빨리 확답을 주지 않으면 중대한 결심을 하겠다"는 식으로 바꾸면, 취소할 여지가 생긴다.

⑤ **외부 요인 탓으로 돌리기** : 공언을 취소할 때 그 이유를 외부의 불가피한 요인으로 돌리는 것도 방법이다. 예를 들어, "3일 안에 확답을 달라고 했으나, 관련 법규 검토 결과 중앙심의위원회의 의결이 필요하므로 더 기다려야 합니다"라고 설명하면, 취소의 책임을 외부로 돌릴 수 있다.

라. 상대방 공언에 대한 대응책

① 상대방의 의도 파악

- **목적 확인** : 상대방의 강경한 입장이 진짜 신념인지, 아니면 단순한 협상전략인지 파악한다.

② 협상의 본질로 초점 전환

- **공통 이익 강조** : 나와 협력하면 서로 이익 되는 부분이 분명 있음을 강조하고 보여준다.
- **문제 해결 접근법** : "나는 함께 풀 준비가 되어 있으니 언제든 불러주십시오"와 같은 제안으로 논의를 구체적인 해결 방안으로 전환한다.

③ 창의적 대안 제시

- **상호 이익 창출** : 상대방의 입장을 정면으로 반박하면 반발만 할뿐이다. 대안을 제안하여 협상 여지를 유지한다.
- **조건부 양보 제안** : 상대방의 요구를 일부 수용하되, 그 대신 나의 요구도 일부 들어줄 것으로 요구한다.

④ 협상의 맥락 변경

- **새로운 협상 이슈 도입** : 새로운 이슈나 관심사를 추가하여 상대방의 운신의 폭을 넓혀준다. 그렇게 하여 상대가 다른 해법을 찾는데 협력하도록 만든다.
- **협상 구조의 조정** : 협상의 방식이나 순서를 변경하면 상대가 입장을 바꿀 수 있으므로 시도해본다.

⑤ 시간 압박과 배짱

- **시간 관리** : 상대방이 너무 급하게 공언하였다면 시간을 두고 냉각기를 활용한다. 예를 들어, "오늘 급할 것이 없으니 조금 더 생각해 보고 내일 다시 논의하십시다."라고 제안한다.
- **대안 준비** : 자신의 결렬시최선책(BATNA)을 다시 점검하고 만약 그것이 유리하다면 상대에게 결렬을 감수하며 강하게 대응할 수 있다.

⑥ 상대방의 논리적 허점 지적

- **이성적 대응** : 상대방 주장의 비합리성을 논리적으로 지적하고 다시 검토할 것을 촉구한다.
- **협상의 후속 영향 탐색** : 상대방에게 공언으로 인한 파국의 가능성과 그 결과에 대해

냉정하게 계산해보도록 한다.

⑦ 제3자 활용

- **조정 또는 중재 요청** : 상대방과 상의하여 조정이나 중재로 전환할 수 있게 한다.

⑧ 결렬에 대비

- **결렬 후 대안 점검** : 상대가 결국 결렬을 택했을 때 내가 할 수 있는 대안을 준비한다(결렬시최선책 점검).
- **결렬 신호 전달** : 상대방에게 나도 결렬에 대비가 되어 있음을 알리고 그렇지만 마지막으로 다시 논의해보자고 제안한다.

협상 Tip 삼사법(三駟法) – 3 대 3 시합에서 이기는 방법

상대방과 3:3 시합에서 2승을 올려 이기는 방법은 다음과 같다. 상대방의 제일 잘하는 선수에는 우리 편 중에서 가장 못하는 선수를, 상대방의 중간 선수에게는 우리 편의 가장 잘하는 선수를, 상대방의 가장 못하는 선수에게는 우리 편의 중급 선수를 맞붙이면 2:1로 이길 수 있다.[44]

조	상대 선수의 실력	우리 선수의 실력	우리 측 결과
1	상급	하급	패
2	중급	상급	승
3	하급	중급	승

42 이 방법은 중국의 손빈병법(孫臏兵法)에 나오는 삼사법(三駟法)이다. 제나라에 전기(田忌)라는 장수가 있었는데 네 마리의 말(駟)이 끄는 마차 경주를 좋아하였다. 두 사람이 수레 3대를 각각 출전시키고, 1대1 방식으로 차례로 경주하여 2대가 이기는 측이 승리하는 방식이었다. 제나라의 왕이 전기에게 시합을 제의하자 왕의 말에 비해 자신의 말들이 약하다는 것을 알고 고민하고 있자, 그의 식객이었던 손빈이 그동안 전기가 해왔던 매칭 방식, 즉 상:상, 중:중, 하:하의 방식으로는 왕의 말들을 절대 이기지 못하므로, 상:하, 중:상, 하:중의 방식으로 바꾸라고 건의하였고, 그 결과 전기가 이길 수 있었다.

5

협상가의 역량

Ⅰ. 협상 성과와 협상 성공 요인

협상의 성공은 협상을 통해 얻는 **결과**와 상대방과의 **관계** 측면에서 이해할 수 있다. 당연하게도, 결과(즉, 협상을 통해 얻는 이득)는 협상의 성과를 평가하는 중요한 지표이다. 동시에, 상대방과의 관계도 결과 못지않게 매우 중요한 요소로, 특히 상대방이 다음에도 만날 가능성이 있는 사람이라면 좋은 관계를 유지하는 것 역시 필수적이라 할 수 있다. 협상을 통해 아무리 유리한 결과를 얻었다 하더라도, 다시 볼 필요가 있는 상대방과의 관계가 협상 과정에서 악화하였다면 그 협상이 성공적이었는지 다시 생각해 볼 필요가 있다.

협상을 성공적으로 마무리하려면 여러 가지 요인들을 고려해야 하며, 이를 **협상 성공 요인**이라 할 수 있다. 이러한 요인들로는 자신의 협상전략과 역량, 상대방의 협상전략과 역량이 있으며, 이 외에도 다양한 상황적 요인 역시 협상 성과에 영향을 미치게 된다.

그림 5-1 **협상 성공 요인**

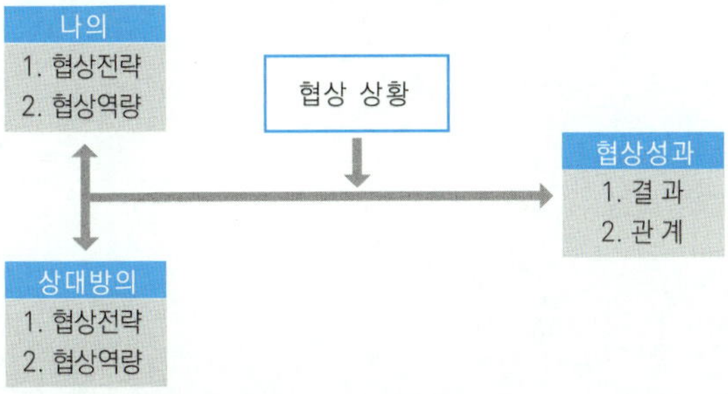

① **나의 협상전략과 역량: 협상 목표, 저항선, 결렬시최선책(BATNA)** 등 나의 협상전략은 협상 역량과 함께 협상 성과에 직접적인 영향을 미친다.

② **상대방의 협상전략과 역량**: 상대방이 준비한 협상전략과 그의 협상 역량도 협상 성과에 직접적인 영향을 미친다.

③ **협상 성과**: 협상에서 얻는 성과는 **결과**와 **관계** 두 가지 측면에서 볼 수 있다. **결과**는 "제품을 1억원에 판매했다."거나 "내 제안이 최종안으로 채택되었다."와 같이 협상

을 통해 얻은 구체적인 성과를 말한다. **관계**는 협상 과정에서 상대방과의 관계가 좋아졌는지, 나빠졌는지를 의미한다. 상대방과 한 번 보고 끝나는 사이라면 관계가 크게 문제 되지 않지만, 앞으로도 계속 만나야 할 사이라면 관계의 변화는 결과만큼이나 중요하다.

④ **협상 상황**: 협상 상황은 협상 당사자가 처한 상황을 가리키는데, 둘 사이의 **신뢰** 상태나 **관계**가 어떤지, **체면**이나 **문화 차이**가 영향을 주는지, **딜레마** 상황에 빠졌는지 등과 같은 변수들도 협상 성과에 영향을 미친다.

본 장(5장)에서는 우선 협상가의 역량에 대하여 살펴볼 것이다. 이외의 성공요인에 대해서는 6장부터 9장에 걸쳐 자세히 살펴볼 것이다.

Ⅱ. 협상가의 자질

많은 사람이 협상에서 성공하기 위해서는 상대를 강하게 몰아붙이고, 뛰어난 언변과 임기응변 능력을 발휘하며, 재빠른 두뇌 회전으로 상대의 속셈을 간파하고 역공을 펼쳐 상대를 꼼짝 못 하게 만드는 능력이 필요하다고 생각한다. 하지만, 현실에서 그런 '멋있는' 협상가는 거의 존재하지 않는다. 이는 영화나 소설에서 그려진 주인공의 모습일 뿐, 실제로 그런 방식으로 협상을 진행한다고 해서 뛰어난 결과를 얻어내는 것도 아니다. 오히려 상대를 강하게 압박하면, 상대는 항복하기보다 오히려 반항하거나 다음에 보복하려는 마음을 품게 된다. 심지어 상대방이 손해를 감수하고 협상을 포기해 버리는 일도 있을 수 있다.

그렇다면, 협상을 잘하기 위해서는 어떤 자질을 갖추어야 할까? 유능한 협상가의 자질과 협상에 임하는 자세로, 기본적으로 기억력, 빨리 말하는 능력, 인내심과 스트레스 관리능력을 들 수 있다.

① 좋은 **기억력**은 협상에서 큰 도움이 된다. 상대방이 한 말과 내가 한 말을 정확히 기억하는 능력은 매우 중요하다. 특히 협상이 여러 번에 걸쳐 진행될 경우, 이전에 나눈 대화를 기억할 수 있어야 한다. 만약 상대가 이전 회의에서 내가 했던 말을 언급할 때, 내가 그 내용을 기억하지 못하면 당황할 수 있다. 또는 나의 기억과 상대의 기억이 다를 경우, 상황과 맥락을 더 정확히 기억하는 쪽이 유리하다. 하지만 기억력에는 한계가 있어 상대와 나눈 대화를 잘 메모해두는 것이 필요하다. 협상 과정에서 메모장을 휴대하거나 다양한 스마트기기를 활용하는 것도 좋다.

② **말하는 속도**가 빠르면 유리하다. 협상은 기본적으로 상대와 주고받는 대화이지만, 때로는 자신의 주장을 강하게 밀어붙여야 할 필요가 있다. 이때 말이 느리거나 더듬거리면 상대가 말을 가로채거나 끼어들어 말문이 막히는 경우가 생길 수 있으므로, 상대방이 방해하지 못할 정도의 적절한 속도로 말하는 것이 좋다. 물론, 너무 빠르게 말하면 상대방이 이해하지 못하거나, 말만 잘하는 사람이라는 인상을 주어 신뢰감이 떨어질 수 있으니 주의해야 한다.

③ **인내심과 스트레스 관리**에 신경 써야 한다. 협상은 끝날 때까지 끝난 것이 아니다.

협상이 마무리될 때까지 여러 난관을 겪게 되며, 그 과정에서 협상을 중단하고 싶어질 때도 있다. 이러한 어려움을 극복하고 합의에 도달하려면 상당한 인내심이 필요하다. 특히 협상에서 마주하는 난관은 상대방과의 대화에서 비롯되기 때문에 참거나 피하기 어려운 경우가 많다. 이런 상황을 잘 넘기기 위해서는 인내심이 필요하다. 인내심을 발휘하다 보면 스트레스를 많이 받을 수 있는데, 각자에게 맞는 스트레스 관리 방법을 찾아 실천하는 것이 중요하다. 흔히 추천되는 방법으로는 휴식, 운동, 취미생활, 친구와의 대화, 여행, 명상 등이 있다.

위 세 가지 기본적 자질과 태도에 더하여, 효과적 협상을 위해 요구되는 역량은 다양한 측면에서 정의할 수 있다. 본인과 상대방의 업무 처리 스타일 파악, 본인과 상대방의 갈등관리 스타일 파악, 주관적 판단의 상대성에 대한 이해, 객관적 사실의 점검과 확인, 적극적 경청, 질문 능력, 설득력, 협상의지, 감정 조절, 의사소통 능력, 레버리지(leverage), 파워 등에 대하여 순서대로 살펴보고자 한다.

Ⅲ. 업무처리 스타일

회사에서 업무를 처리하는 방식이나 일상생활에서 일을 해나가는 방식은 사람마다 다 다르다. 어떤 사람은 일을 빨리 처리하고 목표 지향적인 반면, 어떤 사람은 차분하고 느긋하게 일을 풀어간다. 일을 처리하는 방식을 '업무처리 스타일(working style)'이라고 하며, 이는 협상을 하거나 갈등을 해결하는 방식에도 영향을 미친다. 이 절에서는 대표적인 업무처리 스타일과 그것이 협상에 미치는 영향을 살펴본다.

1. 업무처리 스타일의 유형

업무 중 '본인이 알아서 독단적이고 단정적으로 처리하는' 정도와 '다른 사람과의 관계에 신경을 쓰는' 정도를 기준으로, <그림 5-2>과 같이 4가지 업무처리 스타일을 구분할 수 있다.[43] 각 업무처리 스타일은 갈등 발생 및 협상 과정에도 큰 영향을 미친다. 따라서 상대방의 업무처리 스타일을 이해하고, 그에 맞추어 나의 행동을 조정하여 갈등을 줄이거나 적절한 협상전략을 개발하는 것이 중요하다.

그림 5-2 업무처리 스타일의 4가지 유형

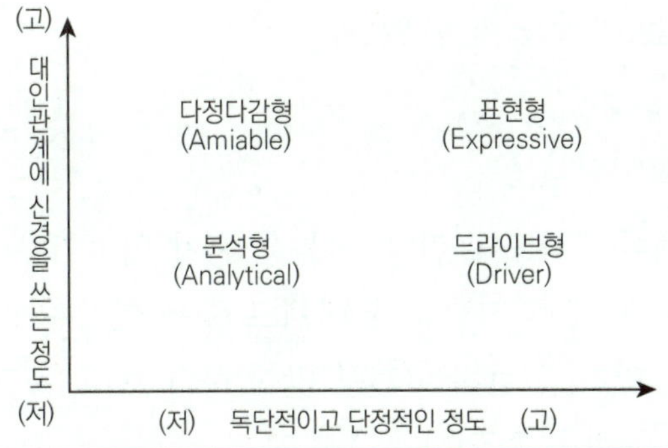

43 업무처리 스타일을 파악하기 위한 'Working Styles Assessment'는 여러 기관에 의해 개발되었으며, 이 중 본인의 요구에 가장 적합한 것을 취사선택하여 사용할 수 있다.

① 드라이브형(Driver Type)

드라이브형은 '돌진형'으로 불린다. 이들은 다른 사람의 의견이나 감정에 크게 신경 쓰지 않고, 자신의 판단과 의지에 따라 일을 저돌적으로 처리해 나간다. 과정보다는 결과물의 산출과 마감 시한을 중시하며, 자료의 수집·분석·정리는 '적당한' 선에서 마무리하고 빨리 일을 끝내는 데 초점을 둔다. 관리자, 특히 최고경영자로서 좋은 성과를 낼 수 있다. 하지만, 이들은 앞만 보고 돌진하다 보니 오류가 발생하거나 결과물이 허술할 수 있다는 단점이 있다.

② 분석형(Analytical Type)

분석형은 '완벽주의자'라고 할 수 있다. 이들은 일을 매우 꼼꼼하고 완벽하게 처리하며, 과정에서 빈틈이 없도록 신경을 많이 쓴다. 관련 자료와 데이터를 최대한 많이 모으고 이를 분석, 정리하는 데 시간을 소비한다. 주로 엔지니어나 연구자로 일할 때 좋은 성과를 낼 수 있다. 하지만, 이들은 과정에 집중하다 보니 일을 빠르게 처리하지 못해 마감에 쫓기는 경향이 있으며, 그 결과 일반 사무직에서는 성과를 내지 못한다는 평가를 받을 수 있다.

③ 표현형(Expressive Type)

표현형은 '전도사'라는 별명을 얻는다. 이들은 자신의 생각을 열정적으로, 그리고 화려하게 표현하는 데 능하다. 회식 자리에서 화제를 이끌고 주도하는 모습을 자주 볼 수 있으며, 주변 사람들을 감동시키고 자신의 의지를 잘 전파한다. 하지만, 이들은 과장된 느낌이나 거짓말을 한다는 인상을 줄 수 있다.

④ 다정다감형(Amiable Type)

다정다감형은 '팀 플레이어'라고 불린다. 이들은 혼자 일하기보다는 사람들과 어울려 함께 일하는 것을 선호한다. 주변 사람들과 대체로 좋은 인간관계를 유지하며, 팀 분위기를 좋게 만드는 장점이 있다. 인간적 고려를 많이 하다 보니, 공과 사를 구분하지 못하고, 우유부단하다는 평가를 받을 수 있다.

2. 업무처리 스타일과 협상 능력

업무처리 스타일은 협상에서 중요한 역할을 한다. 각 스타일마다 협상에서의 강점과 약점이 있으며, 이를 잘 이해하고 적절히 활용하면 협상을 성공적으로 이끌 수 있다.[44] 다음은 위에서 분류한 업무처리 스타일에 따른 협상 특성에 대한 설명이다.

① 드라이브형의 협상

드라이브형은 **독단적이고 목표 지향적**이기 때문에 협상 자리에 나갈 때 주의가 필요하다. 이 유형의 사람들은 협상에서 상대방의 입장이나 욕구를 충분히 고려하지 않고, 자신의 요구를 먼저 제시하며 상대방이 이를 무조건 수용해야 한다고 생각하는 경향이 있다. 이러한 태도는 상대방에게 반감을 사거나, 협상이 중단되는 상황을 초래할 수 있다. 만약 상대가 거부하면, 드라이브형은 협상 테이블을 떠나버릴 가능성도 크다.

드라이브형은 다른 스타일의 사람들과 팀을 이루어 협상에 임하는 것이 좋다. 예를 들어, 분석형과 함께 협상하면, 분석형이 제공한 데이터를 활용해 보다 합리적인 제안을 구성할 수 있다. 또한, 드라이브형이 먼저 공격적으로 협상을 이끌고, 그 후에 분석형이 나서서 제안을 세부적으로 설명하는 방식으로 협상전략을 구사할 수 있다. 또한, 다정다감형과 팀을 이루는 것도 좋은 선택이다. **다정다감형**은 인간관계 형성과 감성적인 접근을 통해 드라이브형이 부족한 부분을 보완할 수 있다. 다만, 드라이브형이 다정다감형의 느슨한 태도에 불만을 가질 수 있기 때문에, 이 둘이 함께 협상할 때는 서로의 스타일을 이해하고 조율하는 노력이 필요하다.

② 분석형의 협상

분석형은 일을 꼼꼼하게 처리하고, 협상에서도 **빈틈없이 준비**하려는 성향이 강하다. 그러나 이러한 태도는 상대방을 지루하게 만들거나, 너무 자기중심적이고 이기적인 인상을 줄 수 있다. 특히, 상대방이 드라이브형일 경우, 분석형의 느리고 세부적인 설명에 답답함을 느껴 협상 테이블을 떠날 수도 있다.

분석형은 자신의 제안이 이기적이지 않으며, 상대방에게도 이점이 있다는 점을 분명

44 업무처리 스타일은 본인의 의지에 따라 조정할 수 있는 것이며, 따라서 상대방의 스타일에 맞추어 나의 스타일을 선택하는 것이 가능하다.

히 강조해야 한다. 또한, 말을 간결하고 요점 위주로 하는 것이 중요하다. 세세한 설명이 필요할 때는 상대방의 반응을 살피고, 상대가 질리거나 짜증이 나지 않도록 주의해야 한다. 협상은 일방적인 발표가 아니라 대화이기 때문에, 상대방이 듣기 편하게 진행하는 것이 중요하다. 분석형은 다른 유형과 함께 일하는 것이 좋다. 분석형은 자료와 근거를 대주는 역할을 잘하므로 **드라이브형**이나 **표현형**이 앞장을 서고 분석형은 뒤에서 지원하는 역할을 맡으면 좋은 시너지 효과를 볼 수 있다.

③ 표현형의 협상

표현형은 자신의 의도와 **제안을 멋있게 포장**해 전달하는 데 뛰어난 능력을 가지고 있다. 이 덕분에 상대방은 쉽게 설득되거나, 제안에 귀가 솔깃해질 가능성이 크다. 그러나 표현형의 과장된 표현이나 지나친 장황함은 상대방에게 신뢰를 주지 못할 수도 있다. 상대방이 어느 정도 사리분별을 할 수 있는 사람이라면, 표현형이 하는 말을 곧이곧대로 받아들이지 않고, 과장된 인상을 받을 수 있다.

따라서, 표현형은 **분석형**과 팀을 이루어 협상에 나가는 것이 좋다. 표현형이 먼저 제안을 전달하고, 분석형이 필요할 때 정확한 데이터를 기반으로 제안을 보완해주면, 협상에서 더 강력한 설득력을 발휘할 수 있다. 또한, 협상 중에 분석형이 제동을 거는 순간에는 표현형이 잠시 말을 멈추고, 상대방에게 협상을 잠시 중단하자고 요청한 후, 분석형의 의견을 듣는 것이 필요하다.

④ 다정다감형의 협상

다정다감형은 **인간관계를 중요시**하며, 협상에서도 상대방과의 관계를 잘 유지하려고 노력한다. 이들은 팀 분위기를 좋게 만들고, 협상에서도 부드러운 접근을 시도한다. 그러나, 이러한 스타일은 공과 사를 구분하는 데 어려움을 겪게 할 수 있으며, 우유부단하다는 인상을 줄 수 있다.

다정다감형은 협상에서 상대방의 감정을 잘 다루고, 협상 분위기를 긍정적으로 이끌어갈 수 있는 장점이 있다. 하지만, 협상의 핵심 목표를 잃지 않도록 주의해야 하며, 때로는 명확하고 단호한 결정을 내리는 것도 중요하다. 따라서 **드라이브형**과 같이 앞으로 치고 나가고 공사를 엄격히 구분하는 유형과 함께 일을 하면 시너지를 얻을 수 있다.

Ⅳ. 갈등관리 스타일

1. 갈등관리 스타일의 유형

사람들은 서로 이해관계가 충돌할 때, 갈등을 해결하는 방식이 각기 다르다. '나의 이익을 확보하는 것에 얼마나 관심이 있는가'와 '상대방의 이익에 얼마나 관심이 있는가' 각각의 차원을 기준으로, 아래 그림과 같이 5가지 갈등관리 스타일이 분류된다.[45]

이 갈등관리 스타일은 사람의 성격처럼 고정된 것이 아니라, 갈등 상황에 따라 선택적으로 활용할 수 있다는 특징이 있다. 물론, 하나의 스타일을 지속적으로 사용하는 사람도 있지만, 유능한 협상가라면 상황에 따라 스타일을 유연하게 선택한다. 이를 통해 상대방과의 협상 상황에 가장 적합한 갈등관리 방식을 적용할 수 있다.

그림 5-3 갈등관리 스타일

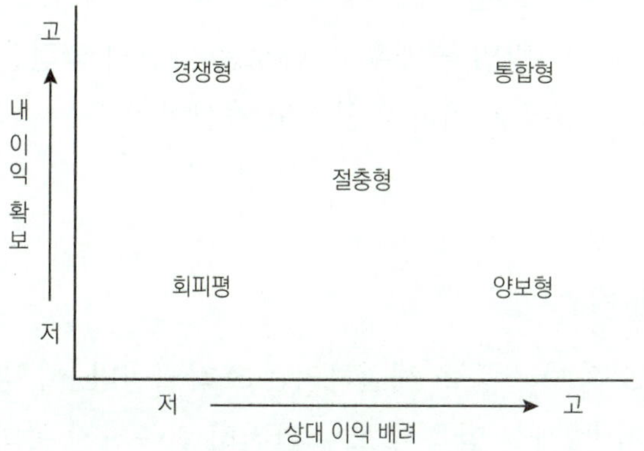

① 경쟁형(Competing) 스타일

경쟁형은 자신의 이익을 상대방의 이익보다 우선시하는 스타일이다. 협상을 승패를 가르는 게임으로 보고, 어떻게든 이기려고 한다. 이 스타일을 가진 사람은 강하게 자신

45 이 구분은 Kenneth W. Thomas과 Ralph H. Kilmann이 만든 Thomas-Kilmann Conflict Mode Instrument (1974)에 제시되어 있다.

의 요구를 밀어붙이며, 상대가 쉽게 물러나지 않으면 갈등이 장기화될 가능성이 크다. 경쟁형은 단기적으로는 이익을 볼 수 있으나, 장기적으로는 상대와의 관계가 손상될 수 있다.

② 회피형(Avoiding) 스타일

회피형은 갈등을 피하려는 스타일이다. 이들은 갈등 상황을 매우 불편하게 여겨 최대한 갈등 상황을 피하려고 한다. 예를 들어, 문제가 생겨 의논할 필요가 있을 때 그 자리에 나타나지 않거나, 문제가 될 만한 언행을 하지 않으려 한다. 조직 내에서 여러 사람의 이해관계가 얽힌 상황에서는 본인이 나서서 해결하려 하기보다는 시간을 끌거나 다른 사람이 대신 나서길 기다리는 경우가 많다. 이러한 회피는 갈등을 일시적으로 피할 수는 있지만, 결국 문제가 더 커지거나 해결이 어려워질 수 있다.

③ 양보형(Accommodating) 스타일

양보형은 자신의 이익보다 상대방의 이익을 우선시하는 스타일이다. 이들은 갈등을 피하고자 상대방에게 쉽게 양보하며, 그래서 온화하고 유쾌한 사람으로 보일 수 있다. 그러나 지속적으로 양보만 하다 보면, 내면에 분노가 쌓이기 쉽다. 이러한 스타일의 사람들은 자신의 요구를 표현하는 방법을 배우고, 때로는 자신의 입장을 주장하는 경험을 쌓을 필요가 있다. 이를 통해 갈등을 피하지 않고도 자신이 원하는 결과를 얻는 법을 익힐 수 있다.

④ 절충형(Compromising) 스타일

절충형은 서로 반씩 양보하여 갈등을 해결하려는 스타일이다. 이 방식은 가장 성공적인 합의로 여겨지기도 하지만, 사실 양측이 모두 완전히 만족하지 못하는 일시적인 해결책이 될 수 있다. 절충형은 통합형으로 발전할 가능성이 있기 때문에, 자신의 요구를 너무 쉽게 양보하지 말고, 이를 충족시킬 수 있는 윈윈(win-win) 해법을 찾는 연습을 하면 훌륭한 협상가로 성장할 수 있다.

⑤ 통합형(Collaborating) 스타일

통합형은 협력형 또는 윈윈형이라고도 불린다. 이 스타일의 사람들은 상대방의 겉으로 드러난 요구뿐만 아니라 그 뒤에 숨겨진 더 깊은 욕구까지 이해하려고 노력하며, 동시에 자신의 욕구도 상대방에게 보여주어 서로가 만족할 수 있는 윈윈 해법을 찾아낸다. 이 방식은 시간이 걸리지만, 갈등을 근본적으로 해결하고, 양측 모두가 만족할 수 있는 결과를 이끌어내는 데 효과적이다.

2. 갈등관리 스타일의 전략적 활용

다섯 가지 갈등관리 스타일 중에서 어떤 것이 가장 유효할까? 통합형 스타일은 윈윈 해법을 도출하여 양측 모두에게 만족스러운 결과를 가져오고, 장기적으로도 좋은 관계를 유지할 수 있기 때문에 이상적인 방식으로 보인다. 그러나, 통합형이 항상 유효한 것은 아니다. 협상 이슈와 상황, 상대방의 스타일 등에 따라 다른 스타일이 더 효과적일 수 있다.

반드시 기억해야 할 것은 유능한 협상가라면 이 다섯 가지 스타일을 상황에 따라 선택적으로 활용할 수 있어야 한다는 것이다. 상황별 적절한 스타일의 예를 들어보면 다음과 같다.

① 경쟁형(Competing)이 효과적인 상황

윈루즈(win-lose) 상황에서 서로 최대한 많은 이익을 얻으려는 경우에는 경쟁형이 가장 유용하다. 이 스타일은 상대방과 강하게 대립하며, 자신의 이익을 극대화하려고 할 때 적합하다.

② 회피형(Avoiding)이 효과적인 상황

상대방이 정서적으로 불안하거나 비상식적인 요구를 해올 때, 갈등을 피하는 회피형 스타일이 현명한 선택일 수 있다. 이 스타일은 불필요한 충돌을 피하고, 상황이 더 복잡해지지 않도록 한다.

③ 양보형(Accommodating)이 효과적인 상황

본인이나 소속 팀의 실수로 인해 손해가 발생하고, 그 원인을 규명하는 상황이라면,

관리자의 요구와 지시에 대해 대부분 수용하는 양보형이 더 효과적일 수 있다. 이 경우, 갈등을 최소화하고 빠르게 문제를 해결하는 것이 중요하다.

④ 절충형(Compromising)이 효과적인 상황

사소한 문제라서 빨리 타협하고 마무리하고 싶을 때는 내가 먼저 양보함으로써 상대의 양보를 이끌어내는 절충형이 효과적이다. 이 스타일은 양측이 조금씩 양보하여 중간 지점을 찾아 합의할 때 유용하다.

⑤ 통합형(Collaborating)이 효과적인 상황

통합형은 복잡한 문제를 다루고, 양측 모두가 중요한 이익을 얻을 수 있도록 노력할 때 효과적이다. 이 스타일은 시간이 걸리지만, 갈등을 근본적으로 해결하고, 지속적인 관계를 유지하는 데 유리하다.

결국, 협상 상황에 따라 적절한 갈등관리 스타일을 선택하고 전략적으로 활용하는 것이 중요하다. 유능한 협상가는 상황을 잘 분석하고, 가장 적합한 갈등관리 스타일을 선택하여 협상에서 최상의 결과를 얻도록 노력해야 한다.

V. 주관적 판단의 상대성

우리가 일상에서 겪는 갈등 중 많은 부분은 **주관적인 판단**에서 비롯된다. 객관적인 기준에 의해 결정되는 사안이라면 큰 이견이 생기지 않지만, 주관적인 판단에 의해 결정되는 문제에서는 논란이 생길 수밖에 없다.

예를 들어, 장학생을 성적에 따라 선발한다면 성적이라는 명확한 기준이 있기 때문에 선발 결과에 이견이 생기기 어렵다. 그러나 모범생을 선발한다면, '모범생'이라는 기준이 애매하고 주관적이기 때문에 논란이 발생할 수 있다. 비록 담임교사가 '착실하게 학교생활을 한 학생'을 기준으로 삼았다고 설명하더라도, 학생들은 그 기준이 무엇인지, 그 기준에 적합한 학생이 누구인지에 대해 납득하기 어렵다. 이와 같은 주관적인 판단을 둘러싼 갈등은 흔히 오래 지속되며 쉽게 해결되지 않는다. 서로 자신의 의견이 옳다고 주장하지만, 상대방은 그것을 인정하지 않기 때문이다.

이런 갈등은 어떻게 해결해야 할까? 이런 갈등을 해결하기 위해서는 양측이 합의를 이루는 것이 필수적이다. 그렇다면 합의란 어떤 경우를 가리키는가? 다수결로 정한 것인가, 아니면 만장일치가 되어야 합의라고 볼 있는가? 다수결은 반대표를 던진 사람들이 불만이고, 만장일치는 너무 엄격한 기준이라 달성하기 어렵고 강제한다는 느낌이 들 때도 있다. 이런 단점들을 극복하면서 적절한 합의라고 볼 수 있는 것이 '100-70-100 룰'에 따른 결정이다. 이 룰은 다음과 같은 절차를 따른다.

① 시작 : 100%

회의에 참여하는 모든 사람이 자신의 의견과 요구, 속마음을 100% 다 말한다. 이를 통해 모든 사람의 욕구를 파악할 수 있고, 이를 충족하는 해법을 찾아낼 수 있다. 가끔 회의에서 아무 말도 하지 않다가 나중에 가서 합의된 내용에 대해 반대하거나 책임을 회피하는 사람들이 있다. 이런 일이 발생하지 않도록 모든 사람이 자신의 생각을 100% 솔직하게 표현하도록 해야 한다.

② 동의 : 70%

회의에서 최종 합의안을 결정하려면, 각자 그 해법에 대해 70% 이상 동의할 수 있어야 한다. 이 70%라는 기준은 2/3보다 조금 더 많이 동의하는 수준으로 이 정도의 동의가 없다면 합의가 이루어지지 않은 것으로 보아야 한다. 70% 이상의 동의를 얻어 합의한 이후에는, 이에 대해 이견을 제기하는 일이 없도록 해야 한다.

③ 실행 : 100%

일단 합의가 되면, 그 합의안에 대해 100% 찬성하고 실천에 옮겨야 한다. 합의한 후에 다른 소리를 하거나 실행을 지연시키는 것은 합의를 무산시키는 행동이다.

주관적인 판단을 바탕으로 한 결정은 본인의 생각에 불과하며, 이를 다른 사람에게 강요하는 것은 적절하지 않다. 협상은 상대방의 가치관과 판단기준이 자신과 다를 수 있음을 인정하는 것에서 출발해야 한다. 그렇지 않으면 끝없는 논쟁만 계속될 뿐이다. 이런 경우에는 서로의 판단기준을 먼저 명확히 하고, 이에 대해 합의한 다음, 합의된 기준에 따라 요구사항이나 제안을 평가하는 것이 중요하다. 이때 '100-70-100룰'을 활용하면 합의를 효과적으로 이끌어낼 수 있다.

Ⅵ. 객관적 사실의 점검과 확인

1. 인지의 부정확성

우리는 앞에서 판단이란 절대적이기 보다는 상대적이며, 따라서 상대방의 판단 역시 인정해야 함을 살펴보았다. 그렇다면 객관적 사실은 그대로 믿으면 되는 것일까? 예를 들어, 눈앞에 책이 놓여 있다면 그것이 책이라는 사실은 분명하다. 친구가 지나가면 그가 누군지 알아차릴 수 있다. 그러나 사람의 인지 능력은 완벽하지 않기 때문에 때때로 객관적 사실을 잘못 인식할 수도 있다. 지난 일에 대해 서로 다르게 기억하여 상반된 주장을 하는 경우는 매우 흔하게 일어난다.

이런 인식의 차이를 잘 보여주는 예로, 아래 그림에서 가운데 있는 두 개의 까만 원을 비교해보자. 왼쪽의 까만 원이 오른쪽의 것보다 작아 보인다. 그러나 실제로 두 원의 크기는 동일하다. 이처럼 배경에 따라 우리의 인식이 달라지는 현상을 **배경효과**라고 한다. 배경효과는 주변 상황에 의해 정확한 인식이 방해받는 경우를 의미한다.[46]

그림 5-4 **배경효과**

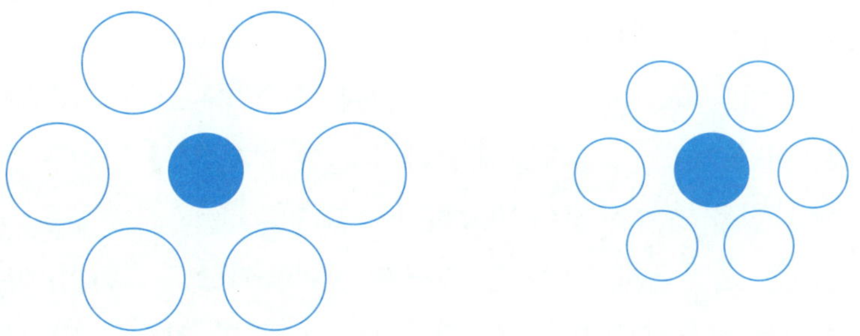

46 예를 들어, 사자성어 군계일학(群鷄一鶴)은 많은 닭 사이에 학 한 마리가 있으면 그 학이 더 눈에 띄는 상황을 묘사한다. 이는 전형적인 배경효과를 보여준다.

아래 사진 속의 인물은 무엇을 하고 있을까? 보는 사람마다 다르게 인식할 것이다. 뭔가 골똘히 생각하고 있다거나, 누군가를 기다리고 있다거나, 창밖의 뭔가를 유심히 보고 있다고 말할 수도 있다. 이런 상황에서 이 인물이 뭘 하고 있는지에 대해 하나만 집어서 "이것이다!"라고 우길 수 있을까?

그림 5-5 **인물 사진**

즉, 주관적 판단 뿐 아니라, 객관적 사실에 대해서도 사람마다 다르게 인식할 수 있다. 그렇다면, 협상을 할 때도 상대와 내가 객관적 사실에 대해 서로 다르게 인식할 수 있음을 인정하는 것이 현명하다. 상대방이 분명한 사실에 대해 나와 다르게 이해하고 있는 상황에서, 그가 거짓말을 하고 있다고 몰아붙여서는 안 된다. 그가 잘못 봤거나 잘못 들었을 수 있기 때문이다. 따라서 상대를 비난하기 전에 먼저 서로 사실관계에 대해 다시 점검 및 확인하는 과정을 거치는 것이 필요하다.

인지(cognition)란, 외부에서 들어오는 자극을 받아들이고 처리하여, 이를 통해 정보를 이해하고 해석하는 정신적 과정을 의미한다. 인지는 주의, 지각, 기억, 판단 등의 다양한 심리적 과정들을 포함하며, 이를 통해 우리는 주변 세계를 인식하고 반응하게 된다.

그림 5-6 **인지 과정**

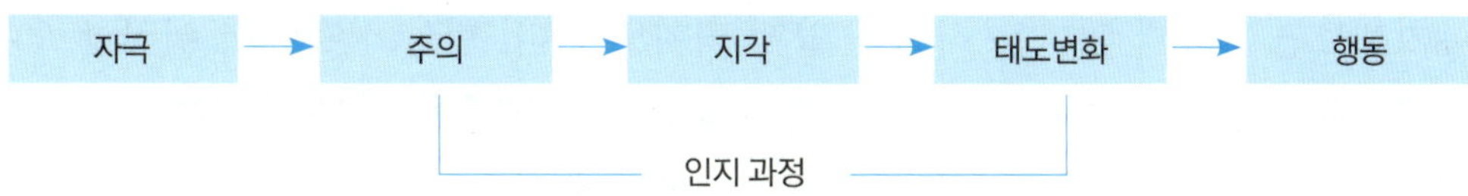

문제는 우리가 외부 정보를 처리하고 해석하는 과정에서 **인지 오류**가 발생하며, 그 결과 우리는 종종 비합리적이거나 왜곡된 결론을 내리게 된다는 것이다. 아래에서는 인지 오류가 협상에 어떻게 영향을 미칠 수 있으며, 이에 어떻게 대처할 수 있는지 살펴볼 것이다.

사례 "우리는 동일한 사물에 대해 다르게 인지하곤 한다."[47]

연구자들은 실험 참가자들에게 "아래 사각형 내에서 무엇이 보입니까?"라는 질문을 던졌다.

이에 대한 실험 참가자들의 대답은 다음과 같이 다양하게 나타났다. 이들 중 33%가 '까만 점'이라고 응답했으며, 18%는 '까만 원'이라고 응답했다. 또한, 7%는 '하얀공간', 40%는 '까만 색 이외의 색'이라고 응답했다. 그 외의 응답은 '일본 국기', '루돌프', '오른쪽 위', '목표', '눈알', '빨간 점', '표적', '정지 신호', '하얀 공간' 등이 있었다. 참가자 중 의대생은 '연쇄상구균'이라고 답하기도 했다.

2. 협상에서의 인지 오류와 대처 방안

협상은 인간 상호작용의 복잡한 과정이며, 다양한 심리적 요인들이 영향을 미친다. 그 중에 인지 오류는 협상가의 판단과 의사결정을 왜곡시키고, 그 결과 협상이 원활하게 수

47 Diamond (2012), pp. 57-58 참고

행되는 것을 방해할 수 있다. 예를 들어, 협상 상대방의 첫인상이 좋으면 그 사람에 대해 전반적으로 좋게 평가하고 협상이 순조롭게 진행되리라 예상한다. 그러나 막상 그를 만나 얘기해보면 그렇지 않다는 사실을 알게 되기도 한다. 협상 상황에서 이러한 오류는 협상 상황을 잘못 판단하게 만들고, 상대방의 의도나 행동을 잘못 해석하도록 하거나, 본인의 입장을 과대평가하거나 과소평가하게 만들어, 협상에 부정적 영향을 미칠 수 있다. 이는 윈윈 협상을 방해하는 주요 요인 중 하나이다.

가. 협상에서 흔히 나타나는 인지 오류

협상에서 자주 발생하는 인지 오류는 다음과 같다.

① 스테레오타입(Stereotypes, 상동적 태도)

스테레오타입은 특정 집단이나 사람에 대해 과도하게 일반화된 믿음이나 고정된 이미지를 가지는 것을 의미한다. 이는 종종 사회적, 문화적 배경에서 비롯되며, 개인이 속한 특정 그룹의 특성을 개개인에게 적용하는 경향을 말한다.

예를 들어, 다른 나라 출신의 협상 상대를 만날 때, 그 나라 사람들에 대한 고정된 이미지를 가지고 접근하는 상황을 생각해볼 수 있다. "이 나라 사람들은 모두 협상에서 공격적이다"라는 고정관념을 가지고 있다면, 상대방이 실제로 그렇지 않더라도 협상가는 상대방의 행동을 공격적으로 해석하고 방어적인 태도를 취할 수 있다. 이로 인해 상대방의 진정한 의도를 오해하게 되고, 협상이 원활하게 진행되지 않을 수 있다.

② 후광 효과(Halo Effect)

후광효과는 상대방의 긍정적 특성 하나가 그 사람 전체에 대한 평가에 영향을 미치는 오류를 의미한다. 이는 하나의 특성이 마치 후광처럼 다른 모든 특성을 덮어버리는 효과를 일으키기 때문에 붙여진 이름이다.

예를 들면, 협상에서 상대방이 매우 지적이거나 말솜씨가 뛰어난 경우, 그에 대해 협상을 아주 잘할 것으로 평가할 수 있다. 문제는 실제 그의 협상 능력이 그다지 뛰어나지 않을 가능성도 여전히 존재한다는 점이다. 하지만, 후광 효과의 영향을 받은 협상 당사자는 상대방에 대한 비합리적인 결론을 내리게 되고, 그로 인해 불리한 조건을 수락하는 결과를 맞이할 수 있다.

③ 선택적 지각(Selective Perception)

이것은 협상 당사자가 자신의 신념이나 기대에 부합하는 정보만을 선택적으로 수용하고, 그 외의 정보를 무시하는 경향을 말한다. 그 때문에 협상에서 중요한 정보를 놓치거나, 상대방의 의도를 오해하게 만들어 협상 결과를 왜곡하게 될 수 있다.

예를 들어, 협상 상대에 대해 이미 부정적인 이미지를 가지고 있다면, 그가 하는 말 중 부정적 내용에만 선택적으로 주의를 기울이며 긍정적 내용은 별로 귀담아 듣지 않게 될 수 있다. 그로 인해 상대방에 대해 객관적인 평가를 내리는 것이 어렵게 되고, 결과적으로 협상 과정에서 불필요한 갈등을 경험하게 될 수 있다.

④ 주관의 객관화(False Consensus Effect)

자신이 가진 생각이나 감정을 다른 사람들도 동일하게 느끼고 있다고 가정하는 경향을 의미한다. 예를 들어, 협상 당사자 스스로가 특정 조건에 대해 합리적이라고 생각한다면, 그는 상대방도 당연히 그렇게 생각할 것이며 따라서 이를 수용할 것이라고 쉽게 결론내리는 경향이 있다. 하지만 상대방은 전혀 다르게 생각할 수 있으며, 이로 인해 협상에서 오해가 발생할 수 있다.

⑤ 고정된 파이(Fixed-Pie)의 가정

협상은 가용한 자원(파이)이 고정되어 있고 한쪽이 더 얻으면 다른 쪽은 그만큼 더 잃는 제로섬 게임이라고 잘못 가정하는 오류이다. 이 오류는 협상에 대한 일반적인 편견으로 윈윈 가능성을 차단하고, 갈등을 증폭시킨다. 예를 들면, 연봉 협상 상황에서 직원이 스스로 연봉 인상을 요구하면 회사에 손해가 될 것이므로 회사는 절대 수용하지 않으리라고 믿는 경우를 들 수 있다. 실제로는 회사는 비금전적 보상이나 다른 혜택을 제공할 수 있는 여지가 있었지만, 그 직원은 아예 그런 것을 상상도 하지 않아 연봉 협상이 불필요하게 어려워질 수 있다.

⑥ 근본적 귀인 오류(Fundamental Attribution Error)

상대방의 행동을 그들의 성격이나 의도 때문에 나타난 것으로 간주하고, 상황적 요인을 무시하는 오류이다.[48] 예를 들어, 협상 중에 상대방이 강경한 입장을 보이는 경우를

48 여기서 귀인(歸因)은 "행동이나 결과의 원인을 무엇이라고 보는가"에 대한 것이다. 예를 들어, 협상 테

상상해보자. 실제로는 상대방이 본인의 상사로부터 강한 압박을 받고 있는 상황일 수도 있겠으나, 많은 경우 우리는 상대방이 원래 고집스럽거나 비협조적인 사람이라고 손쉽게 판단하는 오류를 범한다. 이 오류는 상호 이해를 저해하고, 갈등을 증폭시킨다.

⑦ 착각한 갈등(Illusory Conflict)

실제로는 양측의 이익이 충돌하지 않는데도, 오해로 인해 갈등이 있다고 착각하는 오류이다. 예를 들면, 노사 협상에서 회사와 노조가 고충 처리 기한에 제한을 논의를 할 때, 회사도 이 안에 찬성하는데 노조는 이런 사실을 모르고 회사가 이 안건에 반대할 것이라고 오해하여 과격한 투쟁을 먼저 전개하여 양보를 받아내려고 하는 것이다.

⑧ 반사적 평가절하(Reactive Devaluation)

이 오류는 상대방이 제안하는 내용이 자신에게 이익이 될 수 있음에도 불구하고, 그 제안을 일단 반대부터 하고 보는 경향을 말한다. 이는 '협상은 제로섬이고, 상대방은 적'이라고 보며, 따라서 상대는 적인데 적이 내게도 좋은 제안을 할 이유가 없다고 믿는 데서 기인한다. 이러한 오류는 윈윈 합의의 가능성을 떨어뜨리는 원인이 된다. 예를 들면, 경쟁업체가 내게도 유리한 협력 제안을 해올 때 "겉으로는 내게도 유리해 보이지만 상대가 그런 것을 제안할 리가 없다. 분명 자기에게 유리하고 내겐 불리한 것을 속임수로 포장한 것이 분명하다."라고 생각하고 무조건 거부하는 경우가 해당된다. 실제로는 양측 모두에게 유익한 제안일 수 있지만, 상대방이 제안했다는 이유만으로 거부하는 것이다.

⑨ 협상 각본(Negotiation Scripts)

협상 각본은 협상이 마치 미리 정해진 대본처럼 특정한 방식으로 진행되어야 한다는 믿음을 의미한다. 이 각본은 협상가의 과거 경험이나 사회적으로 학습된 패턴에 기반해 형성된다. 그래서 협상이 이 각본에 맞지 않게 진행되면 상대방이 속이거나, 무례하거나, 비협조적이라고 잘못 판단하는 오류에 빠질 수 있다.

예를 들어, 임금협상에서 사장은 협상하러 오는 직원이라면 공손하게 이야기하고, 회사 사정을 감안하여 적당한 범위 내에서 인상률을 요구해야 한다는 믿음(=협상 각본)을

이블에 나타난 상대가 아주 거만하고 무례하게 행동한다면 그렇게 하는 원인이 무엇일까 추론해보는 과정을 의미한다.

갖고 있을 수 있다. 만약 직원이 이 각본을 따르지 않으면, 사장은 그를 무례하거나 지나치게 욕심이 많은 사람으로 간주하게 된다.

협상 각본에 맞지 않는 상황이 발생하면 이 협상 당사자는 유연성을 잃고 상대방을 오해하게 되며, 그 결과 협상이 원만하게 진행되지 않게 된다. 따라서 협상에서는 고정된 각본을 버리고, 상대방의 방식을 존중하며, 유연하게 대응하는 것이 성공적인 협상의 가능성을 높여줄 수 있다.

⑩ 경직된 사고(Rigid Thinking)

협상가가 고정된 사고 패턴에 갇히게 되면, 새로운 아이디어나 가능성을 받아들이지 않게 된다. 이는 협상의 창의성을 제한하고, 더 나은 해결책을 모색하는 것을 방해할 수 있다.

이 오류를 잘 보여주는 흥미로운 실험이 있다.[49] 첫 번째 실험집단(그룹 A)의 참가자들에게는 지금부터 아주 적대적이고 경쟁적인 협상을 수행해야 한다고 안내하였으며, 두 번째 실험집단(그룹 B)의 참가자들에는 지금부터 아주 협조적인 협상을 수행하게 될 것이라고 안내하였다. 그 후, 이 두 집단의 참가자들에게 "버스와 낙타의 공통점은?"이라는 질문을 던진 결과, '탈 것'이라는 답을 제출한 사람들의 비율이 그룹 A에서 더 낮은 것으로 나타났다. 이런 결과가 나온 이유는 그룹 A의 참가자들이 이제 고단한 협상에 임해야 한다는 사실에 아주 긴장하고 사고가 경직되어 창의적인 사고를 하지 못하였기 때문이다.

⑪ 자만심(Overconfidence)

자만심은 자신의 능력이나 입장을 과대평가하여 상대방의 제안을 경시하거나, 타협의 여지를 좁히는 행동을 초래한다. 이는 협상에서 불필요한 대립을 초래하고, 협상의 실패로 이어질 수 있다.

⑫ 앵커링(Anchoring)

앵커링은 '배의 닻을 내리다'는 뜻으로, 초기 정보가 결과에 과도한 영향을 미치는 오류를 말한다. 예를 들어, 암산으로 그룹 A에게 1 × 2 × 3 × 4 × 5 × 6 × 7 × 8을 계산하게

49 Carnevale (1991) 참고

하고, 그룹 B에게는 8 × 7 × 6 × 5 × 4 × 3 × 2 × 1을 계산하게 하면, 보통 그룹 A의 응답 평균값이 그룹 B의 응답 평균값보다 더 작게 나온다. 정답은 모두 40,320으로 동일함에도 불구하고 이러한 차이가 발생하는 이유는 그룹 A는 작은 수 1부터, 그룹 B는 큰 수 8부터 곱하기를 시작한 것과 관련된다. 즉, 그룹A는 작은 수 1에 앵커링되어 결과값이 작게 나온 반면, 그룹B는 큰 수 8에 앵커링되어 결과값이 크게 나온 것이다.

협상에서도 앵커링은 큰 영향을 미친다. 첫 제안이나 정보가 이후 협상 과정에 강한 영향을 미치는 경우가 이 오류에 해당한다. 초기 정보가 기준점(앵커) 역할을 하여 이후의 협상을 그 기준에 따라 이끌어가는 경향이 있다. 그로 인해 협상 당사자들이 그 기준에서 크게 벗어나지 못하고, 그 결과 비합리적인 결정을 내리기도 한다.

예를 들어, 부동산 거래에서 집주인이 처음에 집을 10억 원에 내놓았다고 하자. 구매자는 이 가격을 기준으로 협상을 시작하게 되며, 이 가격이 앵커링으로 작용한다. 실제 그 집의 가치가 9억 원이라도, 구매자는 기준점인 10억 원에 크게 영향을 받아 그 기준에서 벗어나지 않는 9억 5천만 원에 협상을 마무리할 가능성이 높다. 초기 제안이 합리적이지 않더라도 그 제안이 협상에 미치는 영향이 매우 크다.

⑬ 프레이밍(Framing)

동일한 정보라도 어떻게 제시되느냐에 따라 협상가의 판단이 달라지는 현상을 말한다. 흔히 프레임을 구성하는 방법으로 이익 프레임과 손실 프레임이 있다.

- **이익 프레임**: 제안이 상대방에게 가져다줄 이익을 강조하는 방식으로, 협상 상대방이 이익을 추구하는 성향이 강할 때 효과적이다. 사람들이 위험을 회피하려는 경향이 덜할 때, 이익 프레임이 유리하게 작용할 수 있다.
- **손실 프레임**: 제안을 받아들이지 않을 경우 발생할 손실을 강조하는 방식으로, 사람들이 손실을 피하려는 경향이 있기 때문에 강력한 동기부여를 제공할 수 있다. 손실 프레임은 특히 상대방이 위험 회피 성향이 강할 때 유리하다.

연구에 따르면, 손실 프레임이 더 강력하게 작용하는 경우가 많다.[50] 사람들은 동일한 크기의 이익보다 손실을 피하려는 경향이 강하기 때문에, 협상에서 상대방에게 손실 프레임을 사용하면 그가 내 제안을 수락할 가능성이 높아질 수 있다. 물론, 상황과 상대방

50 Fryer et al. (2012) 참고

의 성향에 따라 다를 수 있으므로, 구체적인 협상 상황에 맞게 프레임을 선택하는 것이 중요하다.

나. 인지 오류의 극복 방법

협상에서 인지 오류에 빠지지 않으려면 다음과 같이 해야 한다.

① 누구나 인지적 한계가 있다는 사실을 인정하고, 가능한 한 **객관적인 정보**를 바탕으로 판단하려는 노력이 필요하다. 이를 위해 다양한 관점을 살펴보고, 상대방의 입장에서 생각해보는 것이 중요하다. 상대방의 입장과 관점을 이해하려는 시도가 협상을 더 균형 잡힌 시각에서 진행하는 데 도움이 된다.

② 특정 집단이나 개인에 대한 **선입견**을 피해야 한다. 상대방을 하나의 개인으로 존중하고, 편견 없이 대화를 나누는 태도가 중요하다. 선입견은 협상 과정에서 상대방을 정확히 평가하는 데 방해가 될 수 있기 때문이다.

③ '**인지적 구두쇠**(cognitive miser)'의 함정에 빠지지 않도록 주의해야 한다. 인지적 구두쇠란 사람들이 판단하고 문제를 해결할 때 최대한 적은 노력으로 간편하게 해결하려는 경향을 의미한다. 협상가는 복잡한 문제를 단순화하려는 경향에 빠지지 않고, 충분한 정보를 수집하고 분석하는 과정을 통해 신중하게 판단해야 한다.

④ 협상가는 협상 과정에서 발생할 수 있는 인지 오류를 최소화하기 위해 **디브리핑**(debriefing)을 활용할 수 있다. 디브리핑은 협상 후에 협상 과정을 되짚어 보고, 발생한 오류나 문제점을 분석하는 과정을 말한다. 이를 통해 협상가는 자신의 실수를 인식하고, 향후 유사한 오류를 반복하지 않도록 개선할 수 있다.

⑤ **유연한 태도**가 필요하다. 고정된 생각에 얽매이지 않았나 성찰하고, 상황에 따라 유연하게 대처하는 것이 중요하다. "협상은 생물과 같다."는 말이 있듯이 모든 협상에 동일하게 적용되는 법칙은 없으며, 동일한 이슈에 대해서도 협상 상대와 환경에 따라 상이한 결과가 나올 수 있으므로, 열린 자세와 동시에 신중하게 임하는 자세가 필요하다.

VII. 의사소통

협상은 서로 말을 주고받는 과정이므로 명확하고 효과적인 의사소통이 필수적이다. 협상 실패는 많은 경우 의사소통의 실패에 기인한다고 할 수 있다. 사람마다 가치관, 관심사, 감정이 다르고 인지할 때 오류가 나타나기 때문에 동일한 사안에 대해서도 양측의 인식에 차이가 나타날 수 있다. 따라서 협상 과정에서 서로를 이해하지 못하고 오해와 착각으로 인해 합의에 도달하지 못하는 경우가 허다하다.

1. 의사소통의 현실

우리는 흔히 의사소통이 중요하고 의사소통을 잘해야 한다고 알고 있지만, 한 대기업에서 조사한 결과 직원들은 평균적으로 1인당 한 주에 3.5시간 정도만 다른 직원들과 대화를 한다고 한다.[51] 타 부서와 긴밀하게 협업해야 하는 직원이야 많은 대화를 하겠지만 대부분의 직원들은 조용히 본인 일에만 열중하고 대화는 별로 안 하는 것으로 나타났다. 일의 성격상 대화가 필요 없는 것일 수도 있지만, 대화를 가능한 한 피하려고 하는 습관도 문제라고 하겠다. 의사소통을 잘해야 한다고 말은 하지만 실제 그렇게 하는 사람은 별로 없다는 것이다.

2. 의사소통의 장애물

상대와 커뮤니케이션이 잘 이루어지지 않는 데는 여러 가지 이유가 있다. 협상에서도 상대와 원활한 소통을 방해하는 요인들을 보면 다음과 같은 것이 있다.

51 김태훈 역 (2017), p.66 참고

① 상대방의 기준을 무시하는 경우

상대방의 비교기준이나 판단기준을 인정하지 않고 무시할 때, 상대방은 이를 감지하고 협조적인 자세를 거두게 된다. 자기중심적인 태도가 강할수록 상대의 의견을 무시하기 쉽다. 이렇게 되면 상대방도 자신의 의견을 고집하고 양보하지 않으려 한다.

② 상대방에 대한 나쁜 감정을 갖는 경우

상대에게 나쁜 감정을 가지고 있다면, 그 사람과 대화를 이어가고 싶은 마음이 들지 않는다. 이로 인해 대화가 냉랭한 분위기 속에서 짧게 끝나버리기 쉽다.

③ 생각과 의견을 적절히 표현하지 못하는 경우

자신의 생각을 명확하고 간결하게 표현하지 못하고 에둘러 말하거나 모호하게 말하면, 상대방은 핵심을 이해하기 어렵다. 이는 상대에게 내가 책임감이 없다고 인식시킬 수 있으며, 협상에서는 피로감을 유발할 수 있다.

④ 속마음을 감추는 경우

대화 초반에 속마음을 감추는 것은 자연스러운 일이지만, 계속해서 속마음을 드러내지 않으면 상대방은 신뢰를 잃고, 윈루즈(win-lose) 상황으로 협상을 진행하려고 할 수 있다.

⑤ 잘못 들은 경우

대화 중에 잘못 듣는 일은 흔히 발생한다. 이는 경청을 제대로 하지 않았거나, 말하는 사람과 듣는 사람이 서로 다른 문맥이나 배경을 전제로 대화하기 때문일 수 있다. 잘못 들었을 때는 솔직하게 인정하고 다시 말해줄 것을 요청하는 것이 좋다.

⑥ 선입견이 작용하는 경우

선입견은 나뿐만 아니라 상대방도 가질 수 있다. 선입견은 대상을 정확하게 인식하지 못하게 하며, 이는 협상에서 잘못된 판단으로 이어질 수 있다. 선입견은 협상에서 가장 경계해야 할 요소 중 하나이다.

인지심리학자들에 의하면, 사람들이 보통 상대방의 말에 주의를 집중하는 시간이 평균 17초에 불과하다고 한다. 주제나 상황에 따라 다를 수 있지만, 일상생활에서 상대방의 말에 집중하는 시간은 매우 짧다. 상대가 말하는 동안 우리는 다른 생각을 하기도 한다.

또한, 사람들은 말하는 시간의 90%는 '무엇'에 쓰고 나머지 10%를 '어떻게'에 쓰는 반면, 듣는 사람은 듣는 시간의 35%만 '무엇'에 쓰고 나머지 65%는 '어떻게'에 관해 듣고 싶어 한다. 예를 들어, 회사 동료에게 지난 주말에 제주도에 놀러 갔다 온 이야기를 하는 경우를 가정해보자. 이야기를 하는 나는 제주도에서 '무엇'을 했고 '무엇'을 봤는지, '무엇'을 먹었는지에 대해 주로 얘기하는 반면에, 상대방은 '무엇'은 관한 것은 내가 말하자말자 금방 이해했고 바로 이어서 그런 것을 '어떻게' 했는지 듣고 싶어 한다. 그런데 나는 여전히 '무엇'에 대해 말하고 있고 '어떻게'에 대해서는 별로 얘기를 하지 않는다. 그러다 보니 상대방은 내 말에 흥미를 잃고 다른 생각을 하게 된다. 즉, 경청을 하려고 해도 듣고 싶은 내용이 안 나오기 때문에 경청하지 못한다는 것이다.

사람의 두뇌는 분당 1,000~1,400단어를 처리하는데 반해, 입으로는 분당 124~140단어밖에 말하지 못한다. 두뇌가 말을 듣고 이해하는 속도는 말하는 속도에 비해 10배나 빠르다. 이처럼 우리가 상대의 말을 듣고 있으면 금방 이해해버리고, 상대가 말하고 있는 대부분의 시간에 아무 것도 할 것이 없는 상태가 된다. 그래서 경청이 안 되고 다른 데 관심을 갖게 된다.

또한, 사람들은 깨어있는 시간의 80% 동안 다른 사람과 커뮤니케이션을 하는데, 이 중 45%는 말로 이루어지지만, 55%는 제스처, 표정, 눈짓, 몸동작, 옷차림 등 비언어적인 방법으로 이루어진다. 그런데 상대방이 하는 말의 45%만 제대로 듣고 나머지 55%는 무시되거나 잘못 이해되거나 잊혀지기 쉽다.

이러한 커뮤니케이션의 장애물들을 인식하고 극복하기 위해서는 상대방의 말을 제대로 듣고, 선입견을 버리며, 상대의 입장을 이해하려는 노력이 필요하다. 협상에서 이러한 노력이 부족하면, 상대방과의 소통이 원활하지 않아 협상의 성공 가능성이 낮아질 수 있다.

3. 뛰어난 협상가의 의사소통 방식

뛰어난 협상가와 평범한 협상가의 의사소통 방식에는 분명한 차이가 있다. 아래 <표 5-1>은 그런 사실을 보여주는데, 뛰어난 협상가는 거슬리는 발언(예컨대, 본인 자랑이나 불공정한 지적)이나 상대에 대한 비난을 훨씬 적게 하고, 창의적인 선택지를 고려하거나 정보를 공유하고, 장기적 발전에 대한 발언을 많이 하고 서로 공통 이슈에 대한 발언을 더 많이 하는 것으로 조사되었다.

그 외에 뛰어난 협상가는 상대와 대화 도중에 피드백도 잘해 주고 상대에게 들은 내용을 요약해서 알려주는 행위도 잘한다. 이는 경청과 질문을 통해 서로가 알고 있는 정보를 일치시키고, 기대치를 조율하는 과정에서 매우 중요하다.

표 5-1 뛰어난 협상가와 평범한 협상가의 의사소통 방식 차이

협상 시 행동	뛰어난 협상가	평범한 협상가
거슬리는 발언(본인 자랑, 불공정한 지적)	2.3%	10.8%
비난	1.9%	6.3%
협상 시 창의적 선택 사항 고려	5.1%	2.6%
정보 공유	12.1%	7.8%
장기적 발전에 대한 발언	8.5%	4.0%
공통 사항에 대한 발언	38.0%	11.0%

(출처) 김태훈 역(2017), p.77

4. '정보의 비대칭성' 해소

정보의 비대칭성은 **서로가 가지고 있는 정보의 양과 질에 차이**가 있는 경우를 가리킨다. 이런 비대칭성이 있으면 좋은 정보를 많이 가진 쪽이 훨씬 유리해질 수밖에 없다. 불리한 쪽이 그렇게 된 이유는 먼저 사전 조사를 충분히 하지 않았고, 또 상대와 정보 교환을 적게 했기 때문이다. 협상 상대를 적으로 보게 되거나 협상을 전투라고 보게 되면 상대에게 필요한 사항에 대해 묻거나 정보 교환과 같은 행위를 하지 않는다. 반면에 협상을 공동으로 문제를 해결하는 과정으로 보는 사람은 상대방에게 가능한 한 많은 질문을 하고 정보 교환을 하려고 한다. 그 결과 전자와 같은 협상가는 후자에 비해 상대방에 대한 정보를 적게 갖게 되고 불리한 처지에 놓이게 된다.

5. '투명성의 환상'에서 벗어나기

투명성의 환상(illusion of transparency)은 **한쪽은 상대방에게 많은 정보를 제공했다고 생각하지만, 상대방은 그렇지 않다고 느끼는 상황**을 가리킨다. 그 결과 오해와 의심, 착각과 같은 소통상의 심각한 문제가 발생한다.

이런 현상은 **정보를 전달하고 인지하는 과정**에서 왜곡, 탈락, 무시 등이 일어난다. 동일한 정보에 대해서 해석을 달리하기 때문에도 생긴다. 나는 자세하게 진심으로 알려줬는데 상대는 인지상의 오류에 빠져서 그렇지 않다고 느끼는 것이다.

서로가 알고 있는 정보가 일치할수록 서로의 기대치가 수렴되고, 합의 도달이 빨라진다. 따라서, 경청과 질문을 잘하고, 본인의 의사가 상대방에게 제대로 전달되었는지 수시로 확인하는 등의 방법으로 서로의 인식의 차이를 줄여야 한다.

협상 Tip 이메일을 통한 협상

이메일은 시간과 공간의 제약 없이 협상을 진행할 수 있는 편리한 수단이다. 그리고 껄끄러운 상대방이나 직접 대면하여 의논하기 곤란한 이슈가 대상인 경우에는 이메일로 협상하는 것이 더 효율적이다. 그러나 이메일로 협상할 때는 다음과 같은 점들에 유의해야 한다.[52]

- 이메일을 통해 협상할 때 가장 중요한 것은 상대방에게 자신의 감정을 명확히 전달하는 것이다. 이메일의 시작 부분에서 자신의 감정을 알리면, 상대방이 마음의 준비를 할 수 있어 협상이 원활하게 진행될 수 있다. 예컨대, "감사하는 마음을 전해드립니다" 또는 "유감입니다만..."과 같은 표현을 맨 앞에 두어 자신의 감정을 먼저 전달할 수 있다.
- 상대방의 이메일에 즉각 반응하지 않는 것이 중요하다. 최소 30분 정도 생각한 후 답장을 작성해야 한다. 이렇게 하면 감정을 가라앉히고 보다 객관적인 시각에서 답장을 작성할 수 있다.
- 특히 흥분한 상태에서 이메일을 보내지 않는 것도 중요한데, 자신의 감정을 돌아본 뒤에 이메일을 작성해야 한다.
- 답장을 쓰기 전에 상대방의 입장에서 내용을 재검토하는 것도 중요하다. 이는 사람들이 이메일의 내용을 보낸 이의 의도보다 공격적으로 해석하는 경향이 있기 때문이다. 이러한 전제하에 답장의 톤을 조절하는 것이 좋다.

52 김태훈 역 (2017), pp.83~85 참고

· 이메일은 최대한 간결하게 작성해야 하며, 중요한 내용은 별도의 보고서로 첨부하는 것이 좋다. 보고서 형식으로 이메일을 작성하면 내용이 길기 때문에 상대방이 읽기에 부담을 느낄 수 있기 때문이다.
· 중요한 내용일수록 동료나 친구에게 검토를 맡기는 것이 좋다. 제3자의 관점에서 이메일을 검토하면 보다 객관적인 의견을 얻을 수 있다.
· 유머를 적절히 섞어서 이메일을 작성하면 상대방과의 관계를 보다 원활하게 유지할 수 있다. 유머를 잘 사용하지 못하는 사람도 이메일에서는 마음만 고쳐먹으면 상대적으로 쉽게 사용할 수 있다.
· 마지막으로, 상대방이 이해하기 쉬운 어조와 단어들로 이메일을 작성해야 한다.

협상 Tip 전화 통화로 하는 협상

전화로 협상하면, 더 좋은 대안을 고안해내는 데 필요한 시간을 벌 수 있는 장점이 있다. 일반적으로 상급자는 대면을 선호하는 반면, 하급자는 전화를 선호하는 경향이 있다.
그런데 전화 협상에서는 언어, 비언어, 몸짓, 시각적 요소 등을 사용할 수 없기 때문에 친밀한 관계 형성과 속마음 파악이 어렵다. 따라서 전화 협상에서는 다음과 같은 세심한 주의가 필요하다.
· 전화 통화하기 전에 대면 만남을 짧게라도 가지는 것이 좋다. 대면 만남을 통해 상대방의 표정과 몸짓을 확인할 수 있기 때문이다.
· 전화 걸고 초반 5분 동안 가벼운 이야기를 나누며 친밀한 분위기를 형성하고, 상대방과 신뢰 관계를 구축할 필요가 있다.
· 전화 통화 중에는 다른 일을 하지 말아야 한다. 상대방이 이를 알아차리고 성의 없다고 느낄 수 있기 때문이다.
· 서로 말하는 순서를 지키는 것이 중요하다. 내가 말을 다 했으면 상대방에게 신호를 주어야 한다.
· 마지막으로, 통화 종료를 분명히 해야 한다. 이를 통해 상대방에게 협상이 종료되었음을 명확히 알릴 수 있다.

Ⅷ. 적극적 경청

윈윈 협상을 하려면 상대방의 속마음을 잘 파악해야 한다. 이를 위해서는 무엇보다도 상대방의 말을 잘 들어야 한다. 상대방이 말하는 내용을 처음부터 끝까지 집중해서 들어야 하며, 중간에 다른 생각을 해서는 안 된다. 다른 생각을 하는 순간, 상대방의 말은 더 이상 내 귀에 들어오지 않기 때문이다. 우리의 뇌는 동시에 두 가지 일을 정확하게 처리하지 못한다.

예를 들어, 어떤 이야기를 들으면서 동시에 그 이야기와 상관없는 생각을 하거나, 어떤 사건을 보면서 동시에 다른 생각을 하는 것은 사실상 불가능하다. 많은 사람들이 책을 읽으면서 음악을 듣는다고 생각하지만, 실제로는 이 두 가지를 동시에 하는 것이 아니다. 잠깐씩 책을 보다가 음악 소리에 집중하고, 다시 책으로 돌아가는 식으로 두 행위를 번갈아가며 하기 때문에, 마치 동시에 하고 있는 것처럼 느껴질 뿐이다. 책을 읽는 동안에는 음악 소리가 귀에 들어오지 않고, 음악에 집중하면 책의 내용이 눈에 들어오지 않는다.

따라서 협상에서 상대방의 말을 잘 들으려면 기본적으로 다른 생각 없이 상대방의 말에 집중해야 한다. 즉 경청해야 한다. 상대방의 이야기를 들으면서 다른 생각을 하면 상대방의 말은 제대로 들리지 않는다.

1. 적극적 경청의 의미

적극적 경청(active listening)은 다른 생각 없이 듣는 것에 집중하는 **경청에서 한걸음 더 나아가 말하는 사람의 의도와 욕구, 문맥까지 파악**하는 것이다.

적극적으로 경청하려면, 상대방의 말을 듣는 동안 다른 생각을 하거나 주변을 두리번거리거나 스마트폰을 만지는 등의 행동을 피해야 한다. 이런 행동을 하는 동안에는 상대방의 말이 귀에 들어오지 않기 때문이다.

일반적으로 듣기의 수준은 다섯 가지로 나눠볼 수 있다.

① **무시 혹은 회피**: 전혀 주의를 기울이지 않거나 듣기를 거부한다.

② **듣기를 가장**: 상대방 말에게 "아, 예", "그렇군요" 등 반응을 하면서 듣는 척은 하지만, 실제로는 듣고 있지 않다.

③ **선택적 듣기**: 상대방의 발언 중 관심 있는 부분에만 주의를 기울이고, 그렇지 않으면 듣지 않고 다른 생각을 한다.

④ **주의 깊은 경청**: 상대방 발언의 단어 하나하나를 놓치지 않고 들으며, 내용에 주의를 기울인다.

⑤ **적극적 경청**: 상대방 발언의 내용, 의미, 숨겨진 감정, 의도 등을 최대한 파악하려고 노력하면서 성의를 다해 귀를 기울인다.

경청을 잘하는 사람은 대개 위 4단계까지는 한다. 그러나 적극적 경청까지 하는 것은 사실 쉽지 않다. 상대방이 길게 말하거나, 했던 말을 반복하거나, 두서없이 무슨 말을 하는지 핵심을 알 수 없거나, 별 관심이 가지 않는 내용을 말하거나 하면 그의 말에 집중하기 어렵다. 또 상대방의 말이 끝나면 내가 할 질문이나 답변을 생각하다 보면 경청하기조차 어렵다. 그래서 적극적 경청을 잘하려면 평소 일상생활에서 훈련과 연습을 하는 것이 도움이 된다.

2. 적극적 경청의 주요 원칙

적극적으로 듣기 위해서는 다음과 같은 원칙들을 지켜야 한다. 경청은 선천적인 능력이 아니라, 평소에 주의 깊게 연습하고 실천함으로써 누구나 향상시킬 수 있는 기술이다. 아래의 원칙들을 실천하면, 자연스럽게 수준 높은 경청 능력을 갖출 수 있다.

① 상대방을 바라볼 것

상대방이 이야기할 때 다른 곳을 쳐다보면, 상대는 이야기하고 싶은 마음이 사라질 수 있다. 다만, 상대의 눈을 똑바로 쳐다보는 것은 서양과 달리 우리나라나 동양권에서는 무례하게 보일 수 있으므로 얼굴 전체를 편안하게 바라보는 것이 좋다.

② 상대방의 발언과 관련된 질문을 할 것

상대방에게 내가 잘 듣고 있다는 신호를 주기 위해 짧은 질문을 하는 것은 좋은 습관이다. 하지만 이때 질문은 상대방의 발언과 관련된 것이어야 한다. 엉뚱한 질문을 하면, 상대는 내가 경청하지 않았다는 것을 쉽게 눈치챌 수 있다.

③ 상대의 발언 도중에 말참견을 하지 말 것

상대의 말에 호응하거나 짧게 추임새를 넣는 것은 좋지만, 말참견을 하면 상대의 발언 흐름이 끊어지게 된다. 상대방의 말을 끝까지 들어주는 것이 중요하다.

④ 발언 주제를 일방적으로 바꾸지 말 것

발언 주제를 바꾸려면 상대의 동의를 먼저 구해야 한다. 일방적으로 주제를 바꾸면, 상대는 내가 진지하게 대화에 참여하지 않는다고 느낄 수 있다.

⑤ 감정적으로 반응하지 말 것

상대방의 발언이 불쾌하거나 귀에 거슬리더라도 감정적으로 반응하지 않는다. 감정적으로 반응하면 상대도 감정적으로 맞서게 되어, 대화가 갈등으로 번질 수 있다.

⑥ 언어적, 비언어적 반응을 자주 보일 것

상대방은 내가 잘 듣고 있는지 궁금해할 수 있다. 이를 위해 "그렇군요", "맞아요" 등 짧은 맞장구를 치거나 추임새를 넣는 것이 효과적이다. 또한 고개를 끄덕이거나 미소를 짓는 등 적절한 비언어적 반응을 보여주는 것도 중요하다.

⑦ 상대방의 시각에서 생각하도록 노력할 것

적극적 듣기의 핵심은 상대방의 의도와 속마음, 감정을 이해하는 것이다. 이를 위해 말하는 사람의 입장에서 문제를 바라보려고 노력하는 것이 중요하다.

⑧ 발언의 옳고 그름을 즉시 판단하지 말 것

상대가 말하는 동안 그의 말이 맞는지 틀리는지 즉시 판단하려 하지 말고, 그의 말을 모두 들은 후에 종합적으로 평가하는 것이 정확하다. "말은 끝까지 들어봐야 한다."는 격언을 상기하자.

⑨ 상대방의 발언을 요약해볼 것

상대방의 말을 중간중간 요약해서 "말씀의 핵심은 이런 것이죠?"와 같이 짧게 정리해주면, 상대는 내가 잘 듣고 있다는 것을 확인할 수 있다. 또한, 상대방의 말이 내게 정확히 전달되고 있는지도 점검할 수 있다.

이 원칙들을 실천하며 경청한다면, 상대방과의 대화에서 더 깊이 이해하고, 더 나은 소통을 이룰 수 있을 것이다.

IX. 질문

과거의 리더는 말하는 방법을, 미래의 리더는 질문하는 방법을 알아야 한다.
- 피터 드러커

협상을 잘하려면 상대방이 무엇을 생각하고 무엇을 원하는지 정확히 알아내야 한다. 그러려면 첫째 상대방의 말을 잘 들어야 하고(경청), 둘째 상대에게 질문을 잘해야 한다(질문).

1. 질문하는 요령

유능한 협상가는 다음과 같은 요령으로 질문한다.

① 질문의 목표와 계획을 세운다

질문은 상대방에 대한 정보를 최대한 많이 수집해내는 것이 목표다. 협상을 하기 전에, 그리고 협상을 진행하면서 어떤 질문을 어떤 목적에서 할 것인지, 또 어떻게 하면 그것을 가장 효과적으로 표현할 수 있을지 생각해야 한다.

② 질문을 생각하느라 경청을 못하면 안 된다

상대가 대답하는 동안 다음 질문을 무엇으로 할지 생각하느라 상대의 말을 듣지 못하는 경우가 흔하다. 사람은 듣는 것과 생각하는 것을 동시에 하지 못하기 때문에 그런 현상이 생긴다. 그런데 잘 듣고 있으면 그 안에서 질문할 거리가 나타난다. 상대방의 대답 내용과 상관없는 질문거리를 만들려고 애쓰지 말고 집중해서 듣는 것이 더 효과적이다.

③ 질문을 해도 되는지 허락부터 먼저 구한다

하고자 하는 질문을 하기 전에 "한 가지 질문을 해도 되겠습니까?"라는 허락을 먼저 구한다. 사실 이 짧은 한 마디는 상당히 큰 효과가 있다. 예의 바르다는 인상도 주어 상대와 좋은 대화 분위기를 처음부터 형성할 수 있고, 상대가 질문을 허락했기 때문에 답변도 상세하게 해줄 가능성이 크기 때문이다.

④ 개방형(Open) 질문을 한다

질문을 했을 때 상대가 "예", "아니오"의 대답을 하게 하는 질문을 폐쇄형(closed) 이라고 하고, 설명하는 식으로 대답하게 하는 질문을 개방형 질문이라고 한다. 예를 들어, "어제 등산을 갔습니까?"라고 물으면 상대는 "예" 또는 "아니오"라고 대답하게 된다. 이것이 폐쇄형 질문이다. 그 대신 "어제 무엇을 했습니까?"라고 물으면, "등산을 갔습니다." 또는 "영화를 보았습니다." 등과 같이 설명하는 대답을 하게 된다. 이것이 개방형 질문이다. 개방형 질문은 '누가, 언제, 무엇을, 어떻게, 왜'에 대해 답하도록 질문하는 것으로, 상대방이 자신의 얘기와 상황을 진술하게 하므로 그로부터 많은 정보를 얻어낼 수 있다.

⑤ 구체적인 질문을 한다

모호한 질문보다는 구체적인 질문을 한다. 예를 들어, "취미가 무엇입니까?"와 같은 질문보다는 "가장 좋아하는 취미는 무엇이고, 그것을 왜 좋아하세요?" 같은 질문을 하는 것이 상대방 입장에서도 대답하기도 좋을 뿐 아니라, 질문과 대답을 통해 더 풍부한 정보를 확보할 수 있다.

⑥ 심층 질문을 한다

상대방의 대답에 대해 이어서 후속 질문을 한다. 처음에는 폭넓은 질문으로 시작했다가, 점점 심층적으로 파고드는 질문을 한다. 이를 통해 대화를 더욱 심화시키고 상대방을 더 잘 이해할 수 있다. 예를 들어, "그거 들어보니 재밌어요. 조금 더 자세히 설명해 주시겠어요?"와 같은 질문을 할 수 있다.

⑦ 상대의 도움을 구하는 방식으로 질문한다

상대에게 "이 부분에 대해 도움을 좀 주실 수 있습니까?"라고 도와달라는 말을 하는 것도 좋은 방법이다. 도와달라고 하는데 무조건 거절하는 사람은 없고, 또 도와주겠다고 대답하게 되면 좀 더 마음을 열게 되어 질문에 성실하게 대답한다. 협상하면서 상대에게 항상 강하다는 인식을 줄 필요는 없다. 오히려 도와달라고 하는 것이 상대의 마음을 열게 하고 협력하려는 자세를 갖게 만든다.

⑧ 최대한 많은 질문을 하여 상대의 의도와 욕구를 파악한다

나의 의견을 제시하는 것은 최대한 줄이고 질문을 많이 한다. 특히 어떤 사안에 대해 "아마 어떠할 것이다.", "분명 그럴 것 같다."는 식으로 선입견을 갖고 질문을 건너뛰는 일이 없어야 한다. 돌다리도 두드려보고 건너듯이, 확인하고 점검하는 자세가 절대 필요하다. "척하면 삼척이다."는 식의 직감이나 육감으로 상대방의 행동을 예측하려는 자세는 지양해야 한다.

예를 들어, 성과를 내지 못했다고 사장이 화를 내며 회사를 나가라고 하면, 사장의 의도가 진짜 해고를 하겠다는 것인지, 질책하며 겁을 주려는 것인지 확인해보아야 한다. 사장이 나가라고 해서 무작정 나와버렸다고 하는 근로자를 간혹 본다. 사장에게 사정을 들어보면 잘못을 꾸짖은 것이라고 말할 수도 있는 상황이다.

⑨ 상대방 위주로 질문한다

질문의 주어는 상대방을 우선해서 한다. 예를 들어, 식당에서 스테이크를 주문할 때, 상대에게 "저는 스테이크를 먹고 싶습니다. 뭘 드시고 싶으세요?"라고 첫 문장의 주어를 '나'로 하면 상대는 이미 선택지가 한정되어 있다고 느끼게 된다. 그 대신, "뭘 드시고 싶으세요?"라고 상대방을 첫 문장의 주어로 한다면, 상대는 선택지가 열려 있음을 느끼고 자신의 의향을 잘 드러낼 수 있다. 이것은 한편으로는 예의의 문제일 수도 있지만, 다른 한편으로는 상대방을 대화의 중심에 둠으로써 그가 자신의 얘기를 좀 더 많이, 자세히 하도록 유도하는 효과가 있다.

⑩ 단정적인 표현 대신에 질문으로 바꾼다

단정적인 표현을 하게 되면, 상대로부터 많은 정보를 얻어낼 수 없을 뿐 아니라 자칫하면 상대의 반항만 불러올 수 있다. 이보다는 오히려 상대의 의도와 행동에 대해 질문을 던지는 것이 정보를 얻어내는 데 더 효과적이다.

예를 들어, 자격시험에 불합격한 직원에게 "그런 식으로 공부했으니 떨어질 수밖에요!"라고 단정적으로 말하면, 그 직원은 더 이상 말을 하지 않으려 할 것이고, 속으로는 반항심만 생긴다. 대신, "떨어진 이유가 뭐라고 생각하십니까?"라고 질문 형식으로 바꾸면 그는 본인의 사정을 이야기할 것이고 그 가운데서 필요한 정보를 얻어낼 수 있다.

⑪ 틀렸으면 솔직히 인정하고 고쳐 달라고 부탁한다

내가 틀렸을 때는 솔직히 틀렸다고 인정하고, "이 부분은 제가 잘못한 것 같은데 어떻게 고치면 좋을까요?"라는 식으로 상대에게 가르쳐 달라고 부탁하는 것이 현명하다. 그러면 상대는 내가 진정성이 있고 믿을 수 있는 사람으로 인정할 것이다. 사람은 누군가를 가르칠 때는 좀 더 솔직해지고 상대에게 바라는 바를 드러내는 경향이 있으며, 따라서 이러한 상황에서 그의 욕구와 의도, 그리고 그가 가지고 있는 정보와 자원을 보다 잘 파악할 수 있다.

⑫ 메모한다

질문하면서 대답을 메모하는 습관을 갖는다. 사실 메모하는 것은 어디서나 유용한 습관이다. 기억의 한계를 극복하는 방법이기도 하고, 상대방에게 그의 얘기를 내가 존중한다는 인상도 줄 수 있기 때문이다.

2. 유도 질문

유도 질문은 상대의 입에서 특정한 답이 나오도록 유도하는 방식으로 질문하는 것이다. 예를 들어, 식사 후 "오늘 음식 맛있었죠?"라는 질문은 사실 맛이 좋았는지 아닌지 묻는 것이 아니라, 상대방에게 "네, 맛있었어요"라고 동의하도록 유도하는 질문이다. 이런 유도 질문은 간혹 경찰이나 법정에서 검사나 변호사가 상대편이 스스로 불리한 진술을 하게끔 유도하기 위해 사용하는 것을 볼 수 있고, 일반인도 일상생활에서 알게 모르게 쓰고 있다.

불확실한 상황에서 사실 여부를 확인하려면, 아예 사실인 것으로 간주하고 그에 따른 질문을 한 후 상대가 보이는 반응으로 확인할 수 있다. 이런 유도 질문은 상대방의 진심을 파악하기 좋은 방법이다. 예를 들어, 동료가 이직 준비를 하는지 알고 싶은데 그가 모호하게 부인한다고 가정하자. 이에, 그의 진심을 알고 싶으면 다음과 같이 질문할 수 있다.

"X, Y, Z 회사 모두 경력직 채용한다고 하던데, 어느 회사에 지원할거야?"

이것은 동료가 이직 준비를 한다고 가정하고 질문을 한 것이다. 이에 대해 만약 동료가 이직을 생각하고 있지 않다면 "무슨 소리, 나와는 상관없어" 같이 대답할 것이고, 만약 진짜 이직을 염두에 두고 있다면 "정말? 어떤 직무를 채용한대?"와 같이 대답하거나 이직 의사를 숨기기 위해 대답을 얼버무릴 것이다.

이외에도 유도 질문은 아래와 같이 다양한 목적과 상황에서 사용한다.

- 긍정적 예상: 상대방이 긍정적인 반응을 보일 것으로 예상하고 하는 질문
  (예) "그 영화 재미있지?"
- 부정적 예상: 상대방이 부정적인 반응을 보일 것으로 예상하고 하는 질문
  (예) "그 친구 만나보니 인상이 안 좋지?"
- 선택 유도: 상대방의 선호와 상관없이 내 위주로 만든 선택지를 두 개 만들고 그중 하나를 선택하도록 강요하는 질문
  (예) "이번 여행은 유럽으로 갈래, 아니면 호주로 갈래?"
- 정보 확인: 이미 알고 있는 정보를 다시 확인하고자 할 때 쓰는 질문
  (예) "기차표 아직 예매 안 했지?"
- 제안 유도: 특정 행동을 제안하면서 상대방의 동의를 구하는 질문
  (예) "식사에 앞서 다 같이 건배할까요?"

유도 질문은 상대방으로부터 원하는 정보를 빠르게 이끌어낼 수 있는 장점이 있다. 이를 통해 협상에서 유리한 위치를 선점할 수 있다. 또한, 상대방이 지쳐 있거나 부정적인 감정에 빠져 있을 때, 기분 좋게 느낄 질문을 던져 상대방의 기분을 전환시키는 데도 활용할 수 있다.

한편, 유도질문은 상대방의 생각을 왜곡하거나 편견을 유도할 위험이 있다. 상대방이 질문의 의도를 파악하고 의도적으로 그에 맞춰 대답하면, 진짜 속마음을 알기 어려워질 수 있다. 또한, 상대방이 유도 질문임을 알아차리면, 질문하는 사람에 대한 신뢰가 떨어질 수 있다.

상대가 유도 질문을 하는 것 같다거나, 나 자신에게 불리한 진술을 하게 될 것 같은 상황에 처하면 다음과 같은 요령으로 대처한다.

① 질문자의 의도 파악

- **의도 파악:** 상대방의 질문이 단순히 정보를 얻고자 하는 것인지, 특정한 답변을 유도하려는 것인지, 아니면 다른 의도가 있는지 곰곰이 생각해본다. 이때 자신 없거나 불리한 답변은 절대 하지 않는다.
- **비언어적 신호 관찰:** 질문 자체뿐만 아니라, 상대방의 표정, 목소리, 자세 등 비언어적 신호도 함께 보면서 그의 의도를 파악한다.
- **경험과 직관 활용:** 과거 유사한 경험이 있거나 직관적으로 파악할 수 있으면 그것을 활용한다.

② 명확하고 간결한 답변

- **짧게 핵심만 대답:** 유도 질문에는 가능한 한 짧고 명확하게 핵심만 대답하는 것이 좋다. "예", "아니오"로 답변하고, 불필요한 정보는 제공하지 않는다.
- **대답 거부:** 대답하기 불편한 질문에는 "잘 모르겠다", "생각나지 않는다" 식으로 빠지거나, "대답하기 불편하다", "현재 상황에서는 해당 정보를 공유할 수 없다"와 같이 명확하게 거부 의사를 밝힌다.

③ 역질문하기

- **의도 역질문:** 상대방의 질문에 대해 그 의도나 이유를 되묻는다. "왜 그런 질문을 합니까?", "그 정보는 어디에서 얻으셨나요?" 식으로 상대의 의도를 꼬집을 수 있다.
- **근거와 반대 상황 역질문:** 근거를 캐묻거나 반대되는 상황을 가정하고 질문을 한다. "그 사실을 뒷받침할 만한 근거가 있나요?", "그 질문과 다른 상황도 있을 수 있는데 그런 것은 왜 건너뜁니까?"와 같이 역공하여 주도권을 되찾는다.

④ 침묵하기

- **침묵하기:** 대답을 아예 하지 않는 것도 좋은 방법이다. 흔히 질문이 오면 반사적으로 대답을 하는데 입을 닫아버리는 습관도 필요하다. 상대방의 질문을 묵묵히 들은 후, 대답하지 말고 다음 주제로 넘어가거나, 다른 질문을 해버린다.
- **생각 시간 확보:** 즉각적으로 대답하지 말고, 상대에게 "잠깐 생각할 시간을 달라"고 하거나 "잠깐 쉬었다가 하자", "화장실 갔다 오겠다", "급한 전화가 있어서 하고 오

겠다" 등과 같이 자리에서 벗어나 그 질문이 유도 질문인지, 어떻게 대처할지 생각해본다.

⑤ 단호한 태도 유지

- **명확한 의사 표현**: 상대가 유도 질문을 할 때는 내가 약하게 보이기 때문이다. 상대가 그런 질문을 한다고 생각되면 "그런 유도 질문 하지 마세요"라고 단호하게 말한다. 그래야 상대가 조심하기 시작한다.
- **협력적 분위기 조성**: 협상은 싸움이 아니라 문제 해결을 위한 과정임을 강조하며, 상대방의 유도 질문을 적절히 받아넘기고 협력적인 분위기를 조성하는 것이 중요하다. "함께 문제를 해결해보자"며 협력적 분위기를 조성한다.

3. 퇴로를 차단하는 질문

결정적인 증거를 가지고 있는 경우, 그것을 함부로 내놓을 경우 무용지물이 될 수 있다. 이럴 때는 상대가 빠져나갈 수 있는 구멍을 모두 막은 뒤에 그 증거를 내놓아서 꼼짝 못 하게 하는 것이 현명한 방법이다. 다음의 예를 살펴보자.

보안 업데이트와 로그 모니터링 담당자인 A는 중요한 보안 패치 작업을 제시간에 완료해야 한다. 그런데, 타부서 직원이 팀장인 B에게 A가 어제 작업시간에 다른 활동을 하여 보안패치 작업을 늦게 완료했다고 귀띔해 주었다. 사실 지난달에도 A가 보안패치 작업을 정시에 마무리하지 않아 고객사로부터 항의가 들어온 적이 있었기에, B는 A의 행동을 예의주시하고 있었다. 이 제보 내용을 어떻게 활용해야 A의 책임을 제대로 추궁할 수 있을까?

① 잘못된 접근법

우선, B(팀장)가 A(팀원)에게 아래와 같이 질문을 던지는 상황을 생각해보자.

B: "어제 보안 패치 적용 제시간에 다 끝냈나요?"
A: "네, 다 끝냈습니다."

B: "정말요? 다른 팀원이 어제 오후 2시에 당신이 서버실에 없었다고 하던데요? 그때 사내 카페에서 봤다는 사람도 있고요."

A: (놀란 듯) "아, 그거요? 다른 장비 점검하러 잠깐 나갔던 거예요. 카페는 오가는 통로에 있고요. 보안 패치는 문제없이 완료했습니다."

이 사례는 B가 결정적인 증거를 함부로 써버린 경우로서, A가 적당히 둘러대고 빠져나가 버렸다.

② 효과적 접근법

그렇다면, 그 제보를 내밀기 전에 다음과 같이 변명이나 빠져나갈 구멍을 미리 찾아서 다 막는 조치를 하는 것이 현명한 방법이다.

B : "어제 보안 패치 작업은 몇 시쯤 완료했나요?"
A : "오후 3시쯤 끝냈습니다."
B : "그럼 어제 오후 내내 패치 작업에만 집중하셨던 거죠?"
A : "네, 물론입니다."
B : "몇 시부터 그 작업을 하셨어요?"
A : "점심 먹고 1시부터 계속했습니다."
B : "혹시 오후 2시쯤 서버실에 없었던 적은 없나요?"
A : "아니요, 계속 서버실에 있었습니다."
B : "휴식 시간이라도 가졌겠지요."
A : "그 작업은 제시간에 끝내야 했기 때문에 서버실에서 계속 작업했습니다."
B : "다른 팀원이 오후 2시쯤 당신이 사내 카페에 있었다고 하던데요."
A : (머뭇거리며 대답 못함)

이렇게 팀원 A가 다른 곳에 가지 않고 서버실에 있었다는 진술을 받아놓고 난 후, 누군가가 사내 카페에서 보았다는 증언을 내놓으면 A는 거짓말이 들통나서 사실대로 말할 수밖에 없다.

흔히 결정적인 증거를 확보하면 '마지막 일격'으로 사용할 수 있는 준비를 하기보다는 이를 무턱대고 들이민다. 임기응변이나 순발력이 뛰어나고 거짓말을 잘하는 상대라면 이 방법은 무용지물이 될 가능성이 크다. 따라서 다음과 같이 준비해야 한다.

- 상대가 빠져나가기 위해 말할 수 있는 핑계나 이유, 상황 등을 리스트로 만든다.
- 그런 답변이 나올 수 있는 질문들을 만든다.
- 상대에게 그 질문들을 하면서 위의 답변이 나오는지 체크한다.
- 상대가 더 이상 빠져나갈 수 없게 되었을 때 준비된 결정적 증거를 내놓는다.[53]

협상 Tip 거짓말을 확인하는 방법

거짓말이나 거짓말을 하는 사람에게는 다음과 같은 특징이 보인다. 우선, 이들의 몸을 보면 거짓말이 드러난다. 묻지도 않은 사실을 말하거나, 눈이 갑자기 흔들리거나 시선을 피할 수 있다. 또한, 손끝이나 다리를 떨거나, 손짓이 작아지기도 한다. 말투가 단조로워지고 말이 빨라지는 경우도 많다. 또한, 이들은 가짜 알리바이를 쓰기 때문에, 진술이 부자연스러울 만큼 지나치게 논리적이고 생생한 경우가 많다. 또한, 거짓말이다 보니 다 기억을 못하여, 등장인물이나 상황이 다시 나타나지 않는 특징도 있다.

일반적으로, 거짓말인지 여부를 확인하는 방법에는 다음 다섯 가지가 있다.[55]

① 허를 찌른다. 상대의 말을 못 믿겠다고 하거나, 의심스럽다는 제스처를 취하고, 증거가 있는 듯이 말한다.

② 사람의 감정은 우뇌가 지배하므로 얼굴의 왼쪽에 감정이 나타난다. 따라서 옆으로 나란히 앉을 때는 상대의 왼편에 앉아서 얼굴을 보는 것이 좋다.

③ 얘기를 점차 확장하다가 갑자기 처음으로 되돌아가서 그때 상황을 물어본다. 거짓말을 꾸며서 하면 기억에 남아 있는 것이 아니라 처음 부분은 잊어버리기 쉬워서 대답을 잘못한다.

④ 상대방 얼굴을 물끄러미 쳐다본다. 아무런 반응을 보이지 않으며 쳐다보기만 하면 상대는 초조해지고 마침내 말이 꼬이기 시작한다.

⑤ 동공을 자세히 관찰한다. 거짓말하면 동공이 확대되기 때문이다. 그러나 사실 동양인의 눈은 까만색이어서 구별이 어렵다. 이 방법은 서양에서 흔히 쓰는 것이다.

53 황선종 역(2008) 참고

X. 설득력

설득은 상대방이 내 의견이나 제안을 받아들이도록 하는 과정이며, 협상에서 매우 중요한 역량이다. 설득력을 높이기 위한 몇 가지 방법을 소개한다.[54]

① 잠재적 손실의 강조

상대방을 설득할 때는 나의 제안을 받아들이지 않으면 상대가 어떤 손실을 입을 수 있는지를 강조하는 것이 효과적이다. 흔히 설득할 때 제안이 상대방에게 주는 이점만을 강조하지만, 이 경우 상대방은 "왜 저 사람이 내게 이렇게 좋은 것을 권할까? 사실은 그 사람에게 더 유리한 것이 아닐까?"라는 의심을 할 수 있다.

이와 관련된 연구가 있다. 아프리카의 여성들에게 에이즈 검사를 받도록 권유하는 홍보 비디오를 두 가지로 제작했다. 첫 번째 비디오는 검사의 장점을 강조했고, 두 번째 비디오는 검사를 받지 않으면 어떤 위험과 비용을 감수해야 하는지를 강조했다. 결과는 놀랍게도 장점을 강조한 비디오를 본 여성들의 23%가 실제로 검사를 받았지만, 손실을 강조한 비디오를 본 여성들의 63%가 검사를 받았다.

② 손실은 통합, 이득은 분할

사람들은 손실에 대해 더욱 민감하게 반응하기 때문에, **손실**은 여러 번에 걸쳐 부과하는 것보다 **한 번에 모아서 부과**하는 것이 더 나은 전략이다. 반면, **이득**은 긍정적인 경험이므로 **여러 번 나누어 제공**하면 더 큰 만족감을 준다.

예를 들어, 아파트 관리비를 생각해보자. 만약 전기료, 난방비, 수도료를 각각 다른 날짜에 부과한다면, 입주민들은 불편함과 불만을 느낄 가능성이 크다. 이는 관리비와 같은 손실을 여러 번 나누어 부과하면 불만이 커지기 때문이다. 따라서 이 경우, 모든 항목을 한 번에 모아 청구하는 것이 입주민들의 불만을 줄이는 데 효과적이다.

이와 관련한 흥미로운 실험 결과도 있다. 컴퓨터 게임에서 한 번의 승리로 아이템 두 개를 한꺼번에 받는 경우(A)와 한 번 이기고 아이템 한 개를 받고, 다시 이겨서 아이템

54 아래 내용과 실험 연구 관련 내용은 안진환 역(2014) pp.232~247 참고

한 개를 더 받는 경우(B)를 비교해보았다. 결과는 B의 경우가 A보다 더 큰 만족감을 주었다. 이어서 다른 실험으로, 한 번 져서 아이템 두 개를 한꺼번에 잃는 경우(C)와 두 번 지고 질 때마다 아이템 한 개씩 잃는 경우(D)를 비교했을 때, D의 경우가 C보다 더 큰 불만을 초래했다.

요약하면, 상대방을 설득할 때는 손실은 한꺼번에, 이득은 여러 번에 나누어 제공하는 것이 효과적이다. 예를 들어, 협상에서 10만 원을 양보해야 할 때, 한 번에 10만 원을 양보하는 것보다 3만원, 3만원, 4만원으로 나누어 양보하면 상대방이 더 큰 만족을 느끼고, 더 협조적으로 나올 가능성이 높다.

③ 머리부터 들이밀기(Door-in-the-Face)

사람들은 누군가의 제안을 거절하고 나면 미안한 마음을 느끼기 쉽다. 이때 그 사람이 더 낮은 수준의 제안을 다시 해오면, 그 미안한 마음 때문에 거절하기 어려워 수용하게 되는 경우가 많다. 머리부터 들이밀기 전략은 개인의 이런 심리를 이용한 설득 기법이다.

이 전략은 **첫 제안을 일부러 크게** 해서 거절당한 후, **약간 양보한 제안을 다시 제시**하여 상대방이 그 제안을 수용하도록 유도하는 것이다. 상대는 이미 첫 번째 큰 요구를 거절했기 때문에, 두 번째로 들어온 작은 요구를 거절하는 데 부담을 느끼게 되어 두 번째 제안을 수락하게 된다.

예를 들어, 비행 청소년들을 돌보는 단체에서 자원봉사자를 구하려는 실험을 보면 다음과 같은 결과가 나왔다. 실험자는 길에서 행인들에게 "비행 청소년들을 인솔해서 동물원 견학을 좀 가주겠습니까?"라고 물었고, 이때 17%만이 수락했다.

그러나 다른 행인들에게 먼저 "소년원에서 상담사 역할을 해주실 수 있겠습니까? 3년간, 일주일에 2시간씩 와주셔야 합니다."라고 큰 요구를 했고, 모두 거절당했다. 이어서 "그렇다면, 비행 청소년들을 인솔해서 동물원 견학 가는 것은 좀 해주시겠습니까?"라고 다시 부탁하자, 이번에는 50%가 수락했다.

이 실험에서 사람들은 큰 요구를 거절한 후, 이어지는 작은 요구에 대해서는 미안함을 느끼며 수락한 것이다.

협상의 기본 원칙으로 첫 제안을 강하게 하라고 하는데 그 이유를 여기서도 찾을 수 있다. 첫 제안을 상대가 거절하면 바로 포기하지 말고 약간 양보한 제안을 새로 만들어 제안하면 수락될 가능성이 크다.

④ 문간에 발 들여놓기(Foot-in-the Door)

'문간에 발 들여놓기' 전략은 **처음부터 아주 약한 제안**을 하여 받아들여진 후 **점차 더 강한 제안**들을 해가는 방법이다.

사람들은 한번 제안을 받아들이고 나면, 그 상대방과 관계가 형성되어 그가 이어서 제안하는 것을 거절하지 못하는데, 이런 심리를 이용한 것이다. 이 전략이 효과를 보려면, 첫 제안에 대한 수용이 바람직한 결정이었고, 향후에도 그런 방향으로 결정을 해야 언행이 일치하는 사람으로 인정받을 수 있겠다는 의무감을 심어줘야 한다.

관련된 연구로 다음과 같은 것이 있다. 음주운전 반대 캠페인에는 술집의 협조가 필요하였다. 그래서 연구자들은 술집 바텐더에게 손님들에게 음주운전 반대 청원서에 서명해줄 것을 요청해달라고 부탁했다. 그 요청을 받은 손님 중 50%가 서명에 응했다. 6주 후, 같은 바텐더가 술에 취한 손님들에게 "차는 두고 가고 택시를 부를까요?"라고 물었을 때, 청원서에 서명했던 손님의 58%가 택시를 타고 가겠다고 답한 반면, 서명하지 않았던 손님은 10%만이 택시를 타겠다고 했다. 청원서는 서명해도 되고 안 해도 되는 사소한 것인데, 일단 하고 나니 언행일치의 의무감 때문에 차를 두고 택시 타는데 동의를 한 것이다.[55]

⑤ 근거 제시를 통한 정당화

상대에게 제안을 할 때는 그것에 정당성을 부여하기 위해 근거나 증거를 함께 알려주는 것이 좋다. 그런 것이 없는 일방적인 주장은 설득력이 떨어지고, 상대의 마음을 움직일 수 없다.

정당화에 사용되는 근거는 꼭 엄밀하거나 객관적일 필요는 없다. 물론, 완전히 터무니없는 것이나 거짓말은 피해야 하지만, 꼭 맞는 근거를 찾기 어려울 때는 조금 미약한 근거라도 제시하는 것이 도움이 된다. 이유는, 사람들은 근거를 들으면 그것의 타당성보다는 '근거가 있긴 있다는 사실' 자체에 긍정적으로 반응하기 때문이다.

예를 들어, 한 실험 연구에서는 복사기 앞에서 새치기할 때, 단순히 "5장인데, 복사기를 제가 먼저 써도 될까요?"라고 말한 경우, 성공률은 60%였다. 하지만 "5장인데, 복사를 하려고 합니다. 복사기를 제가 먼저 써도 될까요?"라고 말하자 성공률이 93%로 크게 증가했다. 후자의 경우에서 "복사를 하려고 한다"는 부분은 실제로는 특별한 의미가 없

55 물론 이 실험 결과와는 무관하게, 당연히 음주운전은 절대 해서는 안 되는 일이다.

는 말이지만, 그럼에도 불구하고 이유를 덧붙였을 때 설득력이 크게 강화되었음을 보여준다.

이를 보면, 상대방을 설득할 때, 그 제안이나 요청에 대해 정당한 이유나 근거를 제시하면 효과가 높아진다. 그리고 비록 근거가 매우 미약하거나 크게 중요하지 않더라도, 그런 것을 제공하는 것만으로도 설득력을 크게 강화할 수 있음을 알 수 있다.

⑥ 사회적 증거의 활용

사회적 증거란 사람들이 자신의 의견이나 행동을 결정할 때, 다른 사람들의 의견이나 행동을 따라 하는 경향을 의미한다. 다른 사람들이 특정한 대상을 긍정적으로 평가하면, 나도 그 대상을 긍정적으로 보게 되고, 반대로 다른 사람들이 부정적으로 평가하면 나도 그 대상을 부정적으로 보게 되는 현상이다.

홈쇼핑 쇼호스트들은 시청자들의 지갑을 열게 하려고 사회적 증거를 십분 활용한다. 그들은 "상담원이 대기하고 있으니, 지금 전화 주세요."라고 말하지 않고, 대신에 "상담원이 통화 중이면, 다시 전화해 주세요."라고 한다. 후자의 경우, 많은 시청자들이 주문을 넣고 있다는 점을 사회적 증거로 사용하고 있는 것이다.

따라서 협상 상대에게도 나의 제안에 대해 다른 사람들이 좋게 평가하고 많이 수용했다는 점을 강조하는 것이 설득에 효과적이다. 요점은 나의 제안이 "이런 점에서 좋다"가 아니라 "다른 사람들이 좋다고 하더라"라고 접근해야 한다.

⑦ 작아도 확실한 양보

상대에게 나의 우호적 의지를 보여주기 위해 양보를 할 때는 비록 작은 것이라도 **눈에 띄거나 상대의 뇌리에 박히고 확실하게 주어지는 양보**를 하는 것이 좋다. 금액이 불분명하거나 언제 실현될지 모호하거나 은근 슬쩍 건네주는 식의 양보를 하면 상대방에게 큰 인상을 주지 못하며, 상대방은 그 양보에 대해 보답해야 한다는 의무감을 덜 느끼게 된다.

예를 들어, 설문조사 응답률을 높이는 방법으로 다음과 같은 3가지가 제안되었다.

- A안 : 아무런 보상 없이 설문지만 보내고 작성해달라고 부탁한다.
- B안 : 설문지 작성하여 보내주면 50달러 주겠다고 약속한다.
- C안 : 1달러 지폐를 설문지와 동봉하여 보낸다.

이 세 가지 방법의 응답률을 비교해본 결과, A는 20.7%, B는 23.3%, C는 40.7%의 응답률을 기록했다. C의 경우, 1달러라는 작은 금액이었지만, 실제 받은 것에 대해 참여자들은 보답의 의무감을 느껴 응답을 더 많이 한 것이다.

⑧ 비교기준 활용

사람들은 각자의 상황에 따라 다양한 비교기준을 가지고 평가한다. 따라서 협상에서 상대방의 비교기준이 무엇인지 파악하고, 그 기준에 맞춰 나의 제안이나 요구가 합리적임을 강조하는 것이 중요하다. 이렇게 하면 상대방은 나의 제안이 자신에게 적절하다고 느낄 것이다.

예를 들어, 사람들이 식품 안전에 대해 모두가 신경 쓰고 불안해하므로, 이런 심리를 활용하여 "우리 레스토랑의 식자재는 식품안전관리인증기준(HACCP)을 충족하므로 안전합니다."라는 문구를 넣는다. 이는 소비자들이 식품안전의 판단기준으로 식품안전관리인증기준(HACCP)을 많이 거론한다는 점을 이용한 것이다.

⑨ 데이터, 수치, 전문가의 말 인용

단순히 말로만 주장하는 것보다, 구체적인 데이터와 수치, 그리고 전문가의 의견을 인용하면 설득력이 훨씬 높아진다. 이러한 방법은 상대방에게 신뢰감을 주고, 제안이 객관적이라는 인상을 심어줄 수 있다.

예를 들어, "저희 회사 프린터의 가격은 89만 원입니다. 타사 제품에 비해 무게는 2kg 정도 가볍고, 고장률은 30%나 낮습니다. 고장률에 관한 실험은 품질인증원에서 했고, 그 결과 데이터는 여기 있습니다."라고 광고하면, 숫자를 활용하고, 전문기관의 인증을 제시하였기 때문에 훨씬 더 설득력 있게 다가올 것이다.

효과적인 설득을 위해서는 에토스, 파토스, 로고스를 적절하게 조합하는 것이 중요하다. 일반적으로, 먼저 에토스를 이용하여 신뢰를 얻고, 파토스를 통해 감정을 불러일으킨 다음, 로고스를 통해 논리적으로 설득하는 순서가 효과적이다.

예를 들면, 국회의원 후보는 선거 연설에서 자신의 전문성과 경험을 먼저 강조하고, 유권자들의 어려움에 공감하는 이야기를 들려줌으로써 파토스를 불러일으키고, 이어서 구체적인 정책 제안을 제시함으로써 로고스를 어필한다.

사업가가 투자자들에게 사업 아이디어를 설명할 때는 먼저 자신과 회사의 비전과 전문 역량을 설명하고, 이어서 그 사업을 통해 투자자들이 얻게 될 이득으로 어떤 기쁨을 누릴지 생생하게 설명하고, 끝으로 시장 분석 결과와 재무 예측 자료를 제시한다.

협상 TIP 에토스, 파토스, 로고스를 활용한 설득 전략

고대 그리스 철학자 아리스토텔레스는 에토스(ethos), 파토스(pathos), 로고스(logos)를 설득의 세 가지 요소로 제시하였다. 이것은 다음과 같은 원리로 청중을 설득하는 데 쓰인다.

- 에토스: 말하는 사람의 신뢰성을 의미한다. 청중은 말하는 사람을 신뢰하고 존경할 때, 그의 말에 더욱 귀 기울이고 결국 설득당한다. 에토스를 높이려면 전문성과 자신감을 보여주고, 진솔하게 말하며, 청중과 공감대를 형성하는 것이 중요하다.
- 파토스: 감정에 호소하는 것을 의미한다. 청중의 감정을 자극하여 공감을 얻고, 행동을 유도하는 데 효과적이다. 파토스는 생생한 이야기, 유머, 비유, 반복 등을 통하여 활성화된다.
- 로고스: 논리와 이성에 호소하는 방식이다. 명확하고 논리적인 근거를 제시하여 청중이 맞다고 인정하게 한다. 로고스는 사실과 데이터, 통계자료, 전문가 의견 등을 활용할 때 효과적이다.

XI. 협상의지

협상의지는 협상에 임하려는 굳은 마음가짐을 의미하며, 이는 협상(흥정)을 피하지 않고, 철저한 사전 준비와 강인한 마음가짐으로 **협상 상황을 돌파하려는 자세**를 뜻한다. 협상전략을 수립하고 역량을 강화하는 데 있어 협상의지는 필수적이다. 이 의지가 부족하면 협상을 꺼리게 되고, 문제나 갈등을 피하고 뒤로 미룬다.

앞서 살펴본 갈등관리 스타일(경쟁형, 양보형, 절충형, 통합형, 회피형) 중 회피형인 사람들이 특히 협상을 싫어하고 피하려는 경향이 강하다. 이러한 사람들에게 가장 필요한 것이 바로 협상의지이다. 이것은 협상을 피하지 않는 마음가짐을 말하는 것으로, 공격적이거나 경쟁적인 태도를 의미하는 것은 아니다. 윈윈을 목표로 하거나 절충형, 양보형 전략을 사용하는 경우에도 기본적으로 협상의지가 있어야만 상대방과 협상을 진행할 수 있다.

1. 협상의지 부족의 원인

협상의지가 부족한 원인은 종종 "터프해야 협상에서 이길 수 있다. 그런데 **나는 그렇게 터프하지 않아!**"라는 믿음에서 비롯된다. 그러나 협상은 반드시 터프하게 몰아붙이는 사람이 잘하는 것이 아니다. 협상에서는 상대방을 인정하고, 서로 협력하는 자세를 취할 때 오히려 더 좋은 결과를 얻을 수 있다.

분쟁 자체를 싫어하는 사람들도 협상의지가 약하다. "나는 분쟁에 휘말리기 싫다.", "좋은 게 좋은 거다." 등과 같은 생각을 하는 사람은 문제를 가능한 한 회피하려 하고 적극적으로 해결하려고 하지 않는다. 이러한 사람은 인간관계를 잘하는 사람이고 사회생활을 잘하는 사람으로 인정받을 수 있다. 그러나 그가 문제를 해결해야만 하는 리더의 자리에 있다면 좋은 리더로 인정받기 어렵다.

2. 극복 방법

협상 의지를 강화하기 위해서는 다음의 방법을 활용하여 마음의 근육을 키울 수 있다.

① 협상과 흥정에 대한 두려움 극복

협상을 겁내는 원인은 여러 가지일 수 있는데, 성격과 기질적으로 협상과 갈등을 피하려고 하거나, 과거에 협상에서 실패했거나 안 좋았던 경험, 자신감 부족, 상대방에 대한 두려움 등을 들 수 있다.

이 경우, 두려움의 원인에 따라 극복하는 방법을 찾아본다. 예를 들어, 이전에 실패했던 경험이 있었다면 적극적으로 그 실패의 원인을 분석하고 개선점을 고안해본다. 자신감 부족이 원인이라면 본인의 강점을 찾고 긍정적인 마인드셋을 구축하는 것이 도움이 될 수 있다. 또한, 협상에서 성공해보는 경험이 아주 효과적이다. 작은 협상이지만 성공을 경험하면 자신감이 생기고 상대방을 만나는 것에 두려움이 생기지 않는다. 따라서 처음에는 작고 쉬운 협상부터 시작하여 점차 복잡하고 어려운 협상을 가지고 연습하고 훈련해본다.

② 긍정적 마인드셋 구축

문제와 갈등 해결의 한 방법이 협상이라는 점을 인식하고, 또 이를 통해 서로에게 유익한 해결책을 도출해낼 수 있다는 점을 이해해야 한다. 피하는 것이 상책이 아니며 내가 필요하면 나서야 주변 사람들에게 피해가 가지 않는다는 사실을 직시해야 한다.

또한, 협상에 필요한 능력이 본인에게 어느 정도 있는지 파악하는 것이 필요하다. 문제 해결 능력, 의사소통 능력, 창의력, 분석력 등과 같은 능력을 테스트해 보는 것이 도움이 된다.

③ 협상 준비 및 리허설

협상에 앞서 명확한 목표를 설정하고, 정보를 수집하고, 상황별로 대안을 마련하는 등 사전 준비를 철저히 하면 자신감이 한층 올라간다. 이런 작업을 훈련 삼아 몇번 해보면 본인의 능력을 새삼 발견하고 자신감이 더 갖게 된다.

협상에 나가기 전에 다른 사람 앞에서 리허설을 해보는 것도 많은 도움이 된다. 그 사람들이 해주는 피드백과 질문들도 시사점을 주며, 자신감 있는 태도와 명확한 의사소통을 연습할 수 있는 좋은 기회이다.

④ 전문가의 도움

협상 관련 교육이나 워크샵을 수강하는 것도 도움이 된다. 이를 통해 협상 기법을 배우고 사례분석과 실제 연습을 통해 역량을 키울 수 있다. 또한, 실력 있는 코치를 찾아 코칭을 받거나, 협상 경험이 풍부한 멘토를 찾아 조언을 얻는 것도 좋은 방법이다.

3. 최강자와 협상 사례 : 하나님과 모세의 담판

협상의지를 잘 보여주는 사례는 성경의 출애굽기에서 모세가 하나님과 담판을 하여 이스라엘 백성을 구해내는 장면이다. 모세는 이스라엘 백성들을 이집트에서 구출하여 본국으로 돌아가던 중, 시나이산에 올라가 하나님으로부터 십계명을 받아 내려왔다. 그런데 모세가 시나이산에 머물러 있는 동안, 산 아래 광야에 있던 이스라엘 백성들은 모세가 너무 오래 내려오지 않자, 그가 죽었거나 자신들을 버리고 도망간 것으로 생각하고 금송아지를 만들어 새로운 우상으로 섬기기 시작했다.

하나님은 이스라엘 백성들에게 다른 우상을 절대 섬기지 말고 오직 하나님만 섬기라고 명령하였으며, 십계명에서도 첫 번째 계명으로 우상 숭배를 금지시켰다.[56] 이스라엘 백성들이 금송아지를 섬기는 것을 본 하나님은 이스라엘 백성들을 모두 몰살시키고, 모세에게 새로운 이스라엘을 건설하라고 명령했다.

그러나 모세는 절대자이며 전지전능한 하나님의 명령에 굴하지 않고, 협상의지를 불태우며 하나님과 담판에 들어갔다. 결국 모세는 하나님이 명령을 취소하도록 설득하는 데 성공했다. 이 성공의 원인으로는 모세가 철저한 사전 준비를 통해 하나님의 명령의 약점을 파악하고, 윈윈을 위한 해법까지 제시하며 하나님과 협상에 임했기 때문으로 보인다.

56 출애굽기 20장 3~6절에 다음과 같이 나와 있다. "너희는 내 앞에서 다른 신을 모시지 못한다. 너희는 위로 하늘에 있는 것이나 아래로 땅 위에 있는 것이나, 땅 아래 물속에 있는 어떤 것이든지 그 모양을 본떠 새긴 우상을 섬기지 못한다. 그 앞에 절하며 섬기지 못한다. 나 야훼 너희의 하느님은 질투하는 신이다. 나를 싫어하는 자에게는 아비의 죄를 그 후손 삼 대에까지 갚는다. 그러나 나를 사랑하여 나의 명령을 지키는 사람에게는 그 후손 수천 대에 이르기까지 한결같은 사랑을 베푼다."

모세가 하나님과 협상하면서 말한 것을 표로 정리하면 다음 <표 5-2>와 같다.

표 5-2 모세가 하나님을 설득하며 한 말과 해설

원문	해설
야훼여, 당신께서는 그 강하신 팔을 휘두르시어 놀라운 힘으로 당신의 백성을 에집트 땅에서 데려 내 오시지 않으셨습니까? 그런데 어찌하여 이 백성에게 이토록 화를 내시 옵니까?	하나님께서 힘들게 백성을 구해냈는데, 그들을 모두 죽여버리면 그동안 수고한 노력과 투자한 것이 허망해진다는 사실을 상기시킴(하나님 대신 손익분석을 해줌)
어찌하여 '아하, 그가 화를 내어 그 백성을 데려 내다가 산골짜기에서 죽여 없애 버리고 땅에 씨도 남기지 않았구나' 하는 말을 에집트인들에게서 들으시려 하십니까?	만약 협상이 결렬되어 하나님이 이스라엘 백성들을 모두 죽이면 적들이 뭐라고 말할지도 고려해보시라고 권함. 즉, 결렬시최선책(BATNA)도 따져보시라고 함. 둘의 협상이 결렬되면 결국 이익을 보는 것은 우리 공동의 적인 이집트인임을 상기시킴
당신의 명예를 걸고 '너의 후손을 하늘의 별처럼 많게 하고, 내가 약속한 이 땅을 다 너의 후손에게 주어 길이 유산으로 차지하게 하겠다'라고 맹세해 주셨던 당신의 종 아브라함과 이사악과 이스라엘을 기억해 주십시오.	하나님은 신이므로 약속은 항상 지켜야 한다는 점을 상기시켜줌. 약속을 어기는 하나님이라는 오명을 뒤집어쓰지 마시라는 은근한 협박임.
이 말을 들으시고 야훼께서는 당신의 백성에게 내리시겠다던 재앙을 거두셨다.	결국 하나님이 양보를 하게 됨

(출처: 성경 출애굽기 32장 11~14절)

이 사례에서 우리는 다음과 같은 교훈을 얻을 수 있다.

① 상대가 아무리 파워가 세다고 해도 주눅 들지 말고, 협상을 피하지 말자. (협상의지를 다지자.)

② 협상에 앞서 사전 준비를 철저히 하자. 협상 시나리오, 나의 결렬시최선책, 상대의 결렬시최선책, 둘 사이의 관계, 이전의 협상 상황 등에 대해 준비를 잘하자.

③ 상대방의 약점을 잘 찾아 적시에 지적함으로써 상대가 양보를 할 수밖에 없도록 만들자.

④ 둘의 좋은 관계를 레버리지(지렛대)로 활용한다. 즉, 협상이 결렬되면 둘의 관계도 깨질 수 있다는 협박도 좋은 레버리지가 된다.

⑤ 상대가 작은 미끼를 던질 때, 더 큰 목표가 따로 있음을 잊고 그것을 덥석 물어서는 안 된다. 하나님은 모세를 회유하기 위해 다음과 같은 제안을 하였다. "내가 진노를 내려 저들을 모조리 쓸어 버리리라. 그리고 너에게서 큰 백성을 일으키리라"(32장

10절). 그러나 모세는 백성을 살려야 한다는 더 큰 목표를 잊지 않고 그런 제의를 거절하였다.

하나님과 협상에서도 이길 수 있는데 하물며 인간 세상에서의 협상을 두려워할 이유는 없을 것이다. 모세의 사례뿐만 아니라 조선왕조실록에도 임금의 어명에 대해 신하가 거부하고 재고를 요청하여, 결국 어명을 바꾸게 한 사례가 흔히 등장한다. 협상의지를 다지고 상대가 누구든 마주 대하는 자세와 용기는 꼭 필요하다.

XII. 감정 조절

협상에서 감정 조절은 매우 중요한 요소다. 성공적인 협상을 위해서는 감정을 잘 다스리는 능력이 협상전략만큼이나 큰 영향을 미치기 때문이다. 감정에 휘둘리면 협상의 본질을 놓치고 비합리적인 결정을 내릴 수 있다. 특히 상대방이 공격적이거나 불합리한 요구를 할 때 감정을 잘 조절하지 못하면 협상이 틀어질 가능성이 높다.

감정 조절의 중요성은 세 가지로 정리할 수 있다.

① 감정은 **협상 분위기 조성**에 중요한 역할을 한다. 긍정적이고 차분한 분위기가 형성되면 협상 당사자들이 열린 마음으로 서로의 이익을 찾아가는 데 도움을 준다. 반대로 부정적인 감정이 팽배하면 상대방을 적으로 여기게 되고, 신뢰가 무너져 협상이 어려워진다.

② 감정은 **커뮤니케이션의 질**에 영향을 미친다. 감정적으로 안정된 상태에서 협상에 임하면 상대방의 입장을 잘 이해하고, 더 나아가 공감할 수 있다. 이는 갈등을 해결하고 상호 신뢰를 쌓는 데 도움이 된다.

③ 감정은 **장기적인 관계 유지**에 영향을 미친다. 협상은 단발성 사건이 아닌, 종종 지속적인 관계를 유지하는 과정이다. 감정을 잘 관리하면 협상을 원만하게 끝낼 수 있고, 이는 향후 협력의 기회를 열어주며 장기적인 파트너십으로 이어진다.

1. 협상에 영향을 미치는 감정의 유형

협상 당사자가 경험하는 감정에는 **느끼는 감정과 드러내는 감정**이 있다. 상대방에 대해 좋은 감정을 마음으로 느끼는 것과 그 좋다는 감정을 드러내는 것은 구분된다. 예를 들면, 속으로는 나쁜 감정을 느끼면서도 겉으로는 좋다는 식으로 표현할 수 있다.

특히 조심해야 할 것은 드러내는 감정으로, 느끼는 감정을 함부로 드러내서는 안 된다. 물론 감정을 드러내는 것이 필요할 때도 있고, 그것이 효과적일 때도 있다. 무덤덤한 얼굴로 있는 것이 효과적일 수도 있고, 느끼는 감정을 드러내서 상대에게 알리는 것이 효과적일 수도 있다.

그런 의미에서 순수한 감정과 전략적 감정도 구분하여 관리하는 것이 필요하다.[57] 순수한 감정은 느낀 감정 그 자체를 가리키고, 전략적 감정은 필요에 따라 의도적으로 표현되는 감정을 의미한다. 전략적 감정은 우호적인 것, 적대적인 것, 중립적인 것으로 나눠볼 수 있는데, 중립적인 것은 좋은지 싫은지 감정 표현을 하지 않는 것으로 흔히 포커페이스라고 부른다. 협상에서 전략적 감정의 효과를 보면 우호적 감정과 포커페이스는 윈루즈 협상에서 적대적 감정보다 더 좋은 성과를 거둔다고 한다.

가. 적대적 감정의 전략적 표현

전략적으로 적대적 감정을 표현하는 방법에는 몇 가지가 있다.

- 일부러 화내기
- 토라진 척하기
- 무기력하게 보이기
- 상처받은 척하기

전략적으로 화를 내는 것은 상대방으로부터 더 많은 양보를 끌어낼 수 있는 전술이 될 수 있다. 상대에게 공포감을 주어 굴복시킬 가능성이 있기 때문이다. 다만, 화를 낼 때는 상대방의 기분을 상하게 하지 않는 것이 중요하다. 사람 자체에 대해 화를 내는 것이 아니라 문제에 대해 화를 내는 것이 효과적이다. 예를 들어, 부하 직원이 보고서를 작성하면서 맞춤법을 자주 틀린다면, "어떻게 대학까지 나와서 맞춤법 하나 제대로 못 지켜!"라고 그 사람을 공격하는 대신, "맞춤법이 다 틀렸잖아!"라고 문제에 대해 지적하는 것이 더 낫다.

한편, 협상 중에 진짜로 화를 내는 사람을 종종 보게 되는데, 이는 협상을 잘못 이끌고 있다는 신호다. 실제로 화를 내면 상대방이 기가 죽어서 일찍 양보하거나 포기할 수 있지만, 이는 오히려 협력하여 더 나은 결과를 만들수 있는 기회를 잃게 만든다. 게다가 상대방도 반발하여 함께 화를 내기 시작하면 협상이 싸움으로 번질 가능성이 크고, 결국 협상이 결렬될 위험이 생긴다. 따라서 적절한 감정을 전략적으로 표현하되, 상황을 악화시키지 않도록 주의하는 것이 중요하다.

57 이하 감정에 관한 설명은 김성환 등 역 (2016), pp. 193-199 참고

나. 우호적 감정의 전략적 표현

우호적인 감정은 협상에서 매우 중요한 역할을 한다. 우호적인 감정을 잘 활용하면 상대방과 많은 정보를 교환하고, 더 많은 대안을 창출하며, 논쟁을 줄이고 협력적 협상전략도 잘 수립해낸다. 또한 무관해 보이는 아이디어들 간의 관계를 찾아내고, 비전형적인 범주에 속한 사례들을 연결하여 빨리 문제해결로 접근하게 된다.

2. 감정 조절 방법

협상에서 감정이 상하는 이유는 여러 가지다. 예를 들면, 거짓말, 거꾸로 뒤집어씌우기, 약속 불이행, 일방적 합의 취소, 권위 불인정, 신뢰성에 의문 제기, 이기적인 요구, 본인 중심의 해석, 공격적이거나 모욕적인 언행, 자제력 상실, 기준에 일관성 상실, 기대에 어긋나는 행위 등 아주 다양하다.

이때, 감정을 절제하는 것이 중요하다. 자신과 상대의 감정을 객관적으로 보고, 상대방에 대한 기대치를 낮추는 것이 필요하다. “복수는 냉정할 때 해야 제맛이다”는 말이 있듯이, 감정을 절제하고 냉정하게 상황을 판단하는 것이 중요하다.

상대의 감정을 건드리지 않으면서 대화하는 법도 중요하다. 상대에 공감하며 대화하고, 직설적으로 말하지 않고 돌려서 간접적으로 알아듣게 말하는 것이 좋다. 예를 들어, 상대방이 실수했을 때 직접적으로 지적하기보다는, 부드럽게 그 상황을 설명하고 이해를 구하는 것이 좋다. 이렇게 하면 상대방의 감정을 상하게 하지 않고, 원만하게 대화를 이어갈 수 있다.

감정을 의도적으로 활용하는 방법도 있다. 전략적 감정 표출, 거짓으로 긍정 피드백 제공, 인상 관리, 감정 조작 등이 이에 해당한다. 그러나 이러한 방법을 자주 사용하면 효과가 감소할 수 있어 신중하게 사용해야 한다.

관련하여, 감성지능(emotional intelligence)은 자신과 타인의 감정을 정확히 인식하고 조정하며 적절히 표현하는 능력을 의미하는데, 이것이 협상 성과에 영향을 미칠 수 있다는 점 역시 기억해야 한다. 감성지능만 높고 다른 협상역량이 부족하면 대개 양보를 잘하게 되어 좋은 협상 성과를 거두지 못한다. 다른 협상역량도 어느 정도 갖추고 있으면서 감성지능이 탁월하여 상대방의 감정을 정확히 읽어낼 수 있으면 윈루즈(win-lose)

협상과 윈윈 협상 모두에서 높은 성과를 거둘 수 있다. 상대의 감정에 맞춰서 상대에 접근하는 방법과 협상전략을 변경해갈 수 있기 때문이다.

3. 감정적인 사람을 상대하는 방법

감정적인 사람을 상대할 때 가장 중요한 것은 침착함을 유지하고 맞받아치지 않는 것이다.[58] 상대가 감정적으로 나오면 나도 감정이 상하므로 협상은 뒷전으로 보내고 서로 싸우기 십상이다. 따라서 이런 사람을 상대하려면 특별한 기술이 필요한데, 무엇보다 상대방이 감정적으로 변하는 순간을 포착하여 적절히 대응하는 것이 중요하다. 이때 즉각 반응하면 상대는 자신의 감정 변화를 들켰다고 느끼고 화를 낼 수 있으니 신중하게 반응하는 것이 좋다. 그 외에 다음과 같은 방법으로 상대하는 것이 좋다.[59]

- 상대방의 감정과 인식을 이해하려고 노력한다.
- 상대방의 감정과 목표의 근원을 파악해야 한다.
- 자신의 갈등관리 스타일이 상대방을 자극하는지 살펴본다.
- 사과와 양보, 공감을 통해 상대방의 감정에 호응한다.
- 신뢰를 쌓기 위해 노력한다.
- 극단적인 발언을 피한다.
- 제3자의 도움을 받는 것이 좋을지 검토한다.
- 본인이 어떤 잘못을 했다면 즉시 사과하고 바로잡아야 한다.

4. 감정이 합의 가능성에 미치는 영향

감정은 협상 과정뿐만 아니라 합의 가능성에도 영향을 준다. 상대는 내가 얻어가는 이익 때문에도 감정이 상할 수 있다. 예를 들어, 협상 결과 상대도 많은 이익을 가져가게 되었지만 내가 그보다 더 많은 이익을 가져가면 상대는 불공정하게 느끼고 합의를 깨려고 한다. 합의가 무산되면 자기도 가져가게 될 이익이 사라져 버리는데, 그럼에도 불구하고

58 관련하여, '까다로운 상대와 협상하는 방법'에 대해서는 본서 제9장에서 자세하게 다루고 있다.
59 김태현 역 (2017), p.135 참고

내가 더 많이 가져간다는 사실에 배가 아픈 것이다.

이런 행태를 잘 보여주는 실험으로 최후통첩 게임(ultimatum game)이 있다.[60] 실험에는 두 사람이 참여하는데, 한 사람은 제안자, 다른 사람은 반응자라고 한다. 실험 진행자가 제안자에게 10만원을 주는데, 이때 조건이 있다. 제안자는 옆에 있는 반응자에게 사전에 그 돈의 일부(예: 4만원)를 나눠주기로 약속(제안)한다. 만약 반응자가 그 제안을 수락하면 실험 진행자가 제안자에게 10만원을 주고, 제안자는 반응자에게 약속한 돈(예: 4만원)을 준다. 만약 반응자가 어떤 이유에서든 거부한다면, 실험 진행자는 제안자에게 한 푼도 주지 않고 결국 반응자도 한 푼도 못 받는다.

이 실험을 한 결과, 반응자는 대개 50%(예: 5만원)를 기대하였고, 제안자는 평균 40~50%(예: 4~5만원)를 제안하였다. 만약 제안액이 30%(예: 3만원) 이하면 대부분의 반응자가 거부하였고, 20%(예: 2만원) 이하면 항상 거부되어 둘 다 한 푼도 못 받는 결과를 보였다.[61]

사실 반응자는 1만원이라도 받으면 이익인데, 제안자가 훨씬 더 많이 가져가는 것을 용납하지 못하는 모습을 보인 것이다. “배고픈 것은 참지만, 배 아픈 것은 못 참는다.”는 속담이 여기에 들어맞는다고 할 수 있겠다.[62]

60 이 게임 실험은 1982년 독일 훔볼트 대학교 경제학 교수 베르너 귀트(Werner Guth), 롤프 슈미트베르너(Rolf Schmittberger), 베른트 슈베르체(Bernd Schwarze)에 의해 처음 고안되었다.

61 이 제안 비율은 문화적 차이도 보여주는데, 인도네시아의 한 부족은 평균 50%를 제안하였다.

62 최후통첨게임의 변형으로 독재자 게임(dictator game)이라는 것도 있는데, 이것은 제안자가 일방적으로 배분 비율을 정하고 반응자는 무조건 따라야 한다. 이 실험에서는 제안자가 마음만 독하게 먹으면 반응자에게 0을 제안해도 되는데, 실제 실험 결과 평균 28.3%를 제안한 것으로 나와 있다. 이는 제안자가 눈치와 체면, 양심, 상대방과의 관계 등과 같은 요소들을 종합적으로 고려한 결과로 보인다.

XIII. 레버리지

〈출처〉 pixabay.com[63]

레버리지(leverage)는 지렛대의 사용을 의미하는데, 손으로 옮길 수 없을 만큼 무거운 바위도 지레를 쓰면 움직일 수 있듯이 협상에서는 **본인의 협상력을 더 키워주는 요소**를 가리킨다. 예를 들면, 내가 협상 상대보다 지위가 높다면 나의 협상력이 더 커지게 된다. 이때 더 높은 지위가 레버리지 역할을 하는 것이다.

1. 레버리지의 종류

레버리지로 다음과 같은 것이 대표적이다.

- **정보**: 상대방이 알고 있지 않은 중요한 정보를 가지고 있거나, 상대방의 상황에 대해 잘 파악하고 있다면, 이를 통해 협상을 유리하게 이끌 수 있다. 예를 들어, 상대방의 약점을 파악하거나 시장 상황에 대한 정확한 정보를 가지고 있다면, 이를 바탕으로 협상에서 우위를 점할 수 있다.
- **결렬시최선책(BATNA)**: 아주 유리한 결렬시최선책을 가지고 있다면, 협상에서 더 자신감 있게 행동할 수 있으며, 상대방에게 더 많은 양보를 요구할 수 있다.
- **시간**: 협상에서 어느 쪽이 시간 압박을 더 많이 받고 있는지에 따라 레버리지가 달

63 https://buly.kr/G3CYZRn (url 단축함)

라질 수 있다. 시간이 부족한 쪽은 협상을 신속히 마무리 지으려는 경향이 있어, 상대방이 이를 이용해 더 유리한 조건을 이끌어낼 수 있다. 반면, 시간이 여유로운 쪽은 협상을 길게 끌면서 상대방의 양보를 끌어낼 수 있다.

- **관계**: 협상 당사자들 간에 신뢰와 협력의 관계가 잘 구축되어 있으면 협상은 더 원활하게 진행될 수 있다. 반대로, 불신과 갈등이 깊은 관계에서는 협상이 어렵게 진행되며, 상대방의 양보를 이끌어내기 힘들 수 있다.
- **권력(power)**: 권력 또는 파워는 상대방으로 하여금 내 뜻대로 행동하게 할 수 있는 능력을 의미한다. 지위가 높거나 강한 물리적 힘, 정치적 권력 등 다양한 형태로 나타날 수 있다.
- **자원**: 더 많은 자금을 보유하고 있거나, 상대가 필요로 하는 자원을 가지고 있으면 협상력이 증가한다.
- **심리적 압박이나 위협**: 상대방이 심리적으로 압박을 느끼도록 하여 그들의 결정을 유도하는 것이다. 예를 들어, 협상 결렬 시 발생할 수 있는 심각한 결과를 암시하거나, 특정 행동을 강요하는 방식이 여기에 해당한다. 그러나 이러한 방법은 상대방과의 관계를 손상시킬 위험이 있어 신중하게 사용해야 한다.
- **명성**: 신뢰할 수 있는 협상가로 알려져 있거나, 과거에 성공적인 협상을 이끈 경험이 많다면, 이는 상대방에게 영향을 미칠 수 있다. 명성은 상대방이 협상가의 제안을 신뢰하게 만들고, 협상의 진행을 수월하게 할 수 있다.

그런데 레버리지는 객관적인 사실이 아니라 상대방이 느끼는 인식에 기반한다는 점에서 독특하다. 이는 상황에 따라 변할 수 있으며, 협상 과정에서 상대방이 어떤 식으로 그 힘을 느끼느냐에 따라 레버리지의 효과가 달라질 수 있다. 예를 들어, 나는 내 파워가 미약하다고 생각하고 있는데, 어떤 이유에선지 상대가 만약 내 파워가 더 강하다고 인식하다 있다면, 내 파워는 강한 레버리지로 효과를 발휘한다.

2. 레버리지 파악 방법

본인에게 레버리지가 있는지, 어떤 부분에서 강하고, 어떤 부분에서 취약한지 등을 검토하기 위하여 다음의 체크리스트에 답해보면 된다.

표 5-3 레버리지 체크리스트

체크 사항	그렇다 (확보)	그렇지 않다 (미확보)	대안
1. 협상이 결렬되면 상대가 더 피해를 보는가?			
2. 내가 시간 면에서 더 유리한가?			
3. 나의 대안을 개선할 수 있는가? 아니면 상대방의 대안을 더 약하게 만들 수 있는가?			
4. 상대가 필요로 하는 것을 내가 통제(control) 할 수 있는가?			
5. 내게 도움이 되는 규칙(기준)에 상대가 따라오도록 할 수 있는가?			
6. 나의 입장을 지원하는 연합세력을 구축할 수 있는가?			

사례 레버리지를 활용하여 인질 사태를 해결

1977년 3월에 하나피 무슬림그룹(Hanafi Muslims)이 워싱턴 D.C.에서 벌인 인질 사건은 미국 역사상 가장 큰 도시에서 생긴 대규모 인질 사건 중 하나로 기록되어 있다. 이 사건은 카알리스(Hamaas Abdul Khaalis)라는 인물이 주도하였으며, 당시 미국 사회와 무슬림 커뮤니티에 큰 충격을 주었다.

ㅇ 사건의 시작

카알리스와 그의 추종자 12명이 1977년 3월 9일, 워싱턴 D.C.의 세 건물을 동시다발적으로 점거하면서 시작되었다. 그들이 점거한 건물들은 시청, 유대인 조직본부(B'nai B'rith International), 그리고 이슬람 사원이었으며, 이 과정에서 134명이 인질로 잡혔다. 카알리스는 이슬람 전도사였다. 그는 1973년 그의 가족을 살해한 라이벌 무슬림그룹을 엄중히 처벌할 것과 자신에게 부과된 벌금을 취소할 것을 요구했다. 또한 할리우드에서 제작된 영화 'Mohammad, Messenger of God'가 무슬림을 비하한 것이므로 상영을 중지할 것을 요구했으며, 이런 요구가 거부되면 인질들을 살해하고 자살하겠다는 극단적인 입장을 고수했다.

ㅇ 전개

이 사건에서 카알리스는 100명이 넘는 인질을 확보하였기 때문에 강력한 레버리지를 가졌다. 인질들을 살해할 가능성이 있는 위협으로 보였기 때문이다. 반면 경찰은 인질 때문에 무력 진입을 시도할 수 없었기 때문에, 레버리지가 거의 없었고 협상의 주도권이 카알리스에게 있었다. 그러나 시간이 지나면서 인질범들은 점점 자살에 대한 의지를 잃어갔고, 인질들에 대한 연민과 친근감도 느끼기 시작했다. 그로 인해 카알리스의 레버리지는 점차 약화되었다.

ㅇ 결과

경찰은 이러한 상황 변화를 활용하여 카알리스의 요구 사항 중 일부를 들어주며, 그와 신뢰를 쌓기 시작했다. 예를 들어, 영화 상영을 중지하고 카알리스에게 부과된 벌금을 면제해주었다. 또한, 카알리스의 진정한 목적이 단순한 보복이 아니라 이슬람 공동체에서 리더로서 인정받고자 하는 것임을 파악하고, 그가 원하는 인정과 지위를 얻을 수 있는 몇 가지 방법을 제안했다.

한 방법으로 협상가들은 카알리스와 안면에 있으며 이슬람 교리에 정통한 파키스탄 대사를 현장에 보내 카일라스와 이슬람 교리에 대해 토론해보도록 하였다. 대사는 인질을 살해하거나 자살하는 것이 이슬람 교리에 어긋나 지옥으로 갈 것이라는 점을 지적하고, 차라리 감옥에 가서 무슬림의 리더로서 인정받는 것이 더 나은 선택이라는 점을 설득했다.

결국 카알리스는 무장 해제하였으며 체면을 살리기 위해 자택으로 돌아가 체포되는 결정을 내렸다. 인질들은 모두 무사히 풀려났으며 카알리스는 재판을 통해 96세까지 감옥에서 복역하는 징역형을 받았다.

ㅇ 시사점

이 사건은 협상에서 레버리지가 어떻게 작용하는지를 잘 보여준다. 레버리지는 단순히 힘의 문제가 아니라, 상황과 심리적 요소에 따라 변화하는 역동적인 요소이다. 카알리스는 인질을 통해 초기에는 강력한 레버리지를 가지고 있었지만, 시간이 지나면서 그 힘은 약해졌다. 경찰은 이러한 변화를 인식하고, 협상의 방향을 유리하게 이끌어나갔다. 이를 통해 협상은 평화롭게 마무리되었고, 인질들은 무사히 석방될 수 있었다.

XIV. 파워

협상에서 파워(power)는 상대방을 내가 원하는 방향으로 움직이게 만드는 능력을 의미하며, 협상 결과에 결정적인 영향을 미칠 수 있다. 파워는 다양한 원천에서 비롯되며, 이를 효과적으로 활용하는 것이 성공적인 협상의 핵심이다.

1. 파워의 주요 원천

협상에서 파워를 결정짓는 주요 요소들은 정보와 전문성, 자원에 대한 통제, 그리고 조직 내 위치와 같은 것들이다.

- **정보와 전문성:** 특정 이슈에 대해 가지고 있는 지식이나 데이터를 통해 상대방의 관점을 변경시킬 수 있는 능력을 의미한다. 정보는 협상에서 매우 중요한 자산이며, 이는 협상에서 유리한 위치를 차지할 수 있게 한다.
- **자원에 대한 통제력:** 돈, 인력, 시간, 설비 등 상대방이 필요로 하는 자원을 통제함으로써 파워를 형성한다.
- **조직구조 상의 지위:** 협상가가 조직 내에서 차지하고 있는 지위에 따라 발생하는 파워는 권한(authority)이라고 불린다. 파워와 권한이 반드시 일치하는 것은 아니며 지위가 낮더라도 파워가 더 강한 사람이 있을 수 있다. 예컨대, 회사에 사장 아들이 과장으로 와 있으면 그의 지위에 따른 권한은 부장보다 적지만 파워는 부장보다 더 셀 것이다.

2. 상대적 파워와 절대적 파워

① 상대적 파워

상대적 파워는 한쪽이 다른 쪽에 대해 얼마나 의존적인지를 나타낸다. 예를 들어, A가

B에 비해 더 센 파워를 가졌다는 것은 B가 A에 의존해 있음을 의미한다. 상대방에게 의존적이어서 상대적 파워가 약하면 양보를 더 많이 하고 불리해질 수 있다. 예컨대, 연인 간의 협상에서 더 많이 사랑하는 쪽이 결과적으로 더 많이 양보하고 더 적게 얻는 경우가 많다.

상대적 파워가 아주 강한 측이 흔히 위협과 같은 강압적인 전술을 더 많이 구사한다. 그러나 둘 사이에 상대적 파워가 비슷하면 오히려 약한 측이 위협 전술을 더 많이 구사한다고 한다.[64] 그 이유는 약한 측이 상대적으로 불리한 위치에 있기 때문에, 협상에서 자신의 입장을 강화하고 상대방의 양보를 얻기 위해 보다 공격적이고 강압적인 전략을 사용할 가능성이 높다.

둘 사이에 상대적 파워의 차이가 작으면, 갈등이 발생할 가능성도 높다. 그 이유를 보면, 약한 측은 파워 차이를 인정하지 않고, 강한 측은 자신이 당연히 더 많은 결과물을 차지하리라 기대하는 상태이기 때문이다. 따라서 약한 측은 반발하고 강한 측은 이에 맞대응하므로 갈등이 증폭되어 협상이 결렬되고 투쟁으로 나아간다. 반면에 상대적 파워의 차이가 크면, 약한 측이 포기하므로 이런 갈등의 발생 가능성이 작다.

② 절대적 파워

절대적 파워는 본인이 생각하는 자신의 파워 강도를 가리킨다. 흥미로운 사실은 양측이 모두 강력한 절대적 파워를 가지고 있다고 믿고 있으면 오히려 협상이 더 원활하게 이루어질 수 있다. 양측이 서로를 심각하게 해칠 수 있는 능력이 있다고 인식하면, 강압적인 접근을 피하고 협력적인 해결책을 찾으려는 경향이 강하기 때문이다. 예컨대, 초강대국인 미국과 소련이 서로 비난은 하지만 실제 전쟁에 돌입하지는 않는 것은 바로 이런 이유 때문이다.

한편, 양측이 갖고 있는 절대적 파워의 유형이 상이한 경우는 각자 자신이 더 유리하다고 생각하는 파워 유형만 생각하고 그것을 이용하여 상대를 굴복시키려고 한다. 그 결과 갈등이 증폭되고 파국으로 치닫는 가능성이 크다. 예를 들면, 베트남 전쟁에서 미국은 정규전에서 자신이 있었고 반면 베트콩 측은 게릴라전에서 자신이 있었다. 그 결과 양측은 전면전에 돌입하였고 오랜 기간 전쟁을 멈추지 않았다.

64 Pruitt & Carnevale (1993) 참고

3. 파워의 특징

협상에서 파워는 매우 복잡하고 유동적인 의미를 가진다. 그 특징은 다음과 같다.[65]

① 협상에서 어느 한쪽이 월등히 센 파워를 가지고 있는 경우는 드물다. 대개 파워의 차이는 크지 않다. 파워의 차이가 아주 크다면 협상할 필요 없이 파워가 약한 쪽에서 양보하고 문제를 종결했을 것이다.

② 파워란 진짜 있을 수도 있고, 있는 것처럼 보일 수도 있다. 협상 테이블에서 영향을 미치는 파워는 양측이 느끼는 '인식'의 문제이다. 즉, 상대방을 내가 파워가 있다고 생각하게 만드는 것만으로도 협상에서 유리한 위치를 차지할 수 있다.

③ 파워는 인식하는 그 순간에만 존재한다. 파워는 지금은 있더라도 시간이 지나면 상대가 인정하지 않아서 없는 것이 될 수도 있고, 지금 당장엔 없더라도 만들면 있는 것이 된다.

④ 파워는 협상의 상황과 환경에 따라 변할 수 있다. 상황이 변하거나, 협상 과정에서 새로운 정보가 공개되면, 파워의 균형은 달라질 수 있다. 또한, 협상 과정에서 양측의 관계 변화나 외부 환경의 변화에 따라 파워의 역학 관계는 변한다.

⑤ 파워는 실제로 시험해봐야 그 효과를 알 수 있다. 파워는 인식에 좌우되기 때문에, 협상에서 사용해봐야 실제 효과를 알 수 있다. 내가 가진 파워가 약하다고 생각했지만 강하게 나갔을 때 상대방이 움츠러든다면, 나의 상대적 파워가 강했던 것으로 볼 수 있다.

4. 파워 행사 시 주의 사항

파워를 행사할 때는 몇 가지 주의 사항을 염두에 두어야 한다.[66]

① 파워의 사용은 신중해야 하며, 상대방의 핵심 이익을 겨냥해야 한다. 상대방이 중요하게 여기는 이익을 목표로 삼아 공격함으로써 협상에서 양보를 이끌어낼 수 있

65 박승주 역 (2007), pp. 52-56 참고
66 김성환 등 역 (2020), pp.191-192 참고

다. 하지만, 이때는 상대방의 민감한 부분을 정확히 파악하고 적절히 타격해야 한다.

② 명확한 요구와 실행 의지를 전달해야 한다. 상대방이 나의 요구를 분명히 이해하고, 그 요구가 강력히 집행될 것이라고 믿어야 파워가 효과를 발휘할 수 있다.

③ '성과'와 '관계 유지' 중 어느 것을 우선시할지 판단해야 한다. 협상에서 성과만을 목표로 한다면 파워를 강하게 행사할 수 있지만, 상대방과의 관계 유지도 중요한 경우라면 신중하고 조심스러운 접근이 필요하다. 관계를 고려하지 않고 지나치게 강한 파워를 행사하면 장기적으로 관계가 훼손될 수 있다.

④ 출구전략을 미리 세워두고 파워를 행사해야 한다. 파워를 행사했을 때 상대가 맞대응하면 투쟁으로 번지게 되므로, 이런 경우를 예상하고 어떤 상황에서 어떤 결과를 얻으면 그만 둔다는 출구전략을 갖고 시작해야 한다. 그렇지 않으면 양측은 끝없는 대립으로 치달아 파국으로 끝날 가능성이 크다.

5. 파워를 행사하는 순서

파워를 행사할 때는 아래의 순서를 따르는 것이 상대의 반발을 최소화할 수 있다.[67] 우선, 먼저 나의 구체적이고 상세한 요구와 협상 시한을 알린다. 이를 통해 상대방에게 명확한 신호를 보내고, 협상의 방향을 제시할 수 있다.

이어서 상대방의 이익을 해칠 수 있는 구체적이고 확실한 위협을 발표한다. 이러한 위협은 단순한 말로 끝나서는 안 되며, 실제로 실행 가능한 위협이어야 한다. 이를 통해 상대방이 나의 파워를 진지하게 받아들이도록 유도할 수 있다.

만약 상대방이 나의 요구를 수용한다면, 그에게 주려고 하는 긍정적이고 구체적인 결과물을 알려야 한다. 이런 것이 있어야 상대는 협상에 협조하고 좋게 마무리되도록 노력할 것이다.

67 김성환 등 역 (2020), p.193 참고

6. 상대방의 파워 행사에 대처 방법

상대방이 파워를 행사하면 이를 효과적으로 대처할 줄 알아야 한다. 대처 방법에는 맞대응, 과정 개입, 복합적 메시지, 무반응과 같은 것이 있다.

한 연구에 의하면, 상대방의 파워 행사를 무력화하는 아래 4가지 방법에 대해 그 효과성을 검증해본 결과 다음과 같이 나타났다.[68]

① **맞대응**(66%): 상대방의 파워에 대해 직접적으로 맞서 싸우는 전략으로, 상대의 파워 행사를 무력화시키는 효과성은 66%로 나타났다. 즉, 맞대응 전략을 100번 구사하면 66번 무력화에 성공한다는 의미다.

② **과정 개입**(82%): 이 방법은 상대방이 파워를 행사하면 나는 맞대응을 하는 대신 협력적으로 협상을 진행하고 싶다는 의사를 보이는 것이다. 이를 위해 상호 정보 교환, 대안 추가 개발, 그리고 윈윈 가능성 탐색 등과 같은 작업을 함께 하자고 제안한다. 이 방법은 가장 높은 효과성인 82%를 기록하였다.

③ **무반응**(76%): 상대방의 파워 행사에 대해 아예 반응하지 않음으로써, 상대방이 더 이상 강압적 전략을 사용하지 못하게 하는 방법이다. 이는 76%의 효과성을 나타냈으며, 때로는 상대방의 파워를 무력화하는 데 매우 효과적일 수 있다.

④ **복합적 메시지**(74%): 이것은 상대방에게 나도 파워로 맞대응하려면 할 수 있고, 아니면 함께 협력적으로 진행할 수도 있으니 어떻게 할지 선택하라는 제안하는 것으로 상대방의 강압적 전략을 완화시키는 데 74%의 효과성을 보였다.

이 외에도 상대방 파워를 무력화하는 방법으로 다음과 같은 것이 있다.

① **일방적 양보**: 상대방이 파워를 행사할 때 일방적으로 양보를 하게 되면 매우 불리한 결과를 얻게 된다. 상대방에게 '강하게 나가면 양보하는구나'라는 인식을 심어줘서 계속 압박을 받게 될 수 있다. 맞대응하는 것과 물러서는 것의 이점을 잘 따져본 후 전략적으로 선택한다.

② **인신공격**: 이것은 협상을 파국으로 몰고 갈 확률이 매우 높은 위험한 대응이다. 예를

68 Ury, et. al. (1988) 참고

들어, 결혼 초기 부부가 인신공격하며 싸우면, 이혼할 확률이 93%나 된다고 한다.[69]

③ **전략적 냉각기**: 상대가 흥분해 있거나 지나치게 감정적으로 나올 때는 협상을 중단하고 냉각기를 갖는 것도 좋은 방법이다.

④ **가만히 경청**: 상대가 감정적으로 나오고 합리적 대화가 안 된다면, "가만히 듣고만 있는다"는 마법이 효과적이다. 심리적으로 흥분하고 있는 사람에게는 어떤 말을 해도 먹히지 않는다. 차라리 그의 말을 다 들어주는 것이 그의 마음을 진정시키는 효과가 있다.

⑤ **상대의 입장에 서주기**: 내가 상대의 입장이 되어 그의 주장을 들어보고 그의 감정을 따라 해주면 상대는 나를 다르게 보기 시작한다. 내가 함께 문제를 풀어볼 수 있는 사람으로 다시 보게 되는 효과가 있다.

⑥ **지적하기**: 상대방의 파워 행사가 과하다고 지적하고, 문제해결에 비효과적인 방법이라고 설명해준다. 다만 이런 지적에 반발하고 오히려 더 강압적으로 나올 수 있다는 점도 염두에 두고 접근해야 한다.

69 김성환 등 역 (2020), p.190 참고

6

협상전략의 수립

I. 협상 진행 단계

상대를 만나 본격적으로 협상을 진행하기 전, 우선 협상을 위한 사전 준비 과정을 거친다. 협상을 수행한 결과 서로 동의할 수 있는 적절한 해법을 도출하는 경우 합의를 하게 되고, 그렇지 않으면 결렬하게 된다. 이 과정은 <표 6-1>에 요약되어 있다.

표 6-1 협상 진행 단계

1단계	2단계	3단계	4단계
사전 준비	양측 정보 교환	대안 검토	마무리
· 협상전략 수립 (목표, 저항선, 결렬시최선책(BATNA), 첫제안 등) · 상대방에 대한 정보 탐색	· 협상 주제, 요구사항과 그것의 우선순위, 문제점 등 논의	· 양측 제안에 대해 양보, 역제안, 수용 여부 검토 · 다른 대안 탐색 · 대안들에 대한 평가와 합의 시도	· 합의 시 합의서 작성 · 결렬 시 후속 조치 검토

① 1단계: 사전 준비

협상을 잘하려면 사전 준비를 잘하는 것이 필수적이다. 유능한 협상가와 일반 협상가의 차이는 사전 준비를 얼마나 잘하느냐로 나뉘진다. 유능한 협상가는 사전 준비를 포함한 전체 협상의 시간 중 사전 준비에 쓰는 시간이 80%라는 주장도 있다. 협상을 위한 사전 준비는 본인의 목표, 저항선, 결렬시최선책, 첫 제안 등에 대한 의사결정을 함으로써 협상전략을 수립하는 것, 그리고 상대방의 전략에 대한 정보를 수집하는 것을 포함한다.

② 2단계: 정보 교환

상대방을 만나 본격적으로 협상을 하는 단계다. 나의 요구와 근거를 상대에게 제시하고, 상대의 요구와 근거를 듣고 검토한다. 나의 요구를 잘 설명하면서, 동시에 상대방에게 질문을 던지고 경청함으로써 그 속마음과 욕구를 찾아낸다. 여기서 유의하여야 할 것은 상대를 설득하기보다 상대의 욕구를 탐색하고 찾아내는 데 집중해야 한다는 점이다. 상대가 협력적으로 나오면 적절한 때를 봐서 나의 속마음과 욕구를 전해주어야 한다. 이런 과정을 종합하여, 윈윈과 윈루즈(win-lose) 접근 중 무엇을 취할지 판단한다.

이 단계에서 교착을 겪게 될 수 있는데, 협상을 재개하기 위해서는 교착의 원인을 찾아보고 이를 해소해야 한다. 교착에 빠지면 많은 사람들이 포기하고 결렬을 해버리는데, 인내심을 가지고 서로의 요구 사항을 다시 점검하며 공통점을 찾는 노력을 하여 대화를 재개할 수 있어야 한다.

③ 3단계: 대안 검토

서로의 겉요구뿐만 아니라 속마음까지 알게 되었다면 그것을 충족시킬 수 있는 다양한 대안들을 찾아보아야 한다. 이를 위해서, 브레인스토밍 기법 등을 활용하여 최대한 많은 대안을 찾아볼 필요가 있다.

여러 대안이 나오면 각각에 대해 장단점을 검토한 후 서로에게 최선의 것을 선택하여 합의할 수 있다. 이 단계에서는 서로 존중하고 공동이익을 최대한 키운다는 자세로 임해야 한다. 이 과정에서 신뢰가 중요한 역할을 하므로, 협상을 진행하며 상대와의 약속을 지키며 상대를 속이지 않는다는 확신을 주는 것이 필요하다.

④ 4단계: 마무리

서로 합의를 이루게 되면, 이에 대해 가능한 한 문서로 합의 내용을 기록하는 것이 필요하다. 협상이 끝나면 바로 헤어지기보다는 상대에게 "당신과 함께 이런 협상을 할 수 있어서 좋았고, 또 서로에게 좋은 결과를 얻을 수 있어서 감사합니다. 다음에 또 기회가 되면 다시 뵙고 좋은 대화를 나눌 수 있길 바랍니다."와 같은 인사를 꼭 남기는 것이 바람직하다.

만약 협상이 결렬된다면, 해결하지 못한 문제를 어떻게 할 것인지 검토해야 할 필요가 있다. 결렬시최선책(BATNA)을 택할 것인지, 아니면 다른 대안이 있을 수 있는지 살펴본다. 한편, 협상이 결렬되었다고 하더라도 협상 상대와 인간관계까지 훼손할 필요는 없다. 상대에게 악수를 청하며 유익한 대화를 나눌 수 있는 기회였으며 다음에는 서로 좋은 결과를 얻을 수 있도록 노력해보자는 취지의 마무리 인사를 나누는 것이 필요하다. 다른 이슈로 그와 다시 만날 수도 있으므로, 좋은 관계를 유지하기 위해 우호적인 인상을 남겨두는 것이 현명할 것이다.

Ⅱ. 사전 준비

나무 베는 데 6시간을 쓴다면, 처음 4시간은 도끼를 가는 데 쓰겠다.
- 링컨 미국 대통령

사전 준비는 협상의 성과에 결정적인 영향을 준다. 유능한 협상가의 경우, 준비를 포함한 전체 협상 시간의 80%를 사전 준비에 쓰고 본 협상에는 20%만 쓴다고 알려져 있다.

사전 준비 시간 : 본 협상 시간 = 80 : 20

1. 사전 준비 사항

본 협상에 임하기 전, 사전에 준비할 사항은 구체적으로 살펴보면 다음과 같다.

① 협상전략 수립

협상 이슈를 분석하고 의제와 목표, 저항선, 결렬시최선책(BATNA), 걸요구, 첫제안, 협상시나리오 등을 작성한다.

② 협상의지 점검

협상의지는 협상을 피하지 않고 적극적으로 임하려는 자세를 의미한다. 기본적으로 회피형 기본적으로 갈등관리스타일을 지녀 협상 자체를 거북하다고 생각하는 성향을 가졌거나, 사전 준비가 덜 되어 협상 테이블에 나가는 것이 싫은 경우, 혹은 상대와의 관계 때문에 그를 만나기 꺼리는 경우에 협상의지가 약해진다. 협상의지가 약하면 상대가 조금만 강하게 나와도 쉽게 타협하거나 양보하게 된다.

③ 상대방의 협상전략 파악

아직 상대를 만나기 전이므로 상대에 대해 자세히 알 수는 없으나 상대에 대해 최대한 많은 정보를 수집해야 한다. 상대의 의제, 목표, 저항선, 결렬시최선책(BATNA), 겉요구 등을 미리 파악할 수 있다면, 협상 성공 가능성이 매우 높다고 볼 수 있다.

④ 상대방의 협상 스타일 파악

상대방의 협상 스타일에 대하여 직접 대화를 나눠보기 전에 미리 직접 확인할 수는 없겠지만, 주변 정보를 통해 이를 파악할 수 있다면 도움이 된다. 협상 스타일은 경쟁형, 양보형, 절충형, 통합형, 회피형으로 구분되는데[70], 제5장에서 살펴본 바에 따라 협상 스타일별로 대응 전략을 짜면 된다.

> **협상 Tip 지피지기 백전불태**
>
> 전쟁에서 상대방에 대한 정보를 알아내는 것이 얼마나 중요한지는 손자병법에 잘 설명되어 있다. 손자병법」 제3편 모공(謨攻)편에 유명한 말이 있다. 知彼知己者, 百戰不殆(상대를 알고 자신을 아는 자는 100번 싸워도 위태롭지 않다),[71] 不知彼而知己, 一勝一負(상대를 모르고 자신을 알면 1승 1패 한다), 不知彼不知己, 每戰必殆(상대를 모르고 자신도 모르면 싸울 때마다 반드시 패한다)
> 그렇다면 상대에 대한 정보를 어떻게 알아 낼 수 있을까? 손자는 첩자를 활용하라고 한다. 손자병법 제13편 용간(用間)에는 활용 가능한 다섯 유형의 첩자와 활용 방법이 제시되어 있다. ① 향간(鄕間)은 적국의 마을 사람을 유인하여 활용하는 것이고, ② 내간(內間)은 적국의 관리를 포섭하여 활용하는 것이고, ③ 반간(反間)은 적의 간첩을 포섭하여 이중간첩으로 활용하는 것이고, ④ 사간(死間)은 적의 첩자에게 허위 사실을 알려서 그가 적장에게 전달하도록 유도하는 것이고[72], ⑤ 생간(生間)은 사간이 적장에게 잡히지 않고 살아 돌아와서 자신이 한 일과 적의 동정을 보고하게 하는 것이다. 손자병법의 이 첩자 활용술은 세계 최초의 정보 수집 및 공작 원리로 인정받고 있다.

70 제5장 IV. 갈등관리 스타일 내용 참고

71 우리나라에서는 '지피지기 백전불패'라는 말을 쓰는데 손자병법 원문에서는 패하지 않는다는 불패(不敗)가 아니라 위태롭지 않다는 불태(不殆)라고 되어 있다.

72 그 첩자는 결국 적장에게 허위 사실을 알렸다는 사실이 밝혀져 죽임을 당할 것이므로 死間이라 한다.

2. 사전 준비 스타일

협상을 준비하는 스타일은 협상 중 상대를 일방적으로 밀어붙이는 X형과 협상을 통해 양측 모두의 욕구를 최대한 충족시키고자 하는 Y형으로 구분하여 이해할 수 있다.[73] 각 유형별 협상 준비 방식을 살펴보면 다음과 같다.

① X형의 협상 준비

- 자신의 요구 사항을 중심으로 리허설을 해본다.
- 각오를 단단히 다지고 터프하게 행동하겠다는 결심을 한다.
- 상대를 제압하거나 불편하게 만들 작전을 짠다. (예: 협상 테이블에 상대가 앉을 자리를 삐딱하게 놓기)
- 기분 나쁘게 들릴 수도 있는 칭찬이나 모욕적인 언사도 준비한다.
- 최후통첩을 위시하여 압박 작전을 준비한다. (예: "더 이상은 없습니다." "이건 협상을 깨자는 건데요?", "그렇다면, 이 협상은 끝입니다." 등)
- 처음 제시하는 안을 끝까지 밀고 갈 것처럼 보이도록 노력한다.

이런 X형의 접근은 강력하고 상대를 압박하여 쉽게 양보를 얻어낼 수 있을 것처럼 보이나, 오히려 상대방의 반발을 불러일으킬 수 있다. 그 결과, 협상 당사자 모두가 윈윈할 수 있는 상황이 만들어지지 않으며, 궁극적으로 원하는 것을 얻는 데는 비효과적일 수 있다.

② Y형의 협상 준비

- 먼저 협상에서 고려해야 할 사항들을 리스트로 작성한다. (예: 가격, 지급액, 조건과 기한, 배상액, 물량, 물류 등)
- 위 사항들을 우선순위대로 나열하거나, 중요도 점수를 사항별로 분배할 수 있다.
- 사항별로 모든 가능한 대안을 도출한다. (예: 지급 조건을 0%~100% 사이에서 어느 정도로 할 것인가를 정한다.)
- 상대방이 제안할 것으로 예상되는 이슈들을 적어본다.

73 Thompson (2016), pp.8~9 참고

- 각 이슈에 대한 대응책을 준비한다.
- 상대의 협상 진행 전략을 예상하고 적어본다.
- 상대의 전략을 고려하여 협상 순서를 정한다. (예: (1) 구입 물량과 금액, (2) AS 방법)
- 첫 제안을 준비한다. 나의 첫 제안에 대해 상대가 너무 과하다고 생각하고 대화를 중단하려 할 수도 있으므로, 대화를 이어갈 수 있도록 유연한 자세를 취한다.

실제 협상에서는 X형을 많이 쓰고 있으나, 자신이 원하는 것을 얻어내는 데에는 Y형이 매우 효과적이다. 더 나아가, Y형의 준비는 상대와 공동이익을 최대화하여 윈윈으로 나아가는데도 유용하다. Y형의 사전 준비를 위해서는 아래 <표 6-2>를 활용하는 것이 도움이 된다.

표 6-2 Y형의 사전 준비 목록

협상 의제		본인	상대방
기본급 인상률	중요도 순위		
	첫 제안		
	협상 목표		
상여금 인상	중요도 순위		
	첫 제안		
	협상 목표		
식대 인상	중요도 순위		
	첫 제안		
	협상 목표		
개인연금 보조금 (신설)	중요도 순위		
	첫 제안		
	협상 목표		

다음 <표 6-3>은 노동조합 담당자가 사용자 측과의 임금협상에 앞서 사전에 준비할 수 있는 사항들의 예시이다.

표 6-3 Y형의 사전 준비 목록 - 임금협상의 예시

협상 의제		본인(노동조합)	상대방(사용자)
기본급 인상률	중요도 순위	1순위(50%)	1순위(60%)
	첫 제안	5% 인상	2% 인상
	협상 목표	4% 인상	3% 인상
상여금 인상	중요도 순위	2순위(30%)	2순위(25%)
	첫 제안	기본급 600%	기본급 400%
	협상 목표	550%	500%
식대 인상	중요도 순위	3순위(15%)	4순위(5%)
	첫 제안	30만원	동결
	협상 목표	25만원	30만원
개인연금 보조금(신설)	중요도 순위	4순위(5%)	3순위(10%)
	첫제안	올해 시작	내년 중 재논의
	협상 목표	내년 시작	장기근속자 대상 50% 보조

Ⅲ. 협상전략의 수립

유능한 협상가라면 협상에 들어가기 전에 협상전략을 확실히 준비해야 한다. 협상전략을 어느 편이 잘 준비하였느냐에 따라 협상의 성과는 확연히 달라진다. 협상전략에는 다음과 같은 사항들이 포함된다.

① **협상의제**: 협상에서 다룰 의제나 주제
② **협상목표**: 협상에서 꼭 이루고 싶은 성과
③ **결렬시최선책**(BATNA): 결렬 시 선택할 수 있는 여러 결렬시대안(ATNA: Alternatives to a Negotiated Agreement)[74] 중 본인에게 가장 유리한 것이 결렬시최선책이다.
④ **저항선**: 양보의 마지노선으로, 그 이상의 양보를 할 바엔 차라리 결렬을 택한다. 저항선은 결렬시최선책을 감안하여 정한다.
⑤ **첫 제안**: 사전 조사나 상대방에 대한 정보 수집 등을 통해 협상을 유리하게 이끌어갈 자신이 있다고 믿는 경우, 먼저 첫 제안을 하는 것이 좋다.
⑥ **협상팀의 구성**: 일반적으로 협상은 혼자 하는 것보다 팀을 구성하여 하는 것이 더 유리하다.
⑦ **마감 시간**: 마감 시간이 촉박한 측이 초조해지며, 따라서 양보를 많이 하고 타결을 서두르게 된다.

1. 협상 의제

협상 의제는 협상에서 다룰 주제나 이슈를 의미한다. 예를 들어, 연봉 인상률을 협상을 통해 정하는 상황이라면 협상 의제는 '연봉 인상'이 되고, 직원 측의 협상 목표는 '연봉 인상률 5%', 사용자 측의 협상 목표는 '연봉 인상률 2%'가 된다.

74 합의가 되지 않았을 때 선택할 수 있는 대안을 의미한다.

표 6-4 협상 의제와 협상 목표의 예시

협상 의제	협상 목표	
연봉 인상	〈직원〉 5% 인상	〈사장〉 2% 인상
기계의 사양과 가격	〈구매자〉 A급: 1억 5천만원 B급: 1억 2천만원	〈공급자〉 A급: 1억 8천만 원 B급: 1억 5천만 원
아파트 공사장 소음	〈주민〉 12:00~17:00 중 작업	〈공사업체〉 10:00~18:00 중 작업

협상 시작 전, 당사자 모두의 동의를 받아 협상 의제를 미리 정해야 한다. 협상 의제가 불분명하고 모호할 경우, 협상 중 의제가 변경되어 협상을 다시 수행해야 하는 불상사가 생길 수 있다.

협상 의제가 2개 이상이어야 다음과 같은 **양보교환**을 통한 윈윈이 가능하다. 예를 들어, A와 B라는 의제 중 내게는 A가, 상대에게는 B가 더욱 중요도가 높은 상황이라면, A에 대해서는 내가 원하는 수준에서 타결하고, B에 대해서는 상대가 원하는 수준에서 타결할 수 있다.[75]

협상 의제가 여러 개인 경우, 각각의 의제에 대해 개별적으로 협상하는 대신 이를 패키지로 구성하여 협상하는 것이 좋다. 예를 들어, 노조가 임금협상을 하는 경우 협상 의제를 기본급 인상률, 성과급 인상액, 자격수당 인상액의 3가지로 구분하고, 다음과 같이 의제 패키지를 정할 수 있다.

의제 패키지 : 기본급 인상률, 성과급 인상액, 자격수당 인상액의 일괄 타결

이 경우, 패키지에 의제가 2개 이상 포함되므로 상호간 양보교환이 가능해져서 윈윈을 시도해볼 수 있는 장점이 있다. 또한, 상대방이 특정 의제에 관심이 없더라도 다른 의제에는 관심이 있을 수 있으므로, 모든 의제에 대해 협상을 진행할 수 있다.

75 이 방법은 통나무 굴리기(로그롤링, log-rolling)라고도 하며, 제3장 윈윈하는 방법에 자세히 설명되어 있다.

2. 협상 목표, 결렬시최선책, 저항선, 합의가능영역

협상 목표는 이번 협상에서 꼭 이루고 싶은 성과를 의미한다. 협상에서 내가 가장 바라는 이상적인 결과로, 이를 얻기 위해 협상을 진행한다. **결렬시최선책(BATNA)**은 협상이 결렬되었을 때 내가 취할 수 있는 대안인 결렬시대안(ATNA) 중 내게 가장 유리한 것을 의미하는 것으로, 합의가 이루어지지 않았을 경우를 대비한 방안이다. **저항선**은 유보가격(reservation price)이라고도 하는데, 협상 중 더 이상 양보할 수 없는 한계선을 의미한다. 이 선을 넘어서까지 양보해야 하는 상황이면 협상을 차라리 결렬시키는 것이 현명하다. **합의가능영역(ZOPA: Zone of Possible Agreement)**은 양측이 합의할 수 있는 범위를 의미하며, 양측의 목표와 저항선에 의해 결정된다.

예를 들어, 내가 수산시장에 가서 전복 3kg 사는 경우를 생각해보자. 시장 내 여러 가게에서 가격을 알아보니 시세가 80,000원에서 100,000원에 걸쳐 형성되어 있어, 최저 80,000원이면 살 수 있다는 판단이 들었다(결렬시최선책). 이제 마지막으로 간 A가게에서 좋은 가격을 제시하면 구매하려고 한다. 다른 가게에서 최하 80,000원에 살 수 있으니 이 가게에서는 더 낮춰서 77,000원에 샀으면 좋겠다(협상 목표). 주인에게 가격을 묻자 100,000원이라 답했으며, 이에 대해 나는 75,000원이면 사겠다고 하였다(첫 제안). 한편, 다른 가게에서 최저 80,000원에 살 수 있다는 것을 알지만, 사실 이 가게의 전복이 좀 더 싱싱해 보여서 최대 90,000원까지는 지불할 의향이 있다(저항선). 만약 90,000원을 넘게 달라고 하면 이 가게에서 구매하지 않고, 80,000원에 살 수 있는 가게로 가겠다(결렬시최선책).

주인의 경우 처음엔 100,000원을 불렀지만(첫 제안), 깎아 줘서 93,000원에는 팔면 좋겠다(협상 목표). 안된다면 87,000원까지는 가격을 낮출 수 있는데, 그 이하로는 팔 수 없다(저항선). 지금까지 다른 손님들에게 87,000원에는 팔았기 때문에, 이 손님이 아니더라도 다른 손님에게 그 가격에 팔 수 있을 것이다(결렬시최선책).

이 사례는 아래 <그림 6-1>, <표 6-5>와 같이 정리할 수 있다.

- 나의 결렬시최선책은 다른 가게의 최저 가격인 80,000원이다. 반면에 주인은 그간 다른 손님에게 87,000원에 팔아왔으므로, 그 금액이 그의 결렬시최선책이다.
- 나의 협상 목표는 77,000원, 첫 제안은 75,000원, 저항선은 90,000원이다.
- 주인의 협상 목표는 93,000원, 첫 제안은 100,000원, 저항선은 87,000원이다.

ㅇ 나는 77,000원~90,000원 사이에서 타결되길 바라고, 주인은 87,000원~93,000원 사이에서 타결되길 바란다. 따라서, 합의는 서로 중복되는 87,000원~90,000원 사이에서 가능할 것이다(합의가능영역).

그림 6-1 **합의가능영역 예시**

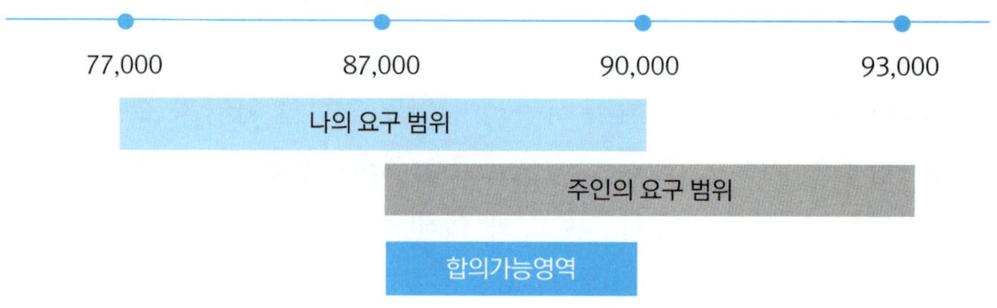

표 6-5 **협상 목표, 첫제안, 저항선, 합의가능영역의 예시**

	나(구매자)	주인(판매자)
결렬시최선책(BATNA)	다른 가게에서 80,000원에 구매	다른 손님에게 87,000원에 판매
첫 제안	75,000원(최저 요구액)	100,000원(최고 요구액)
목표(희망가격)	77,000원	93,000원
저항선(유보가격)	90,000원 이상	87,000원 이하
합의가능영역(ZOPA)	87,000 ~ 90,000원	

가. 협상 목표

협상 목표는 모호하거나 실현 불가능한 것이어서는 안 된다. 협상목표는 아래와 같은 SMART의 원칙에 따라 세우길 권장한다.

ㅇ 구체적이어야 한다(Specific)
ㅇ 측정 가능해야 한다(Measurable)
ㅇ 성취 가능해야 한다(Achievable)
ㅇ 협상하려는 이슈와 관련성이 있어야 한다(Relevant)
ㅇ 협상 시간을 고려하여 정한다(Time-bound)

협상 목표를 달성하기 위해서는 상대방의 협조가 필요하며, 따라서 나 역시 상대방이 목표를 달성할 수 있도록 도와주어야 한다. 상대가 원하는 것을 알아내고 서로의 목표를 동시에 달성할 수 있는 해법을 찾아내는 것이 필요하다. 이를 위해서는 서로 합리적이고 이성적인 자세를 가지고 임해야 한다.

목표를 어느 정도 높게 잡는 것이 좋을까? 다른 곳에서 동일한 것을 획득할 수 있는 수준인 결렬시최선책(BATNA)보다는 높게 설정해야 한다. 목표를 결렬시최선책에 맞춘다면, 구태여 이 상대방과 흥정하는 대신 해당 대안을 제시하는 편에 가서 합의하면 된다. 이왕 이 상대방과 협상을 한다면, 결렬시최선책보다는 조금이라도 더 높은 목표를 잡는 것이 바람직하다.

목표 설정의 역설(goal-setting paradox)이란 미리 설정한 협상 목표를 반드시 달성해야겠다고 마음먹고 협상을 진행하게 되면 오히려 불만족이나 실망감을 크게 느끼게 되는 경향을 의미한다. 협상은 일반적으로 양보를 수반하게 되므로 경우에 따라 목표보다 미흡한 수준에서 타결될 수도 있으며, 그 결과 협상에 대해 불만족할 수 있다. 목표에 너무 연연하지 않고, **결렬시최선책**이나 **저항선**을 약간 상회하는 선에서 타결하겠다고 마음먹고 진행하면 협상 결과에 대한 만족도가 높을 수 있다.

협상 목표를 '저항선의 ○배로 하는 것이 좋다'는 주장이 있는데, 이런 일률적인 공식은 있을 수 없다. 협상 목표는 그때그때 협상 의제, 상황, 상대방 등에 대해 판단하고 이를 바탕으로 설정하는 것이 바람직하다.

나. 결렬시대안과 결렬시최선책

① 결렬시대안(ATNA: Alternatives to a Negotiated Agreement)

결렬시대안은 상대방과의 협상이 결렬되었을 때 내가 선택할 수 있는 대안을 의미한다. 이것을 파악하려면 사전에 어떤 대안들이 있는지 조사해보는 일이 필수적이다.

위의 수산시장 사례로 돌아가보자. 마지막 가게(A)에 들어가기 전에 조사해보니 같은 양의 전복이 P가게에서 80,000원, K가게에서 88,000원, Y가게에서 100,000원이었다면, 이 3가지 대안이 결렬시대안이 된다. 즉 이 마지막 가게(A)에서 협상이 결렬되면 다른 가게(P, K, Y)로 가면 되는 것이다. 이런 의미에서 결렬시대안을 '협상 전 대안' 또는 '합의에 대한 대안'이라고도 부른다.

결렬시대안은 반드시 실현가능한 것이어야 한다. 협상 중 상대방에게 하는 제안이나 막연한 희망사항은 이에 해당하지 않는다. 예를 들어, "주인에게 87,000원을 최종적으로 제안해 본다"는 것은 결렬 시 선택할 수 있는 대안이 아니다. 또한, 사전 조사 없이 "대형 마트에 가면 더 싸게 살 수 있겠지"라는 짐작 역시 결렬시대안이 될 수 없다. 대형 마트에 실제 가보면 이 가게보다 더 비쌀 수도 있기 때문이다.

② 결렬시최선책(BATNA: Best Alternative to a Negotiated Agreement)

결렬시최선책은 여러 결렬시대안 중에 내가 보기에 가장 유리한 것을 가리킨다. 내가 **주관적으로 계산해서 판단**한 것으로 다른 사람의 생각과 다를 수 있다. 위 사례에서 P가게에서 80,000원에 사는 것이 내게 가장 유리하므로 이것이 결렬시최선책이다.

결렬시최선책은 **협상을 결렬할 것인지**, 혹은 **계속할 것인지**를 결정할 때 중요한 판단 기준이 된다. 위 사례에서 만약 A가게에서 나의 저항선인 90,000원 이하에는 팔지 않겠다고 하면, 협상을 결렬하고 80,000원에 판매하는 P가게로 갈 수 있다. 만약 A가게 주인이 안 판다고 하더라도 내게는 P가게라는 좋은 대안이 있으므로 결렬되어도 걱정이 없다. 만약 나의 결렬시최선책이 80,000원이 아니라 95,000원이라면, A가게 주인이 90,000원 이하로는 못 판다고 했을 때 결렬시키는 것은 잘못된 결정이며 90,000원에 합의하는 것이 최선이다.

이처럼 결렬시최선책을 모른 채 협상을 결렬하는 것은 손해를 볼 수 있는 결정이다. 많은 사람들이 다른 가게로 가면 더 싼 가격에 살 수 있을 것이라는 막연한 희망을 가지고 협상을 결렬하지만, 막상 다른 가게를 모두 둘러보면 이 가게보다 더 싼 곳을 찾지 못하는 경우를 경험했을 것이다. 이처럼 결렬시최선책은 결렬 여부를 결정하는 기준 역할을 하므로, 협상 전에 반드시 파악해두어야 한다.

한편, 나의 결렬시최선책은 **상대방에게 알려져서는 안 된다**. 상대가 그것을 알게 되면 내가 결렬을 선언할 수준을 알게 되는 것이므로 협상 전략을 바꿀 것이다.

그런데 다음과 같은 경우에는 나의 결렬시최선책을 **상대에게 알려주는 것이 더 낫다**.[76]

① 결렬하는 것보다 어떻게든 합의하길 원한다면, 상대에게 나의 결렬시최선책을 보여주고 그의 호의를 구하는 것도 한 방법이다. 예를 들어, 위 사례에서 나의 결렬시최선책은 P가게의 80,000원이다. 만약 A가게 주인이 85,000원까지는 깎아 주겠

76 이하 Thompson (2016), pp. 48-49 참고

다고 하는 경우, 협상을 결렬하고 P가게로 갈 수도 있겠다. 하지만, 다시 P가게로 가서 그쪽 주인을 보는 것이 껄끄럽다는 생각이 들어 웬만하면 이 가게에서 사고 싶다면, 이 주인에게 나의 결렬시최선책, 즉 P가게의 가격을 알려주고 가격을 좀 더 깎아줄 것을 부탁하는 것이 좋다.

② 나의 결렬시최선책이 아주 유리하다면 이를 상대방에게 바로 보여주고 양보를 많이 하라고 요구할 수 있다. 위 사례에서 만약 이 가게 주인이 92,000원까지는 깎아 주겠지만 더는 안 된다고 할 경우에는 나의 결렬시최선책인 80,000원을 주인에게 알려주면서 P가게로 갈 수 있다고 슬쩍 말해본다. 주인들은 다른 가게의 가격들을 대략 파악하고 있으므로 내가 이미 다 조사했다는 것을 알아차리고 80,000원에 타결하자고 나올 가능성이 높다.

그리고, 결렬시최선책을 상대에게 알려줄 때는 **속임수를 쓰면 안 된다**. 흔히 다른 곳의 시세를 알고 있다는 식의 거짓말을 하지만, 상대가 그것을 파악하고 있는 경우 이러한 거짓말은 통하지 않으며 나의 신뢰도만 떨어지게 된다.

만약 **상대방이 나의 결렬시최선책이 무엇인지 물어온다면** 어떻게 할 것인가? 만약 이 질문에 대해 대답하지 않고 무시해 버린다면 상대가 계속 질문을 해올 수 있기 때문에, 이는 좋은 대처방법이 아니다. 또한 "당신 것을 말해주면 나도 알려주겠다."는 식으로 응수하는 경우에는 상대는 거짓으로 꾸민 것을 알려주고 나만 솔직하게 알려줄 수 있으므로 역시 좋은 대처가 아니다.

그렇다면, "저도 괜찮은 결렬시최선책을 가지고 있긴 하나, 지금 시점에 그것을 내놓기 좀 그렇네요."라는 식으로 대처하는 것이 현명하다. 나의 것을 최대한 감추고, 동시에 그런 예민한 것을 묻는 상대에게 "그런 건 묻지 말라"고 주의를 환기하는 효과가 있다.

만약 상대가 다음과 같이 나온다면, 나의 결렬시최선책을 보여주지는 않되, 나에게 유리한 결렬시최선책이 **있다는 사실만** 알려주는 것이 좋다.

- **상대가 단도직입적으로 나의 결렬시최선책이 무엇인지 물어오는 경우**, 그저 피하거나 무시하는 것은 상책이 아니다. 내가 유리한 결렬시최선책을 가지고 있음을 은연중에 알게 하여 상대의 기를 꺾고 당황하게 만드는 것이 좋다.
- **상대가 내 결렬시최선책이 실제보다 더 약한 것이라고 예상하는 경우**, 나의 결렬시최선책을 실제로 보여줄 필요는 없다. 대신, 나의 결렬시최선책가 훨씬 좋은 것이라고 암시하는 것이 좋다.

- **상대가 나에 대해 잘못된 정보를 갖고 있는 경우**, 상대가 나의 힘을 얕잡아 보지 않도록 내 결렬시최선책이 상당히 좋은 것이라고 암시한다.
- **상대가 계속 내게 상당한 양보를 요구하는 경우**, 내게 유리한 결렬시최선책이 있으며 따라서 상대방과의 협상을 결렬시키고, 다른 사람과 협상할 수 있다고 암시한다.

요약하면, 우리는 결렬시최선책과 관련하여 다음 사항에 주의할 필요가 있다.[77]

- 특별한 상황이 아니면 나의 결렬시최선책을 상대에게 보여주지 마라.
- 상대방의 결렬시최선책을 잘 파악해내라.
- 나의 결렬시최선책을 향상시켜라.
- 나의 결렬시최선책을 상대에게 알려야 한다면, 속이지 마라.
- 내가 유리한 결렬시최선책을 갖고 있음을 암시하라.

협상 TIP 나의 결렬시최선책(BATNA)이 불리한 경우라면?

1. 상대방의 결렬시최선책 확인 : 내 결렬시최선책이 상대방에 비해 진짜 불리한지 먼저 확인하고, 불리한 원인을 파악한다. 결렬시최선책은 나의 주관적 판단을 바탕으로 한 것으로 상대가 가진 것을 보면 바뀔 수 있다.
2. 상호 이익을 강조 : 내가 제공할 수 있는 혜택과 차별점을 구체적으로 설명한다. 단기적 이익보다 장기적 협력의 중요성을 부각시킨다.
3. 대안과 유연성 : 협상 실패 시 대비책을 마련하고, 자신감 있는 태도로 협상에 임한다. 그리고 상대방의 진짜 욕구를 찾고 내가 줄 수 있는 대안을 제시한다.
4. 전략적 양보 : 상대방에게 중요한 가치가 있지만, 당신에게는 부담이 적은 영역에서 양보를 제공한다.
5. 이슈의 분할과 통합 : 큰 협상 이슈를 쪼개보면 내게 유리한 것이 나올 수 있다. 또한, 이슈가 여러 개일 때 결합하면 유리하거나 서로에게 도움이 되는 이슈로 전환될 수도 있다.
6. 타이밍 조절 : 적절한 시점에 양보하거나 논의를 연기하면 상대방을 심리적으로 혼란스럽게 하여 그가 결렬시최선책을 제대로 활용하지 못하게 할 수 있다.
7. 제3자 활용 : 제3자의 조정이나 중재를 이용하면 나의 약점은 숨기고 강점은 부각시길 수 있는 기회가 올 수 있다. 다만 조정자나 중재자를 잘 설득할 수 있어야 한다.

77 Thompson(2016), p. 52 참고

다. 저항선

저항선은 양보의 마지노선이라고 할 수 있고, 경제학에서는 유보가격(reservation price)이라고 부른다. 이것은 **양보할 수 있는 최고치(구매자 입장)** 또는 **최저치(판매자 입장)**을 의미한다. 이 **저항선 이상으로 양보해야 한다면 결렬을 선택하게 된다**.

저항선의 수준을 정할 때는 결렬시최선책(BATNA)을 바탕으로 하되, 다른 요소들도 함께 고려하여 정한다. 예를 들어, 위의 사례에서 나의 결렬시최선책은 P가게에서 전복 3kg을 80,000원에 사는 것인데, 만약 A가게에서 팔고 있는 전복이 더 싱싱하고 사이즈도 크다면 90,000원까지도 지불할 의향을 가질 수 있다. 이 경우 나의 저항선은 80,000원에서 90,000원으로 변경된다. 또 만약 내 수중에 85,000원밖에 없는 상황이라면 결렬시최선책과 상관없이 저항선은 85,000원이 되고, 만약 빨리 사서 가야만 하는 상황이 갑자기 생겼다면 저항선은 90,000원이 넘는 선에서 정해질 수도 있다.

라. 합의가능영역

합의가능영역(ZOPA: Zone of Possible Agreement)은 양측의 목표와 저항선의 구간이 서로 겹쳐서 합의가 가능한 부분을 가리킨다. 겹치는 부분이 있으면 양(+)의 합의가능영역이 존재하며, 합의가 가능한 상황이라 볼 수 있다. 만약 겹치는 부분이 없다면 음(-)의 합의가능영역이 존재하는 상황으로, 합의가 불가능하다.

예를 들어, 위의 사례에서 나의 목표와 저항선 구간은 77,000원~90,000원이고, A가게 주인의 목표와 저항선의 구간은 87,000원~93,000원이다. 따라서 서로 겹치는 구간인 87,000원~90,000원 사이에서 합의가 가능하다(즉, 양(+)의 합의가능영역). 만약 나의 구간이 77,000~88,000원이고, 주인의 구간이 90,000~95,000원이라면, 겹치는 부분이 없으므로 합의가 성립될 여지가 없다(즉, 음(-)의 합의가능영역).

3. 첫 제안

가. 누가 먼저 할 것인가?

"상대로 하여금 첫 제안을 먼저 하도록 하는 것이 더 좋다."고 알고 있는 경우가 많은데, 이것은 협상에 대한 잘못된 믿음 중 하나이다. 첫 제안은 자신 있는 쪽에서 먼저 하는 것이 더 좋다. 먼저 제안하는 사람이 던진 수준에서 협상이 시작되며, 따라서 자신이 있을 때는 첫 제안을 먼저 하는 것이 더 유리하다.

예를 들어, 내가 사려고 하는 신발이 A 매장에서 27만원의 정가표를 달고 있다고 하자. A 매장에 들어가기 전 온라인 쇼핑몰을 포함하여 몇 군데 다른 매장에 확인하였으며, 그 결과 그 신발을 25만원이면 살 수 있다는 사실을 알고 있다. 이 경우, 내가 먼저 A 매장 주인에게 23만원에 팔 것으로 제안하는 것이 더 낫다. 그러면 23만원에서 흥정이 시작되고, 주인은 가격을 올려달라고 요청하게 된다. 나는 (마치 베풀 듯이) 가격을 올려주는 방식으로 서로 양보를 주고 받으며 25만원 정도에 타결을 하게 될 수 있다.

만약 A 매장 주인이 첫 제안을 먼저 하여 정가인 27만원에서 흥정을 시작하게 된다면, 내가 가격을 깎아달라고 요청해야 하며 상대인 매장 주인이 내 요청을 들어줄지 여부를 결정하는 입장이 된다. 양보를 하는 것 보다 양보를 받아내는 것은 상대적으로 어렵기 때문에, 이 경우 결과적으로 내가 훨씬 더 피곤해진다.

한편, 내가 사전 조사를 하지 않아서 제안에 자신이 없다면 상대에게 먼저 제안하라고 하는 것이 더 안전하다. 사전 조사가 되어 있지 않아서 그 물건을 다른 곳에서 얼마에 파는지 모르는 상태에서 섣불리 제안했다가는, 그 제안이 다른 곳에서 살 수 있는 가격보다 더 높은 것일 수도 있기 때문이다.

예를 들어, 내가 다른 곳에서 양복을 얼마에 살 수 있는지 모르는 채로 B 의류매장에 들어간 상황을 상상해보자. 양복을 한 벌 골랐는데, 가격표를 보니 60만원이라고 쓰여 있다. 실제 다른 곳에서는 55만원이면 살 수 있지만, 다른 곳을 다 알아보지 않았기 때문에 나는 그런 사실을 모른다. 이때 내가 먼저 제안하면서 3만원을 깎아 57만원에 팔라고 하고, B 매장 주인은 58만원에 팔겠다고 역제안하여 타결되었다. 사실 나는 다른 곳에서 살 수 있는 55만원보다 더 비싸게 산 것이므로, 결과적으로 손해를 본 셈이다.

나. 첫 제안을 상대방이 먼저 하는 경우

첫 제안을 내가 먼저 하지 않고 상대가 먼저 해오는 경우에는 그것을 바로 수용하지 말고 일단 역제안을 할 필요가 있다. 비록 그의 첫 제안이 내게도 유리한 것이어도 절대 바로 수용하면 안 된다.

이유는 첫째, 그 제안 외에 내가 역제안을 하면서 서로 머리를 맞대고 얘기하다 보면 더 좋은 대안을 만들 수도 있기 때문이다. 상대의 첫 제안에 대해 관련된 질문을 던지다 보면, 상대의 목표와 의도, 속마음, 저항선 등을 파악할 수 있다. 이런 정보들을 바탕으로 서로 윈윈할 수 있는 다른 해결책을 만들 수 있는 것이다. 둘째, 협상에 대한 만족도 측면에서 보면, 협상을 빨리 끝냈을 때보다는 서로 양보와 대안 찾기를 여러 차례 한 후에 타결했을 때가 협상에 대한 만족도가 더 높기 때문이다.

다. 첫 제안의 강도

첫 제안을 최대한 합리적인 수준 또는 상대가 수용할 수 있는 선에서 정하려고 하는 사람들이 간혹 있는데, 그것은 잘못된 접근이다. 연구에 의하면 첫 제안의 강도와 협상 결과의 상관계수가 0.85 이상이다.[78] 즉, 첫 제안을 강하게 하면 할수록 더 많은 결과를 얻게 된다는 뜻이다.

첫 제안은 **본인의 협상 목표를 상회하는 선에서 설정**해야 한다. 협상은 양보를 수반하기 때문에, 첫 제안을 자신의 목표 수준에 맞춘다면 이후 양보를 할 수 있는 여지가 없어진다. 이 경우 불가피하게 양보를 하게 된다면, 자신의 목표를 달성하지 못하며 오히려 손해를 보게 된다.

한편, 첫 제안을 강하게 하더라도 상대방에게 '허풍쟁이'나 '사기꾼'과 같은 인상을 주지는 않아야 한다. 터무니없이 높은 제안을 하면 상대가 아예 대화를 하지 않고 포기할 수 있다. 그렇다면 첫 제안의 수준은 어느 정도가 적당할까? 일률적인 정답은 없으나, '상대가 포기하지 않고 계속하여 협상에 임할 수 있겠다 싶을 정도'라는 것이 해답일 것이다. 경험이 많은 협상가일 수록 그 정도를 직감으로 찾아낸다.

78 Galinsky & Mussweiler (2001) 참고

라. 첫 제안은 명확하고 구체적으로

“그 물건을 300만원에서 350만원 사이라면 사겠습니다.”와 같이, 첫 제안을 **범위로 제시하는 것은 잘못**된 방식이다. 이 제안은 상대방에게는 350만원에 사겠다는 의미로 해석될 수 있으며, 이 경우 300만원 이상에서 350만원 미만 부분은 무의미한 사족에 불과하다. 따라서 첫 제안은 구체적이고 명확한 것으로 만들어야 한다.

마. 이익 프레임으로 구성

프레임(frame)은 제안이 상대에게 인식되는 이미지나 특징을 의미한다. 상대에게 이익으로 인식되면 **이익 프레임**이라 하고, 손실로 인식되면 **손실 프레임**이라고 한다. 사람들은 이익 프레임은 비교적 쉽게 수용하고 양보도 잘하지만, 손실 프레임으로 보이면 반대로 거부할 가능성이 크고 양보도 하지 않으려고 한다. 따라서 첫 제안을 구성할 때는 나의 제안이 상대에게는 이익 프레임으로 보이게 하는 것이 유리하다.

예를 들어, 엄마에게 용돈 인상을 요청하려는 아들의 경우, 용돈 인상이 엄마에게 손실(손실 프레임)로 보이지 않고 이익(이익 프레임)으로 보이도록 해야 엄마가 쉽게 용돈을 올려주려고 할 것이다.

아들이 무턱대고 “요새 물가가 다 올랐으니 용돈을 5만원 올려주세요.”라고 하는 경우, 엄마는 이 요구를 손실로 인식하게 되어(손실 프레임) 거부할 가능성이 크다. 반면에, 엄마에게 “이번에 용돈을 5만원 올려주면 학원에 결석하지 않고, 반에서 10등 이내에 들어가겠습니다.”라고 약속한다면, 엄마는 비록 5만원의 실제 손실이 생기더라도 그것이 가져오는 긍정적인 효과 때문에 이익으로 인식(이익 프레임)하고 용돈 인상을 쉽게 수락할 가능성이 크다.

바. 첫 제안에 대해 상대방이 반응을 보이지 않는 경우

간혹 나의 첫 제안에 대해 상대방이 아무런 반응을 보이지 않는 경우가 있다. 이 때 경험이 많지 않은 협상 당사자는 초조해지며 ”내 제안에 무슨 잘못이 있나?”, “내 제안이 너무 심한 것인가?” 등과 같은 반성을 하고, 이어 양보를 시작한다.

상대가 반응을 보이지 않는 이유는 두 가지로 볼 수 있다. 첫째, 상대가 무반응 전략을 쓴 경우이다. 나를 초조하게 만들어 양보를 하도록 유도하는 전략을 쓰고 있는 것이다. 둘째, 상대가 나의 제안에 대해 검토 시간이 더 필요한 경우이다. 반응을 빨리 보이는 사람도 있고, 검토하는 데 시간을 많이 쓰는 사람도 있기 마련이다.

이 두 가지 경우 모두, 양보를 하거나 초조해하는 모습을 보이지 말고 상대가 반응할 때까지 기다리는 것이 최선이다. 상대가 반응을 보이지 않고 침묵한다고 해서 그것이 바로 거부를 의미하는 것이 아니다. 공은 이미 상대에게 넘어간 상태이므로 상대의 반응을 가만히 기다리면 된다.

사. 역제안

역제안을 할 때는 반드시 **근거가 있는 제안**이어야 한다. 뜬금없는 제안이나 무턱대고 반대하는 제안은 금물이다. 이렇게 하면 상대와 더 이상 합리적인 협상은 불가능해지고, 입씨름과 논박, 거짓말로 빠져들게 된다.

근거가 있는 제안과 근거가 없는 제안의 효과 차이는 연구에서도 확인되었다.[79] 복사기 앞에서 복사를 하려고 많은 사람들이 줄 서 있는 상황에서, 다음 두 가지 방법으로 새치기를 하며 복사를 시도해보았다. 하나는 그냥 아무런 설명 없이 새치기를 하는 것이고, 다른 하나는 "복사를 하려고 하니 먼저 하겠습니다."라고 말하며 새치기 하는 것이었다. 전자의 경우 새치기 성공률은 60%에 불과하였지만, 후자의 경우 그 수치가 93%에 달하였다. "복사를 하려고 한다"는 '이유 같지 않은' 이유더라도, 새치기의 이유를 달자 성공률이 높아진 것이다.

물론 협상에서 역제안을 할 때, 불공정하거나 진실되지 못하다는 인상을 준다면 이는 역효과를 불러온다. 항상 공정한 제안을 할 것이 요구된다. 다만 이 공정성은 인식의 영역이며 상대적으로 판단되기 때문에, 꼭 객관적으로도 공정하게 평가받아야만 한다고 생각할 필요는 없다. 어디까지나 상대가 공정하다고 봐주면 된다는 의미이다. 즉, 상대에게 공정하게 보일 정도의 의미 있는 근거와 이유를 대면 충분하다.

아. 절충식 제안

절충은 양측이 각자의 제안에서 반씩 양보하여 **중간선에서 타협**을 보는 것이다. 양측

79 Langer, Blank & Chanowitz (1978) 참고

이 협상 전에 미리 제안한 것이 있다면 그것의 절충선에서 제안을 해보는 것도 한 방법이다. 특히 상대와의 관계 등을 미루어 볼 때 윈윈이 불가능하다고 보일 때는 절충이 차선책이므로 첫 제안에서부터 절충을 시도해보는 것도 좋은 방법이다.

4. 협상팀의 구성

원칙적으로 팀을 구성하여 협상하는 것이 한 사람이 하는 것보다 더 좋은 성과를 거둔다. 그 이유는 협상팀이 가동되면 상대방에게 물어볼 질문을 더 많이 만들 수 있고, 대안 탐색이나 상대에 대한 조사를 더 많이 할 수 있기 때문이다.

그런데 협상팀을 구성할 때는 다음과 같은 점에 주의하여야 한다.

① **멤버의 역할 분담**이 분명해야 한다. 적어도 아래와 같이, 리더, 수행참모, 작전참모의 3가지 역할이 필요하다.

- 리더는 협상을 주도하고 협상전략의 작성과 상대방과 직접 협상에 나선다.
- **수행참모역**은 리더를 옆에서 보좌하는데, 특별한 경우가 아니면 협상에 끼어들지 않지만, 상대방의 발언에 대해 확인할 것이 있으면 질문하고 리더의 발언 중에 잘못된 부분이 있으면 리더에게 귀속말이나 메모를 이용하여 수정하도록 한다. 시간을 벌거나 진행을 재촉하기도 하고, 상대방의 언행에 문제가 있으면 지적도 한다. 특히 유의할 사항은 주요 발언이나 합의 조건, 대안 제시 등은 반드시 리더가 하고 참모는 절대 하지 않는다.
- **작전참모역**은 실질적인 브레인으로 사전준비 작업을 주도하고, 협상이 진행되면 전체 과정을 제3자의 관점에서 바라보면서 우리 팀과 상대의 강점과 약점을 분석하고, 협상전략을 수정해가는 역할을 한다. 수행참모와 달리 협상 대화에 전혀 개입하지 않고 관찰만 하고, 리더가 우리 전략에서 크게 이탈하고 수행참모가 눈치를 채지 못하면 즉시 정회를 하자는 제안 정도는 한다.
- 이 외에 상대방과 **관계 형성과 유지**를 담당하는 역할도 누군가가 수행하는 것이 필요하다. 위 리더나 참모들이 할 수도 있고 다른 멤버를 추가할 수도 있다.

② 인원이 너무 많으면 팀이 비효율적으로 움직일 수 있다. 적정 인원은 **대략 3~6명** 정도다.

③ **이질적인 멤버**로 구성하는 것이 좋다. 관점이나 특기 등이 각각 다른 멤버로 구성하면 훨씬 다양한 정보를 구할 수 있고 새로운 해결책을 탐색하는데 도움이 된다.

④ 멤버가 일사불란한 **통일된 모습과 행동**을 보여야 한다. 멤버 사이에 혼선이 있거나 의견 통일이 안 된 상태로 협상 테이블에 나가서는 좋은 성과를 거둘 수 없다. 이질성이 강한 팀일수록 규범과 역할에 대한 분명한 가이드 라인이 있어야 한다.

⑤ 멤버들이 협상 테이블에서 **공개해도 좋은 정보와 그렇지 않은 정보**를 잘 숙지하고 있어야 한다. 멤버들이 돌아가면서 말을 하게 되는 경우, 자칫 비밀정보를 그것이 비밀이라는 사실을 모르고 발설하는 멤버가 나올 수 있으므로 주의하여야 한다.

만약 나는 혼자인데 상대가 팀으로 나온다면 어떻게 할 것인가? 이 경우 다음과 같이 하는 것이 현명한 방법이다.[80]

① 가능한 한 팀을 구성하는 것이 좋다. 아무래도 안 될 것 같으면 별 상관없는 사람이라도 같이 협상 테이블에 가서 조용히 앉아 있도록 한다. 상대에게 우리도 팀으로 왔다는 점을 알리는 것이 우리를 얕잡아 보지 않게 한다.

② 결국 혼자 나가게 된다면, **준비를 더 철저히** 하는 수밖에 없다. 1인 4역을 한다는 각오로 사전 준비에 정성을 쏟아야 한다.

협상 Tip '물어보고' 전술

협상을 진행하다가 판단이 잘 안 서거나 빨리 결정을 할 수 없을 때는 '물어보고' 전술을 구사하며 결정을 미뤄야 한다. "사장님께 물어보고", "팀원들과 상의해보고", "가족에게 물어보고" 등과 같은 말로 일단 그 자리에서 떠나서 새로 따져보고 계산을 다시 하는 것이 현명하다.

그런데 이 전술을 아는 상대라면 내가 그것을 사용하지 못하도록 막을 것이다. 공인중개사들이 흔히 "지금 결정을 안 내리면 오전에 그 집을 본 사람이 와서 계약하자고 할 겁니다", "지금 바로 결정을 못 하겠으면 계약금의 일부라도 내놓고 가시죠" 등과 같은 말로 내가 '물어보고' 전술을 쓰지 못하게 막는다. 그러나 그런 말은 대개 거짓이며, 나중에 가도 해당 부동산은 그대로 있는 경우가 많다. (물론 다른 사람이 가져갈 수도 있으나, 그런 경우라면 공인중개사가 아주 진지하게 그러한 사정을 말해줬을 것이다.)

80 Thompson(2016), pp.174-175 참고

③ 협상 진행 중 주요한 결정을 하여야 하는데 확신이 서지 않는 상황이라면, 결정을 미뤄야 한다. 이때 댈 수 있는 핑계가 "다른 팀원들에게 물어봐야 하니 다음 회의에서 더 논의하시죠."이다. 이런 '**물어보고' 전술**은 시간을 벌어 더 많은 정보를 얻고 더 세밀한 계산을 할 수 있게 한다. 그리고 상대에게는 더 좋은 제안을 만들도록 압박하는 효과도 있다.

5. 마감 시한

협상을 끝내야 할 마감 시한에 쫓기면 조급해져서 서둘러 양보하게 되고, 결국 손해를 본다. 따라서 나의 마감 시한을 상대에게 들키지 말아야 한다. 비록 마감 시한이 다가와서 속이 타더라도 아닌 것처럼 꾸며야 한다. 상대가 알게 되면 협상을 질질 끌어서 나를 초조하게 만들 것이다.

한편, 상대방의 마감 시한을 알아낼 수 있다면 내게는 큰 무기가 된다. 따라서 협상을 진행하면서 상대방의 말이나 행동, 제안, 역제안 등을 유심히 살펴서 상대의 마감 시한이 촉박한지 아닌지 계속 파악해 볼 필요가 있다. 협상 초반에 전체 일정을 상의하면서 상대의 마감 시한을 직접 물어보는 것이 좋다. 또한 협상을 진행하는 도중에 일부러 회의를 연기하거나 의사결정을 미루면서 상대의 반응을 보는 것도 좋은 방법이다.

7
협상의 개시, 진행, 마무리

I. 협상의 개시와 진행

협상이 진행되는 과정은 아래 <그림 7-1>과 같다. 먼저 협상 당사자들이 서로 요구안을 제시한 다음, 상대방을 설득하며 동시에 그의 진짜 욕구를 찾는다. **상대가 진정 원하는 것**을 알아내는 일이 협상의 50% 이상을 차지한다고 볼 수 있으며, 이것만 알아내면 협상은 거의 끝난 것이나 다름없다.

그 나머지는 상대의 욕구와 나의 욕구를 맞추는 작업이다. 이를 위해 서로 양보를 교환하거나, 새로운 대안을 만들며, 의견이 일치되는 지점에서 합의가 이루어진다. 교착에 빠지는 경우 이를 극복하기 위해 새로운 양보와 대안 제시를 시도하게 되며, 그 결과 의견 일치를 통해 합의에 도달하거나 혹은 최종 결렬된다.

그림 7-1 **협상 과정도**

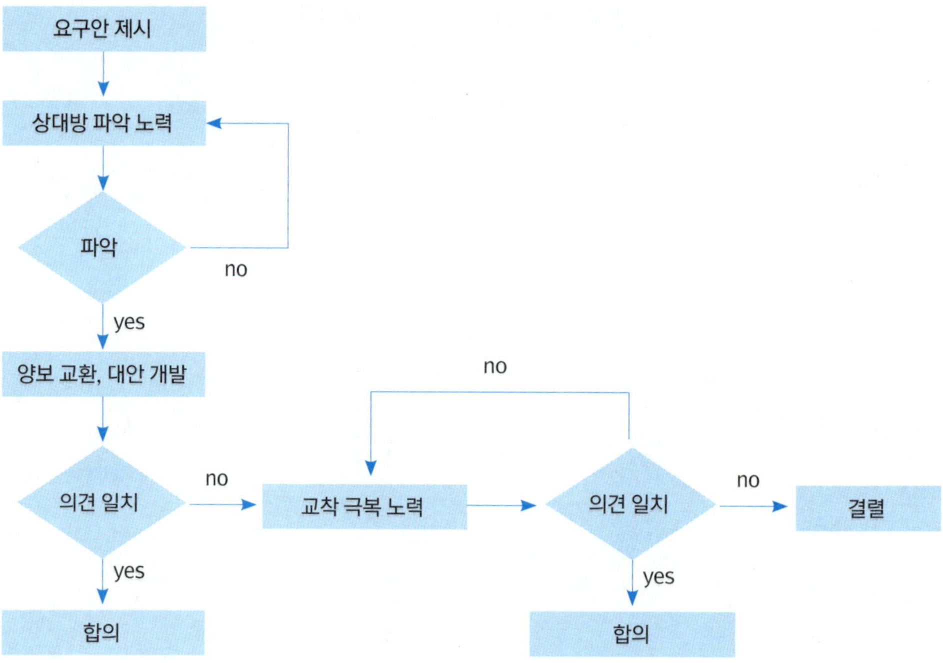

1. 협상의 개시

상대방에게 제시할 요구사항을 포함한 사전 준비가 완료되었다면 상대방과 연락하여 협상을 시작한다. 이때 몇 가지 확인하거나 주의할 사항이 있다.

가. 개시 전 확인 사항

상대방을 처음 만나면 가장 먼저 아래 2가지를 확인해야 한다.

① 상대가 전권을 가지고 왔는지 확인한다.

상대방이 직접 협상 테이블에 나오면 문제가 없지만, 대리인이 나온 경우에는 아래 세 가지를 반드시 확인해야 한다.

- 대리인이 **협상을 진행할 전권**을 가졌는가?
- 대리인이 합의를 **체결하고 서명할 전권**을 가졌는가?
- 이러한 권한이 구두가 아닌 **문서로 위임**되었는가?

만약 대리인이 위 조건을 충족하지 못한다면, 협상을 진행하지 말고 당사자에게 확인받아 오도록 요청해야 한다. 대리인의 전권이 중요한 이유는 다음과 같다.

- 대리인이 매번 당사자에게 확인하면 협상이 늦어진다.
- 이미 합의한 내용이 당사자가 거부하여 뒤집어질 수 있다.
- 당사자는 협상장에 없어서 상황을 제대로 이해하지 못하여 대리인에게 잘못된 판단이나 지시를 내릴 수 있다.

특히 중요한 것은 대리인이 최종 합의를 할 수 있는 권한이다. 협상이 끝난 후에 "당사자의 승인을 못 받았다."고 하면 큰 문제가 되기 때문이다.

마지막으로, 이런 전권은 반드시 문서로 받아야 한다. 말로만 받으면 당사자가 나중에 "위임한 적 없다."고 할 수 있기 때문이다.

② 상대가 협상할 준비가 되었는지 확인한다.

상대방이 본격적으로 협상을 하려고 나온 것인지, 아니면 나를 처음 만나 내 사정과 정보를 알아보려고 온 것인지 확인한다. 만약 후자의 경우라면 더 이상 그 자리에 있을 이유가 없고, 상대에게 준비가 되면 연락하라고 하고 자리를 뜨는 것이 현명하다. 괜히 이쪽 정보만 공개하게 될 수 있기 때문이다. 다만, 그 자리에서 서로 대화하면서 상대방에 대한 정보를 알아내고 싶거나 그의 요구사항을 먼저 들어볼 가치가 있다면 계속 대화를 해보는 것은 무방하다.

나. 라포 형성

라포(rapport)는 서로 마음이 통하는 상태를 의미한다. 협상 테이블에서 처음 상대방을 만나면 우선 서로 좋은 관계, 친근한 라포를 형성하는 것이 중요하다. 서로 아는 사이고 친한 관계라면 상관없지만, 서로 모르는 사이라면 좋은 인상을 심어주고 협력적인 분위기를 만드는 것이 필요하다.

흔히 협상을 윈루즈(win-lose)로 보는 고정관념에 사로잡혀 있기 때문에, '상대방 = 적'이라는 등식을 가지고 만난다. 따라서 적군인 상대방을 보자마자 경직되어 인사도 대충하고 바로 본론으로 들어가려고 하는데, 그럴 이유가 전혀 없다. 협상은 뺏고 빼앗기는 게임이 아니며, 윈윈으로 해결할 수도 있기 때문에 상대와 좋은 관계를 맺어 가는 것이 중요하다. 적대적 관계로 돌아서는 것은 나중에 가서 해도 될 일이다.

이를 위해 첫 대면에서는 5~10분간 날씨나 주변의 이슈 거리 등에 관해 가벼운 이야기를 나누며 좋은 분위기를 만들어 가는 것이 좋다. 유능한 협상가는 첫 대면의 순간을 잘 활용하여 우호적 분위기를 형성한다.

다. 개회사

본격적으로 협상을 시작할 때는 먼저 양측이 인사를 겸하여 개회사를 한다. 큰 비즈니스 협상은 물론이고 작은 협상이라도 개회사를 잘 준비하고 반드시 공식적인 분위기를 만들어서 하는 것이 필요하다. 웃으면서 대충 얼버무리고 본 협상으로 넘어가지 않도록 한다.

개회사를 통해 내가 이 협상에 대해 어느 정도 중요하게 생각하는지, 이 협상에서 다루고 싶은 이슈가 어떤 것인지, 그리고 서로 좋은 방향으로 해결하길 원하며 그것을 위해 어떤 준비를 했는지 등을 이야기한다. 이를 통해, 상대방도 진지하게 협상에 임하게 하고, 서로 협력하자는 메시지도 전달할 수 있다.

라. 사전에 합의한 것

협상 개시 전에 서로 사전에 합의한 내용이 있을 수 있다. 사전 준비를 하다 보면 상대방과 연락이 되거나 미리 의견을 조율할 수 있다. 이런 내용에 대해 본 협상 개시 후 재확인하고, 가능하면 문서를 통해 공식화해 두는 것이 좋다. 나중에 가서 뒤집거나 다른 조건을 추가하는 등 분쟁이 발생할 소지를 없애기 위함이다.

2. 정보 교환

협상이 시작되면 상대방에게 자신의 요구사항을 알리고 서로가 알고 있는 정보들을 교환한다. 이 초기 단계에서 유의할 사항들을 살펴보자.

가. 첫 제안과 초기 태도

첫 제안을 얼마나 **강하게** 할지는 신중하게 고민해야 하는 문제이다. 협상을 준비하면서 첫 제안의 수준과 조건을 정하더라도, 최종적으로 상대방에게 제안을 전달하기 전에 다시 한번 점검하는 것이 필요하다.

첫 제안을 강하게 하는 것은 몇 가지 장점이 있다.

① 강한 제안을 하면 나중에 양보할 수 있는 폭이 넓어진다. 예를 들어, 물건을 10만원에 팔고 싶은 경우, 첫 제안을 12만원으로 하면 양보할 수 있는 범위가 2만원이지만, 14만원으로 시작하면 4만원까지도 양보할 여유가 생긴다.

② 상대방에게 양보를 많이 해야 타결될 수 있다는 점을 미리 알려주는 효과도 있다. 판매자가 12만원이 아닌 14만원을 제안하면, 구매자는 더 많은 돈을 지불해야 할 것이라는 마음의 준비를 하게 된다.

그러나 너무 강한 제안은 불리한 점도 있다. 우선, 상대가 즉각 거절할 수 있다. 상대의 저항선에서 많이 벗어난 제안은 바로 결렬로 이어질 확률이 높을 수밖에 없기 때문이다. 또한, 비합리적인 협상가라는 인상을 주어 장기적 관계를 맺지 않으려 할 수 있다. 상대방이 당장은 급하니 어떻게든 협상을 해보려고 하지만, "다시는 이 사람과 거래를 하지 말아야겠다."는 마음을 먹을 수 있는 것이다. 따라서, 강한 제안을 하더라도 현실적이며 적정한 범위 내에서 하는 것이 바람직하다.

초기 태도를 경쟁적이고 비타협적으로 할 것인지, 아니면 온건하고 상대를 이해하는 자세를 취할 것인지도 중요하다. 내가 경쟁적이고 전투적인 태도를 보이면, 상대방도 대부분 그렇게 따라 한다. 따라서 협상을 합리적으로 이끌기 위해서는 협력적인 자세를 취하는 것이 필요하다.

특히, 효과적인 커뮤니케이션을 위해서는 **초기 제안 수준과 초기 태도 사이에 일관성**을 유지해야 한다. 그래야 상대가 나의 요구와 입장을 신뢰하게 된다. 만약 제안과 태도가 일관되지 않으면, 상대는 나의 진정성을 의심하게 될 것이다.

나. 설득보다 질문

협상이 시작되면 흔히 자신의 요구사항을 알리고 그것을 관철시키기 위해 상대방을 설득하는데 몰두한다. 상대에게 발언권을 빼앗길까 걱정하며 쉴 새 없이 자신의 요구와 그것의 장단점을 설명하고, 상대에게 받아들이라고 다그친다. 나아가 자신은 한 치도 양보하지 않을 것이며, 상대가 거부하는 이유는 전혀 납득할 수 없다고 말한다. 그런데 이런 식의 설득과 압박이 과연 효과가 있을까? 세상에 설득만큼 어려운 일이 없다는 말도 있다. 상대방을 설득하여 내가 원하는 것을 상대가 받아들이도록 한다는 것은 원래 불가능에 가까운 일이다.

협상은 설득이 전부가 아니다. 상대가 원하는 것을 찾아내고, 이를 내가 원하는 것과 동시에 충족시키는 방법을 찾아내야 한다. 즉, **내 목표뿐만 아니라 상대방의 목표도 함께 달성하겠다는 자세**를 가져야 윈윈할 수 있다. 나만 이기고 상대는 양보해야 한다는 생각은 투쟁과 교착으로 가는 지름길이다.

상대와 함께 윈윈하려면 상대의 목표와 의도, 속마음을 먼저 파악해야 한다. 이를 위해서 상대에게 많은 질문을 던질 필요가 있다. 질문을 잘하려면 상대가 하는 말을 경청하는 것이 우선이다. 잘 듣지 않으면 질문할 것이 생각나지 않기 때문이다. 상대가 말하는 동안 질문거리를 생각하느라 경청을 못한다는 사람들이 간혹 있는데, 이것은 잘못 생각하고 있는 것이다. 상대가 하는 말에서 질문거리를 찾아야 하며, 대화 주제에서 동떨어진 질문을 하게 되면 상대가 당황하거나 논의가 주제에서 벗어나게 된다. 경청과 질문은 협상가의 기본자세라는 점을 잊지 말자.

유능한 협상가와 보통 협상가의 주된 차이가 질문을 잘하는가 아닌가에 있다는 사실은 <표 7-1>의 조사 결과에서도 살펴볼 수 있다. 유능한 협상가는 상대방으로부터 정보를 얻어내기 위해 '질문하기'와 더불어 '상대가 내 말을 이해했는지 확인하기', '상대의 말을 요약하기'와 같은 경청 기법을 보통의 협상가 대비 2배 혹은 그 이상 더 많이 활용하고 있다.

표 7-1 유능한 협상가과 보통 협상가의 정보 수집 방법

	유능한 협상가	보통 협상가
질문하기	21.3%	9.6%
이해했는지 확인하기	9.7%	4.1%
요약하기	7.5%	4.2%
합계	38.5%	17.9%

(출처) G. Richard Shell (2006), p.148.

다. 상대방에게 나의 요구사항과 기대치를 알리기

실제 협상을 시작하면, 나의 요구사항을 상대방에게 먼저 말할지, 아니면 상대방이 본인의 요구사항을 먼저 말하게 할지 고민하게 된다. 이때 적용할 수 있는 원칙은 요구사항을 명확히 알고 그것을 실현할 자신이 있다면 먼저 말하는 것이 좋다는 것이다. 협상은 **먼저 요구사항을 제시한 쪽의 조건을 기준으로 시작**되기 때문이다.

나의 요구사항과 기대치를 상대에게 알릴 때도 지나치게 과장하거나 허위 정보를 바탕으로 해서는 안 된다. 물론 첫 제안이므로 강하게 하는 것이 원칙이나, 지나치게 높은 수준이면 상대가 포기하거나 나를 이상한 사람으로 간주해 버린다. 따라서, 어느 정도 **합리성과 근거를 가진 요구사항**을 만드는 것이 바람직하다.

또한, 윈윈을 시도하기 위해서는 내 속마음을 알릴 필요도 있으므로, 나에 대한 정보와 내가 수집한 정보도 적절한 때에 상대에게 알리는 것이 좋다. 내가 아는 정보를 숨겨두었다가 이에 대해 상대가 나중에 알게 된다면, 내가 뭔가 감추려고 하는 사람으로 보일 수 있으며 상대가 나에 대한 신뢰를 거둬들일 가능성도 있다.

라. 상대방에게 나의 레버리지를 알리기

레버리지(leverage)는 **자신의 요구사항이나 조건을 관철시킬 수 있는 힘 또는 능력**을 가리키며, 협상 상대방보다 우위에 서게 해주는 요소들을 포함한다. 예를 들어, 내가 상대방보다 지위가 높거나, 권력이나 재력이 더 세거나, 고급 정보를 많이 알고 있거나, 대체 가능한 다른 옵션이 많은 경우 등이 레버리지가 될 수 있다.

레버리지의 강도는 내가 주관적으로 판단하는 것이며, 타인이 객관적으로 평가하는 것은 아니다. 따라서, 레버리지에 대한 본인의 판단을 바탕으로 협상전략을 짜게 된다.

협상이 진행되면서 상대방과 몇 번의 밀고 당기기를 하다 보면, 나의 레버리지를 상대에게 알리고 싶을 때가 있을 수 있다. 특히, 상대가 나를 얕잡아보거나 과도하게 자신만만해 보인다면, 내가 가진 우위의 요소들을 알려줘서 상대방의 태도를 변화시키고 싶어질 것이다. 그러나 나의 레버리지는 함부로 상대에게 알려주면 역효과를 부르거나 손해를 볼 수가 있기 때문에 신중해야 한다.

아래 <표 7-2>는 나의 레버리지를 상대에게 알리는 방법과 조건을 요약한 것이다.

표 7-2 나의 레버리지를 상대방에게 알리는 방법

		나의 실제 레버리지(나의 인식)	
		강	약
나의 협상 방식	완고	〈상황 I〉 · 확실한 요구를 하고, 위협의 실행 가능성을 믿게 함 · 나의 대안들을 보여주고, 결정은 상대에게 넘김	〈상황 III〉 · 미래의 불확실성을 강조함 · 과장되게 행동함(약할 때 오히려 강하게 행동)
	유연	〈상황 II〉 · 상대방에게 내가 좋은 관계 형성을 위해 노력하고 있음을 보여줌 · 관대하게 행동함	〈상황 IV〉 · 상대가 나의 입장에서는 어떻게 할 것인지 생각해봄 · 상대의 파워를 인정해 주고, 서로 협력할 때 얻게 되는 이익을 강조함 · 상대의 동정심에 호소함

(출처) G. Richard Shell (2006), *Bargaining for Advantage: Negotiation Strategies for Reasonable People* (2nd ed.) : Penguin Books. p.152.

- **상황 I** : 내가 강한 레버리지를 가지고 있다고 믿고 있고 협상을 완고하게 강하게 밀어붙이려고 한다면, 상대에게 나의 힘을 보여주고 상대가 스스로 판단하게끔 내버려 둔다.
- **상황 II** : 내가 강한 레버리지를 가지고 있지만 유연하게 협상을 하고 싶다면, 상대에게 나의 힘을 알려주되 관대하게 대하고 좋은 관계를 유지하길 원한다는 점을 알린다.
- **상황 III** : 나의 레버리지가 약하지만 협상을 내가 원하는 방향으로 완고하게 끌고 가고 싶다면, 상대에게 과장해서 허풍을 떠는 전술이 필요하다. 그래서 "사람 일은 앞을 내다볼 수 없지 않으냐, 앞으로 어떤 일이 벌어질지 모른다."는 식으로 언급하고 나의 약점을 감추고 강점을 크게 부풀리는 전술을 쓴다.
- **상황 IV** : 나의 레버리지가 약하고 협상에서 유연하게 대처하려면, 먼저 상대 입장에서 내가 무엇을 하길 바라는지 예상해 보는 것이 도움이 된다. 또한, 상대의 힘을 인정하고 서로 잘해보자고 손을 내밀거나 나를 좀 도와달라는 식으로 읍소하는 전술이 현명하다.

Ⅱ. 양보

양보는 **협상 목표나 상대에게 제시한 자신의 요구를 축소**시키는 것을 의미한다. 협상은 상대가 있는 게임이며, 따라서 본인의 요구가 100% 관철되기는 거의 어렵다. 결국 서로 조금씩 양보를 해야 합의에 도달할 수 있다. 이런 점에서 양보는 협상 당사자가 주의해서 활용해야 할 협상 전술이다.

양보를 너무 많이 하면 '승자의 저주'에 빠져 이겨도 이긴 것이 아닌 결과를 얻게 되고, 양보를 너무 안 하면 상대방이 협상을 포기해 버릴 수 있다. 또한 적절한 타이밍에 양보를 하는 것도 중요하다.

1. 양보의 요령

가. 양보는 조금씩, 천천히

양보의 **기본 원칙은 조금씩, 천천히** 한다는 것이다. 양보를 한꺼번에 많이 하는 것은 절대 금물이다. 만약 상대방과 사전에 내가 양보를 많이 하면 상대방도 따라서 많은 양보를 한다거나 내 요구를 다 들어준다 약속이 되어 있다면 그렇게 해도 되지만, 그런 **사전 약속이 없는 상태**에서 일방적으로 많은 양보를 하는 것은 어리석은 짓이다. 상대가 받아먹기만 하고 보답을 안 하면 나만 큰 손해를 보기 때문이다.

윈윈하기 위해서도 양보는 조금씩 천천히 해야 한다. 윈윈은 당사자들이 각자 원하는 것을 이루는 것이 목표인데, 어느 한쪽이 큰 양보를 해버리면 윈윈이 아니라 윈루즈(win-lose)의 결과가 된다. 비록 그런 양보를 한 측이 원해서 했다고 하더라도 좀 더 밀고 당기고를 하며 서로 속마음을 알아내고 같이 의논하여 서로를 만족시킬 새로운 해법을 찾아내는 과정을 포기한 것이 된다.

나. 양보와 협상 성과 간 관계

협상 성과를 높이려면, **양보의 횟수와 크기**를 적게 해야 한다.[81] 양보를 **자주, 많이 할수록 성과는 줄어든다**. 내가 양보하면 상대도 따라서 같이 양보해주면 좋은데 실제는 그렇지 않기 때문에 양보하는 내가 손해를 보는 것이다. 연구 결과에 따르면 양보를 잘해주지 않고 완고하게 입장을 견지해간 협상인이 그렇지 않은 협상인에 비해 더 많은 결과를 얻어 간다.

판매자와 구매자를 대상으로 한 실험연구 결과에서도 조금씩 양보하는 것의 효과를 확인할 수 있다.[82] 판매자가 양보를 즉각 할 때(즉, 가격을 즉각 깎아주면) 구매자가 가장 부정적인 반응을 보였고 구매한 제품에 대해 의심도 하였다. 그 대신 판매자가 양보를 조금씩 천천히 할 때 구매자는 더 긍정적인 반응을 보였고 구매에 대한 만족도도 가장 높았다.

다. 상대방의 양보에 맞춰 주는 것이 좋을까?

상대가 해준 양보에 대해 나도 같은 크기의 양보를 해야 할까? 연구에 따르면 꼭 그럴 필요는 없다. 협상은 상호주의에 기반을 두고 있어, 상대방의 양보에 대해 나도 양보를 하는 것이 관계 유지에 도움이 되긴 한다. 하지만 양보의 크기를 꼭 맞춰줄 필요는 없다. 상대방이 양보를 많이 한다고 해서 나도 그만큼 큰 양보를 해야 할 필요는 없다. 중요한 것은 **양보의 횟수에 맞춰 주되, 양보의 크기는 가능한 한 줄이는 것이다**. 이렇게 하면 더 많은 성과를 가져올 수 있다.

라. 양보는 상대가 분명히 알아차리게

내가 양보했지만 상대방이 모른 척하고 양보를 하지 않는다면 어떻게 할까? 이런 행동은 상호주의를 위배한 것으로 협상의 기본을 지키지 않은 것이다. 따라서 **상대방에게 직접적으로 나의 양보에 대한 보답을 요구**하는 것이 좋다. 나중에 가서 그때 양보를 해주지 않은 것에 대해 섭섭했다는 식의 언급은 때늦었고 오히려 상대의 반감을 살 가능성도 있

81 이하 양보에 관한 설명은 다른 참고문헌 표시가 없는 부분에 대해서는 Pruitt & Carnevale (1993) 참고
82 Kwon & Weingart (2004) 참고

다. 따라서 양보를 할 때는 상대방이 분명히 알 수 있게 명시적으로 하는 것이 바람직하다.

2. 양보의 타이밍

양보는 초반에 하는 것이 좋을까, 아니면 나중에 하는 것이 더 좋을까? 결론적으로말하면, **양보를 초반에 하기 보다는 후반에 가서 많이 하는 편**이 더 낫다.

이와 관련된 실험연구를 보면[83], 실험에 참가한 A그룹 사람들은 협상 초반에는 양보를 안 하다가 후반에 가서 많이 하였고, B그룹 사람들은 초반에 양보를 많이 하고 후반에는 안 하였다. 그 결과 A그룹이 상대방으로부터 더 많은 양보를 받아낸 것으로 밝혀졌다. 그 이유는 처음에 양보를 안 하다가 나중에 하면 상대는 나의 양보를 더 호의적으로 받아들였고, 양보의 의도에 대해 의심을 가지지 않기 때문이었다.

3. 상대방의 양보 패턴 파악

상대방이 협상에서 양보를 해가는 패턴을 잘 살펴보면, 그가 어디까지 양보할 수 있는지를 예측할 수 있다. 보통 **양보의 크기가 점점 작아지면, 이는 상대방이 저항선, 즉 더 이상 양보할 수 없는 한계점에 가까워지고 있다는 신호**이다. 따라서 상대방이 처음에는 큰 양보를 하다가 점차 작은 양보로 바뀌는 것을 보면, 협상이 마무리 단계에 접어들고 있으며, 그 부근에서 합의를 원하고 있음을 짐작할 수 있다.

예를 들어, 구매자와 판매자가 양보해 가는 패턴이 다음 <표 7-3>와 같다고 하자.

표 7-3 양보의 패턴 예시

	1차	2차	3차	4차
구매자의 양보액	1만 원	9천 원	8천 원	8천 원
판매자의 양보액	1만 원	7천 원	5천 원	2천 원

구매자는 양보해가는 금액이 크게 변동이 없는데, 판매자의 양보 금액은 급속히 줄어

83 Kwon & Weingart (2004) 참고

든다. 이러한 판매자의 양보 패턴은 판매자가 4차 양보 시점에 이르러서는 더 이상 양보하기 어려운 저항선 가까이 왔음을 보여준다.

4. 마지막 양보와 최종 제안

양보할 여력이 더 이상 없을 때는, **상대방에게 이를 명확하게 알리는 것**이 중요하다. "이것이 내가 할 수 있는 전부입니다."와 같은 표현으로 자신의 한계를 분명히 해야 한다. 하지만 상대방은 종종 이 말을 액면 그대로 받아들이지 않고, 추가적인 양보를 기대하며 더 압박할 수 있다. 이런 상황에서는 마지막이라는 선언과 함께 양보를 제공하고, 이를 통해 이제는 더 이상 남은 것이 없음을 분명히 보여주는 방법을 사용할 수 있다. 이를 통해 상대에게 합의를 촉구할 수 있다.

그러나 이때 주의해야 할 점이 있다. 마지막에 너무 큰 양보를 하게 되면, 상대방은 지금까지 자신이 속았다는 느낌을 받을 수 있으며, 더 많은 양보를 끌어낼 수 있을 것이라는 기대를 품게 될 수 있다. 따라서 마지막 양보에서 큰 폭으로 타협을 시도하는 것은 바람직하지 않다. 대신, **양보의 크기를 점차 줄여가며 상대방에게 저항선에 가까워졌다는 신호를 주는 것이 더 효과적**이다.

또한, 마지막 양보를 할 때는 상대방에게만 특별히 해주는 양보라는 점을 강조하면 좋은 반응을 얻을 수 있다. 예를 들어, "고객님이 너무 마음에 들어서 특별히 이런 서비스를 드립니다."와 같은 멘트는 상대방의 환심을 사서 지갑을 열게 만든다.

협상 Tip 유능한 협상가는 정회를 잘한다

유능한 협상가는 정회를 잘 활용한다. 정회를 자주 사용하면 협상에 도움이 되지만, 이를 활용하지 않는 경우가 많다. 한 자리에 앉아서 협상을 끝까지 진행하려고 하다 보면, 전략과 전술을 수정할 기회를 놓치거나 손익을 잘못 계산하는 실수를 하게 되기도 한다. 바둑의 격언 중 "모르면 손 빼라"는 말이 있는데, 다음 수를 결정하기 어려우면 다른 곳으로 가라는 뜻이다. 이처럼 협상에서도 상황이 불리해질 때 잠시 멈추고 정회를 요청하는 것이 중요하다.

① 정회해야 하는 경우

· 상대방의 전략과 언변에 말려들고 있다는 느낌이 들 때
· 나의 협상 시나리오를 전면적으로 수정해야 된다고 느낄 때
· 새로운 대안을 협상 테이블에서는 바로 고안할 수 없을 때
· 상대방의 제안을 깊게 차분히 계산하고 검토해봐야 할 때
· 팀원과 새로운 정보를 공유하고 협상전략를 수정해야 할 때

② 정회 요청 방법

화장실에 다녀오겠다고 하면서 생각을 정리할 수도 있고, 점심을 먹고 다시 협상하자고 제안할 수도 있다. 또는 급한 전화를 잠깐 하고 오겠다고 하거나, 상사 혹은 동료들과 상의해 보겠다는 핑계를 대도 된다.

③ 상대방의 정회 요청을 거부하는 전략

한편, 협상이 내 페이스대로 진행되는데 상대가 정회를 하자고 하면, 이를 허용하지 말아야 한다. "조금만 더 얘기하면 끝날 텐데 얼른 끝내고 가시죠. 저도 급한 일이 있습니다."와 같은 구실을 붙여 정회를 방지할 수 있다. 부동산 중개인들이 자주 쓰는 방법 중 하나는 "오전에 그 집을 보러 왔던 분이 두 시간 뒤에 다시 오기로 했습니다. 지금 당장 계약하지 않으면 그 집을 놓칠 겁니다. 정 안 되면 계약금이라도 좀 내놓고 가시죠."라는 식의 말이다. 그러나 실제로는 그 집이 다음 날에도 그대로 있는 경우가 많다.

III. 대안 개발

협상을 계속 진행하다 보면 새로운 대안을 만들어야 할 상황이 나온다. 당사자 각자가 자신의 대안을 만들거나 양측이 윈윈을 위해 함께 새로운 대안을 만들 수 있다.

1. 대안의 고안

대안을 만들려면 창의적인 생각을 하고 새로운 아이디어를 많이 고안해야 한다. 이때 흔히 활용하는 방법이 브레인스토밍(brainstorming) 기법이다. 이것은 다음과 같은 절차에 따라 새로운 아이디어를 얻는다.

- 참가자들이 아주 자유롭게 자신의 아이디어를 제안한다. 사회를 보는 사람은 그런 아이디어를 모두 칠판에 쓰거나 포스트잇에 적어 벽에 붙여서 모두가 볼 수 있게 한다.
- 바로 평가나 판단하지 말고, 모든 아이디어를 다 들어본다. 즉, 극단적이고 무의미한 것으로 보이는 것이라도 버리거나 비판하지 말고 일단 말하게 하고 적는다. 흔히 반짝이는 아이디어는 엉뚱하게 보이는 생각에서 나오기 때문이다. (아이디어에 대한 평가와 선택은 최후 단계에 수행한다.)
- 최대한 많은 아이디어를 수집한 후, 칠판이나 포스트잇에 적혀있는 아이디어들을 정리한다. 이들을 내용에 따라 결합하고, 중복되는 것은 제외하며, 몇 가지 최종안을 만든다.

2. 대안의 평가

여러 대안이 만들어지면, 이제 그 대안들의 장단점을 평가하는 과정으로 넘어가야 한다. 이때 중요한 것은 평가기준을 어떻게 설정하느냐이다. 협상에서 가장 중시되는 평가기준은 '공정성'이다. 공정성 외에도 '법적 또는 윤리적 적합성'이나 '효율성' 같은 기준이 사용될 수 있지만, 협상에서는 당사자들이 동시에 수용할 수 있는 대안, 즉 양측이 모두 공정하다고 여기는 대안이 채택되는 경우가 많다. 많은 경우 '공정성'이 평가의 근본 기준이 된다.

가. 공정성의 의미

공정성이 가장 중요한 평가기준이기 하나, 공정성의 의미를 사람마다 다르게 보고 있다는 데 문제가 있다. 먼저 공정성의 3가지 의미를 살펴본다.

① **평등(균등)** : 협상 당사자들에게 균등하게, 즉 1/n로 나누는 것을 공정하다고 본다. 예컨대, 5명이 공동작업을 하여 100만원의 수입을 올렸다면, 각자 똑같이 20만원씩 나눠 갖는 것이다.

② **형평** : 당사자별로 기여도에 따라 나누는 것을 공정하다고 본다. 위 예에서 100만원의 수입을 올리는 데 각자가 기여한 바에 따라 나누는 것이다.

③ **필요** : 당사자 각자의 필요에 따라 나누는 것을 공정하다고 본다. 위 예에서 기여도와 상관없이 5명 각자가 얼마를 필요로 하는지, 얼마를 원하는지에 따라 나누는 것이다.

나. 상황별 공정성의 해석

공정성은 어떤 목적으로 나누려고 하는지에 따라 다르게 해석되기도 한다.
① 당사자 간 화합과 관계 유지가 목적이라면, **평등**이 기준이 된다.
② 생산성 증진이 목적이라면, 기여도에 따라 나누는 **형평성**이 기준이 된다.
③ 당사자들의 생계 유지와 증진이 목적이라면, **필요**가 기준이 된다.

당사자들 간의 관계가 어떤가에 따라서도 다르게 해석된다.
① 서로 친한 관계라면 대개 **평등**이 기준이 된다.
② 서로 모르는 사이인 경우에는 주로 **형평성**이 기준이 된다.

이익을 배분하는가 아니면 비용을 배분하는가에 따라서도 다르게 해석된다. 특히 비용을 배분할 때는 사람들이 더 예민해지고 평등한 배분을 싫어한다. 예를 들어, 아파트 전기료의 경우, 세대 당 사용량에 따라 나누는 것(형평성)은 쉽게 수용할 수 있으나, 전 세대에 똑같이 배분하는 것(평등)을 받아들이기는 쉽지 않다.

다. '사회적 비교'에 따른 공정성

사회적 비교는 다른 사람과 비교한다는 의미이다. 놀랍게도 **다른 사람과 비교하는 상황에서는 공정성의 기준이 다르게 해석되어 적용**된다고 한다. 이와 관련된 실험 연구가 있는데 다음과 같다.

이익 배분 방법을 다음과 같이 두 가지로 구분하였을 때 실험 참여자들에게 어느 것이 더 공정하다고 보는지 물어보았다.[84]

- A안 : 나와 상대방이 똑같이 $300씩 갖는다.
- B안 : 나는 $500를, 상대방은 $800를 갖는다.

이 실험에서 **대부분의 참여자가 A안을 더 선호**했다. 사실 B안을 선택하면 내가 A안보다 $200을 더 많이 받을 수 있지만, 상대방이 나보다 더 많은 $800을 받는다는 이유로 B안을 거부하고 A안을 선택한 것이다. 이 경우, 공정성을 평등의 차원에서 보고 있는 셈이다. 우리 속담에 있는 "배고픈 것은 참을 수 있지만, 배 아픈 것은 참을 수 없다"는 말이 이 상황에 딱 들어맞는다.

그렇다면, 이익 배분을 아래와 같이 하면 어떤 것을 선호할까?

- A안 : 나와 상대방이 똑같이 $300씩 갖는다.
- C안 : 나는 $800를, 상대방은 $500를 갖는다.

이 경우에는 **A안을 약간 더 선호**하는 것으로 나타났다. C안을 선택하면 내가 더 이익임에도 그렇게 하지 않은 이유는 상대방의 눈치를 살피고 이기적인 사람으로 낙인찍히기 싫기 때문이다. 이때도 공정성은 평등의 차원에서 해석되었다. 사람들은 자신이 더 많은 이익을 얻을 수 있음에도 불구하고, 상대방과의 관계나 사회적 시선을 고려하여 평등한 배분을 더 선호하는 경향이 있다.

84 Lowenstgein, Thompson & Bazerman (1989) 참고

라. 이기주의와 공정성

사람은 기본적으로 쾌락주의자이기 때문에 자기 욕구부터 채운 후에 공정성을 생각하는 경향이 있다. 실험 연구에서 동일한 일을 했음에도 불구하고 파트너보다 더 많은 보상을 받아야 한다고 주장하는 실험 참여자들이 다수였다.[85] 즉, 공정성보다 본인의 이익부터 먼저 챙기려는 본능을 보여주었다.

공정성을 자기에게 유리한 의미로 해석하려는 경향도 보였다. 실험 연구에서 참여자들은 자신의 기여도가 낮으면 1/n의 평등 기준에 따른 보상을 지지하였고, 자신의 기여도가 높으면 기여도에 따라 차등 배분하는 형평성을 기준으로 삼았다.[86] 심지어 보상의 기준을 사전에 정해두고 일을 했을 때도 위와 마찬가지로 기여도가 낮으면 평등을, 기여도가 높으면 형평을 보상 기준으로 선호하였다.

평가 기준을 자기에게 유리하게 해석하려는 경향도 발견되었다. 실험 연구에서 참여자들에게 설문지를 정리하는데 걸린 시간이 오래될수록, 그리고 처리한 설문지 양이 많을수록 더 많은 수당을 준다고 약속하였음에도, 빨리 끝낸 사람들은 설문지 양을 기준으로 삼아야 한다고 주장하였고, 반면에 정리한 설문지의 양은 적었지만 시간이 오래 걸렸던 사람들은 시간을 기준으로 해야 한다고 주장하였다.[87]

결론적으로, 사람들은 자신이 이기적인 행동을 하고 있다는 것을 인식하면서도, 이러한 이기심을 공정성보다 우선시하는 경향이 있다. 상황과 상대방에 대한 정보를 받더라도, 그 정보를 자신에게 유리하게 왜곡하여 해석하고, 그에 따라 자신에게 유리한 평가 기준을 선택하는 것으로 나타났다.

상대방의 기여도를 존중해야 한다고 가르치면 이기적인 생각이 일시적으로 완화될 수 있지만, 그 효과는 오래 가지 않는다. 사람들은 곧 다시 이기심을 발휘하게 되며, 심지어 이기적인 행동을 하지 않은 것에 대해 보상을 기대하기도 한다.[88]

그렇다면 상대방의 이기적인 행동에 어떻게 대처할 것인가? 먼저, 분명한 근거와 논리, 계산을 통해 상대방의 주장을 무력화시키는 것이 중요하다. 상대방이 이기적인 주장을 할 때, 이를 논리적으로 반박하고, 객관적인 데이터를 사용하여 그 주장이 타당하지

85 Messick & Sentis (1979) 참고
86 Messick & Rutte (1992) 참고
87 Van Avermaet (1974) 참고
88 Epley, Caruso, & Bazerman (2006) 참고

않음을 증명하는 것이 필요하다.

또한, 상대방과 앞으로도 계속 만나야 할 관계라면, 명확한 대응을 보여주는 것이 중요하다. 분명한 대응은 상대방이 나를 쉽게 보지 않게 하며, 서로 합리적인 선에서 협상할 수 있는 기반을 마련해준다. 이는 장기적으로 신뢰를 구축하고, 상대방과의 협력 관계를 유지하는 데 도움이 된다.

Ⅳ. 교착의 극복

교착은 **양측이 앞으로 나가지도 못하고 뒤로 물러서지 못하는 경우**로, 협상에서 거의 언제나 겪게 되는 난관이다. 그렇지만 그것을 잘 극복하면 합의에 쉽게 도달할 수 있다. 교착에 빠지면 좌절하게 되고 협상의지가 약해져서 포기하려면 마음이 들게 된다. 그런데 교착만 잘 극복하면 의외 합의가 순조롭게 진행되는 경우를 많이 볼 수 있다. 교착을 극복하려면 인내심을 가지는 것이 절대 필요하고, 나아가 협상 목표가 본인에게 얼마나 가치 있는 것인지 점검해보고 대응 방법을 찾아야 한다.

(출처) DALL-E 그림

1. 교착의 원인과 극복 방법

교착을 극복하려면 먼저 원인을 찾아봐야 한다. 교착 상태에 빠졌다는 생각이 들면 정회하고 다음 사항을 점검한 후 대처 방안을 찾아본다.

① 서로의 협상 태도와 대화 방식에 문제가 있는지 점검한다.

- 자기방어, 신경질, 신경쇠약, 정신병 등과 같은 증세를 보이지 않았는가?
- 경청은 하고 않고, 자기 주장만 하지 않았는가?

- 강압, 협박, 비난, 무시, 자기 자랑, 자기중심적 발언을 위주로 하지 않았는가?[89]
- 상대방의 흠을 지적하는 데 집중하지 않았는가?
- '전부 아니면 말고 (All or Nothing)' 식으로 몰아가지 않았는가?
- 말 바꾸기, 말 뒤집기, 지나치게 에둘러 말하기, 책임 회피 등 신뢰할 수 없는 사람이라는 인상을 주지 않았는가?

② 협상 이슈와 인간관계가 뒤엉켜 있지 않은지 점검한다.

- 협상 이슈와 인간관계가 뒤섞여서 합리적인 판단을 못 내리고 우왕좌왕하는 경우가 많다.
- 인간관계는 따로 정리하고 협상 이슈에 집중하여 문제를 해결하는 것이 바람직하다.
- 협상에서 이겼으나, 대신 '사람'을 잃는 경우가 많으므로 인간관계에 매우 신경 써야 한다.
- 협상에서 관계가 나빠지는 이유는 대개 협상 과정에서 속이거나 양보는 안 하고 자기 것만 챙기며 지나치게 고집을 부리기 때문이다.

③ 서로 간 신뢰의 문제 때문인지 점검한다.

- 서로 장기간 좋은 관계가 유지되고 높은 수준의 신뢰가 필요한 협상도 있고, 단기간의 제로섬(zero-sum) 협상처럼 신뢰가 큰 문제가 되지 않는 경우도 있다. 이 둘을 잘 구분하여 대처하자.
- 신뢰가 문제가 된 경우에는 상대방에게 솔직히 물어봐서 내가 속이고 있다고 느끼는지, 제공하는 정보에 문제가 있다고 느끼는지, 나의 태도에 문제가 있다고 생각하는지 등을 파악하고 반성해 봐야 한다.

협상 tip 신뢰 방정식(Trust Equation)

상대가 나를 신뢰할 것인지 여부는 상대의 인식에 달려있다. 그리고 인식은 사실뿐만 아니라 그 사실을 어떻게 해석하느냐에도 영향을 받는다. 따라서 상대가 나를 신뢰하지 못한다면, 이것이 객관적 사실의 문제인지 상대방의 인식의 문제인지 살펴보아야 한다.

89 참고로, 협상에서는 "소리를 높이지 말고, 설득력을 높여라"라는 격언이 있다.

신뢰의 형성은 아래와 같은 방정식으로 표시할 수 있다.[90] 확실성과 일관성, 안전성은 신뢰를 쌓는데 도움이 되고, 자기중심주의(self-orientation)식 언행은 신뢰를 떨어뜨린다. 이 변수들은 모두 자신의 인식에 달려있으며, 다른 사람이 어떻게 생각하는가는 상관없다. 예를 들어, 어떤 사람에 대해 나는 확실성이 높다고 믿는데, 친구는 아니라고 생각할 수도 있다.

신뢰방정식은 다음과 같이 표현된다.

$$\text{신뢰} = \frac{\text{확실성} \times \text{일관성} \times \text{안전성}}{\text{자기중심주의}}$$

- **확실성**(credibility): 말한 것이 정확하고 확실한 근거가 있다고 믿을만한 정도 (예: 전문가의 의견은 정확하고 근거가 있다고 믿을 만하므로 확실성이 높다.)
- **일관성**(reliablity): 언행이 일치하고 일관된 행동을 하는 정도 (예: 말을 하면 그대로 실천하는 사람은 일관성이 높다.)
- **안전성**(intimacy): 들은 말을 다른 사람에게 옮기지 않아 안전하다고 느끼는 정도 (예: 그 사람에게는 비밀스러운 말을 해도 안전하다고 느끼면 그 사람의 안전성은 높다.)
- **자기중심주의**(self-orientation): 자신의 이익 중심으로 행동하는 정도 (예: 이기적인 사람은 자기중심주의가 높다.)

④ 양보하는 방식에 문제가 있는지 점검한다.

협상은 상호주의를 바탕으로 하므로, 양보를 주고받는 것이 기본이다. 그러나 자신은 양보를 하지 않고 상대에게는 양보하라고 요구하는 협상가가 많다. 그렇게 하면 상대방은 감정이 상할 수밖에 없다.

양보의 횟수는 상대방과 비슷하게 하는 것이 원칙이고, 양보의 크기는 상대의 크기에 꼭 맞출 필요는 없으나 너무 작게 하면 상대는 화를 낸다. 적절한 선에서 양보의 횟수와 크기를 조절하는 것이 관건이다.

⑤ 공정성에 문제가 있는지 점검한다.

협상에서 상대가 나의 공정성에 대해 의심하고 있다면, 우선 스스로 점검할 필요가 있

90 Maister, Green & Galford (2000) 참고

다. 공정성은 상대의 인식에 의존하는 문제이기 때문에, 상대가 나를 오해할 수 있고, 내가 실제로 공정하지 않게 행동했을 수도 있다. "나는 공정했는데, 당신이 잘못 본 겁니다."와 같은 말은 상황을 개선하는 데 도움이 되지 않는다. 이런 말은 책임을 상대에게 전가하는 것처럼 보일 수 있으며, 오히려 상대방의 불만을 키우기 마련이다. 그러므로 상대가 공정성 문제로 불만을 가졌다면, 먼저 내가 어떤 행동을 했는지 돌아보고 상대가 오해했을 부분을 찾는 것이 중요하다. 그런 후에, 먼저 사과하고 나서 오해를 바로잡는 것이 더 효과적이다.

특히, 상대가 공정성을 내가 제시한 평가기준으로 판단하고 있다면 더 주의해야 한다. 내가 제시한 기준이 객관적이고 누구나 수긍할 수 있는 것인지, 아니면 나에게 유리한 주관적인 기준이었는지 반성해 봐야 한다. 예를 들어, 상대방과 이익을 배분하면서 내가 기여도나 투자액 등과 같은 객관적인 기준에 따라 배분하는 대신 무조건 똑같이 배분하자고 하는 경우, 그런 기준을 불공정하다고 보는 상대라면 더 이상 나와 대화를 하지 않고 자리를 뜨려고 할 것이다.

따라서 평가기준은 항상 객관적이고 누구나 인정할 수 있는 것이어야 하며, 평가 기준을 명확히 설명하고 상대방이 공정하다고 느낄 수 있도록 해야 한다. 객관적인 기준의 예로는 다수결, 선착순, 가위바위보, 기여도, 투입액, 생산량 등을 들 수 있고이며, 주관적이고 편의적인 기준의 예에는 눈대중, 거수투표, 소수 의견 등이 있다.

한편, 공정성은 **과정 공정성과 결과 공정성**으로 구분해 볼 수도 있다. 과정 공정성은 협상을 진행하는 과정에 대해 느끼는 공정성이고, 결과 공정성은 협상을 통해 얻게 되는 결과물에 대한 공정성이다.

과정 공정성에 불만을 품고 교착 상태에 빠지거나 결렬까지 가는 경우를 흔히 본다. 상대로부터 모욕을 당하였거나, 진행 절차가 편파적이고, 야비한 속임수를 쓴다고 느끼거나 거짓 정보를 흘리고 이중 플레이를 하는 것처럼 느끼면 과정 공정성을 낮게 인식하게 되고, 협상은 교착으로 빠지게 된다.

결과 공정성을 낮게 인식하게 된다면, 더 이상 협상을 진행을 할 이유가 없어 협상이 중단될 가능성이 크다. 그런데 흥미로운 점은, 결과가 만족스럽다면 과정의 공정성에 대한 불만은 사라질 수 있다는 것이다. 즉, 협상 과정에 불만이 있더라도 결과가 마음에 든다면, 전체적으로 협상에 만족할 가능성이 크다.

⑥ 상대의 대표성에 문제가 있는지 점검해본다.

상대가 독자적으로 협상을 진행하지 못하고 외부 세력의 지시나 영향을 받고 있다면, 협상이 교착 상태에 빠질 가능성이 크다. 독자적으로 판단할 수 있는 상대라면 상황에 따라 양보를 하거나 다른 대안을 찾아볼 수 있지만, 외부 세력의 통제를 받는 경우, 협상 방식을 바꾸는 것이 어려워진다. 초등학생들 간의 작은 다툼이 부모의 개입으로 크게 번지거나, 부부 간 갈등이 양가의 개입으로 인해 결국 이혼으로 치닫기도 한다. 사회적 갈등이 확산된 배경에 이익집단 등의 외부 세력이 있는 경우 역시 많다.

이러한 상황에서는 먼저 외부 세력의 영향력을 차단하고, 상대방에게 본인의 실리에 맞는 결정을 내리도록 충고하는 것이 필요하다. 물론, 이것은 쉽지 않다. 상대와 외부 세력 간의 관계에 따라 이런 충고가 효과가 없을 수도 있기 때문이다.

상대가 대리인으로 협상에 나왔다면, 그 대리인이 전권을 가지고 있는지 확인하는 것이 중요하다. 만약 전권이 없다면 협상을 중단하고, 상대에게 의뢰인으로부터 전권을 받아오라고 요구하는 것이 바람직하다.

또한, 상대가 여러 이해관계자로 구성된 경우에는 그들 간의 의견 조율에 문제가 있을 수 있다. 서로 다른 이해관계로 인해 협상이 교착 상태에 빠질 때는 대표자와 1:1로 협상하거나, 이해관계자 중 몇 명을 뽑아 소위원회를 구성하게 한 후, 그 위원회에서 의견을 조율한 뒤 협상을 진행하는 것도 효과적인 방법이다.

2. 고집과 최후통첩

교착이 상대방의 고집과 최후통첩에서 비롯될 수 있다. "나는 더 이상 양보할 수 없다.", "이것이 나의 최종안이니 받든지 말든지 알아서 하십시오."라고 선언하는 것으로, 상대방에게 최후의 선택을 하라는 신호를 보내는 행위이다.[91]

최후통첩을 보내고 고집을 부리는 이유는 크게 두 가지로 볼 수 있다.

① **전술적인 이유로** 상대의 마음을 흔들고 혼란스럽게 하여 양보하도록 만들기 위해서다. 이런 이유에서 제기한 것인지 파악하려면 상대의 성향과 협상 스타일을 파악

91 최후통첩은 입장고수라고도 불리는데, 4장 12절에 자세히 설명되어 있다.

하고 있어야 한다. 그리고 그의 첫 제안에서 시작하여 양보해 가는 패턴을 읽으면, 그가 실제로 저항선에 가까워졌는지 판단할 수 있다. 만약 그의 최후통첩이 진심인 것으로 보이면 그 시점에서 결렬할지 아니면 합의할지 결정해야 한다.

② **고집과 최후통첩을 습관적으로 하는 사람**이 있다. 개인 성향의 문제인데, 협상이나 논의하는 과정에 익숙하지 않거나 그런 것을 성격상 받아들이지 못하는 사람들이다. 상대가 이런 사람이라고 판단되면, 협상을 중지하고 그에게 지금까지 협상을 해오면 그가 얻은 양보나 이점을 상기시켜주고, 본 협상을 통해 그가 해결해야만 하는 과제를 다시 한번 일깨워 준 후, 생각을 잘해보라고 하고 잠시 정회하는 것이 좋다. 이렇게 하면 상대방이 습관적으로 고집부리는 것을 멈추고 실리적인 판단을 할 수 있는 여유를 제공할 수 있다.

V. 협상 마무리

협상은 합의 혹은 결렬로 마무리된다. 이때 중요한 요소는 **마감 시한**에 대한 관리, **빠른 마무리 전술**의 사용, **합의서 작성**, 그리고 **결렬 후의 후속조치**이다.

1. 마감 시한

마감 시한이 협상에 미치는 영향은 매우 크다. 시한이 촉박하면 협상에 임하는 사람은 **빠르게 타결을 이루기 위해 양보**를 많이 하게 되고, 합의에 쉽게 도달하려는 경향이 있다. 반면, 시한에 여유가 있으면 양보를 급하게 할 필요가 없고 협상은 느긋해진다. 따라서 상대방의 마감 시한을 알아내는 것이 협상전략에서 매우 중요하다. 나의 시한은 상대방에게 알려져서는 안 되며, 설령 시간이 촉박하더라도 **느긋하게 보이는 태도**를 유지하는 것이 중요하다.

협상에서 시간에 쫓기지 않고 느긋해질 수 있는 방법은 다음과 같다.

① **인내심을 발휘한다.** 많은 협상이 거의 마감 시한까지 가서 타결되므로, 조바심 내지 말고 기다리는 것이 상책이다.

② **포기하지 말고 버틴다.** 마감 시한이 가까워지면, 타결이 어려워질 것 같은 느낌이 들어 차라리 포기해버릴까 하는 생각이 들 수 있다. 그러나 이때만 잘 넘기면 성공할 수 있다. 상대방도 무작정 결렬을 택하지는 않을 것이므로, 교착을 극복하는 방법을 고안해 내는 데 집중해야 한다.

③ **타결의 가능성이 보이는 순간을 잘 포착한다.** 상대방의 말과 행동을 예의주시하면서, 상대방이 타결하고자 하는 제안이나 양보를 할 때는 재빨리 알아차리고 타결을 서둘러야 한다. 협상 자리에서는 누구나 마음이 왔다 갔다 하므로 마음이 변하기 전에 빨리 잡는 것이 상책이다.

④ **마감 시한은 필요하면 변경할 수 있다.** 좋은 합의 또는 꼭 필요한 합의를 할 수만 있다면 마감 시한을 미룰 수 있다. 너무 마감에 쫓기는 모습을 보이는 것이 좋지 않다.

⑤ **상대방의 마감 시한을 파악한다.** 상대방도 시한이 분명히 있을 것이므로 이것을 파악하는 것은 내게는 큰 무기가 된다. 상대에게 시한을 직접 물어볼 수도 있지만, 그가 하는 말이나 행동(예: 시계나 달력을 확인하는 행동)에서 짐작할 수도 있다. 짐작이 되면 그것을 확인하는 질문을 던지는 것이 좋다. 예를 들어, 일부러 다음 미팅을 수주일 뒤로 잡자고 하거나, 외국 출장을 다녀온 후 몇 달 뒤에 논의를 재개하자고 해 본 다음, 이에 대한 상대방의 반응을 살핀다.

⑥ **상대를 내 페이스에 따라오게 한다.** 나는 느긋하니 당신이 알아서 시간 조절을 잘 해보라 식으로 만들면 최상이다. 이를 위해서 협상을 천천히 진행하고, 상대방의 제안이나 양보 등에 대해 최대한 반응을 늦추어본다. 만약 상대가 초조해한다면, 이제 상대는 나의 페이스에 따라올 수밖에 없는 처지가 된다.

2. '승자의 저주'를 피하자

처음엔 **합의 결과가 내게 이득이 된다고 생각했는데, 돌아서서 찬찬히 다시 계산해보니 손해**인 것을 알아차리는 경우가 있다. 이를 '승자의 저주'라고 한다. 양보를 너무 많이 해서 결과적으로 손해를 보게 됐을 수도 있고, 이기기 위해 너무 많은 비용과 시간을 소모했기 때문에 이해득실을 다시 계산해보니 손해로 나타날 수도 있다. 이런 결과는 **합의해야 한다는 강박관념**에 사로잡혀 있기 때문에 발생할 수 있다.

협상에 임하기 전, **결렬도 엄연히 협상의 전략**이라는 것을 이해해야 한다. **합의하는 것보다 결렬하는 것이 더 나은 선택이라면 당연히 결렬을 택해야 한다.** 이런 판단을 하려면 사전에 결렬시최선책(BATNA)을 확보하고 있어야 한다. 결렬되었을 때 취할 수 있는 더 유리한 대안이 있으면 결렬을 택할 수 있기 때문이다.

승자의 저주를 피하는 방법은 다음과 같다.

① 상대가 나의 제안을 즉각 받아들인다면 내가 손해를 보는 것이 아닌지 의심해봐야 한다.

승자의 저주에 빠지기 쉬운 가장 흔한 경우는 상대가 내 제안을 너무 쉽게 수용하는 경우이다. 상대가 나의 제안을 빠르게 수락한다면, 내가 그만큼 더 유리한 조건을 제시할 수 있었던 것이 아닌지 의심해 볼 필요가 있다. 상대가 이익을 거의 남기지 못한다면 내 제안을 쉽게 받아들이지 않을 것이기 때문이다.

② 제3자(전문가)의 객관적인 의견을 구한다.

예를 들어, 자동차 중요 부품을 교체할 때 드는 비용이나 상가의 매입 가격 같은 것은 일반인이 추산하기 어렵다. 이런 것은 수리센터 주인이나 공인중개사의 말만 들을 것이 아니라 전문가의 도움을 받는 것이 더 낫다.

③ 조건부 합의를 활용한다.

현재 합의하려는 가격이나 조건이 내게 유리한지 확신이 서지 않거나, 나중에 손해를 볼 가능성이 있다면 조건부 합의를 활용하는 것이 좋다. 조건부 합의는 향후 특정 조건이 충족되지 않으면 다시 협상을 진행하거나, 합의 내용을 자동으로 수정하는 방식이다. 예를 들어, 상가를 사고자 하는데 세입자가 정해진 날에 비워줄지 확신이 서지 않으면 계약서에 그런 경우를 상정하여 "만약 세입자가 0000년 0월 0일까지 이주를 하지 않을 경우, 본 합의는 없었던 것으로 한다."는 특약을 넣는 것이다.

3. 합의를 성사시키는 요령

합의는 협상 도중에 생기는 여러 장애들을 극복해야 비로소 가능하다. 다음은 비즈니스 협상에서 거래를 성사시키는 7가지 요령이다.[92]

① 협상 프로세스에 대해 합의해 둔다.

협상 초기에는 구체적인 사안이나 변수들을 논의하기 전에, 협상이 어떻게 진행될지에 대한 절차와 규칙을 먼저 정해두는 것이 중요하다. 예를 들면, 협상 진행에 필요한 기본 규칙은 어떤 것이 있는지, 누가 회의를 진행하는지, 어떤 문제를 언제 논의할 것인지 등에 대해 합의를 해둔다. 이와 같은 협상 프로세스를 정해놓으면 협상 도중에 새로운 이슈를 끼워 넣는 것을 피할 수 있고, 협상 이슈를 잘못 해석하는 것을 막을 수도 있다. 그리하여 협상 도중에 발생할 수 있는 혼란을 방지하고, 보다 효율적인 협상이 가능하게 된다.

92 Shonk (2024) 참고

② 진행 과정을 체크하는 방법과 마감일을 설정한다.

협상 프로세스를 설계할 때는 협상이 정상적으로 진행되는지 중간중간 체크하기 위해 그 방법을 정하고, 또 현실적인 마감 시한을 설정하는 것이 필요하다. 정상적으로 진행되지 않고 있거나 마감일을 지키지 못하면 어떻게 할 것인지, 새로운 일정을 설정해야 하는지, 그리고 앞으로 어떻게 더 효율적으로 진행할 수 있을지 의논한다.

종료일을 미리 정해두는 것은 협상을 생산적이고 효율적으로 진행하는 데 꼭 필요하다. 마감일이 다가오면 양보와 창의적인 대안도 더 많이 제안하게 되며, 이는 결과적으로 빨리 합의에 도달하는데 도움이 된다.

③ 경쟁사와의 접촉을 차단한다.

협상하고 있는 동안에 상대방이 나의 경쟁사를 만나 그쪽의 제안을 듣는다면 나의 협상에 큰 방해가 된다. 그런 기미가 보이면 상대방에게 경쟁사를 만나지 말 것을 요구하는 차단(shut down) 전략을 쓴다. 예를 들어, 상대방에게 1주일 간 나와 독점적으로 협상하자고 제안한다. 만약 상대방이 동의하면 그는 1주일 간 경쟁사와 접촉하거나 제안을 받지 않아야 한다. 물론 상대방 입장에서는 이런 것에 동의하려면 특별한 보상을 받아야 가능할 것이다. 예컨대, 상대방이 취약한 홍보 활동을 지원하거나, 내가 보유하고 있는 회원 네트워크를 공유하는 것 등의 보상을 제공할 수 있다.

④ 휴식을 취한다.

좀 생소하게 들릴 수 있지만 협상을 잠시 중단하고 뒤로 연기하는 것이 협상을 더 빨리 마무리하는 데 도움이 될 수 있다. 휴식을 취하면 종종 긴장되고 스트레스가 많은 비즈니스 협상의 분위기에서 벗어날 수 있는 시간과 여유가 생긴다. 그 휴식 기간에 협상 팀원들과 함께 그간의 성과와 앞으로 나아가야 할 방향을 검토할 수 있다. 그런 검토를 하다 보면 심지어 협상을 중단하는 것이 더 낫겠다는 결론에 도달할 수도 있고, 그것이 승자의 저주를 피하는 길이기 되기도 하다.

⑤ 신뢰할 수 있는 제 3자를 참여시킨다.

서로 속마음을 터놓지 않고 최종안을 드러내지 않는 등 협상이 겉돌기만 하는 경우에는 중립적인 제3자가 조정이나 촉매 역할을 해주면 도움이 된다. 양측이 제3자와의 비공개 회의에서 각자의 최종안을 밝히면, 제3자는 합의가 가능한지 파악하고 조정에 나설 수 있다. 나아가 다른 창의적인 대안을 찾아내는 작업도 함께 해볼 수 있다.

⑥ 팀원을 교체한다.

팀원에 문제가 있어서 거래를 성사시키는 데 어려움을 겪고 있다면, 팀원을 교체하는 것도 방법이다. 협상은 사람이 하는 일이어서 감정이나 관계가 큰 영향을 미치므로 적절한 팀 구성이 중요하다.

⑦ 조건부 합의서를 작성한다.

향후 발생할 상황이나 변수 때문에 합의에 어려움을 겪고 있다면 그런 것을 합의문에 반영하는 조건부 합의서를 작성하는 것이 좋다. 예를 들어, 마감일을 지키지 못할 경우 패널티를 부과하거나 정시에 완료할 경우 보너스를 제공한다는 조항을 넣어서 합의문을 작성한다.

4. 마무리 전술

협상을 마무리할 때가 되었는데도 상대가 선뜻 합의를 안 하고 망설이는 경우. 다음과 같은 전술을 통해 합의를 하게끔 유도하는 것을 고려할 수 있다.

① 여러 대안을 제시하기

상대방이 선택하도록 대안 몇 개를 만들어 제시한다. 이때 내게 유리한 대안과 불리한 대안들을 섞어서 만들고, 대안 개수는 홀수가 되게 한다.

예를 들면 다음과 같이 만든다.

A 안 : 내게 아주 불리한 대안 (--)
B 안 : 내게 약간 불리한 대안 (-)
C 안 : 내게 약간 유리한 대안 (+)
D 안 : 내게 상당히 유리한 대인 (++)
E 안 : 내게 아주 유리한 대안 (+++)

이 5개의 대안 중에 내게 불리한 것을 2개, 유리한 것을 3개 만든다. 그리고 나의 목표는 C안을 상대가 택하게 만드는 것이다. 그 방법은 처음에는 D나 E로 하자고 상대를 설득하고 졸라대다가 막판에 D와 E를 양보하고 C를 하자고 방향 전환을 한다. 그러면 상대는 내가 D와 E를 양보했기 때문에 C에 동의하게 된다.

이 방법을 쓰면 상대는 내가 '양보의 미덕'을 발휘하는 사람으로 보고 C에 동의를 하게 된다. 그러나, 단점도 있는데 만약 이런 전술을 상대방이 알고 있는 경우에는 나의 속임수가 들킬 수 있다.

② 서로 순차적으로 제거하기

앞 ①의 대안 만들기와 같은 방식으로 홀수 개의 대안들을 만들고, 내게 약간 유리한 C가 선택되게 유도한다. 방법은 상대방과 차례대로 마음에 들지 않는 것을 하나씩 제거해 가는 것이다. 우선 상대방에게 제거하라고 하면 그는 내게 가장 유리한 E안을 제거할 것이고, 나는 내게 가장 불리한 A안을 제거한다. 그 다음에는 상대가 D를 제거하고 나는 B를 제거한다. 그러면 C가 남게 되고 자연스럽게 그것이 합의안이 된다.

이때 조심할 것은 대안들이 눈에 확연히 드러나게 유리하거나 불리한 것이면 안 된다는 점이다. 그러면 상대가 눈치를 챌 수 있고, 이 방식 자체를 거부할 수 있다.

만약 상대가 이런 방식을 제안하면 대안들 각각에 대해 이해득실을 잘 따져보고, 특히 C안이 누구에게 유리한지 따져봐야 한다. 그리고 C안을 제외한 다른 대안들이 모두 터무니 없는 것들이면 상대에 그런 것을 만든 이유나 근거를 대보라고 하고, 제대로 답변을 못하면 위장전술이라고 보면 된다.

③ 합의를 가장하기

이 방법은 마치 합의가 이미 이루어진 것처럼 행동하여 상대방을 자연스럽게 그 상황에 끌어들여 동의를 이끌어내는 것이다. 이 전술은 상대가 동의하지 않았음에도 불구하고 합의가 된 것처럼 행동함으로써 상대가 거절할 기회를 놓치게 만드는 것이다.

예를 들면, 과일 가게에 '사과 10개에 20,000원'이라고 적혀 있다고 하자. 흥정 끝에 내가 18,000원에 하자고 제안하자, 상인은 1,000원을 깎아주겠다며 19,000원을 요구하며 내가 동의도 하지 않았는데 사과를 봉지에 담아 내게 건네준다. 대부분의 사람들은 "어? 어!" 하며 사과를 받게 되고, 결국 그 가격에 동의하게 된다.

다른 예로, 자동차 영업사원들도 이런 방법을 흔히 쓴다. 손님이 영업소를 방문하면 그의 선호도와 요구 사항을 듣고 차를 보여주고 시승까지 해보게 한 후, 사무실로 돌아와 탁자에 앉게 하고는 손님이 동의도 안 했는데 계약서를 꺼내서 그 손님의 성명과 주소를 기입하기 시작한다. 손님이 놀라서 아니라고 하면 "지금 당장 사시라고 하는 게 아니라 그냥 인적사항 정도만 적어두려고 하는 것이니 걱정 마세요."라고 말하며 사양이나 옵션 등도 물어보고 기재한다. 그러면 손님 중에는 아니라고 말하지만, 결국 계약서에 서명을 하게 되는 사람이 있다.

④ 절충안 제시

나의 최종안과 상대의 최종안의 중간선에서 절충하는 안으로 하자고 제안하는 방법이다. 타협 방법 중 가장 흔히 사용되는 것으로, 윈윈은 아니지만 서로의 욕구를 반씩 충족시킬 수 있다.

⑤ 합의를 재촉하기

상대방이 빨리 합의하도록 시한을 아주 짧게 주는 방법이다. 예를 들어, 어떤 대기업들은 채용 시험 합격을 통보하면서, 다른 기업으로 가는 것을 막기 위해 오후 5시까지 응낙 의사를 통보해달라고 한다.

⑥ 우대 조건을 제시하기

상대가 빨리 합의하도록 막판에 별도의 우대 조건을 제시하는 방법이다. 예를 들어, 원룸의 월세를 홍정하는데 주인이 막판에 가서 거의 새것인 전자레인지를 그냥 주겠다고 제안하여 타결하는 방법이다.

5. 합의

가. 합의서 작성

합의가 이뤄졌다면 공식화하기 위해 합의서를 서면으로 작성한다. 합의를 했다고 하여 협상이 끝난 것은 아니다. **협상의 끝은 '합의'가 아니라 '이행'**이다. 합의한 것이 실제

(출처) ChatGPT 4o 그림

이행이 되어야 한다. 그래서 합의서에는 **이행을 하지 않았을 때 가해지는 벌칙조항**을 반드시 넣어야 한다.

합의서 형식은 아래와 같이 한다.

① **제목**: '합의서', '합의문' 또는 '계약서' 등으로 한다.

② **당사자 인적 사항**: 당사자 이름, 주민번호, 주소, 연락처 등(대리인이 있는 경우에는 그의 인적사항 포함)을 기재한다.

③ **합의 내용**: 합의하고자 하는 분쟁(사건)의 개요와 서로 합의한 구체적인 내용을 적는다. 이때 내용이 명확하고 구체적이어야 하며, 추후 오해나 분쟁이 없도록 상세하게 작성한다. 추가로 주의할 사항은 아래에서 따로 설명한다.

④ **날짜**: 합의한 날짜(년, 월, 일)을 적는다.

⑤ **서명**: 당사자가 서명하고, 만약 대리인이나 입회인도 필요하다면 서명을 한다. 당사자가 미성년자인 경우에는 법정대리인이 합의 당사자가 되어야 하고 서명한다.

참고 서명, 날인, 사인

법적으로 사문서에는 '서명', '날인', '무인(拇印, 지장)'이 동일하게 진정성을 인정받는다(민사소송법 제358조).

서명은 '본인 고유의 필체로 자신의 이름을 제3자가 알아볼 수 있도록 쓴 것이다. 따라서 흔히 사인(signature)이라고 하여 영어나 한글을 흘려서 쓰거나 그림이나 기호 같은 것으로 표현한 것은 서명으로 간주하지 않는다. 또한 이름을 알아볼 수 없게 쓰는 경우도 서명으로 간주하지 않는다.

서명날인은 이름을 알아보게 직접 쓰고, 그 옆에 도장을 찍는 것이다.

기명날인을 하라고 하는 경우가 있는데, **기명**은 이름을 본인이 쓰거나 제3자가 쓴 것으로, 흔히 양식에 이름이 인쇄되어 있는 것을 가리킨다. **기명날인**은 이름이 이미 프린트되어 있고 그 옆에 도장을 찍는 것이다.

합의서에는 서명만 하면 법적 효력이 인정받지만, 좀 더 확실하게 하기 위해 그 옆에 날인도 하고, 더 확실하게 하기 위해 인감도장을 찍기도 한다. 또 공증을 하는 경우도 있으나, 기본적으로 서명으로 충분한 경우가 많다. 다만 서명은 동일인인지 문제가 생기면 필적 감정까지 해야 하므로, 일반적으로 서명날인을 하도록 권장한다. 최근에는 서명도 인감처럼 지역주민센터에 등록해 두고 본인서명사실확인서를 발급받아 쓸 수 있게 되어 있다.

합의서 내용 작성 시, 다음과 같은 지침을 따른다.

① **명확성과 구체성**: 합의 내용을 모호하지 않고 구체적으로 기술해야 한다. 추상적인 표현보다는 구체적인 용어와 수치를 사용하는 것이 바람직하다. 전체 문서에서 동일한 용어를 사용하여 해석상 모호함이 없어야 한다. 필요하다면 용어 정의를 별도로 해두는 것도 방법이다.

② **양측의 권리와 의무 명시**: 양측이 지켜야 할 권리와 의무 사항을 균형 있게 명시한다. 어느 한쪽에 지나치게 유리하거나 불리한 조항이 없어야 한다. 특히 금전 관련 사항은 금액을 한글로 쓰고 숫자를 괄호 안에 병기한다. 또 지급 방법과 지급 일자, 이자, 지급 지체 시 처리 방법 등을 명확하게 쓴다. 지급 방법은 가능하면 계좌이체를 하는 것이 증빙도 될 수 있어서 권장한다.

③ **예외 상황 고려**: 예상치 못한 상황에 대한 처리 방식도 규정해 두어야 한다.

④ **불이행 시 벌칙**: 합의 사항을 지키지 않는 측에 대한 벌칙 조항을 넣는다. 예를 들어,

"합의금을 회수한다.", "위약금으로 1억원을 지급한다." 등과 같은 조항을 넣을 수 있다.

⑤ **분쟁의 종결 표현:** 이 합의가 성립된 후에는 더 이상 소송이나 이의를 제기하지 않고, 그동안 소송이나 진정한 것이 있으면 모두 취하한다는 조항을 넣어서 더 이상 분쟁이 없도록 한다. 예를 들어 "향후 이 건과 관련하여 민형사상 또는 행정상 이의를 제기하지 않는다."와 같은 조항을 넣는다.

⑥ **합의 내용에 대한 해석 상 이견의 해결:** 합의문의 어떤 조항에 대해 합의할 당시에는 양 당사자들이 모두 그 의미를 알고 있었으나 세월이 좀 지나고 나자 그 의미를 서로 다르게 해석하는 경우가 있다. 예를 들어, '근로자 OOO에게 연봉 4,500만원을 지급한다'라는 조항에 대해 합의서를 작성할 때는 근로자와 사용자가 모두 연봉에는 수당 일체와 성과급이 포함되는 것으로 이해하고 있었으나, 연말이 되자 근로자 측에서 연말 성과급은 연봉과 별도로 지급하는 것이 업계의 관례이므로 지급해달라고 요구하면서 다툼이 생길 수 있다. 이런 분쟁은 흔히 연봉의 의미를 합의서에 명시해 놓지 않았기 때문에 생긴다.

이런 분쟁에 대비하여 합의서에 합의 내용 또는 문구의 해석과 관련한 분쟁을 해결하는 방법을 명시해두는 것이 좋다. 흔히 권하는 방법은 중재를 활용하는 것이다. 만약 그 합의서를 작성할 때 입회인이나 대리인이 있었으면 그들이 해석하는 바에 무조건 따르거나, 양측이 동의하는 제3자에게 해석을 맡기는 것이다. 합의문에는 "본 합의서의 내용이나 문구에 대해 해석상 이견이 발생하면, 양측은 OOO의 해석에 무조건 따른다."라고 명시한다.

⑦ **법적 검토:** 합의서에 법적 하자가 없는지 변호사 등 전문가의 검토를 받는 것이 좋다. 필요한 경우 참고 법규와 판례를 합의문에 기재해 둔다.

합의서를 작성하고 나면 2부를 만들어 양측이 1부씩 나눠 갖는다. 이때 2부가 동일한 합의서라는 것을 표시하기 위해 두 문서를 나란히 놓고 중간에 양측이 간인을 찍거나 서명한다.

나. 합의 후 표정 관리

합의한 결과가 좋다고 해도 흡족한 표정은 짓지 않아야 한다. 이유는 그런 표정을 상대방이 보고는 손해를 본 합의일지 모른다는 생각이 들어 합의를 깰 수 있기 때문이다. 아니면 다음 협상에서 보복하려는 생각을 가질 수도 있다.

그래서 합의가 끝난 후에는 상대방에게 비쳐지는 내 감정을 관리하는 것이 필요하다. 그런 의미에서 협상 종료 후 24시간 이내에 상대방에게 "만나서 반가웠고, 서로 좋은 결과를 얻어서 다행입니다. 계속 잘 지냈으면 좋겠고, 합의 사항은 반드시 지키겠습니다."와 같은 이메일이나 문자를 보내는 것이 좋다.

다. 합의 후 재협상

합의 후에도 상황이 변하거나 더 나은 조건이 생기면 재협상을 할 수 있도록 여지를 열어두는 것이 유리할 때가 있다. 이것은 '조건부합의'의 일종으로, 향후 발생할 수 있는 상황을 대비해 합의문에 반영하는 방식이다.

그러나 재협상의 가능성을 열어두는 것이 오히려 새로운 분쟁을 일으킬 우려가 있다면, 이 방법을 사용하는 것은 피하는 것이 좋다. 어렵게 이룬 합의는 그 자체로 문제를 종결하는 것이 가장 바람직하며, 불필요한 분쟁의 불씨를 남기는 합의는 신중하게 판단해야 한다.

6. 결렬 시 후속 조치

합의를 못하고 결렬되었다 하더라도, **둘 사이 관계는 깨지 말아야 한다**. 특히 상대방을 다시 만나야 할 사이라면 더욱 관계 유지에 신경 써야 한다. 그래서 결렬의 책임을 상대에게 떠넘기거나, 그의 성격이나 개인 문제로 탓해서는 안 된다.

결렬 후 상대방과 헤어질 때는 상대방에게 악수를 나누며 정중한 인사말을 건네는 것이 좋다. 예를 들어, "이번에는 아쉽게 되었지만, 상황이 그렇게 흘러 어쩔 수 없었던 것 같습니다. 이해해 주시고, 다음에 더 좋은 결과를 기대해 봅니다."와 같은 말을 하여 관계를 긍정적으로 유지하려고 노력한다.

결렬되었을 때 후속 조치로 상대방에게 **조정이나 중재를 권해보는 것**이 좋다. 결렬로 인해 갈등이 해소되지 않은 상태라면, 소송 대신 조정이나 중재를 통해 문제를 해결하는 것이 시간과 비용을 줄이는 효율적인 방법이다. 협상하면서 서로의 욕구와 속마음을 상당히 알게 되었으므로 조정인이나 중재인을 선임하여 해결하는 것이 효율적이다. 입회인이나 양측의 대리인, 혹은 양측이 합의한 외부 인사를 조정인이나 중재인으로 선정할 수 있다.

VI. 협상 전후 체크리스트

아래 체크리스트는 협상 사전준비 과정과 협상 진행 및 마무리 과정에서 확인해야 할 일들을 포함하고 있다.[93] 모든 협상에서 이 체크리스트를 활용하여 대비를 하면 크게 도움을 받을 수 있을 것이다.

① 사전 준비: 문제 파악과 목표 수립

주제	내용	체크 사항
(1) 목표 수립	장단기 목표 수립	· 단기목표를 수립하였는가? · 장기목표를 수립하였는가?
(2) 장애물 파악	목표 달성의 걸림돌 파악	· 법적 제한이나 규제는 무엇인가? · 장애물은 무엇인가?
(3) 관계자 파악	상대방 측의 관계자 파악	· 협상 상대는 누구인가? · 최종 의사결정자는 누구인가? · 막후의 실세는 누구인가? · 영향을 미치는 제3자는 누구인가?
(4) 최악의 시나리오 작성	결렬시대안(ATNA)과 결렬시 최선책(BATNA) 파악	· 결렬 시 대안은 무엇인가? · 결렬 시 최선책은 무엇인가? · 양보의 마지노선인 저항선은 무엇인가?
(5) 시간 등	협상 기한 등의 파악	· 협상 기한은 언제까지인가? 넉넉한가? · 나의 준비는 충분한가? · 누가 더 많은 정보를 가지고 있는가? · (협상팀인 경우) 누가 발언자 역할을 할 것인가?

② 협상 초반에 상대방과 상황에 대한 분석

주제	내용	체크 사항
(6) 양측의 욕구와 이해관계 파악	협상 진행 중 서로의 욕구 파악	· 합리적인 겉요구와 욕구는 무엇인가? · 감정적인 겉요구와 욕구는 무엇인가? · 서로 공통되는 겉요구와 욕구는 무엇인가? · 서로 상충되는 겉요구와 욕구는 무엇인가?

93 이 체크리스트는 김태훈 역 (2017), 『어떻게 원하는 것을 얻는가』 p.185를 참고하여 작성하였다.

주제	내용	체크 사항
(7) 양측의 인식	각자 상대방에 대해 가지고 있는 인식 파악	· 갈등 상황은 어느 정도 심각한가? · 신뢰관계는 어느 정도인가? · 각자 어떤 협상문화를 가지고 있는가?
(8) 의사소통	협상 스타일과 의사소통 정도 파악	· 각자의 협상 스타일은 무엇인가? · 의사소통은 원활한가? · 관계는 우호적인가, 적대적인가?
(9) 판단 기준	상대방이 적용하는 기준과 규범 파악	· 상대는 어떤 판단 기준을 적용하는가? · 상대는 어떤 규범을 따르고 있는가?
(10) 목표 조정	상황 변화에 따른 목표의 조정	· 지금까지 진행한 협상을 바탕으로 목표를 바꾸어야 하는가? · 바꾼다면 새로운 목표는 무엇인가?

③ 협상 중반에 대안 모색과 위험 줄이기

주제	내용	체크 사항
(11) 브레인스토밍	목표 달성을 위한 수단과 대안을 탐색	· 상대방의 제안에 대한 역제안으로 제시할 것은 어떤 것인가? · 상대방에게 제안할 다른 대안으로 어떤 것이 있는가?
(12) 점진적 접근 모색	위험을 줄이기 위한 준비	· 상대에게 제안할 새로운 대안의 우선순위를 정하였는가? · 상대방에게 제안할 대안의 순서는 무엇인가?
(13) 제3자 파악	공동의 적이나 영향력을 미치는 세력의 파악	· 상대방이 의지하는 제3자는 누구인가? · 막후의 진짜 실세는 누구인가?
(14) 프레이밍(Framing)	나와 상대방 제안의 프레임(frame)을 수립	· 내 제안의 프레임(frame)을 어떻게 정하는 것이 유익한가? · 상대 제안을 어떻게 프레임(frame)하면 내게 유익한가?
(15) 교착 극복의 대안 마련	교착을 극복하기 위한 다른 대안을 준비	· 교착의 원인이 무엇인가? · 교착 타개를 위한 대안은 무엇인가? · 상대방의 교착에 대한 인식과 그의 대안은 무엇인가?

④ 협상 마무리 단계

주제	내용	체크 사항
(16) 목표 달성 검토	목표 달성의 정도 파악	· 목표는 어느 정도 달성되었는가? · 목표를 다시 수정할 필요가 있는가? · 상대는 어느 정도 목표 달성한 것으로 보이는가?
(17) 합의 여부의 결정	합의할지 결렬할지 결정	· 합의하려는 이유는 무엇인가? · 승자의 저주는 피했나? · 결렬하려는 이유는 무엇인가? · 결렬시최선책은 충분히 고려하였는가?

주제	내용	체크 사항
(18) 합의 절차	합의문 내용과 체결 방법 결정	· 상대방과 합의문 내용을 자세히 검토하였는가? · 합의문에 법적으로 문제 될 부분은 없는가? · 합의문의 형식 요건을 모두 갖추었는가? · 날짜와 서명을 확인하였는가?
(19) 이행 약속과 인센티브	상대방에게 직접 확인	· 합의 후 상대방과 다시 한번 이행 약속을 하였는가? · 상대가 합의문 대로 이행을 하면 어떤 인센티브를 줄 수 있는가? 내가 받을 수 있는 인센티브는 무엇인가?
(20) 후속 단계	누가 무엇을 할 것인지 확인	· 합의 후 추가로 해야 할 것은 무엇인가? · 결렬 시 할 수 있는 것과 해야 할 것은 무엇인가?

8

상대방 파악

I. 상대방에 대해 알아야 할 사안

협상은 상대방의 속마음을 알아보는 작업에 50% 이상의 시간과 노력을 기울여야 한다. 왜냐하면 상대의 진짜 욕구를 알아낼 수 있다면 그것과 나의 욕구를 맞춰 윈윈(win-win) 합의까지 이를 수 있기 때문이다. 그런데 상대가 속마음을 감추고 나도 그렇게 하면 협상은 겉돌기만 하고 합의에 이르기 어려우며, 혹시 합의하더라도 한쪽은 손해를 보는 윈루즈(win-lose) 결과가 나오게 된다.

유능한 협상 당사자들이 가장 신경 쓰는 부분을 조사한 결과를 보면, 상대방에 대한 파악과 상대방을 염두에 둔 전략 수립이 가장 중요하다고 보는 협상 당사자가 90%에 달하고, 협상 주제에 대한 정보와 그 관련 전문지식이 가장 중요하다고 보는 협상 당사자는 10%에 불과하다고 하였다.[94]

상대방에 대해 파악해야 할 사안들은 다음과 같다. 이 사항들은 협상 전에 사전 준비로 조사할 뿐만 아니라, 협상 중에도 상대방의 발언과 행동을 통해 지속해서 파악해야 한다.

① 상대방의 목표, 저항선, 첫 제안, 결렬시최선책(BATNA)

협상 전에는 이런 것들을 알아내기 쉽지 않고 그저 추측만 할 따름이다. 혹시 상대방에 대해 사전에 파악할 수 있는 채널이 있다면 십분 활용해야 한다. 손자병법에 "상대와 나를 알면 백번을 싸워도 위태롭지 않다(知彼知己 百戰不殆)"고 했듯이 상대의 협상전략을 아는 것은 가장 큰 무기가 된다.

협상 전에는 이런 것을 알아내지 못했다면 협상을 진행하면서 상대방의 언행을 지속적으로 관찰하고 경청하면서 파악하는 작업을 해야 한다. 상대의 전략을 파악하였다면 그것에 맞추어 나의 전략을 중간중간 수정해간다.

② 상대의 협상스타일

상대방의 협상 스타일이 경쟁형, 양보형, 절충형, 윈윈형, 회피형 중에 어떤 것인지 파악한다면 그들의 전술에 맞추거나 대응하는 데 유리하다.

94 김태현 역 (2011), p.43

③ 나와의 관계

상대방과의 관계가 우호적인가 적대적인가는 협상의 역학에 큰 영향을 미친다. 협력적으로 윈윈을 하려면 우호적인 관계가 전제되어야 한다.

④ 상대를 설득하는 데 필요한 것

상대방을 설득하려면 나의 입장이 아니라 상대방 입장에서 그가 원하는 것이 무엇인지 파악해야 한다. "내 제안이 당신 것보다 더 좋으니 내 것을 받으라"라고 주장하는 것은 전혀 설득력이 없다. 상대가 필요로 하는 것을 파악하고, 그것이 나의 욕구와 어떤 접점이 있는지를 분석하고 방법을 찾아야 한다.

⑤ 상대의 지위, 권력, 대리인 여부

상대방이 본 협상과 관련하여 최종 의사결정권을 가졌는지, 그의 지위와 권력이 어느 정도인지 파악한다. 특히 그가 대리인이라면 그가 전권을 가지고 협상 테이블에 나왔는지 반드시 확인한다.

⑥ 상대의 신뢰도와 명성

상대방은 믿을 수 있는 사람인지, 그의 명성은 어느 정도인지 파악하면 상대방과 협력하며 협상을 진행할 수 있을지 예상할 수 있다.

⑦ 협상팀으로 구성 여부

상대방이 협상팀으로 나오면 이쪽도 팀을 구성하는 것이 더 낫다. 팀을 구성할 때는 역할 분담과 활동 가이드를 지켜야 하며, 상대방 팀에 대해서도 팀원 간 역할 분담과 팀워크에 대해서 파악한다.

⑧ 마감 시한

상대방이 시간적 압박을 느끼고 있다면 양보를 더 쉽게 하거나 협상을 서둘러 마무리하려고 할 것이다. 반대로, 상대방이 시간적 여유가 많다면, 협상에서 더 강경한 입장을 고수할 가능성이 크다.

Ⅱ. 상대방 파악 방법

1. 상대방과 우호적인 관계 형성부터

협상 초반에는 상대방을 파악하고 좋은 관계를 만드는 것이 중요하다. 팽팽한 대결 구도를 만들면서 내 것을 쟁취하려고만 하면 협상이 어려워진다. 협상 시작 단계에서는 상황을 복잡하게 만들기보다 상대를 은연중에 내 편으로 만드는 전략이 필요하다.

많은 협상 당사자들은 협상 이슈와 목표에만 집중하지만, 실제로는 상대의 속마음을 파악하는 것이 협상의 핵심이다. 상대방의 입장을 이해하고 공감하면 협상의 흐름이 훨씬 더 원활해지며, 상호 이익을 극대화할 수 있는 길이 열린다.

우호적인 관계 형성의 중요성은 실증 연구로도 증명된다. 한 연구에 따르면, 거래 관계에서 자신을 인간적으로 대하는 사람을 돕겠다는 응답자가 전체의 80%에 달했다. 반면, 돕지 않겠다고 응답한 사람은 15%에 불과했다.[95] 이를 보면, 흔히 윈루즈 상황이라고 불리는 거래 관계에서도 상대방이 우호적으로 나오면 협력하겠다는 사람이 절대다수였다.

또한, 협상 과정에서 사람들이 가장 신경 쓰는 부분을 조사한 결과, 협상 주제에 대한 전문지식보다는 상대방의 협력적 자세가 더 중요한 요소로 나타났다. 응답자의 55%는 상대방의 호감도와 신뢰도에, 37%는 절차 준수와 정직성에 신경을 썼다. 반면, 협상 주제와 관련된 전문지식을 가장 중요하게 여긴 사람은 8%에 불과했다.[96]

이처럼 상대방과의 관계 형성이 협상 성공에 중요한 요소이므로, 초기 단계에서 상대에게 신뢰와 호감을 쌓는 것이 매우 중요하다.

2. 상대방 속마음의 구조

① 수직적 구조

속마음은 수직적으로 여러 계층으로 구성된 경우가 있다. 예를 들어, 고객 확보에 열

95 김태현 역 (2011), p.45
96 상동

을 올리는 영업사원의 속마음을 들여다보면, 성과 평가에서 우수한 점수를 받으려는 욕구가 깔려 있고, 그 욕구 밑에는 직장에서 안정적으로 계속 근무하고자 하는 욕구가 깔려 있다.

인간의 기본 욕구인 의식주에 대한 욕구와 안전, 인정받고 싶은 욕구, 존경받고 싶은 마음 등은 모두 욕구 구조의 맨 아래층에 자리 잡고 있다. 겉으로 드러나지 않더라도, 이런 기본적인 욕구가 충족되지 않으면 협상이나 분쟁은 완전한 해결이 어렵다. 상대방의 속마음을 파악할 때는 표면적인 요구만이 아니라, 그 안에 숨겨진 더 깊은 내면의 욕구까지 들여다보려는 노력이 필요하다.

② 수평적 구조

여러 종류의 욕구가 수평적으로 나열된 경우도 있다. 예를 들어, 부부가 여름 휴가지를 정하려 하는데, 남편은 치악산으로 가자고 하고, 아내는 꽃지해수욕장으로 가자고 한다.

(출처) 원주시청 홍보사이트, 태안군청 홍보사이트

그런데 치악산과 꽃지해수욕장은 둘의 겉요구이고, 욕구를 알아보니 다음과 같았다.

- 남편: 치악산 (욕구 = 상원사 구경, 등산, 경치)
- 아내: 꽃지해수욕장 (욕구 = 수영, 보트 타기, 바다 공기)

이런 경우 욕구는 수직적으로 계층화되어 있는 것이 아니라, 관련성이 없는 것들로 나열되어 있음을 알 수 있다.

이런 식으로 욕구가 나열되어 있을 때 원원하는 방법은 먼저, 우선순위가 낮거나, 관련성이 가장 없는 몇 개를 버리고, 남은 욕구들을 가지고 그것을 모두 충족시킬 수 있는

제3의 대안을 찾아야 한다.[97]

위 예에서 만약 남편이 상원사 구경을, 그리고 아내가 바다 공기를 포기할 수 있다면, 남은 것은 낚시와 경치, 수영, 배 타기이다. 이 네 가지 욕구를 모두 채울 수 있는 제 3의 대안으로 '산을 끼고 있는 산정호수'를 가면 둘 다 만족할 수 있다.

3. 상대방 속마음 파악하는 방법

가. 적극적 경청

상대방의 속마음을 파악하려면 기본적으로 경청을 잘해야 한다. 단순히 말만 듣는 것이 아니라, 상대방의 의도와 감정까지도 읽어내는 능동적인 경청이 필요하다. 이를 위해 상대방의 표정, 어투, 톤, 제스처 같은 비언어적인 신호까지 주의 깊게 살펴야 한다. 또한, 상대방이 자신의 말을 잘 듣고 있다고 믿을 수 있도록 고개를 끄덕이거나 추임새를 넣어주는 등의 반응을 보이며, 시선을 피하지 않고 끝까지 듣는 것이 중요하다. 상대방의 말을 끊지 않고 경청하는 태도는 그가 자신의 속마음을 더 잘 드러내게 만드는 중요한 요소다.

그러나 경청과 관련해 **피해야 할 몇 가지 함정**도 있다.

① **설득부터 하려는 태도**: '협상은 우선 설득하는 일'이라는 생각에 빠지면 안 된다. 설득부터 하려고 들면 경청은 하지 못한다. 설득할 궁리만 하다 보니 상대방의 말은 귀에 들어오지 않기 때문이다.

② **본인이 할 말만 생각하기**: 상대의 말을 들으면서, 다음에 자신이 무슨 말을 할까 또는 무슨 질문을 할까 생각하느라 경청을 못 한다. 그런데 이런 조바심은 낼 필요가 없다. 상대의 말을 끝까지 들으면 내가 할 말은 저절로 생각이 나기 때문이다.

③ **'상대방 = 적'이라는 고정관념**: 상대를 '적'으로만 인식하면, 그의 말을 제대로 듣기보다는 거절할 구실을 찾게 된다. 상대가 적이라면 내게 도움이 될 제안을 할 이유가 없을 것이고 마땅히 그의 제안을 거절해야 한다고 생각한다. 따라서 그의 말을 다 듣기도 전에 거절할 구실부터 찾게 되고, 그 와중에 경청은 거의 할 수 없다.

97 이런 식으로 윈윈하는 방법을 '통나무 굴리기(log-rolling)'라고 한다. 제3장 윈윈방법 참조 바람.

④ **선택적 지각:** 사람들은 자신이 이미 믿고 있는 정보나 지식에 부합하는 것만 듣는 경향이 있다. 이런 선택적 지각은 본인이 가지고 있는 기존의 믿음이나 지식, 인식 등에 일치하는 정보만 선택적으로 지각하고, 일치하지 않는 정보는 무시하는 것을 의미한다. 선택적 지각에 빠져 있으면 아무리 정확한 정보가 귀에 들어와도 내 믿음이나 견해와 다른 것이면 의도적으로 거부해 버린다.

협상 Tip **미러링과 라벨링**

미러링(mirroring)과 라벨링(labeling)은 상대방과 대화하면서 그의 말을 경청하고 있다는 표현을 하여 신뢰를 쌓는 방법이다.

1. 미러링

미러링은 상대방이 사용한 핵심 단어를 반복하여 그가 말하는 내용을 경청하고 이해하고 있음을 보여주는 기술이다. 상대방의 마지막 말에서 한두 단어를 반복함으로써 효과적으로 적용할 수 있으며, 특히 분노나 적대감을 완화하는 데 유용하다.

(예)

· 상대방 : "올해는 정말 힘들었고, 내가 겪은 재정적, 개인적 스트레스가 무시당하는 것 같아요."

· 나 : "재정적, 개인적 스트레스요?"

2. 라벨링

라벨링은 상대방의 감정이나 입장을 다른 말로 묘사함으로써 그의 상태를 인정하는 기술이다. 부정적인 감정을 중화하거나 긍정적인 감정을 강화하는 데 사용되며, 일반적으로 "보아하니...", "듣자하니..." 등의 표현으로 시작한다.

(예)

· 상대방 : "친구들과 함께하는 방 탈출 게임을 정말 좋아해요. 몰입감 있고, 두뇌를 자극하거든요."

· 나 : "두뇌를 자극한다고요?" (미러링)

· 상대방: "네, 60분 안에 나와야 해요. 일련의 퍼즐을 풀어야 하죠."

· 당신: "들어보니 정신적 도전을 정말 즐기시는군요." (라벨링)

이러한 기술은 상대방이 자신에 대해 이야기하도록 격려함으로써, 내가 그를 이해하고 있다고 느끼게 만든다. 그 결과 상대방과 즉각적인 라포(rapport)를 형성할 수 있고 나아가 상대의 신뢰까지 얻을 수 있다.

나. 이해득실 위주로 흥정하지 말기

상대방의 속마음을 파악하려면, 처음부터 가격이나 조건에 대한 흥정으로 들어가는 것이 아니라 상대방의 의도와 욕구를 물어보는 것이 우선이다. 이해득실 위주의 흥정은 단순히 가격이나 조건을 가지고 밀고 당기는 방식으로 진행된다. 예를 들어, "이거 얼만가요?", "5천 원만 깎아주세요", "3일 이내에 완성해 주면 그 값을 다 지불하겠습니다" 등과 같이 상대의 속마음이나 욕구를 무시한 채 거래 조건만 논의한다.

이런 흥정 방식은 상대방의 진정한 욕구를 알지 못한 채 협상을 진행하게 되어, 상호 이익을 극대화하는 데 실패할 수 있다. 따라서, 협상 초반에는 가격이나 조건부터 묻기보다는 상대방의 상황과 의도를 파악하는 질문을 던져, 그들의 속마음을 이해하는 것이 바람직하다.

이런 흥정식 접근을 속마음 파악식 접근으로 바꾼 예는 다음 표와 같다. 협상 시작하자마자 바로 가격이나 조건을 묻지 않고, 의도와 속마음, 욕구를 먼저 물어보는 방식으로 바꾼 것이다.

표 8-1 **흥정식 접근과 속마음 파악식 접근의 예**

이해득실위주 흥정식 접근	속마음 파악식 접근
"이거 얼마입니까?" "이거 비싼데 5천 원만 깎아주세요"	"이걸 팔려고 하는 이유는 뭔가요?" "이걸 오래 소유하고 계신 이유는 뭘까요?" "다른 제품에 비해 더 비싼 이유는 뭔가요?" "비싸게 팔아야 하는 이유가 뭔가요?" "할인을 안 해주는 이유는 뭔가요?"
"3일 이내 완성해 주면 그 값 다 지불하겠습니다"	"완성하는데 시일이 많이 걸리는 이유는 뭔가요?" "완성 시일을 단축할 수 있는 방법이 뭔가요?"
"집까지 배달해주면 2만 원 드리겠습니다"	"집까지 배달해주려면 뭘 원하십니까?" "돈 말고 다른 것을 해드린다면 어떤 것이 있을까요?"

이 사례에서 볼 수 있듯이, 이해득실 위주의 **흥정식 접근**은 주로 가격과 조건만을 다루며, 거래 상대방의 진정한 욕구나 이유를 알지 못한 채 협상이 진행된다. 이 방식의 한계는 다음과 같다:

- **상호 이해 부족**: 가격 흥정에만 집중하다 보니 상대방의 속마음을 파악할 기회가 없

다. 상대방이 무엇을 진정으로 원하는지 모르면, 협상에서 양측의 이익을 극대화할 기회를 놓치게 된다.

- **불신과 후회**: 흥정식 협상은 종종 거래 후에 불신과 후회를 남긴다. 예를 들어, 구매자는 더 낮은 가격에 사야 했다고 생각하고, 판매자는 더 높은 가격에 팔았어야 했다고 후회할 수 있다. 이는 협상 후의 만족도를 떨어뜨린다.
- **단기적인 관점**: 가격을 맞추는 데만 집중하다 보면, 장기적인 관계를 형성하기 어렵다. 협상은 단순히 이익을 주고받는 것이 아니라, 신뢰와 관계를 형성하는 과정이기도 하다. 흥정식 접근은 이를 무시하게 만든다.

반면, 속마음 파악식 접근은 상대방의 욕구, 동기, 상황을 이해하는 데 중점을 두며, 협상에 더 큰 여지를 남긴다. 사례에서 보듯이, 차를 아끼는 주인의 마음을 이해하고 나면, 단순한 가격 흥정을 넘어선 공감대가 형성된다. 이 공감대는 협상을 더 원활하게 하고, 결과적으로 윈윈 협상을 만들어낸다.

속마음 파악식 접근은 협상 상대방이 단순히 물건을 사고파는 거래자가 아니라, 특정 이유나 욕구를 가진 사람임을 이해하는 데서 시작한다. 이렇게 상대의 속마음을 읽어내면, 가격 흥정 이상의 협상 기회가 열리고, 양측 모두 만족할 만한 결과에 도달할 가능성이 높아진다.

협상 Tip 이해득실 협상 vs 속마음 협상

- **상황** : 나는 중고차를 사려고 한다. 인터넷에서 마음에 드는 차를 찾아냈고, 오늘 그 차의 주인을 만나러 간다.
- **진행** : 주인이 차를 보여주자, 나는 앞뒤를 둘러보고, 시동도 걸어보고, 의자도 조절해 보았다. 이 정도면 괜찮겠다는 생각이 들었다. 잠시 뒤 중고차 거래 사이트에 들어가서 가격을 검색해 보니, 대략 850~900만 원 정도로 나와 있었다. 그래서 주인에게 이렇게 말했다. "출고된 지 5년 되었고, 72,000km를 탔네요. 중고차 사이트에서 보니 가격이 대략 800만 원 정도로 나옵니다. 색깔이 제가 선호하는 건 아니지만, 외관도 깨끗하고 해서 800만 원이면 괜찮을 것 같은데, 이 가격에 파시죠."

이런 식의 협상 방식은 흔히 볼 수 있는 것이다. 물건이 마음에 들면 곧바로 가격 흥정에 들어가고, 가격을 깎기 위해 여러 가지 방법을 동원한다. 물론 주인도 방어하기 위해 나름대로 여러 방법을 쓸 것이다.
내가 중고차 사이트에서 검색한 정보를 바탕으로 800만 원을 제시하면, 주인은 어떻게 반응할까? 아마

주인도 그런 사이트에서 검색했을 것이고, 850~900만 원 정도로 거래하자고 하거나, 더 나아가 차를 잘 관리했으니 1,000만 원은 받아야겠다고 더 강하게 나올 수도 있다.

또한, 이렇게 흥정한다면 둘 다 만족스러운 결과를 얻지 못할 가능성이 크다. 만약 내가 흥정에 성공해서 850만 원에 샀다고 하더라도, "혹시 주인이 뭔가 감추고 빨리 팔았나?"라는 의심이 들 수 있다. 주인 입장에서도 "조금 더 흥정해서 10~20만 원 더 받을 걸 그랬나?" 하고 후회할 수 있다. 이렇게 협상이 끝나면 양쪽 모두 미련과 후회를 남기게 되는 **윈루즈 협상**이 된다.

이제 이런 흥정식 접근을 속마음을 파악하는 접근으로 바꿔 보자.

이해득실 위주 흥정식 접근	속마음 파악식 접근
"중고차 사이트에서 가격을 검색해보니 대략 800만 원 정도로 나옵니다. 색깔이 제가 선호하는 것이 아니어서 좀 그렇습니다만, 외관에 별 흠도 없고 해서 800만 원이면 합리적일 것 같은데 파시죠."	먼저 다음과 같이 말하며 상대의 의도와 욕구 파악을 시도한다. "차가 좋아 보입니다. 그동안 어떻게 관리하셨어요?"

다음은 속마음 파악식 접근의 대화 예시이다.

(출처) ChatGPT 4o 그림

- 나: 차가 정말 좋아 보입니다. 그동안 어떻게 관리하셨어요?
- 주인: 정기적으로 오일 교환도 하고, 부품도 제때 교체했죠. 그렇게 하는 게 쉽지 않아요.
- 나: 정말 대단하시네요. 차에 많은 정성을 들이신 것 같은데, 특별한 이유라도 있으신가요?
- 주인: 제가 원래 차를 좋아해요. 드라이빙도 즐기고요. 그래서 차를 애인처럼 아끼죠. 하하~
- 나: 우와, 차를 정말 좋아하시는군요! 저도 이 모델을 좋아합니다. 선생님은 어떤 면에서 이 차가 마음에 드셨나요?
- 주인: 이 차는 가속도 잘 되고, 시야도 넓고, 코너링할 때 안정감이 있어서 정말 마음에 들어요!
- 나: 저도 그런 점이 마음에 들어서 이 차를 찾고 있었어요. 그런데 왜 이 차를 팔려고 하시나요?

· 주인: 제가 회사에서 영업을 맡고 있었는데, 이제 회사에서 영업팀에 차를 배정해 줘서 이 차가 필요 없어졌어요. 그리고 아내가 작은 차를 몰고 다녀서 그 차로 충분하거든요. 그래서 아깝지만 처분하려고 합니다.

이렇게 대화를 이어가다 보면, 나는 이제 주인이 차를 팔려고 하는 이유를 알게 되었고, 주인과 차에 대한 공감대도 형성되었다. 알고 보니 주인은 차를 아주 많이 아끼고 있었고, 다른 차가 있어서 이 차를 잘 돌봐 줄 사람에게 팔고 싶어 했다. 이제 주인 처지에서는 자기만큼 차를 아껴줄 사람을 찾았기 때문에, 가격에 신경 쓰지 않고 기꺼이 차를 팔려고 할 것이다. 이것이 바로 **윈윈협상**이다!

다. 질문하는 방법

상대방의 속마음을 알아내기 위해서는 경청뿐만 아니라 질문도 잘해야 한다. 질문에 관한 내용은 제4장에서 자세히 다루었으므로, 여기서는 요점만 간단히 정리한다.

- **개방형 질문을 하라** : 상대가 자유롭게 자신의 생각과 감정을 표현할 수 있도록 개방형 질문을 던지는 것이 중요하다.
- **선입견을 버리고 질문을 많이 하라** : 상대방에 대해 "저 사람은 ... 할 것이다"라는 선입견을 갖지 말고, 최대한 많은 질문을 하여 상대의 의도와 행동을 직접 확인해야 한다.
- **설득보다는 질문에 집중하라** : 상대를 설득하려는 여러 말보다는 먼저 질문을 통해 상대의 생각과 입장을 파악하는 것이 더 효과적이다.
- **제안의 숨겨진 의미와 개인적 이해관계를 알아내라** : 상대방이 내놓은 제안 속에 담긴 숨은 의미나 개인적 이익이 무엇인지 질문을 통해 알아내는 것이 중요하다.
- **상대방의 목표, 희망 사항, 저항선, 결렬시최선책(BATNA)을 파악하라** : 상대방이 협상에서 이루고자 하는 목표와 희망 사항, 그가 양보할 수 있는 한계인 저항선, 그리고 협상이 결렬되면 그가 선택할 수 있는 대안을 질문을 통해 파악해야 한다.
- **상대방의 응답을 통해 협상 스타일을 파악하라** : 질문을 통해 얻은 상대방의 응답을 듣고, 그의 협상 스타일을 분석한 후, 나의 협상 스타일을 이에 맞춰 조정하는 것이 중요하다.

라. 상대방의 말에서 힌트를 포착

상대방의 말을 경청하면서, 문맥과 단어에서 그의 속마음에 대한 힌트를 찾아낼 수 있다. 예컨대, 아래 대화를 보자.

상황 : 오랜만에 만난 두 친구, A와 B는 이런저런 얘기를 하다가 주말에 같이 놀러 가자고 뜻이 모아졌다. A는 태안반도로 가자고 하고, B는 강릉에 가고 싶다고 한다.

(출처) ChatGPT 4o 그림

- A : 왜 하필 강릉이니?
- B : 강릉 경포대가 좋다던데 한 번도 못 가봐서 이번에는 꼭 가고 싶다.
- A : 난 경포대를 두 번이나 가봤는데... 딴 데 가면 어때? 태안이 싫다면 다른 데도 괜찮아.
- B : 거긴 경치가 좋아서 세 번을 봐도 좋잖아? 가면서 새로 난 고속도로도 구경하고, 설악산도 볼 수 있으니 일석삼조지. 경치 좋은 곳에서 사진도 많이 찍어놓고. 바닷가 카페도 멋있다더라.
- A : 강릉 가면 당연히 설악산도 보고, 고속도로를 이용해야 하는데, 난 다 봤어. 왜 강릉을 꼭 가야 하니?
- B : 동해를 가야 깨끗한 바다를 보지, 서해안은 물이 더러워서 별로라더라. 낮엔 해수욕하고, 저녁엔 모래사장에 앉아 둘이서 맥주 마시면 분위기 좋지... 깨끗하고 분위기 있는 펜션에서 하룻밤 자는 것도 내 위시리스트에 들어있어.
- A : 그럼, 강릉 말고 속초는 어때?

- B : 속초는 강릉보다 멀어서 시간이 더 걸리기 때문에 싫다.

이 대화를 들어보면 B의 속마음은 뭘까? **아마 B의 진심은 A와 놀러가는 것이 싫은 것이다**. 오랜만에 만나 이런저런 얘기 하다가 같이 놀러 가자고 하긴 했는데 막상 같이 가자고 하니 싫어서 여러 핑계를 대면서 강릉을 고집하고 있는 것이다.

상대방의 말과 행동에서 그의 속마음이 드러나는 신호를 알아차리는 방법은 다음과 같다.[98]

- 상대방이 말하면서 계속 반복하는 쟁점이 있다면 그것이 그의 속마음이다.
- 상대방을 감정적으로 반응하게 하거나 긴장하게 만드는 쟁점이 그의 속마음이다.
- 대화 중에 나의 말을 듣지 않고, 중간에 내 말을 자르면서 하고자 하는 말이 있다면 그것이 그의 속마음이다.
- 내가 합의를 하자고 했을 때, 가장 완강하게 반발하는 쟁점이 있다면 그것이 그의 속마음이다.

마. 비언어적 행동을 관찰하기

비언어는 제스처, 표정, 눈짓, 어투, 톤, 손짓 등 말은 아니지만, 그 사람은 생각이나 감정을 간접적으로 표현하는 것을 가리킨다. 특정 비언어를 한두 번이 아니라, 여러 번 일관되게 하고 있다면, 마음속의 뭔가를 드러내고 있다는 표시다.

비언어적 행동의 정확성은 실험연구에서 볼 수 있다. 두 사람이 대화하는 장면을 비디오로 찍어 분석한 결과, 비언어적 제스처들이 말보다 더 정확하고 진실된 감정을 표현하고 있었다고 한다.[99]

비언어적 행동이 알려주는 감정과 욕구의 예로는 다음과 같은 것들이 있다.[100]

- 눈 마주치기를 피한다 → 뭔가 숨기려 함

98 안진환 역 (2006), p.148 참고
99 박승주 역 (2007), p.92 참고
100 상동, pp.94-97 참고

- 상대방 어깨 너머 뭔가를 보거나, 주변을 힐끔거린다 → 내 말이 따분함
- 살짝 고개를 내게 돌린다 → 마치 내 말을 더 잘 들으려고 하는 듯하지만, 사실은 나를 평가하고 있음
- 고개를 갸우뚱거린다 → 미심쩍다는 표시
- 고개를 끄덕인다 → 내 말에 동의
- 말을 하면서 몸을 내 쪽으로 기울인다 → 내 말에 관심이 있어서 합의로 다가가고 있다는 표시임
- 몸을 좌우로 흔들거나 자주 고쳐 앉는다 → 불안, 초조, 의심
- 팔을 벌리고 있다 → 협상 과정에 대해 긍정적
- 팔짱을 끼고 있다 → 거부 의사
- 앉아서 의자 위에 팔을 걸친다 → 우월감, 거부감
- 손바닥을 펼쳐 보인다 → 긍정적, 숨기지 않겠다는 표시
- 머리 위로 손을 깍지 낀다 → 우월감, 지배력 표시
- 양 손가락 끝을 서로 두드린다 → 우월감, 협상을 자기가 주도하고자 하는 욕구
- 양손을 꽉 쥔다 → 걱정, 초조, 확신이 없음
- 다른 신체 부위를 만진다 (코, 귀, 턱, 머리, 옷 등) → 초조, 불안
- 다리를 꼬고 앉아 있다 → 건방짐, 우월감, 거부 의사 (2,000여 개의 거래를 찍은 비디오를 분석한 연구 결과, 다리를 꼬고 앉은 사람들 간에는 거래가 성사되지 않았다.[101])

4. 상대방의 허세나 기만을 알아차리는 방법

가. 상대가 보이는 신호

상대의 말이나 행동에서 다음과 같은 신호가 보이면 허세를 부리거나 나를 속이는 중이므로 주의 깊게 관찰해야 한다.

① **망설임과 일관성 부족** : 구체적인 질문을 받았을 때, 유창하고 일관되게 대답하는 것

101 상동, p.37 참고

을 어려워한다.

② **비언어적 신호들 :**

· 손으로 입을 가리기

· 코를 긁기

· 기침하기

· 안절부절못하거나 발을 움직이기

· 눈맞춤 회피

③ **말하기 패턴 :**

· 단어나 구절의 반복

· 말더듬기

· 잦은 멈춤

· 모호하거나 애매한 말 사용

④ **비일관성** : 자기모순적인 말을 하거나, 이야기를 바꾸거나, 비현실적인 주장을 한다.

⑤ **응답 시간 증가** : 일반적으로 거짓말을 할 때 응답 시간이 더 길어진다.

⑥ **방어적인 몸짓** : 팔짱 끼기, 뒤로 기대기, 또는 긴장된 표정 짓기.

⑦ **과도한 정당화** : 설득하기 위해 너무 많은 단어를 사용하거나 주장을 과장한다.

이러한 허세를 탐지하기 위해서는 협상 중에 잘 준비되고 편안한 상태를 유지하는 것이 중요하다. 이를 통해 자신의 불안감보다는 상대방의 행동에 집중할 수 있다.

나. 확인을 위한 질문

협상 중에 상대의 허세나 기만을 테스트하려면 다음과 같은 질문들을 할 수 있다.

- **구체적인 세부 사항 요청** : "언급하신 더 나은 제안에 대해 자세히 설명해주실 수 있나요? 구체적으로 무엇이 포함되고 제외되었습니까?"
- **시기에 대한 명확한 설명 요구** : "그 제안을 정확히 언제 받으셨습니까?"
- **출처에 대한 질문** : "누가 구체적으로 이 제안을 하셨습니까?"
- **제약 조건에 대한 질문** : "왜 이 거래에 대해 시간이나 자원이 제한적인가요? 이러한 제약은 어떻게 생겼습니까?"
- **필요 사항 탐색** : "어떤 구체적인 필요나 선호도 때문에 이런 입장을 취하게 됐습니

까? 이러한 요구사항들을 어떻게 결정하셨습니까?"

- **역순 설명 요청**: "상황의 끝에서 시작해서 거꾸로 설명해주십시오."
- **예상치 못한 질문**: "이 제안은 지난 1년간 받으신 다른 제안들과 비교하면 어떻습니까?"

기억할 점은 상세한 응답이 필요한 개방형 질문을 하는 것이 핵심이라는 것이다. 만약 상대방이 허세를 부리고 있다면, 일관되고 명확한 답변을 하는 데 어려움을 겪거나 응답하는 데 오래 걸릴 것이다. 이러한 질문에 대한 답변을 들을 때, 언어적 응답뿐만 아니라 비언어적 신호에도 주의를 기울여야 한다.

Ⅲ. 상대하기 어려운 사람과의 협상

까다로운 사람은 작은 문제에도 지나치게 따지며, 양보도 하지 않고 말투가 직설적이다. 자기 말만 하고, 내가 말하려 하면 바로 끼어드는 경우도 많다. 이런 사람들은 상대방에 대한 배려가 없어서, 예를 들어 병가를 신청하면 "일부터 먼저 끝내고 가라"고 하는 상사나, 집 앞 쓰레기 좀 치우라고 하면 화부터 내는 이웃과 같다. 이런 사람을 협상 상대로 만나면 난처하고, 앞으로 어떻게 대처해야 할지 막막해질 수 있다. 때로는 그 사람이 싫어 중요한 협상이지만 포기하게 되는 경우도 있다.

이런 까다로운 사람을 상대할 때는, 우선 그 사람이 **왜 그런 행동을 하는지** 알아본 뒤에 대응 전략을 세워야 한다. 평소에는 그렇지 않았는데, 특정한 계기로 **일시적으로** 까다롭게 굴고 있을 수도 있고, 어떤 목적을 달성하려고 일부러 그렇게 행동하는 것일 수도 있다. 아니면 **성격 자체가 원래 까다로워서** 그럴 수도 있다. 무작정 맞대응하기보다는 그 이유를 먼저 파악하면 더 적절한 대응책을 마련할 수 있다.

아래에서는 까다롭게 행동하는 이유 3가지를 살펴보고 각각에 대응하는 방법을 제시하였다.

① 의도적으로 까다롭게 행동하는 사람
② 성격이 까다로운 사람
③ 병적으로 까다로운 사람

1. 의도적으로 까다롭게 행동하는 사람

평소에는 합리적인 사람이라도, 특정 상황에서 고집을 부리거나 이유 없이 거부하는 경우가 있다. 이런 행동은 보통 그 협상에서 큰 이득을 보려는 욕심 때문에 나타난다.

이럴 때는 상대방이 왜 그런 행동을 하는지 먼저 파악하는 것이 중요하다. 상대방의 까다로운 행동에 바로 맞대응하거나 반발하지 말고, 잠시 물러서서 상황을 정리해 보는 것이 좋다. 마음을 가다듬고 나서 다시 대화를 이어가는 것이 더 효과적이다.

이와 관련하여 윌리엄 유리(William Ury) 교수는 저서 「거절을 넘어서는 방법

(Getting Past No)」에서 다섯 가지 전략을 제시하였다.[102] 유리 교수는 이 방법을 '돌파 협상(breakthrough negotiation)'이라고 불렀다.

① 반발하지 말고, 발코니로 가라

상대방이 도발적이거나 감정을 자극하려 할 때, **즉각적으로 반응하지 않는 것**이 중요하다. 감정적으로 대응하면 협상이 제대로 이루어지지 않기 때문이다. 대신, 잠시 물러서서 상황을 객관적으로 바라보는 '발코니로 가는 전략'을 선택하는 것이 좋다. 이렇게 하면 감정에 휘말리지 않고 이성적으로 사태를 분석하고 판단할 수 있다. 상대방의 말에 휘둘리지 않고 침착하게 대처하면 협상에서 주도권을 유지할 수 있다.

② 상대방의 편으로 다가가라

상대의 입장에서 상황을 바라보면 그의 진짜 욕구와 속마음을 읽어낼 수 있다. 상대방의 관점에서 문제를 바라보려 노력하고, 적절한 질문을 통해 그의 동기와 관심사를 파악해야 한다. 이때, 진심 어린 호기심과 경청을 보여주는 것이 중요하다. 상대가 무엇을 원하는지 이해함으로써 윈윈할 수 있는 대안을 함께 찾을 수 있다.

③ 게임의 규칙을 바꿔라

상대방의 게임에 휘말리지 않고, 협상의 프레임을 바꾸는 것은 매우 효과적이다. 이는 협상을 전통적인 힘겨루기에서 윈윈으로 전환시키는 것을 의미한다. 상대방이 고집스럽게 나오더라도, 모두에게 이익이 되는 방법이 있음을 설득하고 창의적인 해결책을 함께 찾자고 제안한다.

④ 승인하기 쉽게 만들어라

상대방은 내 말을 듣는 것이 체면을 잃는 것처럼 느낄 수 있다. 이럴 때는 상대방이 체면을 지킬 수 있도록 상황을 잘 포장하는 것이 중요하다. 예를 들어, 그가 도와줘서 문제가 해결되었다거나, 그의 결단 덕분에 모두가 이익을 얻었다고 감사의 표현을 하면 상대방은 자신의 결정이 긍정적으로 평가받고 있다고 느낄 것이다.

102 Ury (1991) 참고

⑤ 거부하기 어렵게 만들어라

상대방이 나의 제안을 이성적으로 받아들일 수 있도록 만들기 위해서는 충분한 정보를 제공하고, 상황을 명확히 설명하는 것이 필요하다. 상대가 합리적으로 판단할 수 있도록 도와주고, 나의 대안이 윈윈할 수 있는 방법임을 설득해야 한다.

⑥ 거절하기

이상 5가지 방법 이외에 상대방의 요청을 거절하는 방법으로 두 개의 긍정문 사이에 부정문(거절)을 끼워 넣는 방법이 있다.[103] 먼저 나의 이익과 요구사항을 긍정문으로 만들어 말하고, 그런 다음 상대방의 요구나 행동에 대해 "안 된다"는 거절문을 넣고, 마지막으로 다시 내 제안을 긍정문 형식으로 말한다.

예를 들어, 한 직원이 집안일을 이유로 주 3일 재택근무를 요청해왔을 때, 회사 입장에서 그것을 거절해야 한다면, 다음과 같이 3단계로 말한다.

- 먼저, 나의 관심사와 요구를 표현하여 "우리 영업장에 많은 고객이 찾아오는데 우리의 임무는 그들에게 적극적인 서비스를 제공하는 것입니다."라고 말한다.
- 이어서 그의 요구를 거절하여, "당신 상황을 이해는 하지만 고객을 우선해야 하는 우리 회사로서는 받아줄 수 없습니다."라고 말한다.
- 마지막으로 그의 의견을 존중하면서 그에게 새로운 제안을 한다. 거절하는 것으로 대화를 끝내버리면 그가 반발할 수 있기 때문이다. "집안일 때문에 회사에 매일 출근하기 어렵다면 다른 대안을 같이 찾아봅시다. 다른 영업장으로 전근하는 것도 고려할 수 있겠네요."라고 제안한다.

2. 성격이 까다로운 사람

성격이 까다로운 사람을 협상 테이블에서 만나면 협상은 매우 힘들어진다. 특히 이들이 협상을 윈루즈 방식으로 생각하고, 자기 입장을 굽히지 않으며, 타협 없이 강경한 태도를 취하면 더욱 그렇다. 이런 사람들은 때로는 분노, 협박, 감정적 호소 같은 방법을 사용하기도 하고, 그런 행동에 대해 전혀 미안함을 느끼지 않는다. 그들은 협상 자체를 그

103 Ury (2007) 참고

런 방식으로 해야 한다고 믿는다.

그렇다고 해서 첫인상만으로 상대방이 까다로운 사람인지 판단하는 것은 위험하다. 협상이 진행되면서 성격이 드러나는 것이지, 짧은 대화나 첫인상으로 성격을 속단하는 것은 섣부르다. 직관은 경험 많은 전문가가 사용할 수 있는 기술이지만, 일반인이 이를 잘못 사용하면 선입견을 갖게 될 수 있다. 따라서 협상 초기에는 상대방을 섣불리 판단하지 말고, 신중히 그들의 행동을 지켜보는 것이 중요하다.

재미있는 사실은, 까다로운 성격의 사람을 잘 대처하면 좋은 협력자가 될 수 있다는 점이다. 까다로운 사람의 성격을 잘 맞추어 주고, 그들에게 인정받으면 긍정적인 결과를 얻을 수 있다. 까탈스러운 교수의 성격을 잘 맞춰줘서 그로부터 인정을 받은 학생의 사례가 있다.[104] 조지(George)는 까다로운 성격으로 악명 높은 한 교수의 수업을 듣는 학생이다. 다른 학생들은 그 교수를 두려워하고 피하려 하지만, 조지는 교수의 성격을 잘 파악하고 적극적으로 소통하였다. 조지는 교수가 원하는 것을 미리 예상하고, 교수의 의견에 동의하며, 그의 아이디어를 존경한다는 말을 아끼지 않았다. 이러한 전략을 통해 조지는 교수의 신뢰를 얻고, 좋은 평가와 같이 일하게 되는 기회까지 얻게 되었다.

이 사례에서 조지의 '목표'는 교수의 신임을 얻는 것이었고, 이를 위해 교수의 '핵심가치'를 파악한 결과, 그가 완벽주의자고, 자신의 의견에 강하게 집착하는 성격임을 알아냈다. 구사한 '전략'은 그 교수를 존중해주고 적극적으로 소통하는 것이었다. 동시에 자신의 감정을 잘 관리하고 긍정적인 태도를 견지하였다.

가. 까다로운 정도가 심하지 않은 경우

일반적으로 성격이 까다롭긴 하지만 그 정도가 심하지 않은 사람이 있다. 어느 정도 말이 통하고 합리적인 의논이 가능한 사람이다. 간혹 고집을 부리고 강경하게 나올 때도 있지만 차분히 얘기하면 수긍도 하고 양보도 어느 정도 하는 사람이다. 이런 사람을 상대할 때는 다음과 같이 하면 효과적이다.

① 성격을 언급하지 말고, 행동에 초점을 맞춘다

상대의 성격을 지적하는 말은 피해야 한다. 예를 들어, "김 과장은 매사에 시비 거는

104 Fisher & Shapiro (2005), 제5장 참고.

사람이다", "이 팀장은 예산안 협의 때마다 멍청하게 행동한다", "홍 대리는 협상할 때 늘 정신 나간 것 같다" 같은 말은 상대의 성격에 대한 언급이다. 이는 상대방이 처한 상황이 아닌, 그 사람의 성격 때문에 문제가 발생한다고 생각하는 표현이다. 게다가 이런 말에는 '항상', '늘' 같은 단어가 자주 포함되며, 이는 상대방의 반발을 불러일으킬 수 있다. 사람들은 자신의 성격을 지적당할 때 크게 반발하기 마련이다.

반면, 성격 대신 행동에 초점을 맞추는 표현은 다음과 같다. "박 주임이 회의에 자꾸 늦게 와서 짜증난다", "최 과장이 후배들을 혼내는 방식이 마음에 안 든다", "심 대리가 이미 합의한 사항을 번복하는 걸 보고 화가 났다" 등이다. 이런 표현은 상대의 성격이 아닌, 특정 행동을 지적하는 것이다. 상대는 자신의 행동에 대한 객관적인 사실을 듣게 되므로, 성격을 공격당했다고 느끼지 않고, 자신의 행동을 돌아볼 가능성이 높아진다.

② '나-메시지'를 쓴다

상대의 흠을 지적할 때 상대를 직접적으로 겨냥하면 흠을 고치기보다는 반발하기 십상이다. 그래서 '너-메시지'(You-message) 대신 '나-메시지'(I-message)를 쓰면 상대의 감정을 건드리지 않아서 반발을 줄일 수 있다. 나-메시지는 문장의 주어를 '너' 대신 '나'로 하는 것이다.

예를 들면 다음과 같이 표현할 수 있다.

- 너-메시지: "당신 글의 이 부분이 논리적으로 다소 어색한데, 다시 한번 봐주시겠어요?"
- 나-메시지: "저는 이 부분이 논리적으로 조금 어색하다고 느꼈는데, 함께 검토해 볼 수 있을까요?"
- 너 메시지: "당신은 내 말을 전혀 듣지 않아!"
- 나-메시지: "내 의견이 무시당하는 것 같아 속상해요. 서로의 의견을 경청하면 좋겠어요."

나-메시지에 추가하여 다음과 같은 표현을 활용하면 상대의 반발을 줄이는데 도움이 된다.

"저도 이전에 비슷한 경험이 있었는데..."

"다른 관점에서 생각해보면 어떨까요?"
"함께 더 좋은 결과를 만들어 보면 좋겠어요."

③ 내 편으로 만든다

까다롭지만 어느 정도 유연한 면도 있다면 그를 내 편으로 만들 수 있는 여지가 있다. 까다로운 사람은 대개 다른 사람으로부터 인정받고 싶어 하는 인정욕구가 강하고, 본인 의견을 상대방이 존중해주길 원한다. 이들은 자존심이 강하면서도, 동시에 자신이 피해를 당하였다고 느끼거나 열등감을 가진 경우도 많다. 이러한 상반된 감정이 복잡하게 얽혀 있는 사람이다.

따라서 그의 언행을 유심히 관찰해보면 그의 성향을 파악할 수 있다. 그런 후 그의 역할과 지위에 맞게 대우해주고, 그의 자아 인식을 존중해주면, 점차 적개심을 풀고 나를 파트너로 받아들이기 시작한다.

물론, 이런 과정이 쉽지만은 않다. 까다로운 사람은 종종 변덕스러운 모습을 보이기도 하므로 그의 이중적인 언행을 견뎌내야 하는 어려움이 있다. 하지만 협상에서 그를 내 편으로 만드는 것이 매우 중요한 상황이라면, 그의 변덕스러움을 참고 견뎌야 한다. 반대로, 협상이 결렬되더라도 큰 문제가 되지 않는다면 과감히 그와의 협상을 포기하는 것이 나을 수도 있다.

④ 가르치지 않는다

사람은 누군가가 가르치려고 하면 상황에 따라 좋게 받아주기도 하지만 반발하는 경우가 더 많다. 특히 까다로운 사람은 그런 것을 절대 허용하지 않는다. 까다로운 사람은 자존심이 강하기 때문에 "틀렸다"라며 가르치려고 하는 순간 그는 이미 귀를 닫고 적개심을 보인다. 가장 좋은 방법은 상대방이 문제로부터 스스로 알아차리게 하는 것이다. 옆에서 잘못을 지적하기보다는 스스로 자기가 한 일을 보고 잘못된 부분을 알아차리게 하는 것이다.

예를 들면, 협상 상대가 즉흥적으로 터무니없는 제안을 던지고 그것을 고집하고 있다고 하자. 제3자가 봐도 그 제안이 말도 안 되는 것이라는 것을 알 수 있을 정도라면 그것의 부당함을 직접적으로 지적하지 않는 것이 좋다. 일단 협상을 정회하고 상대가 스스로 자신의 제안을 돌아보고 문제점을 알아차리게 하거나 주변 사람들의 의견을 들어보게 하는 것이 더 낫다.

나. 까다로운 정도가 심한 경우

까다로운 성격의 정도가 심하여 유연한 면도 별로 없고 자기주장만 하고 꼬투리 잡기, 고집, 흥분, 말 뒤집기, 협박과 같은 전술을 쓰는 사람이라면 정말 같이 얘기하는 것 자체가 어렵다. 그런 사람을 협상 테이블에서 효과적으로 대처하려면 특별한 전술이 필요하다.[105]

① 성격은 변하지 않는다

성인이 되어 고착된 성격은 쉽게 변하지 않는다. 성격을 바꾸려면 오랜 시간이 걸리거나, 인생의 큰 사건을 겪고 나서 스스로 바꿀 결심이 있어야만 가능하다. 그러나 협상은 한두 번의 짧은 만남으로 이루어지는 경우가 대부분이기 때문에, 까다로운 상대의 성격을 바꿔보려는 시도는 의미가 없다. 까다로운 성격의 상대를 대할 때는 그와 협력하거나 원윈을 시도하기보다는, 그가 고집스러움을 보이면 맞대응하거나 결렬되는 상황도 받아들이는 것이 더 현명하다. 이렇게 해야 마음도 편해질 것이다.

② 결렬을 감수한다

상대가 과도한 요구를 하거나 양보를 전혀 하지 않으면 단호하고 명확하게 "아니오"라고 말하는 것이 필요하다. 거절이 자칫 결렬로 이어질까 걱정되어 말하지 못하는 사람이 있는데, 손해를 감수하더라도 합의를 해야 하는 상황인지 객관적 시각에서 판단해봐야 한다. 만약 합의가 꼭 필요하지 않다면 결렬도 하나의 선택 사항이다.

③ 도전에 맞선다

까다로운 사람들은 조롱, 괴롭힘, 모욕, 속임수, 과장된 말 등 다양한 방식으로 상대를 압박한다. 이런 사람들과 맞서는 것은 매우 힘든 일이다. 때로는 그들의 공격을 피할 수 있기도 하지만, 피하지 못해 상처를 입기도 한다. 이런 상황에서는 도망치거나 회피하지 말고, 정면으로 맞서는 것이 오히려 효과적이다. 까다로운 사람들은 상대가 피하거나 약한 모습을 보이면 더 강하게 공격하기 때문에, '공격이 최선의 수비'라는 자세를 취하는 것이 필요하다.

105 Hackley (2020) 참고

이런 사람과 맞서기 위해서는 철저한 사전 준비가 필수다. 자신의 목표, 저항선, 첫 제안, 결렬시최선책(BATNA), 협상 시나리오, 법적 문제 등을 꼼꼼히 준비한 후에 협상에 임하면, 까다로운 상대라도 충분히 이겨낼 수 있다.

④ 황금다리(golden bridge)를 놓아준다

황금다리를 놓는다는 것은 **상대방이 체면을 세웠다고 느끼고, 결과에 대해 부분적으로라도 자신의 승리로 여길 수 있게 만든다는 의미**이다.[106] 즉, 상대방이 협상 과정에서 존중받고 있다고 느끼고 협상 결과에서 어느 정도 만족할 수 있는 길을 만들어주는 것이다.

예를 들어, 관리자로서 능력은 뛰어나지만 고집이 센 직원에게 중요한 프로젝트를 맡기려 하자 바쁘다는 핑계로 거절하였다. 이 경우, 직접적인 압박 대신, 이렇게 제안하는 것이 좋은 방법이다. "김과장, 이 프로젝트가 당신 실력에 비해 너무 쉬운 것이라 거절한 것으로 생각됩니다. 나도 동의합니다. 원안대로 일반적인 방식으로 프로젝트를 진행하면 당신의 전문성을 제대로 발휘하기 어렵겠네요. 전체 업무 프로세스를 재설계하는 책임을 맡아주시면 어떨까요? 그러면 혁신적인 아이디어를 적용하면서 더 큰 도전과제도 해결할 수 있을 것 같은데요. 그게 당신의 능력에 더 잘 맞지 않을까요?"

이런 제안이 "황금다리"가 되는 이유는,

- 상대방의 처음 반대 의견을 인정한다
- 상황을 그의 자긍심(혁신가로서)에 맞게 재구성한다
- 그가 자신이 원하는 조건으로 수락하도록 하여 "승리"한 것처럼 보이게 한다
- 결정 과정에서 압박이 아니라 그의 존엄성과 자율성을 지켜준다.

핵심은 상대가 나의 제안을 받아들이는 것이 압박에 굴복한 것이 아니라 그들 스스로의 선택이며 그들의 이익과 부합한다고 느끼게 하는 것이다.

⑤ 이해관계로 초점을 바꾼다

성격이 까다롭고 처음에는 협력할 의지가 전혀 없어 보이는 상대일지라도, 그의 요구와 진짜 속마음을 파악할 수 있다면 협상은 순조로워질 수 있다. 그래서 상대가 내 말에 귀를 기울이고 조금이라도 협력할 의지가 보인다면, 겉으로 드러난 요구를 넘어서 진짜

106 황금다리는 Ury (1991)에서 제안된 개념이다.

욕구에 초점을 맞춰 협상을 진행하는 것이 좋다.

이를 위해서는 상대와의 라포(rapport) 형성을 통해 신뢰를 쌓고, 적극적으로 경청하며 질문을 던져 상대의 속마음을 파악하는 것이 중요하다. 우호적인 관계를 만들고, 공동의 이익을 강조하며 설득하면 까다로운 상대도 결국에는 협력의 길을 택할 가능성이 높아진다. 까다로운 사람들은 속마음을 잘 드러내지 않지만, 이러한 접근법을 통해 그들이 숨기고 있는 진짜 요구를 끌어낼 수 있다면 협상은 훨씬 수월해진다.

⑥ 경청하고, 협력적인 태도를 유지한다

속마음 협상이 가능해 보일 때는 상대방에 대해 협력적인 태도를 유지하는 것이 중요하다. 상대의 말을 적극적으로 경청하고, 그에 따라 후속 질문을 던져 상대의 욕구와 기대를 이해하려는 노력을 기울이는 것이 좋다. 이러한 태도는 갈등을 완화하고 상호 이익을 도모하는 데 큰 도움이 된다.

단순히 경청하는 것에 그치지 않고, 내가 그의 말을 제대로 이해했다는 점을 분명히 해주는 것이 필요하다. 이를 위해 상대가 한 말을 요약해서 다시 들려주는 방식이 효과적이다. 예를 들어, "방금 말씀하신 내용은, ~라는 점이 가장 중요하시다는 말씀이신 거죠?"와 같은 방식으로 요약해 말하면, 상대는 자신이 충분히 이해받고 있다는 느낌을 받아 협상 과정에서 더 신뢰를 하고 협력할 가능성이 커진다.

⑦ 상대방을 참여시킨다

상대방을 함께 문제를 풀어가는 장으로 끌어들이는 것이 좋은 방법이다. 내가 아무리 합리적인 제안을 하더라도 까다로운 사람이 그것을 전적으로 받아들일 가능성은 거의 없다. 문제 풀이에 상대도 함께 참여시키면 확실한 해법을 찾기 쉽고 또 이행하는 데도 큰 도움이 된다.

예를 들어, 영화감독 스티븐 스필버그가 13살 때 한 남학생에게 끊임없이 괴롭힘을 당하였는데 이 상황을 반전시킨 얘기가 있다. 스필버그는 힘으로는 그 친구를 이길 수 없다고 생각했고, 차라리 친구로 만들자는 생각을 하게 되었다. 그래서 당시 자신이 습작으로 만들었던 전쟁 영화에 그 친구를 출연시켰다. 그에게 나치에 맞서 싸우는 전쟁영웅을 연기하도록 초대한 것이다. 그 결과 "헬멧과 방탄복, 배낭을 갖춘 그를 영화 속 분대장으로 만들었죠. 그 후 그는 저의 가장 친한 친구가 되었습니다."라고 스필버그는 회상하였다.[107] 이는 해결책을 찾는 데 상대방을 참여시킴으로서 좋은 관례로 전환시킬 수 있다는 사실을 보여준다.

3. 병적으로 까다로운 상대

괴팍하고 까다로운 성격이 병적으로 심한 사람이 있다. 이런 사람을 상대할 수 있는 사람은 심리치료사나 심리상담사와 같은 전문가뿐이다. 만약 이런 사람을 협상 테이블에서 만난다면 협상을 포기하기 돌아가는 것이 상책이다. 이들은 절대 대화가 안 되고, 더욱이 이긴다거나 윈윈하는 것은 불가능한 일이다.

그렇다면 병적인지 아닌지를 어떻게 알 수 있을까? 상대방이 정상적인 사람이 할 수 있는 언행의 범위를 벗어나고 그것이 지속적이고 반복적이고 정도가 심하다면 한번 의심해 봐야 한다.

아래에서는 그런 비정상적인 언행의 심리 메커니즘을 설명하였다. 이것을 참고하여 상대의 언행을 잘 관찰하면 병적인지 판단하는 데 어느 정도 도움이 될 것이다.

가. 자아방어기제

정신분석학자 프로이트(Sigmund Freud)는 인간의 마음은 자아(ego), 초자아(superego), 원초아(id)로 구성되어 있고, 각각 독특한 작동원리를 가지고 있으며, 개인의 행동과 심리 상태에 큰 영향을 미친다고 주장한다.

- **원초아** : 인간의 가장 원초적이고 본능적인 부분이다. 출생 시부터 존재하며, 즉각적인 만족을 추구하는 쾌락 원칙을 따른다. 성적 충동이나 공격적 충동 같은 기본적인 욕구와 충동을 포함하며, 논리나 현실을 고려하지 않는다. 예를 들어, 배고픔을 느끼면 즉시 음식을 찾으려는 욕구가 원초아의 작동 방식이다.
- **초자아** : 도덕적 기준과 이상을 대표하는 부분이다. 사회적 규범과 부모의 가르침, 문화적 가치관 등을 내면화한 결과로 형성되며, 옳고 그름에 대한 강한 감각을 가지고 있다. 초자아는 자아가 도덕적이고 윤리적으로 행동하도록 압력을 가하며, 원

107 스필버그는 어릴 때부터 영화제작을 즐겼는데, 12세에 처음 영화 대본을 만들었고, 13세에는 처음 전쟁영화를 제작하였다. https://myhero.com/s_spielberg_dnhs_us_2012 참고

초아의 충동을 억제하고 통제하려고 한다. 예를 들어, 초자아는 정직하게 행동하라고 자아에게 요구하며, 거짓말을 하고 싶은 욕구를 억제한다.

- **자아** : 현실과의 상호작용을 담당하는 정신의 중심부이다. 외부 자극과 내부 충동 사이에서 조율 역할을 하며, 초자아의 도덕적 규범과 원초아의 본능적 욕구 사이의 균형을 유지하려 노력한다. 하지만 현실과의 갈등이나 심적 불안에 직면했을 때, 자아는 불안감을 낮추고 정신적 안정을 유지하기 위해 방어기제를 사용하게 된다. 예를 들어, 배고플 때 바로 음식을 먹을 수 없는 상황이라면, 자아는 적절한 시기와 방법을 찾는다.
- **자아방어기제**(ego defense mechanism) : 자아, 원초아, 초자아 간의 갈등이 불안을 야기한다. 자아는 현실 원칙을 따르며, 원초아는 쾌락 원칙을, 초자아는 도덕 원칙을 따르기 때문이다. 이런 불안과 내적 갈등을 피하기 위해 무의식적으로 자아방어기제가 작동하는데 일종의 심리적으로 자아를 보호하기 위한 전략이라고 볼 수 있다.

대표적인 자아방어기제에는 **억압, 부인, 투사, 합리화** 등이 있다. **억압**은 불쾌한 기억이나 감정을 무의식 속에 눌러 두는 것이다. 부인은 현실을 인정하지 않고 거부하는 것이다. 투사는 자신의 부정적인 감정을 다른 사람에게 떠넘기는 것이다. **합리화**는 자신이 한 일을 정당화하려고 그럴듯한 이유를 대는 것이다.

방어기제를 구분하여 ① **성숙한 방어기제**와 ② **미성숙한 방어기제**로 나눈다. **성숙한 방어기제**는 일반인들이 흔히 사용하는 것으로 방어기제를 적절하게 활용하여 본인의 불안과 불편한 마음을 조절하기 때문에 이상한 행동도 아니고 주변에 특별히 나쁜 영향을 주지 않는 언행들로 이뤄져있다.[108] 이것은 자아의 균형 기능이 강하고 자존감이 적당한 사람들이 사용한다.

반면에 **미성숙한 방어기제**는 방어기제를 활용하되 과도하거나 한 방향으로 지나치게 사용함으로써 오히려 비정상적인 행동하고 주변에 불편과 불안을 초래하는 언행을 보이는 것이다. 이것은 자아의 균형 기능이 약하고 자존감이 낮은 사람들이 흔히 사용한다.

아래에서는 **미성숙한 자아방어기제**들을 살펴본다. 협상 상대방이 이런 것을 사용한다고 판단되면 그의 언행은 병적으로 비정상적이기 때문에 가능한 한 맞대응을 피하는

108 성숙한 방어기제를 성숙도가 가장 강한 것부터 나열하면 이타주의, 금욕주의, 승화, 유머, 억제 등이 있다.

것이 상책이다.

나. 미성숙 자아방어기제

미성숙 방어기제 중에서 미성숙의 정도가 가장 약한 것부터 나열하면 다음과 같다. 뒤로 갈수록 미성숙의 강도가 강하며, 이런 범주에 들어가는 언행을 하는 상대방은 조심스럽게 대하여야 하고 가능한 한 마주치는 것을 피하는 것이 좋다.

① 억압(repression)

억압은 불안에 대한 1차적 방어기제로서, 가장 흔히 쓰인다. 용납하기 어려운 생각이나, 욕망, 충동, 감정, 상상, 기억, 소망 등이 의식되지 않게 무의식 속에 눌러 넣는 작용을 한다.[109] 특히, 죄의식, 창피, 자존심 손상 등과 같은 경험은 고통스럽고 불안을 야기하므로, 억압의 가장 흔한 대상이다.

② 부정(denial)

의식적으로는 도저히 감당할 수 없는 어떤 생각, 욕구, 충동에 대해 무의식적으로 부정함으로써 불안을 방어해 보려는 수단이다. 예를 들면, 암에 걸렸다는 진단을 받았을 때 의사의 오진이라고 생각하거나. 사랑하는 자식이 죽었을 때, 그 죽음 자체를 부인하면서 살아서 오늘 밤에 집으로 돌아올 거라고 생각한다.

③ 투사, 투영(projection)

자신이 무의식에 품고 있는 욕구와 충동이 창피하다고 느낄 때 그것을 자신이 느끼는 것이 아니라 타인의 것이라고 돌림으로써 창피한 마음을 정리하는 것이다. 이것은 가장 미숙하고 병적인 정신기제의 하나이다. 이것은 사고(thinking)에 투사되면 '망상'이, 지각의 형태로 투사되면 '환각'이 된다.

예를 들면, 성적 충동을 느끼는 시어머니가 그것이 수치스럽다고 생각하기 때문에 감

109 무의식(unconscious)은 非의식이라고도 하는데, 본능적 욕구와 소망이 표출되지 못하도록 자아가 억눌러서 담아놓는 곳을 가르킨다. 사람 마음에는 무의식에서 의식으로 올라오려고 하는 힘과 그것을 눌러 막는 힘 사이에 끊임없는 싸움이 생긴다.

취야 하는데 감추기 어렵다는 것을 알자 멀쩡한 며느리에게 덮어씌워서 부정한 여자라 지목하고 욕하는 경우가 해당된다. 또 돈은 없지만 명품 가방을 사고 싶은데 만약 명품을 들고 다니면 욕을 얻을 먹을 것 같아 망설이는 경우에, 명품을 사는 친구를 보자 돈도 없으면서 명품을 산다고 비난함으로써 불편한 감정을 해소한다.

인권과 평화를 주장하는 사람 중에는 성적 충동이나 학대 충동을 느끼고 있는 사람들이 있는데, 이들은 자신의 성적 충동을 다른 여성이 성적 충동을 느낀다고 덮어씌우고 그녀를 대상으로 성추행을 일삼거나, 자신의 아이에 대해 학대 충동을 느낄 때 그것을 감추고 아내에게 학대충동이 있다며 아내를 오히려 심하게 구타한다.

④ 전치, 전이, 치환(displacement)

"종로에서 뺨 맞고 한강에 가서 눈 흘긴다"는 속담이 이것에 해당된다. 원래 대상에게 주려고 했던 나쁜 감정을 다른 대상에게 넘겨서 분풀이하는 것이다. 일반적으로 원래 대상보다 약한 대상에게 분풀이한다.

예를 들면, 언니를 미워하는 여동생이 언니에게 대들 수는 없으니 언니 책가방에 흠을 낸다. 또 자신의 도덕적 타락으로 죄책감에 사로잡힌 사람이 자신에 대해서는 어떤 문책을 할 수 없으므로 대신에 손이 더러운 짓을 했다며 강박적으로 손을 씻는다. 가족에게 사랑을 받지 못하는 아이가 가족 대신 학교 선생님을 사랑하는 것도 이 방어기제에 해당된다.

⑤ 취소(undoing)

무의식에서 자신의 본능적 욕구로 인하여 상대에게 나쁜 짓을 했다고 생각될 때, 그것을 취소하고 원상 복귀하려는 일종의 속죄 행위이다.

예를 들면, 부인을 때린 남편이 자신의 행위를 취소시키기 위해 부인에게 꽃을 사다 주는 행위가 해당된다. 또 입사 동기의 빠른 승진에 질투심을 느끼고, 자동차 사고로 죽어버렸으면 좋겠다고 생각했다가, 곧 죄책감을 느끼고 그 동기에게 뜬금없이 "차 사고 조심해~~"라고 문자를 보내기도 하며, 부정으로 돈을 벌면 그 죄책감을 씻기 위해 자선사업에 기부하기도 한다.

⑥ 합리화(rationalization)

본인이 알아차리지 못한 어떤 동기에서 나온 행위가 틀렸거나 마음에 들지 않을 때 그 동기를 그럴듯하게 포장하는 것으로, 자기 보호와 체면 유지를 위해 아주 흔히 쓰는 방어기제이다. 이때 누군가 그 실제 동기를 지적하면 화를 내는 것이 일반적인 반응이다.

합리화는 흔히 볼 수 있는 것으로 이솝우화의 '여우와 신포도' 이야기도 이것에 해당된다. 포도나무 밑에서 여우가 포도를 따 먹으려고 깡총깡총 뛰어보지만, 키가 닫지 않자 포기하면서 그 포가가 신맛이 나서 차라리 안 먹는 게 더 낫겠다고 생각하는 것이다.

합리화는 자기 기만행위이지만, 정상인도 마음의 평안을 얻기 위해 흔히 사용하는 방어기제이다. 그러나 그 정도가 지나치거나 병적으로 심하면 망상을 갖게 된다.

거짓말과 합리화는 차이는 거짓말은 의식적으로, 합리화는 무의식적으로 한다는 점에 있다.

참고 논리 불통의 방(logic-tight compartment)[110]

흔히 "내로남불"의 정신세계가 이것에 해당된다. 논리적으로 모순되는 두 개의 심리 현상을 갖고 있으면서도 괴로움이나 갈등을 느끼지 않는 상태이다. 자신은 더 큰 비행을 저지르고 있으면서, 남의 허물을 헐뜯기 좋아하는 사람이 전형적으로 여기에 해당된다.

예를 들어, '내로남불'의 정치인은 이중 잣대에 대한 죄책감을 전혀 느끼지 못하며, 그것을 지적당하면, "국민을 위해 했다", "피할 수 없는 상황이었다" 등과 같은 구실로 합리화한다.

이것은 마음의 분열 상태로서, 이중인격자가 되며, 결국 자기 정체성에 혼란을 느끼게 되고, 대인관계에 곤란을 겪게 된다. 자신의 이중 잣대에 대해 잘못을 느끼지 못하므로 병적이라고 본다.

⑦ 신체화, 자기에게로의 전향(turning against self)

타인에 대한 공격적 충동을 타인에게 할 수 없으므로 자신에게로 돌리는 것이다. 예를 들면, 엄마에게 야단맞은 아이가 엄마에게 대들면 더 맞으므로 자기 머리를 벽에 찧는다. 또 애인과 심하게 다투고 결별하기로 한 후 자신을 버려버리는 행위로서 자살을 감행한다.

110 논리적 모순 방, 논리적 밀실, 논리적 칸막이 등으로도 번역된다.

⑧ 행동화(acting out)

마음의 상처를 행동으로 바로 표현하는 것이다. 예를 들면, 화가 나면 바로 물건을 부수는 행위가 해당하는데, 그런 행동을 함으로써 마음의 안정을 찾는다. 일반인은 그런 행위를 하지 않도록 자아가 조절을 하지만 자아방어기제가 왜곡된 사람은 그런 조절기능이 약해졌기 때문에 부수는 행위를 무의식적으로 하게 된다.

⑨ 반동형성(reaction formation)

겉으로 나타나는 태도나 행동이 마음속의 욕구와 반대인 경우로서, 본능적 욕구를 억압만으로 누를 수 없을 때, 그것과 정반대의 욕구를 만들어내 대항하는 것이다.

예를 들면, 겉으로 친절하고 관대한 사람의 마음속에는 악의와 가학성이 자리 잡고 있을 수 있다. '미안합니다'를 연발하는 사람은 강한 소유욕과 인색한 본심을 감추기 위해 그렇게 하기도 한다. 미운 상사에게 오히려 아부하고 잘 보이려고 행동하는 것도 이것에 해당될 수 있다. 호언장담은 내심의 허약함에 대한 반동이고, 뻔뻔스러움은 열등감의 반동이고, 맹목적인 사랑은 증오감의 반동일 수 있다.

⑩ 퇴행(regression)

현재 겪는 불안과 갈등을 벗어나기 위해 과거의 발달 수준으로 돌아가는 것으로 가장 미성숙한 방어기제라고 볼 수 있다. 예를 들면, 어린 아이가 동생이 새로 출생하자 부모의 애정이 그 애기에게 쏠리는 것을 보고 대소변을 가리지 않고 애기처럼 행동이 이것에 해당된다.

협상 Tip 공산주의자의 협상술

6.25전쟁의 정전회담에 유엔 측 수석대표로 참여했던 미 해군 제독 C. Turner Joy 중장이 직접 공산군 측 협상대표와 협상을 했던 과정을 자세하게 기록한 책 「How Communists Negotiate」(번역 「공산주의자는 어떻게 협상하는가」을 보면 공산주의자들의 협상술을 잘 파악할 수 있다.[111]

저자는 공산주의자들이 사용한 협상술을 책 표지에서 함축적으로 잘 표현하고 있다.[112]

왼쪽 책 제목의 맨위를 보면, 2×2=6이라고 하면서 6을 지우고 5로 표시하고 있다. 공산주의자들은 처음에는 2×2는 4가 아니라 6이라고 줄기차게 우기다가 상대방이 지쳐서 "포기해버릴까" 하는 생각을 할 때쯤 "내가 양보해서 5라고 해줄 테니 합의하자"는 식으로 접근한다는 사실을 표현하고 있다.

실제 정전협상에서 공산군 측은 휴전 조건으로 무리한 것들을 요구하면서 오래 시간을 끌었고, 그러자 미국의 대통령과 국회에서 조바심이 나서 대폭 양보를 해주고 휴전에 합의하였다. 이 책에서 보이는 공산주의자들의 협상술은 다음과 같다.

- 속임수가 있는 의제를 제시한다.
- 기획된 돌발 사건을 만든다.
- 불리하면 지연술을 쓴다.
- 합의하더라도 이행하지 않아도 된다는 점을 염두에 두고 합의한다.
- 논점을 흐린다.
- 양보한다는 것은 약하다는 증거이므로 더 세게 몰아붙인다.
- 진실을 부인하고 왜곡한다.
- 같은 사안을 오랜 기간 요구하여 상대를 질리게 하는 전술을 구사한다.
- 합의한 내용을 아무렇지 않게 번복하고 파기한다.

111 공산군 측 수석대표는 중공군 덩화 부사령관, 북한측 대표는 남일이었다.

112 공산주의자들의 협상술은 다음 인물들이 언급한 협상의 의미에 잘 나타나있다.

· 레닌 : "화해를 구하는 것은 역량을 비축하기 위한 수단이고, 평화는 전쟁 준비를 위한 일종의 휴식 방법이다."

· 김일성 : "대화건 협상이건, 적을 날카롭게 공격해서 궁지에 몰아넣는 혁명의 적극적인 공격 형태다."

· 공산주의 교본 : "협상은 2보 전진을 위한 1보 후퇴하고자 할 때, 상대를 기만할 필요가 있을 때, 상대로부터 원조를 얻어낼 것이 있을 때 활용한다."

9

협상 상황

Ⅰ. 신뢰

협상에서 신뢰는 매우 중요한 요소이다. 특히 서로 이익을 얻는 윈윈(Win-Win) 협상을 하려면 상호 간의 신뢰가 바탕이 되어야 한다. 상대방을 믿지 못하면 서로 속마음을 터놓기 어렵고, 결국 각자 자신의 이익만 챙기려 하므로 함께 유익한 해결책을 찾는 것은 불가능하다. 본 절에서는 신뢰를 형성하고 확인하는 과정, 그리고 신뢰가 깨졌을 때 다시 쌓는 방법에 대해 살펴본다.

1. 신뢰의 형성

가. 신뢰의 의미

신뢰는 다양한 연구자들에 의해 여러 가지로 정의된다.

- 교환관계에 있는 당사자들이 서로의 취약성(vulnerability)을 이용하지 않을 것이라는 상호 확신[113]
- 상대방이 선의를 가지고 있으며, 또 그 선의를 수행할 역량을 가지고 있다고 확신하는 정도[114]
- 감시하거나 통제하지 않더라도 상대방이 자신에게 중요한 어떤 행동을 잘 해 낼 것이라는 기대에 근거해서, 상대방의 행동에서 발생할 수도 있는 위험 가능성을 기꺼이 수용하려는 것[115]
- 타인이 예측 가능한 방향으로 행동할 것이라는 확신이나 판단의 정도[116]

위의 정의들을 종합하면 신뢰는 "상대방이 어떤 상황에서도 내가 기대하는 방향으로

113 Barney & Hansen (1994) 참고
114 Cook & Wall (1980) 참고
115 Mayer, Davis & Schoorman (1995) 참고
116 Webb (1996) 참고

행동하고 내게 협력할 것이라는 믿음"이라고 정의할 수 있겠다.

한편, 신뢰는 사람의 성격처럼 한번 형성되면 거의 변하지 않는 특성을 가진다고 주장하는 학자도 있고,[117] 상대방의 행동과 상황에 따라 변한다는 보는 학자도 있다.[118] 후자의 경우는 예컨대 상대가 내게 협력하고 특히 그 협력하는 과정에 비용을 감수하는 것을 보고 그를 신뢰하게 되었다면 향후에 만약 상대가 비협력적인 행동을 한다면 신뢰를 철회한다고 주장한다.

협상 상황에서 보면, 상대방을 비교적 쉽게 신뢰하려고 사람도 있고 남을 쉽게 못 믿고 신뢰에 시간이 걸리는 사람도 있다. 또한 신뢰 관계가 형성되었지만 상대의 행동 여하에 따라 그 관계가 무너지기도 한다. 따라서 신뢰는 상대적인 개념이라고 보는 것이 더 현실적이고, 상대방과 신뢰의 형성과 유지에 각별한 신경을 써야 한다.

나. 신뢰의 원천

내가 누군가를 신뢰하려면 그 사람과 나 사이에는 다음과 같은 3가지 요소가 있어야 한다.[119]

① 억지력(deterrence)

신뢰를 약속을 지킨다는 개념으로 본다면, 상대방이 약속을 지키게 하기 위해서는 내가 상대방의 행동에 대한 억지력을 가지고 있어야 한다. 여기서 억지력은 상대방의 행동에 대해 처벌, 제재, 인센티브, 보상 제공, 법적 조치, 계약 체결 등으로 대응할 수 있는 능력을 의미한다. 내가 이런 권한을 가지고 있다면 상대방은 나와의 약속을 지킬 수밖에 없고, 그로 인해 신뢰가 형성된다.

하지만 억지력에는 부작용이 있다. 억지력을 행사하려면 둘 사이에 억지력이 작동하게끔 하는 관계를 구축하고 유지하며, 감독하고 모니터링해야 하는데 그것에 많은 노력과 비용이 든다. 또한 억지력이 과하게 사용되면 상대방이 저항할 가능성도 있다. 예를 들어, 반발이론(reactance theory)에 따르면, 벽에 "낙서 절대 금지"라는 문구를 써놓으면 낙서를 더 많이 유발하기도 하고, 주차장에서 주차되어 있던 차가 나가려고 해서 옆

117 Gelfand (2018) 등 참고
118 Lewicki (2002) 등 참고
119 김성환 등 역 (2020), pp.208-211

에서 기다리면 그 차는 갑자기 미적대며 천천히 차를 뺀다.

② 지식

상대방에 대한 지식과 정보를 많이 알수록 그의 행동을 정확히 예측할 수 있게 된다. 그렇게 되면 그에 대한 신뢰는 커진다. 만약 상대를 잘 알지 못하는 상태에서 장기간 거래를 해야 한다면, 그의 행동 패턴을 예측하기 위해 세밀한 정보를 축적해가는 것이 현명한 방법이다.

③ 동질성

동질성에 기반한 신뢰는 상대방과 감정적으로 연결되어 서로의 희망과 의도를 완전히 이해하는 데서 생긴다. 서로의 가치를 인정하고, 감정적으로 소통하며, 동조할 수 있을 때 깊은 신뢰가 형성된다. 이러한 신뢰는 감정적인 관계를 통해 강화된다.

다. 신뢰를 얻는 방법

신뢰를 얻는 방법에는 **인지적 방법**(cognitive route)과 **정서적 방법**(affective route)이 있다.[120]

인지적 방법은 합리적이고 계획적인 사고와 노력에 기초한 방법으로 다음과 같이 한다.

- 공동 목표와 비전을 공유한다.
- 인적 네트워크의 공통점을 활용한다.
- 공동의 문제나 공동의 적을 찾아낸다. 공동의 적은 우리 편을 단결시키고 서로 신뢰하게 만든다.
- 미래에 초점을 맞춘다. 미래 지향일 때 사람들은 서로 믿고 단합하려 한다.

정서적 방법은 직관과 감정에 기초한 방법으로 다음과 같이 한다.

- 서로 유사성을 찾아낸다. 유사한 사람들끼리 서로 믿고 의지하는 경향이 강한데 이

120 김성환 등 역 (2020), pp. 211-222 참조

를 **유사성-끌림 효과**(similarity-attraction effect)라고 한다.

- 자주 만난다. 자주 만나는 것만으로도 가까워지고 믿게 되는데 이를 단순노출효과라고 부른다.
- 물리적 위치가 가깝게 있는 것도 효과적이다. 이를 근접효과라 부른다.
- 상호주의 법칙을 준수한다. 이는 주고받기를 의미하는데, 인간관계에서 일방적으로 주는 관계는 오래가지 못한다.
- 상대에 대해 좋게 얘기해준다. 심지어 아첨도 효과가 있다고 한다. 아첨이라고 인지하더라도 아첨하는 사람에 관한 호의와 신뢰 향상에 도움이 된다.[121]
- 자신의 이야기를 먼저 한다. 상대에게 먼저 이야기하는 것은 불편하고 쉽지 않다. 내가 먼저 하는 것이 상대를 배려하는 인상을 주고 호감을 느끼게 한다.

2. 신뢰의 확인

레이건 미국 대통령은 생전에 "믿어라. 하지만 검증하라."라는 유명한 말을 남겼다. 남을 믿는 것은 좋은 덕목이다. 하지만 "믿는 도끼에 발등 찍힌다."는 속담도 새겨들어야 한다.

신뢰를 확인하는 방법으로는 다음과 같은 것이 있다.

- 상대가 결정을 번복할 수 있는 여지를 주고, 만약 그가 합리적인 이유 없이 결정을 번복한다면 그 사람은 신뢰할 수 없는 사람으로 판단하고 협력 관계를 청산하는 것이 바람직하다. 이를 협상에 적용한다면, 모든 이슈에 대해 최종 합의가 이뤄질 때까지는 중간에 어떤 결정도 번복할 수 있다는 원칙을 세우는 것이 효과적이다. 이렇게 하면, 번복하는 측은 신뢰를 의심받게 되므로 신뢰를 지키기 위해 번복을 자제하게 된다.
- 협력을 조금씩 쪼개서 하는 방법도 유용하다. 상대방이 어떻게 행동하는지를 지켜보면서, 점진적으로 다음 단계를 진행하는 것이다. 협상에서 "조금씩, 천천히"라는 원칙을 적용해 신뢰를 확인하고 쌓아가는 방식이다.

121 김성환 등 역 (2020), p.221 참조. 아첨을 받는 리더의 경우에는 그가 아첨을 긍정적으로 받아들이고 거부하지 않으면 부하들은 그를 능력 없는 순진한 리더라고 보고 조직의 공정성과 헌신에 부정적인 영향을 미칠 수 있다고 한다.(Sezer et al. (2018) 참조)

3. 신뢰의 회복

가. 상대가 신뢰를 깼을 때

상대방이 신뢰를 깼는데 그가 다시 접근해오면 먼저 신뢰 관계를 복원할까 생각해보고, 만약 그것이 좋겠다는 판단이 서면, 상대방의 변명을 들어주는 것부터 시작한다. 변명을 들어줄 때 그의 변명과 주장에 동의할 필요는 없고, 단순히 들어주기만 하면 된다. 그런 뒤에 그의 변명에 일리가 있다면 받아주고 아니라면 관계를 끊는 쪽으로 선택한다.

또한 상대방이 왜 신뢰를 깼는지, 어떤 상황에서 그런 결정을 내리게 되었는지 이해하려는 노력이 필요하다. 상대의 상황을 이해하면, 앞으로 비슷한 상황이 반복되지 않도록 예방할 수 있으며, 신뢰를 회복할 가능성도 커진다.

나. 내가 신뢰를 깼을 때

내가 잘못을 했다면 가능한 한 빨리 사과하는 것이 급선무다. 사과하는 타이밍을 놓치면 더 이상 사과할 기회를 못 얻는다.

만약 내 잘못이 아니라 단순한 오해로 인한 일이라면, 그 오해를 풀기 위해 명확히 설명하는 것이 필요하다. 예를 들면, "제가 사정을 설명하는 이메일을 보냈는데, 못 보신 모양입니다", "이런 일로 심려를 끼쳐 죄송합니다만, 제 뜻은 이렇습니다."라는 식으로 내 뜻을 분명히 전하는 것이 필요하다.

많은 사람은 자신의 잘못이 아닌 상대방의 오해 때문이라고 생각하는 경우가 많다. 그러나 문제는 상대방의 인식에 있다. 만약 상대와 다시 만날 일이 없으면 더 이상 문제를 해결할 필요는 없겠지만, 업무상 협력하거나 자주 마주쳐야 하는 관계라면 상대의 생각을 존중하고, 그 인식을 바꿔줄 필요가 있다. 이를 위해 다음의 방법을 권장한다.

- **과거보다 미래에 초점을 맞춘다**. 사람은 한번 믿게 된 것을 쉽게 바꾸려고 하지 않는다. 상대가 나를 의심한다면 오해하는 부분을 적극적으로 해명을 하는 것이 필요하지만, 그때 과거 일에만 중점적으로 해명하려고 하지 말고 둘이 앞으로 무엇을 어떻게 할 것인지도 얘기해야 그가 나와의 관계를 전향적으로 검토하게 된다. 그에게 내가 필요하다면 그는 둘의 관계를 다시 생각하고 오해를 적극적으로 풀어볼 생각을 하게 된다.

- **둘 사이의 인간관계를 재확인한다.** 이는 상호 이해와 공감을 높이는 데 도움이 된다. 예를 들어, 상대방과 솔직한 대화를 통해 서로의 입장을 이해하고, 신뢰 회복을 위한 구체적인 계획을 세우는 것이 도움이 된다.
- **오해가 생길 것 같으면 즉시 행동한다.** 오해가 확산되지 않도록 신속히 해결하는 것이 중요하다. 예를 들어, 사무실에 직접 찾아가 해명하거나, 전화로 상황을 설명하면서 양해를 구하는 등의 빠른 행동이 신뢰 회복에 큰 도움이 된다.
- **사과와 함께 작은 호의를 보인다.** 잘못에 대해 사과하면서, 작은 선물이나 성의를 함께 전달하는 것도 효과적이다. 예를 들어, 사과 편지와 함께 작은 선물을 건네는 것은 진심을 표현하는 좋은 방법이다. 이를 통해 상대방에게 진정성을 전달할 수 있고, 신뢰를 다시 쌓는 데 도움이 된다.

다. 신뢰 회복 시도 시 주의 사항

신뢰를 회복하려면 아래와 같은 점들을 주의 깊게 고려해야 한다. 신뢰를 쌓기도 어려운 일이지만, 한 번 잃은 신뢰를 다시 회복하는 것은 훨씬 더 어렵다. 이 과정은 시간이 필요하고, 무엇보다 진정성 있는 태도가 필수적이다.

- **직접 만나서 대화하라.** 특히 상대가 나를 속이고 있다고 느낄 때는 반드시 대면으로 만나서 대화하는 것이 좋다. 대면 대화를 통해 상대방의 진심을 더 정확하게 파악할 수 있다.
- **상대가 더 많은 정보를 가지고 있을 때는 조심스럽게 접근하라.** 상대가 나보다 더 많은 정보를 가지고 있다면, 협상에서 나는 불리한 입장에 설 수 있다. 이럴 때는 서두르지 말고 천천히 접근하는 것이 현명하다. 섣부르게 신뢰 회복을 시도하다가는 오히려 역효과를 낼 수 있다.
- **상대방에 대한 정보를 최대한 수집하고 검증하라.** 상대에 대한 정보를 충분히 수집하고, 상대에게도 구체적인 자료를 요구하면서 그 정보의 정확성을 확인해야 한다. 제3자의 도움을 받아 정보를 확인하는 것도 좋은 방법이다.
- **상대가 질문을 피하거나 주제를 바꾸는가?** 그렇다면 이는 뭔가 숨기고 있거나 문제가 있다는 신호일 수 있다. 따라서 더 주의 깊게 관찰하고 대응해야 한다.
- **미심쩍은 부분은 반드시 질문하고 확인하라.** 신뢰 회복 과정에서 중요한 점은 모든 의심을 투명하게 해결하는 것이다. 미진한 부분이 있으면 꼭 질문을 통해 확실하게

짚고 넘어가는 것이 중요하다.

- **투명성과 정직성을 유지하라**. 신뢰를 회복하는 과정에서는 자신의 행동과 결정에 대해 솔직하게 설명하고, 잘못된 부분이 있으면 빠르게 인정하고 수정해야 한다. 정직한 태도가 신뢰를 회복하는 데 가장 큰 도움을 줄 수 있다.
- **신뢰 회복은 시간이 걸리는 일이다**. 신뢰는 하루아침에 회복되지 않는다. 지속적인 노력과 헌신이 필요하다. 상대방에게 진심으로 다가가며, 신뢰 회복을 위해 꾸준히 노력해야 한다.

Ⅱ. 관계

협상에서 상대방과의 관계는 협상 과정과 결과에 큰 영향을 미친다. 좋은 관계를 맺고 있을 때와 나쁜 관계를 맺고 있을 때, 협상 진행 방식과 결과는 확연히 달라질 수 있다. 특히 협상에서 상호 이익을 추구하는 윈윈 전략을 실현하려면 상대방과 우호적인 관계를 맺고 있어야 한다. 그렇지 않으면 서로 협력하기 어려워지고, 각자의 이익만을 추구하게 되어 협상이 실패할 가능성이 커진다. 아래에서는 협상 상대와 우호적인 관계를 형성하고 유지하는 방법, 그리고 적대적인 관계를 우호적으로 전환하는 방법에 대해 살펴본다.

1. 우호적 관계의 형성

유사한 태도와 가치관을 공유하는 사람들 사이에서 우호적인 관계가 자연스럽게 형성된다. 예를 들어, '죄수의 딜레마'와 같은 배신의 유혹을 느끼는 상황에서도 서로 유사성을 느끼는 사람들은 협력적인 선택을 하게 된다.

동일한 집단에 속한 구성원들은 소속감을 통해 우호적인 관계를 형성하고 강한 유대감을 느끼게 된다. 유대감이나 공동체 의식, 동료애 등을 체감하고 외부세력의 위협에 맞서 함께 싸운 경험을 갖게 되면 집단응집력이 강화되고 끈끈한 우호적 관계가 형성된다.

특히 다른 집단과 비교되고 경쟁하는 상황이면 구성원 간 유대감이 더 강해진다. 예를 들어, A집단은 '개나리'라는 명칭을 가지고 멤버들이 한 테이블에 함께 앉아 있고, B집단은 '진달래' 명칭으로 멤버들이 옆의 한 테이블에 앉아서 서로 경쟁해야 하는 경우와, A, B 두 집단이 동일하게 '소나무'라는 명칭을 가지고 두 테이블에 나눠 앉아서 서로 경쟁해야 하는 경우를 비교해보자. 흥미롭게 전자의 경우에 A집단과 B집단의 유대감이 후자의 경우보다 더 높게 나왔다. 집단의 명칭이 다르면 상대 집단과 경쟁의식이 더 강해져서 유대감과 응집력이 더 증가하는 것이다. 반면에 두 집단의 명칭이 같으면 경쟁을

하더라도 앞의 경우에 비해 유대감이 떨어진다.[122]

또한 서로 협력하여 일을 한 사람들끼리는 우호적 관계를 이루기 쉽다. 이와 관련하여 쉐리프(Muzafer Sherif) 교수의 실험 연구가 흥미로운 결과를 보여준다. 여름 캠프에 입소한 두 소년 집단을 서로 경쟁시키고 상대의 약점을 이용하도록 하여 적개심을 형성시킨 후, 두 집단 모두에게 캠프의 고장 난 물탱크를 함께 분해하여 수리소에 운반하는 것을 "공동 목표"로 설정하고 함께 협동하여 일하라고 시켰다. 그러자 앞서 형성된 적대감이 사라지고, 두 집단이 협력하여 우호적인 관계를 형성하는 모습을 보였다.[123]

2. 우호적 관계와 적대적 관계의 지속 이유

사람들은 한번 좋은 관계를 맺으면 계속해서 서로 존경하고 도움을 주고, 반면 사이가 나빠지면 서로 미워하고 싸우는 행동을 지속한다. 왜 그럴까? 그 이유는 자기완성예언, 선택적 지각, 선택적 기억 같은 심리적 이유로 설명할 수 있다.

자기완성예언(self-fulfilling prophecy)은 어떤 사건이 일어날 것이라고 믿으면 실제로 그 사건이 일어나게 되는 현상을 말한다. 즉, 자신의 믿음이 현실이 되는 것을 가리킨다. 이것은 다음과 같은 심리적 과정을 통해 일어난다.

① 특정 결과에 대한 예측이나 기대를 형성
② 그 예측에 따라 행동
③ 그 행동이 결과에 영향을 미침
④ 예측했던 결과가 실제로 발생.

예를 들어, "나는 시험에 꼭 떨어질 거야"라고 생각하는 학생은 시험공부를 소홀히 하게 되고, 결국 시험에 떨어질 가능성이 커진다. 반대로, "나는 이 일을 잘 해낼 수 있어"라고 자신하는 사람은 더 적극적으로 노력하고, 그 결과 성공할 가능성이 커진다.

이와 같은 맥락에서, 우호적인 관계에서는 서로가 호의적인 행동을 하리라 믿고 그러한 행동을 실제로 하며, 이것이 반복되어 관계가 더 돈독해진다. 반면, 적대적인 관계에

122 Sherif & Sherif (1953) 참고
123 Sherif (1967) 참고

서는 서로 부정적으로 인식하고 행동하여 갈등이 지속될 수 있다. 예를 들어, A가 B를 부정적으로 생각하면 A는 B에게 퉁명스럽게 대할 것이고, B는 이에 적대적으로 반응하게 된다. A는 이를 보고 자신의 판단이 맞다고 생각하며, 관계는 악화된다.

선택적 지각(selective perception)은 사람이 자신의 기대, 경험, 태도 등에 부합하는 특정 정보만을 인식하고 다른 정보는 무시하는 경향을 가리킨다. 다른 사람에 대해 부정적인 감정을 가지면 그의 부정적 행동에 주목하고, 반면에 긍정적 감정을 가질 때는 긍정적 행동에 주목하는 경향이 있다. 따라서 우호적인 관계를 맺고 있는 사람들끼리 서로에 좋은 정보만 받아들여서 계속 사이좋은 것으로 인식하게 되고, 적대적 관계의 사람들은 나쁜 면만 보고 관계가 계속 나빠지게 된다.

선택적 기억(selective memory)도 중요한 역할을 한다. 이것은 개인이 자신의 신념, 태도, 감정 등과 일치하는 정보를 더 잘 기억하고 회상하는 경향을 말한다. 우호적인 사람에 대해서는 호감 가는 행위들만 주로 기억하고 있어 그에 대해서 계속 좋은 사람이라고 생각하고 우호적인 관계를 유지한다. 그리고 적대적이 사람에 대해서는 그의 나쁜 행동만 기억하고, 그로 인해 적대적인 관계를 유지하게 된다.

3. 관계함정

관계함정(relationship traps)은 우호적이고 건강한 관계를 유지하는 데 방해가 되는 여러 요소를 의미한다. 이러한 함정은 다양한 형태로 나타나며, 인식하지 못한 채 빠지게 되면 관계가 나빠질 수 있다. 다음은 대표적인 관계함정이다.[124]

- **잘 믿는 성격** : 상대는 아직 나와 좋은 관계까지 가지 않았다고 생각하는데 나는 벌써 상대를 믿고 내 속을 다 드러내는 성격이다. 상대방을 쉽게 믿는 성격 때문에 상처받고 배신당하기 쉽다.
- **새로운 관계 모색** : 한 사람과 좋은 관계가 끝난 후 너무 빨리 다른 사람을 찾는 함정이다. 이는 종종 이전 관계에서 해결되지 않은 감정적 문제들로 인해 새로운 사람에게서 건강한 관계를 만들지 못하는 경우가 많다.
- **조작** : 상대방이 처음에는 매우 관심을 기울이는 것처럼 보이지만, 시간이 지남에 따라 상대방의 감정과 생각을 자신의 의도대로 조작하는 경우이다.

124 Pace (2002) 참조

- **'눈이 멀다'** : 흔히 "눈에 콩깍지가 씌었다"는 의미로서, 상대방의 특정 특성이나 성취에 너무 집중하여 그들의 부정적인 면을 보지 못하는 경우이다. 예를 들어, 상대방의 부나 사회적 지위에 매료되어 그 사람의 진정한 성격을 보지 못할 수 있다.
- **비난과 공격** : 둘 사이 관계에 문제가 발생할 때 상대방에게만 책임을 돌리는 함정이다. 이는 관계의 신뢰와 친밀감을 빠르게 무너뜨릴 수 있으며, 문제 해결보다는 갈등을 심화시키게 된다.

4. 협상에서 좋은 인간관계 형성 방법

협상 상대방과 우호적인 관계를 형성하는 방법으로 흔히 사용하는 것은 다음과 같다.

- **인맥을 통해 접근하고 신용과 신뢰를 쌓는다**. 처음 보는 상대방과 바로 좋은 관계를 만들어가는 것은 쉽지 않다. 만약 주변 인물이 다리를 놓아줄 수 있으면 큰 도움이 되므로 이런 사람을 적극적으로 찾아내는 것이 효과적이다.
- **선물이나 정보 제공, 작은 양보를 통해 친밀감을 쌓는다**. 좋은 관계는 천천히 형성된다. 선물이나 도움을 주거나 유용한 정보를 제공하는 등 작은 호의들을 통해 서서히 친밀한 관계를 쌓아가는 것이 중요하다. 이러한 과정에서 상대방과의 신뢰가 점차 깊어진다.
- **관계함정에 빠지지 않도록 조심한다**. 상대를 쉽게 믿지도 말고 첫인상이 전부라는 식으로 판단하지 말아야 한다.
- **항상 "상호주의 원칙"을 지킨다**. 즉, 주고받기 원칙을 지키는 것이 필요한데, 일관성 있고 믿음이 가게 행동한다. 그리고 내게 공정하게 대하는 사람에게는 공정하게 대하고, 불공정하게 나오면 그것을 알아 차리도록 분명히 지적한다.

5. 적대적 관계를 우호적 관계로 전환하기

만약 협상 상대와 어떤 이유에서든 적대적인 관계에 놓여 있는데, 효과적인 협상을 위해 그와 관계를 개선하고 싶다면 다음과 같은 방법을 쓴다.

가. 일반적인 방법

- **감정적 반응을 이성적으로 대처한다.**[125] 비록 상대방이 감정적으로 대응하더라도 우리는 이성적으로 대응해야 적대적 관계가 부드러워질 수 있다. 이는 상대방의 감정적인 반응에 휘말리지 않고, 상황을 냉철하게 분석하여 대응함으로써 갈등을 최소화할 수 있음을 의미한다. 이러한 이성적인 접근은 상호 간의 신뢰를 구축하는 첫 걸음이 될 수 있다.
- **적극적인 경청과 상호 이해가 필요하다.**[126] 적대적 관계를 전환하는 데 있어서 대화 채널을 열어두고, 상대방의 의견을 적극적으로 경청하는 것이 중요하다. 적극적인 경청은 상대방의 입장을 이해하고, 갈등의 원인을 파악하는 데 도움을 준다. 또한, 상대방의 이해관계에 대한 관심을 표현함으로써 상대방이 자신의 입장이 존중받고 있다고 느끼게 할 수 있다. 이는 갈등 해결에 있어서 중요한 요소이다.
- **상호 존중과 양보의 문화를 조성한다.**[127] 상대방의 인격을 공격하지 않고 문제 자체에 집중할 것을 권한다. 이는 갈등을 해결하기 위해 필요한 상호 존중의 기반을 마련해준다. 또한, 상대방이 양보를 할 경우 이에 대한 보답을 통해 상호 신뢰를 강화할 수 있다. 이러한 상호 존중과 양보는 갈등 해결 과정에서 상호 협력을 증진시키는 중요한 역할을 한다.
- **작은 은혜를 베풀거나 선물을 준다.** 일본 사람들이 많이 쓰는 방법인데, 이러한 작은 행동은 적대적인 관계를 부드럽게 만들고, 우호적인 관계로 전환하는 데 기여할 수 있다.
- **문제 해결을 위한 협력을 모색한다.** 문제 해결을 위해서는 상호 간의 이익을 충족시키는 방법을 모색하고, 필요할 때 제안을 수정할 의사를 표명하는 것이 필요하다. 이는 상대방에게 갈등 해결을 위한 진정성을 전달하는 데 도움을 준다. 또한, 상대방이 제안한 타협안을 존중하고, 그에 대한 보답을 통해 관계를 전환시킬 수 있다.

그러나 이런 방법들이 실제 적대적 관계의 바탕을 이루는 불신의 벽을 얼마나 부술 수 있을지는 의문이다. 이런 방법이 효과가 있으려면 상대가 이쪽의 선의를 그대로 받아

125 Fisher & Brown (1989) 참조
126 Pruitt & Rubin (1986) 참조
127 Fisher & Ury (1981) 참조

들여서 관계 개선에 함께 나아가야 하는데, 그것이 말처럼 쉽지 않기 때문이다. 그리고 상대가 앞에서 언급한 선택적 지각, 선택적 기억, 귀인 왜곡 등과 같은 인지오류에 빠져 있으면 나의 시도를 곡해하고 거짓 접근이라고 치부하여 거부하기도 한다.

나. 일방적 양보

상대방과 적대적 관계를 개선하기 위해 일방적으로 양보해 주는 것은 효과가 있을까? 사실, 일방적 양보는 상대방이 강한 불신을 가지고 있을 때 효과적인 전략이 될 수 있다. 예를 들어, 이집트의 사다트 대통령이 1977년 예루살렘을 전격 방문한 사건은 이집트와 이스라엘 간의 평화 협상을 촉진한 중요한 사례이다. 사다트의 이 방문은 이스라엘 국민들 사이에서 진정한 평화를 위한 노력으로 받아들여졌고, 양국 간 관계 개선의 첫걸음을 내딛는 계기가 되었다.

일방적 양보가 효과적이 되기 위해서는 다음의 몇 가지 중요한 조건이 필요하다.[128]

- **당신이 양보한다는 것을 사전에 알린다**. 그래서 상대에게 마음의 준비를 시킨다.
- **일단 알렸으면 실행에 옮긴다**.
- **취소하지 않고 무조건적이어야 한다**. 그래서 그 조치들이 대가를 바라고 하는 것이 아니라, 갈등을 풀기 위해 기울이는 노력이라고 이해될 수 있어야 한다.
- **자신에게 부담이 되는 양보여야 한다**. 가벼운 양보가 아닌, 실제로 비용이나 손해를 감수하는 양보가 상대방에게 진정성을 전달할 수 있다.
- **양보는 지속적으로 이어져야 한다**. 그래서 상대도 따라 양보하게 하거나 어떻게 할지 생각할 시간을 주어야 한다.
- **눈에 띄는 양보여야 한다**. 상대가 기대하지 않던 것이어야 한다. 그래서 상대에게 다시 생각하게 해야 한다.
- **타당하고 지속적인 이유를 제시한다**. 관계 개선을 바라는 진정한 이유를 명확히 설명해야 하며, 그렇지 않으면 단기적 이익이나 다른 의도를 가진 것으로 오해받을 수 있다.
- **강자가 양보하는 것이어야 한다**. 양보하는 측이 상대방보다 더 강한 위치에 있거나 최소한 동등한 위치에 있어야 한다. 강자가 자발적으로 양보하면 약자는 그 이유를 협력하려는 의도로 받아들일 가능성이 크기 때문이다.

128 Osgood (1962) 참고

이러한 일방적 양보는 갈등을 완화하고 신뢰를 구축하는 데 매우 효과적일 수 있지만, 상대방이 양보를 약점으로 간주하거나 이를 이용하려는 경우에는 역효과를 낼 수 있다. 예를 들어, 상대방이 갈등을 통해 얻을 수 있는 이익이 더 크다고 판단할 경우, 일방적 양보는 오히려 관계를 악화시킬 수 있다. 따라서 일방적 양보는 상대방의 상황과 의도를 신중하게 고려한 후에 사용해야 하는 전략이다.

다. 대화 시도

대화는 적대적 관계를 개선하는 데 필수적인 역할을 한다. 대화를 통해 서로의 입장을 더 잘 이해하고, 갈등의 원인을 파악할 수 있다. 대면 접촉과 대화는 상대방의 동기와 민감한 부분을 이해할 기회를 제공하며, 상대방에게 자신의 입장을 납득시키는 중요한 계기가 된다. 이를 통해 고정관념을 극복하고, 갈등 해결로 나아가는 방향을 찾을 수 있다.

그러나 대화의 시도는 상대방과의 관계가 '적당히' 부정적일 때 가장 효과적이다. 지나치게 적대적인 관계에서는 대화가 오히려 역효과를 낼 수 있다. 이 경우 대화 채널이 악용되거나, 상호 불신이 더욱 심화될 수 있기 때문이다. 따라서 대화는 적절한 시점에서 시도되어야 하며, 대화의 목적은 갈등 해결에 집중해야 한다.

라. 제3자의 갈등 조정

제3자는 양측이 직접 대화하기 어려운 상황에서 중립적인 입장에서 갈등을 조정하고, 상호 신뢰를 회복하는 데 도움을 줄 수 있다. 제3자의 개입은 서로 간의 오해를 풀어주고, 감정적으로 고조된 상황을 진정시키는 역할을 한다.

제3자의 갈등 조정은 특히 양측이 직접적인 대화를 통해 갈등을 해결하기 어려운 경우에 효과적이다. 제3자는 갈등의 핵심 문제를 해결하려는 시도보다는, 갈등을 일으키는 주변 요인들을 조정하고 양측이 협력할 수 있는 환경을 조성하는 데 중점을 둔다. 이를 통해 갈등 당사자들이 좀 더 이성적으로 문제를 해결할 수 있는 여건을 만들어 주며, 궁극적으로는 관계를 우호적으로 전환하는 데 기여할 수 있다.

마. 행동 규칙의 설정

적대적 관계를 청산하기 위해 서로 어떤 행동을 자제하고 어떤 행동은 권장한다는 식의 규칙을 설정할 수 있다. 예를 들어, 부부 사이에 갈등이 많은 경우에 남편과 아내가 지켜야 할 규칙에 대해 서로 합의하는 것이다.

이 규칙은 갈등을 줄이고 더 나은 협력을 가능하게 하지만, 단순히 합의만으로는 진짜 문제의 원인인 관계의 개선까지 가지 못한다. 예를 들어, 부부 사이에서 문제를 해결하기 위해 심리치료사가 행동 규칙을 정해주더라도 이러한 것은 심리치료사가 관여하는 동안에만 효과가 있고, 치료가 종료되면 다시 원상태로 돌아간다. 둘 사이 관계가 개선되지 않았기 때문에 행동 규제만으로는 한계가 있기 때문이다.

이러한 규칙 설정이 관계 개선에 실패하는 이유는,

① 계약을 맺은 사람들 간의 신뢰 부족 때문이다. 서로에 대한 신뢰가 없으면, 규칙 준수에 대한 의지가 약해지고 결국 관계 개선은 실패하게 된다.
② 계약이 현재의 이슈만 다루고 있어서 시간이 지나면서 생기는 새로운 이슈들을 포괄하지 못하는 경우가 많기 때문이다.

따라서 단순히 행동을 규제하는 규칙의 설정보다는 윈윈 방식의 문제해결이 더 효과적이다. 윈윈해결을 시도하는 과정을 거치면서 양측은 새로운 이슈가 발생했을 때도 효과적으로 대응할 수 있는 자신감을 얻게 되며, 상대방이 공동 문제 해결을 위해 노력할 것이라는 믿음을 가질 수 있다. 이를 통해 적대적 관계는 점차 개선되고, 지속 가능한 협력 관계로 발전할 수 있다.

III. 체면

1. 협상에서 체면 세우기의 중요성

체면이란 자신의 이미지, 명성, 지위에 대해 스스로 부여한 가치를 의미한다. 이는 단순한 자존심 이상의 개념으로, 개인이나 집단의 사회적 지위를 지키고자 하는 강한 욕구를 반영한다. 협상에서 체면은 성과뿐만 아니라 과정에서도 중요한 역할을 한다. 협상 과정에서 체면이 유지되지 않으면, 아무리 좋은 결과를 얻더라도 당사자들은 만족감을 느끼지 못할 수 있고, 심지어 좋은 결과가 예상되더라도 결렬시켜 버리기도 한다.

협상 과정에서 상대방의 체면을 살려주고, 상대의 제안을 비록 거절하더라도 존중하는 자세를 보이고, 협상 결과에 대해 부분적으로라도 자신의 승리로 여길 수 있게 만드는 것을 '**황금다리(golden bridge)**'를 놓아준다고 표현한다.[129]

예를 들어, 마케팅팀장과 예산팀장이 새로운 제품 출시를 위한 마케팅 예산을 협상하고 있다. 구매팀장은 5,000만 원을 요청하고, 예산팀장은 4,000만 원까지 가능하다고 한다. 구매팀장은 여러 직원이 힘들게 작업하여 겨우 출시하게 되었으니 전폭적으로 지원해줄 요청했다. 예산팀장은 그의 사정을 무시할 수 없어서 잠시 고민한 후, "4,000만 원으로 시작하되, 광고 효과를 보면서 필요하면 1,000만 원을 더 지원하겠습니다. 그리고 이런 사실을 관련 팀원들에게 알리고, 제품의 상품성과 개발자들의 노고에 대해 내부 연락망을 통해 널리 알리겠습니다."라고 제안한다. 마케팅팀장은 4,000만 원으로 시작하는 것이 아쉽게 느껴지지만, 요청액 이상의 추가 지원을 약속받았으므로 자신이 협상에서 이긴 것처럼 느끼게 되고, 또 팀원들에 대한 칭찬과 격려도 곁들여져서 체면도 세웠으므로 만족한 성과로 받아들이게 된다.

협상에서 체면이 중시되는 상황은 다음과 같이 요약할 수 있다.[130]

- 협상이 공개적으로 진행될 때, 당사자들은 자신의 체면을 더욱 중시하게 된다. 이는 공개적인 자리에서의 실패가 개인의 사회적 지위에 큰 영향을 미친다.
- 집단을 대변하거나 상사에게 보고해야 할 때도 체면은 중요한 역할을 한다.

129 황금다리는 Ury (1991)에서 제안된 개념이다.

130 Thompson (2009) p.158 참고

- 집단으로 협상을 할 때도 개인 차원에서 할 때보다 더 체면을 차리려고 한다.
- 협상 당사자 간에 지위에 차이가 있을 때는 상위자가 체면을 반드시 세우려고 한다.
- 원래 마음의 상처를 잘 받는 사람이 체면 세우는 데 더 민감한다. 마음이 약하고 수줍어하는 사람이 양보를 잘할 것 같지만 이들의 내심에는 강한 자존심이 도사리고 있고 그 결과 체면이 손상되는 일은 하지 않으려고 한다. 양보를 하더라도 체면이 구겨지면서 양보하는 일은 피하려고 원한다.

2. 체면 민감성

체면 민감성(Face Threat Sensitivity 이하 FTS)은 개인이 얼마나 쉽게 감정이 상하고 마음의 상처를 받는지를 가리키며, 아래 표와 같은 설문지로 측정한다. FTS가 높은 사람은 협상에서 상처를 잘 받고 예민하기 때문에 윈윈전략을 효과적으로 수행하지 못할 수 있다. 이는 체면 민감성이 높은 사람들과 협상할 때 특별한 주의가 필요함을 의미한다.

표 9-1 **체면 민감성 테스트**

* 응답 방법 : 1 = 전혀 그렇지 않다, 5 = 그저 그렇다, 9 = 정말 그렇다

문항	1	2	3	4	5	6	7	8	9
1. 나는 쉽게 감정이 상하는 편이다.									
2. 나는 직접 비난을 받으면 대응을 잘못하는 편이다.									
3. 나는 마음의 상처를 쉽게 받는 편이다.									

(출처 : White, Tynan, Galinsky, & Thompson (2004))

마음의 상처를 잘 받는 사람과 협상할 때는 더욱 신중한 접근이 필요하다. 상처 준 것 같으면 얼른 사과하고, 칭찬을 자주 하며, 관계를 잘 맺어가자고 수시로 이야기하는 것이 중요하다. 또한, 협상 과정에서 덕분에 좋은 것을 배웠다고 인정해주고, 피드백해 줄 것을 요청하며, 내가 양보해 준 것을 상기시키는 것도 효과적이다. 미래를 강조하고 지난 일을 들추지 않는 것도 중요한 전략이다.

또한 상대가 최종안이라고 선언하더라도, 반발하지 말고 "알겠습니다. 그렇지만 몇 가지만 더 확인하고 싶습니다."라고 하면서 나는 최종안으로 받아들이지 않겠다고 알린다. 그래야 상대방이 나중에 번복하거나 수정하더라도 내가 최종안으로 받아들이지 않았으

므로 그 사람 입장에서는 체면이 깎인다는 느낌을 갖지 않게 된다.

3. 상대방의 체면을 세워주는 방법

상대방의 체면을 세워주는 방법은 협상에서 중요한 기술 중 하나로 다음과 같은 것을 들 수 있다.

- 상대방이 체면 깎인 것처럼 보이더라도 그런 말을 입 밖에 내지 않고, 그런 상황을 눈치챘다는 인상도 주지 않는 것이 중요하다.
- 상대가 '최후통첩'을 해오면 그것을 최후통첩으로 믿지 않겠다고 응답함으로써 나중에 상대가 취소할 여지를 만들어 준다. 상대가 나중에 최후통첩을 취소하려 하더라도 체면 문제 때문에 취소를 못하고 망설일 수 있다. 따라서, 최후통첩이라는 것을 모르고 있었다고 하면 상대는 편하게 취소할 수 있을 것이다.
- 협상 조건을 '조삼모사(朝三暮四)'식으로 편성하는 것도 효과적이다.[131] 상대방에게 제안할 선택지를 두 개 만들면서 어느 것을 선택하든 동일한 효과가 나오게 편성한다. 그러면, 상대가 어느 것을 선택하든 내게는 동일한 효과이고, 상대는 자기 뜻대로 정해졌으니 체면을 살렸다고 느끼게 된다. 예를 들어, 임금교섭에서 노조가 4% 임금 인상을 요구하는 경우에, 사측은 첫째, 기본급 3% 인상과 성과급 5% 인상하는 안과 둘째, 기본급 4% 인상과 성과급 2% 인상하는 안을 제시한다. 다만 이 두 안의 실질 임금 인상 효과는 동일하게 만들되 노조 측이 모르게 한다. 그리고 노조 측이 원하는 안을 따라주면 된다. 결국 노조도 체면을 살려서 만족이고 사측도 어느 것이든 상관없으므로 만족이다.

결론적으로, 체면은 협상에서 매우 중요한 요소이다. 체면을 유지하고 상대방의 체면을 세워주는 전략을 통해 협상 과정에서 신뢰와 존중을 구축할 수 있으며, 이는 성공적인 협상의 필수 조건이다. 협상에서 체면의 중요성을 이해하고 적절한 전략을 구사함으로써 협상 결과를 극대화할 수 있다.

131 조삼모사는 중국 고전 『열자』 황제편, 『장자』 제물론편에 나오는 고사성어다. 원숭이에게 도토리를 하루에 7개를 주는데, 아침(朝)에 3개, 저녁(暮)에 4개 주려고 하자 반발하고, 아침에 4개 저녁에 3개를 주겠다고 하니 수긍하였다고 한다.

Ⅳ. 문화

1. 문화 차이의 오해

우리는 흔히 국가 간 문화 차이에 따라 그 국가 사람들이 상이하게 행동한다고 믿는다. 예를 들어, 미국 사람들은 복도에서 다른 사람과 마주치면 "하이~"하며 미소를 짓는 것이 일반적이다. 그러나 이러한 미국 사람의 미소에 대해 한국 사람들은 '억지로 꾸민' 것으로 생각할 것이고, 아랍 사람들은 자신을 비웃는다고 받아들여 불쾌해할 수 있다.

이런 문화 차이가 협상 당사자 간의 소통과 인식에 차이를 만들 수 있으므로 문화 차이에 대한 올바른 이해도 협상을 잘하려면 꼭 필요하다. 그런데 문화 차이는 자칫 협상 상대에 대한 선입견을 만들고 **스테레오타입**(stereotype)에 빠질 수 있다. 스테레오타입은 상동적 태도라고도 하는데, 특정 집단에 속하는 모든 사람이 동일한 특성을 가진다고 일반화하는 오류를 의미한다. 이러한 고정관념은 종종 과장되거나 부정확하며, 개인의 특성을 무시하고 그 집단에 대한 선입견을 강화한다.

예를 들어, 우리는 흔히 서양 사람들은 개인주의가 강하고 동양 사람들은 집단주의가 강하다고 믿는다.[132] 그래서 협상 상대방이 미국 사람이 개인주의 성향이 강하고 실리만 챙기려는 성향이 강할 것이므로 윈윈협상보다는 윈루즈(win-lose)협상으로 가는 게 맞겠다고 미리 선을 긋는 오류를 범한다. 미국 사람 중에는 집단주의 성향과 공동체 의식이 강한 사람들도 많다. 평균적으로 볼 때 개인주의 성향이 높다는 것이지 모든 미국 사람이 그렇다는 것이 아니다. 한국 사람들이 흔히 집단주의가 강하다고 하지만 개인주의 성향이 강한 한국인도 많이 볼 수 있다.

2. 문화 차이보다 개인 차이로 파악

따라서 우리는 협상 상대방이 어느 문화권에 속한 사람인지가 중요한 것이 아니라 그 개인이 어떤 성향과 어떤 협상 스타일을 가졌는지 파악하는 것이 훨씬 더 중요하다. 예

132 Hofstede (1991) 참고

를 들어, 남미 출신이라도 각기 다른 성격과 직업, 정치적 성향을 가질 수 있으며, 그들의 협상 스타일도 다양하다. "남미 출신은 ~하다"는 식의 표현은 일반화의 오류를 범할 수 있다. 상대를 만나 대화를 나누면서 그리고 그의 주변 정보를 취합하여 종합적으로 그의 협상 스타일을 파악해야 한다는 것이다. 즉, 개인에 초점을 맞춰야지 그 사람의 문화권과 문화적 특성은 부차적인 문제임을 명심하자.

V. 딜레마

딜레마는 선택의 갈림길에서 이리 가도 문제, 저리 가도 문제인 상황을 의미한다. 우리는 이런 딜레마를 협상에서도 경험한다. 상대방의 제안에 대해 거부해도 문제가 되고 수용해도 문제가 되는 경우가 있고, 상대방의 제안 중에 이것을 택해도 문제가 생기고 저것을 택해도 문제가 생겨서 어느 것을 택해야 할지 곤혹스러운 경우가 있다.

딜레마는 여러 유형이 있지만, 협상에서 흔히 거론되는 것은 죄수의 딜레마, 치킨게임, 그리고 자원 딜레마를 들 수 있다. 이 세 가지 상황을 잘 이해하면, 곤란한 상황에 처하더라도 상대방의 움직임을 예측하여 대처 방법을 찾게 된다.

1. 죄수의 딜레마

죄수의 딜레마(prisoner's dilemma)는 경찰에 잡힌 도둑질을 한 공범 두 명이 경찰에 잡혔을 때 상대방을 배신하고 자백할 것인지 아니면 의리를 지켜서 함구할 것인지 딜레마에 빠진 상황을 그린 것이다. 그 상황은 다음과 같다.

친한 친구 사이인 A와 B는 혹시 경찰에 잡혔을 때 도둑질한 것을 절대 발설하지 않기로 맹세하고 도둑질을 시작하였다. 어느 날 밤 둘은 한 보석 가게에 잠입하여 다이아몬드를 훔쳐 들고 나와 모처에 숨겨두었다. 그런데 다음날 경찰이 보석 가게의 CCTV를 보고 이 두 도둑을 추적하여 결국 붙잡았다. 그런데 이 둘을 잡긴 하였지만 훔친 다이아몬드는 경찰이 찾지 못하였고, 두 도둑은 훔치지 않았다고 부인하고 있다. 경찰은 증거물인 다이아몬드를 꼭 찾아내야 이 둘을 절도죄로 입건할 수 있다.

경찰은 두 도둑을 서로 얘기하지 못하도록 분리된 유치장에 각각 가두고 조사를 시작하였다. 경찰이 도둑 A에게 다음과 같이 말하였다.

① 만약 네 친구가 다이아몬드를 어디에 감췄는지 불었음에도 너는 훔치지 않았다고 잡아뗄 경우에는 네 친구는 석방시키고 너는 절도죄의 최고형인 6년 징역형을 살

게 하겠다.[133]

② 거꾸로 친구가 불지 않고 네가 불면, 너는 석방되고 네 친구는 6년 징역형을 살게 된다.

③ 만약 둘 다 불면, 내게 협조를 잘해 줬으니 절도죄의 최소형인 4년 형으로 줄여주겠다.

④ 만약 둘 다 불지 않으면, 증거가 없으므로 절도죄는 성립되지 않고 절도 미수로 2년 형을 살게 된다.

경찰의 제안을 알기 쉽게 표로 나타내면 다음과 같다.

도둑의 선택				결과	
상황	도둑A	도둑B		도둑A	도둑B
1	함구	자백	▷	6년 형	석방
2	자백	함구	▷	석방	6년 형
3	자백	자백	▷	4년 형	4년 형
4	함구	함구	▷	2년 형	2년 형

경찰은 이어서 도둑B에게도 위와 똑같이 알려주고 자백하라고 하였다. 특히 두 도둑은 따로 격리되어 조사를 받고 있어서 서로 말을 할 수 없는 상황이다.

이제 두 도둑은 어떤 선택을 할 것인가? 석방되기 위해 친구와 발설하지 말자고 맹세했던 것은 버리고 자백할 것인지, 아니면 함구하여 의리를 지킬 것인지? 이것이 죄수가 고민에 빠진 딜레마이다.

이 상황에 부딪히면 대부분 사람은 자백을 선택한다. 의리를 지키겠다고 하는 사람은 이 상황을 잘 이해하지 못하였거나 실제 본인이 처한 경우가 아니므로 그런 대답을 하는 것이다. 이것은 실제 경찰이 죄인의 자백을 받아낼 때 간혹 사용하는 수법이기도 하다.

그렇다면 왜 사람들은 친구를 배신하고 자백할까? 그 이유는 친구가 어떤 선택을 할지, 그리고 그 선택에 따라 내가 져야 할 형량이 얼마인지 따져보면 된다.

133 여기 제시되어 있는 형량은 실정법에 따른 실제 형량이 아니고 예시에 불과한 것임. 다만 6년, 4년, 2년의 형량 순위는 사실과 일치함.

① 친구(도둑B)가 함구할 것으로 예상되는 경우

나(도둑A)는 자백하면 바로 석방되고(위 표의 2번 상황), 함구하면 2년 형을 살게 된다(4번 상황). 그렇다면 석방이 더 유리하므로 자백이 합리적인 선택이다.

② 친구(도둑B)가 자백할 것으로 예상되는 경우

나(도둑A)는 함구하면 6년 형을 살게 되고(1번 상황), 자백하면 4년 형을 살게 된다(3번 상황). 그렇다면 4년 형이 더 유리하므로 자백이 합리적인 선택이다.

즉, 친구가 함구하든 자백하든 나는 자백하는 것이 가장 합리적인 선택이다. 그리고 친구 입장에서도 똑같이 따져보면 자백하는 것이 가장 합리적이고, 그 결과 둘 다 경찰에게 다이아몬드의 위치를 자백하게 된다(물론 경찰에게 자백하면서 친구에게는 내가 자백했다는 사실을 절대 알리지 말아 달라고 신신당부한다).

이 죄수의 딜레마는 두 사람을 서로 배신하고 내게 협조하도록 유도하는 도구로 활용할 수 있다. 예를 들어, 학교 교실에서 한 학생이 지갑을 도난당하는 사건이 발생하였다고 하자. 담임교사가 의심 가는 두 학생을 불러서 누가 훔쳤는지 물었으나 두 학생은 사전에 서로 입을 맞추고 완강히 부인한다.

이 경우, 다음과 같이 죄수의 딜레마를 활용하면 어렵지 않게 자백을 받아낼 수 있다. 아래 표와 같이 담임교사에게 비협조(즉, 함구)하는 경우와 협조(즉, 자백)하는 경우에 따라 두 학생에게 주어지는 처벌의 강도를 달리해서 두 용의자에게 제시하기만 하면 된다. 이때 주의할 점은, 처벌의 강도를 표와 같이 배치하여야 죄수의 딜레마가 작용할 수 있다는 사실이다.

학생의 선택		
상황	학생A	학생B
1	함구 (내게 비협조)	자백 (내게 협조)
2	자백	함구
3	자백	자백
4	함구	함구

▷

결과	
학생A	학생B
최대 손실 (예: 퇴학)	최소 손실 (예: 용서)
최소 손실 (예: 용서)	최대 손실 (예: 퇴학)
2번째 많은 손실 (예: 정학)	2번째 많은 손실 (예: 정학)
3번째 많은 손실 (예: 교실 청소)	3번째 많은 손실 (예: 교실 청소)

① **상황1**: 학생A는 함구하고(즉, 담임교사에게 비협조) 학생B는 자백하면(즉, 담임교사에게 협조), 학생A에게는 최대의 손실을 부과하고(예: 퇴학), 학생B에게는 최소의 손실을 부과한다(예: 용서해줌).

② **상황2**: 거꾸로 학생A가 자백하고 학생B가 함구하면, 학생A에게는 최소의 손실을 부과하고(예: 용서), 학생B에게는 최대의 손실을 부과한다(예: 퇴학).

③ **상황3**: 둘 다 자백하여 담임교사에게 협조한다면, 2번째로 큰 손실을 부과한다 (예: 퇴학 대신 정학으로 낮춰준다).

④ **상황4**: 둘 다 함구하여 담임교사에게 비협조적이면, 3번째로 큰 손실을 부과한다 (예: 1주일간 교실 청소).

2. 치킨게임

치킨게임(chicken game)은 **양쪽 당사자가 서로 양보하지 않고 극단적인 결과를 감수하면서 대립하는 상황**을 말한다. 이 때 양보하는 측이 겁쟁이가 되고 체면이 구기게 된다.[134]

이 상황에서 이기는 방법은 눈을 꾹 감고 앞으로 돌진하는 것이다. 그러면 상대가 놀라서 뒤로 물러난다. 그래서 흔히 '벼랑 끝 전술'이라고도 부른다. 이것은 상대의 양보를 끌어내는 극단적인 방법으로 간혹 쓰는데, 효과도 있지만, 만약 상대도 같은 행동을 하면 둘 다 치명적인 손실을 보게 되는 부담이 있다.

치킨게임에서 평화적으로 해결하는 방법은 서로 대화로 해결책을 찾는 것이다. 즉, 누가 양보하고 그 양보에 상응하는 대가를 어떻게 할 것인가를 정하는 방법이다. 이때 양보하는 측이 겁쟁이로 불리지 않도록 체면을 세워주는 것이 중요하다. 즉 '황금다리'를 놓아주는 것이다. 양측이 이렇게 하지 못하면 서로 대치하는 시간만 길어져서 둘 다 피해만 볼 뿐이다.

134 영어로 치킨은 겁쟁이라는 뜻도 있다.

3. 자원 딜레마

자원 딜레마(resource dilemma)는 제한된 자원을 여러 참가자가 사용할 때 발생하는 딜레마이다. 각 참가자는 최대한 많은 자원을 사용하고 싶어 하지만, 모두가 그렇게 하면 자원이 고갈되어 결국 모두가 손해를 보게 된다. 지속 가능한 사용을 위해 협력해야 하지만, 개인의 이익을 우선시하면 협력이 어렵다.

예를 들어, 어촌에서 어부들이 공동 어장(즉, 자원)을 사용하는 상황을 가정해보자. 각 어부는 가능한 한 많은 물고기를 잡아 수익을 늘리고 싶어 하지만, 모두가 그렇게 하면 어장이 고갈된다. 이를 방지하려면 어획량을 제한하고 어장을 지속 가능하게 관리하는 것이지만, 개별 어부는 다른 어부들이 협력하지 않을 것으로 예상하고 최대한 많은 물고기를 잡으려고 한다. 모두가 이런 생각을 하고 고기잡이에 나서면 물고기 고갈로 이어진다.

자원 딜레마를 해결하려면 당사자들이 서로 협력하여 자원을 보호해야만 한다. 이를 위해 자원 사용의 시기와 방법 등에 대해 합의할 수 있어야 한다. 동창회비나 모임의 기금 같은 것이 전형적인 자원 딜레마의 사례이다. 이런 돈은 주인 없는 것이라 생각하고 마구 써버리면 금방 고갈된다. 이를 방지하려면 회비나 기금의 지출에 대한 엄격한 규칙을 만들어야 한다.

4. 트롤리 딜레마

트롤리 딜레마(trolley dilemma)는 **윤리적 선택 사이에서 고민**하게 만드는 딜레마다.[135] 어느 것을 선택해도 윤리적으로 문제가 될 수 있는 경우로, 흔히 다음과 같은 2가지 상황의 딜레마를 예로 든다.[136]

① 트롤리(작은 전동차)가 철도 위를 직진하고 있다. 아래 그림과 같이 당신은 철도가

135 트롤리(trolley)는 도시에서 궤도를 따라 운행하는 작은 전동차로 트램(tram)이라고도 부른다.

136 트롤리 딜레마는 자율주행 자동차가 본격적으로 개발되면서 큰 이슈로 떠올랐다. 자율주행 자동차가 직진하고 있는데, 앞에 갑자기 공사판이 나타나면서 5명의 인부가 일하고 있어서 그대로 직진하면 이들을 치어 죽이게 된다, 만약 핸들을 급히 오른쪽으로 돌려 인도로 가게 되면 거기엔 1명의 행인이 지나가고 있다가 차에 치여 죽게 된다. 이 자율주행 자동차 개발자는 이런 경우 자동차에게 어떤 판단을 하라고 프로그램을 짜야 할 것인지 딜레마에 빠진다.

두 갈래로 나눠지는 갈림길에 있는데, 레버를 당겨 트롤리의 경로를 바꿀 수 있다. 만약 트롤리를 현재 경로로 가게 두면 앞에서 철로 보수작업을 하는 인부 5명이 치어 죽게 되지만, 경로를 바꾸면 다른 경로에 있는 작업자 1명이 죽게 된다. 여기서 당신은 5명을 살리기 위해 레버를 당겨 1명을 죽이는 쪽을 택할지, 아니면 그대로 둬서 5명을 죽이게 할지 결정해야 하는 딜레마이다.

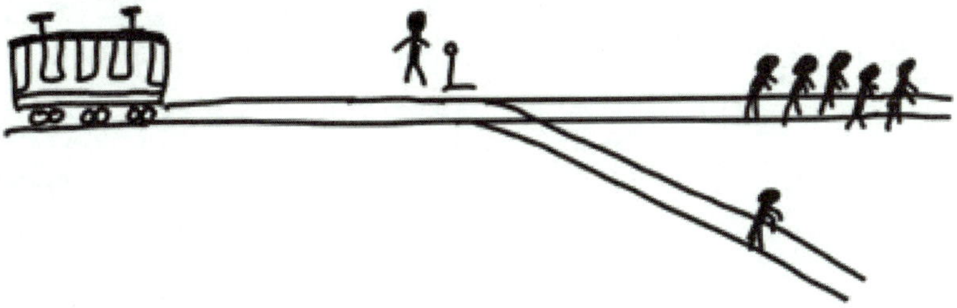

② 아래 그림과 같이 트롤리가 직진하는데 앞에 5명이 선로 위에서 작업하고 있다. 그대로 두면 이들은 치어 죽는다. 당신은 트롤리가 밑으로 지나가는 육교 위에서 이 광경을 보고 있다. 그런데 당신 옆에 덩치가 매우 큰 남자가 있고, 그를 육교 밑으로 밀어 떨어뜨리면 트롤리를 확실히 세울 수 있을 것 같다. 이제 그를 밀어 떨어뜨릴 것인가, 아니면 그대로 둘 것인가 하는 딜레마에 빠져있다.

이와 같은 트롤리 딜레마에 하나의 정답은 없다. 어느 것을 택하더라도 윤리적으로 문제에 봉착한다. 결국 당사자의 가치관과 윤리적 기준에 따라 판단할 수밖에 없다.

이 딜레마를 보는 관점은 크게 두 가지로 나눠진다.

① **공리주의적 관점** : 공리주의는 더 많은 사람에게 이익을 주는 해법이 최선이라고 보는 주장이다. 따라서 트롤리의 경로를 바꾸거나 덩치 큰 사람을 밀어 떨어뜨려 1명을 희생시키고 5명을 구하는 것이 옳다고 본다.

② **의무론적 관점** : 이것은 철학자 칸트의 주장에 따르는 접근인데, 그는 어떠한 상황에서도 절대적으로 지켜야 할 도덕적 법칙(이를 '정언명령'이라고 함)이라는 것이 있고, 우리는 그것에 따라야 한다고 한다. 그래서 칸트는 "너 자신과 다른 모든 사람을 결코 단지 수단으로만 사용하지 말고 항상 목적으로서 대우하라."고 주장하였다. 이 관점에서 본다면 어떤 결과가 초래되더라도 특정한 도덕적 원칙을 지키는 것이 더 중요하며, 따라서 직접적으로 누군가의 생명을 수단으로 사용하기 위해 죽이는 행위를 해서는 안 된다. 그렇다면 1명을 5명의 생명을 살리는 수단으로 활용하기 위해 트롤리의 경로를 바꾸거나 밀어서 떨어뜨리는 선택은 옳지 않다고 본다.

트롤리 딜레마 상황에서 실제 사람들이 어떤 선택을 하는지 연구가 있었다. 마크 하우저(Marc Hauser) 등이 2007년 온라인 플랫폼을 통해 약 5,000명의 참가자를 대상으로 위의 2가지 딜레마 상황에 대한 윤리적 판단을 조사했다.[137] 그 결과, ①번의 경로 변경 딜레마에 있어서는 응답자의 약 85%가 경로 변경을 지지하였고, ②번의 밀어 떨어뜨리는 선택에 대해서는 약 12%만이 지지하였다.[138] 이 결과를 보면 사람들은 공리주의에 따른 판단만 하는 것이 아니라 여러 심리적 요인과 개인의 신념에 따라 판단한다는 점을 알 수 있다. ①번 상황에서는 공리주의를 따라 다수의 사람을 살리는 것이 윤리적으로 더 옳다고 생각하지만 ②번 상황에서 본인이 직접 다른 사람을 죽이는 행위는 윤리적으로 옳지 않고 피하고 싶어 한다는 점을 볼 수 있다.

협상에서도 이런 트롤리 딜레마에 빠져 고민하게 되는 경우가 있다. 예를 들면, 회사가 재정 위기 극복을 위해 구조조정을 고려하려고 한다. 회사는 인건비 절감을 위해 직원 100명 중 20명을 해고하는 것이 필요하다. 이렇게 하면 나머지 80명의 일자리는 유지할 수 있다. 그러나 해고되는 20명은 큰 피해를 보게 된다. 만약 해고를 하지 않으면 회사가 파산하여 모든 직원이 일자리를 잃을 수 있다. 이 문제를 다루는 노사협상에서

137 Hauser et al. (2007) 참고

138 다양한 국가에서 참가자를 모았기 때문에 연구 결과는 문화적, 인종적 차이를 불문하고 사람들은 보편적으로 그런 선택을 한다고 볼 수 있다.

노사 모두 어느 것을 선택해도 윤리적으로 곤혹스러운 딜레마에 빠지게 된다.

이 외에도 산업단지 조성을 위한 원주민과 정부의 협상에서도 산업단지를 조성하면 정부 차원에서는 경제개발에 도움이 되겠지만 원주민의 이주와 환경 파괴 같은 문제가 나타나 원주민들에게 피해를 주게 된다. 원주민과 환경 보호를 위해 산업단지 조성을 포기하는 것이 옳은가, 아니면 그런 것을 무시하고 산업단지 조성이 더 옳은지 판단하기도 쉽지 않은 딜레마이다.

트롤리 딜레마가 협상 당사자에게 주는 시사점은 이런 윤리적 문제에 대한 해답은 정답이 없고 사람들의 생각이 모두 다르다는 점을 인정하자는 것이다. 그렇다면 해답을 찾기 위해서는 사안별로 당사자들이 합의를 하는 수밖에 없다. 이를 위해 당사자들이 속마음을 드러내고 서로에게 도움을 주는 윈윈 해법을 함께 찾아가는 것이 유일한 방법이라 하겠다.

10

협상 윤리

I. 협상 윤리의 이슈

협상 윤리는 협상 과정에서 발생하는 윤리적 문제를 다루는 개념이다. 협상에서 비윤리적 행위는 상대방을 속이는 것에만 국한되지 않고, 상황에 따라 다양한 형태로 나타난다. 예를 들어, 협상에서 상대방의 정보를 왜곡하여 전달하거나, 자신의 의도를 숨기고 협상을 진행하는 것 또한 협상 윤리의 범주에 포함된다. 나아가 상대방을 겁박하거나 주변인을 위협하여 항복하게 하는 방법도 해당된다.

그렇다면 협상 당사자는 항상 진실(truth)만 말해야 하는가? 알버트 카(Albert Carr)는 Harvard Business Review에 발표한 논문에서 **비즈니스 협상전략은 포커 게임의 전략과 유사하다고 주장하였다.**[139] 포커를 치면서 카드에 표시를 해두거나, 에이스를 무릎 위에 숨겨두는 것과 같은 분명한 속임수를 쓰는 것은 안 되지만, 카드 치는 사람이 흔히 쓰는 것과 같은 허풍이나 엄살, 실제 갖고 있지 않은 카드를 마치 가지고 있는 것처럼 행동하여 상대를 속이는 행위 등은 협상에서도 적용할 수 있으며 협상을 할 때 반드시 활용해야 한다고 주장하였다. 예를 들어, 진실만 말하는 사장은 사업 기회를 놓치는 반면, 엄살을 잘 떨면 계약을 딸 수 있다. 고액의 연봉을 요구하며 이직하겠다는 스타 직원을 사장이 어떻게 설득하는지에 따라 이직의도를 철회하게 할 수도 있다는 것이다.

그러나 알버트 카의 이런 주장은 많은 논쟁을 불러일으켰으며, 여전히 논란이 되곤 한다. 과연 협상에서 비윤리적 행위는 어디까지 용인되고 어떤 경우에 처벌의 대상이 될

참고 윤리와 도덕의 차이

도덕(morals)은 옳고 그름에 대한 개인적인 믿음을 의미한다. 이는 개인의 가치관이나 신념에 기반하며, 상황에 따라 달라질 수 있다. 반면에 **윤리**(ethics)는 특정 상황에서 옳고 그름을 판단하는 사회적 기준이나, 그런 기준을 정하는 과정을 의미한다. 윤리는 특정 철학적 배경을 바탕으로 성립되며, 그 목표는 우리가 살고 있는 세상의 본질을 밝히고, 함께 살아가는 데 필요한 규칙들을 정하는 것이다. 따라서 도덕은 개인 차원에서의 옳고 그름을 다루고, 윤리는 사회적으로 옳고 그름을 판단하는 기준을 제공한다.

139 Carr (1968) 참고

수 있을까? 본 장에서는 이 주제에 대해 다루면서 협상 당사자에게 비윤리적 행위의 결과가 어떤 식으로 나타나게 되는지도 살펴보고자 한다.

1. 협상에서 윤리는 어디까지 지켜야 하나

협상하면서 상대방을 속이는 일은 윤리적으로 문제가 없을까? 문제가 있다면 진실만 말하고 진심만 전해야 하는데 그렇게 하는 협상이 가능할까? 협상 상황에서 윤리는 어느 정도 지켜야 하고, 비윤리적인 행동은 어느 정도까지 용인될 수 있는가? 이런 문제는 특히 협상이 상대방을 전제로 한 거래이기 때문에 더 곤혹스러운 것이다. 협상 상대가 어떻게 나오느냐에 따라 나의 대응 방식도 달라지는데 상대가 나를 속이더라도 나는 정직하게 행동해야 할까, 아니면 나도 속임수를 써도 괜찮을까?

아래에서는 좀 더 구체적인 사례를 보면서 협상 윤리에 대해 고민을 해보자.

① (예시) 생선가게에서 고등어 한 마리 사면서 주인이 5,000원을 달라고 하자 옆 가게에서는 4,800원이라 하면서 깎아달라고 한다. 그러나 사실 옆 가게에서도 5,000원이었는데 거짓말을 했고 흥정 끝에 4,800원에 살 수 있었다.

☞ (판단) 이런 거짓말은 일상생활에서 모두가 하는 것이다. 이것은 윤리적으로 문제가 없는 것일까?

② (예시) 노동조합과 임금교섭을 하면서 사측은 작년 순이익이 60억 원이 났음에도 향후 5년간 회사의 경쟁력 제고를 위해 시설 및 기술 투자에 매년 50억 원 이상 써야 하므로 임금 인상 여력이 없다고 주장한다. 그러나 실제 사용자은 그런 거액의 신규 투자를 고려하지 않고 있고 거짓말을 했다.

☞ (판단) 사용자가 노동조합을 속이는 이런 거짓말은 이 당시에는 노조를 속여서 유리한 결과를 얻겠지만 시간이 지나면서 사용자의 속임수가 드러나고 결국 노조의 반발과 불신을 초래하여 이후 교섭에서 사용자는 큰 대가를 치러야 한다.

③ (예시) 아파트 공사에 입찰 들어가면서 경쟁업체에 이번에 우리보다 더 높은 가격을 제시해주면 다른 아파트 입찰에서는 우리가 그렇게 하겠다고 제안한다.

☞(판단) 이런 담합은 현실적으로 용납이 되지 않는 것이고 게다가 형사적으로 처

벌되는 범죄행위이다.

④ 적국을 공격하기 전에 적국과 동맹을 맺고 있는 나라에 대해 적국과의 동맹을 깨면 경제적 지원과 군사적 보호 조치를 약속하였다. 그 결과 동맹이 해체되고 전쟁에서 승리했다. 그러나 전후 그 동맹국에 대해 지원을 하지 않았다.

☞(판단) 전쟁이라는 특수한 상황에서는 적국에 대해 온갖 속임수와 기만행위가 전술이라는 명분으로 쓰인다. 또 그런 것이 성공했을 때는 훌륭한 전술을 구사하였다고 칭찬을 받는다.

이 사례에서 보듯이 협상 윤리의 문제는 일상생활에서 아무런 죄의식 없이 쓰이는 것부터 범법 행위로 형사처벌의 대상이 되기도 하고 또 전쟁과 같은 특수한 상황에서는 잘 구사하여 뛰어난 성과를 내면 훌륭한 전술이라고 칭송될 수도 있다. 이처럼 협상 윤리의 문제는 절대적인 기준을 가지고 옳고 그름을 단정 짓기에는 무리가 있다.

2. 협상 윤리의 4가지 판단 기준

협상에서 윤리 문제에 봉착했을 때 그것이 정당한 것인지 판단하는 기준으로 여러 가지를 들 수 있지만, 대표적으로 결과론적 윤리, 규칙 윤리, 사회계약 윤리, 그리고 개인 윤리가 있다.[140]

① **결과론적 윤리**(end-result ethics) : 행위의 정당성 여부를 그 결과의 정당성 여부로 판단하는 것을 의미한다. 즉, 결과가 좋다면 그 과정에서의 행위도 정당하다고 보는 관점이다. 예를 들어, 협상 과정에서 상대방을 속였지만, 그 결과로 모든 당사자가 이익을 보았다면 그 속임수는 윤리적으로 정당화될 수 있다.

② **규칙 윤리**(rule ethics) : 현시대의 법규와 사회적 기준에 따라 행위의 정당성을 판단하는 것이다. 이는 법과 규칙을 준수하는 것이 윤리적으로 옳다고 보는 관점이다. 협상 과정에서 법규를 어기거나 사회적 규범을 위반하는 행위는 규칙 윤리에 반하는 것으로 간주한다.

③ **사회계약 윤리**(social contract ethics) : 특정 사회나 공동체의 관습이나 규범에 따라

140 Lewicki et al. (1999) 참고

행위의 정당성을 판단하는 것이다. 이는 협상 당사자들이 속한 사회나 조직의 문화와 규범을 고려하여 행동하는 것을 의미한다. 예를 들어, 협상 과정에서 취약계층의 이익을 우선시하는 행위는 사회계약 윤리의 관점에서 정당화될 수 있다.

④ **개인 윤리**(personalistic ethics) : 개인의 양심과 도덕 기준에 따라 행위의 정당성을 판단하는 것이다. 이는 개인적인 도덕적 신념에 기반하여 행동하는 것을 의미한다. 도덕과 윤리를 구분하여 본다면 개인 윤리는 도덕에 해당되는 개념이다.

위 4가지 기준 중 어느 것을 따를 것인가는 사람, 조직, 사회 공동체, 시대 상황에 따라 다르다. 어느 하나를 고집하면 갈등이 생길 수밖에 없다. 또한 이 네 가지 기준이 서로 상충될 수 있으며, 이러한 상충이 발생할 때 협상 당사자는 윤리적 딜레마에 직면하게 된다. 예를 들어, 결과론적 윤리와 규칙 윤리가 충돌할 수 있으며, 이러한 상황에서 협상 당사자는 어떤 기준을 우선시할 것인지 고민해야 한다.

3. 협상 당사자가 직면하는 윤리 딜레마

협상 과정에서 다양한 윤리적 딜레마에 직면할 수 있다. 그 중에서도 신뢰의 딜레마와 정직의 딜레마가 대표적이다.

① 신뢰의 딜레마(dilemma of trust)

이 딜레마는 협상에서 상대방의 말을 얼마나 신뢰할 것인지에 대한 문제이다. 상대가 제공하는 정보가 정확하고 진실한지 확신할 수 없을 때, 그 정보를 믿고 행동할지, 아니면 의심하고 다른 대비책을 마련할지 고민해야 한다. 상대방의 말을 그대로 믿었다가 그 정보가 거짓임이 드러나면 큰 손해를 입을 수 있다. 반면, 상대방을 지나치게 의심하고 협상 내내 불신의 태도를 보이면, 협상에서 신뢰가 무너지고 협상 자체가 실패로 끝날 위험이 있다. 이러한 딜레마는 협상에서 매우 흔하게 발생하며, 신뢰와 의심의 균형을 찾는 것이 중요하다.

② 정직의 딜레마(dilemma of honesty)

정직의 딜레마는 협상에서 자신의 속마음이나 정보를 얼마나 솔직하게 드러낼 것인가에 대한 문제이다. 협상에서 모든 정보를 솔직히 공개할 경우, 상대방이 그 정보를 이용해 협상에서 우위를 점할 수 있다. 반대로, 자신의 정보를 감추거나 왜곡하면 상대방과의 신뢰가 무너지고, 협상은 실패할 가능성이 크다. 협상 당사자로서 어느 정도까지 솔직해야 할지를 신중히 판단하는 것이 중요한데, 지나친 정보 공개는 손해를 초래할 수 있고, 과도한 정보 은폐는 신뢰를 훼손할 위험이 있기 때문이다.

이 딜레마와 관련하여 제프리 루빈(Jeffrey Rubin)과 버트 브라운(Bert Brown) 교수는 가장 유능한 협상가는 상대방에게 자신의 진실됨을 알리되, 상대방에게 속임을 당하지 않도록 조심하는 사람이라고 주장한다.[141] 이는 협상에서 솔직함과 신중함의 균형을 유지하는 것이 중요하다는 것을 의미한다.

141 Rubin & Brown (1975) 참고

Ⅱ. 거짓말과 속임수의 사용과 결과

1. 거짓말과 속임수의 유형

협상에서 흔히 사용하는 거짓말과 속임수는 다음의 5가지 유형으로 분류한다.[142]

① 상대방에게 자신의 입장을 거짓으로 전달

상대방에게 실제 합의하고자 하는 수준보다 더 낮춰서(또는 더 높여서) 나의 요구 수준이라고 알리는 것이다. 예를 들면, 물건을 살 때 30만 원을 지불할 의사가 있음에도 불구하고 상인에게 25만 원만 지불하겠다고 버티는 것이다.

② 허세 부리기(bluffing)

허세는 일반적으로 거짓 약속과 거짓 위협을 포함한다. **거짓 약속**은 흔히 “당신이 OO을 하면 보상을 주겠다”과 같이 말하는 것이다. 상대방이 나의 요청에 응하면 나중에 그에게 보상하겠다고 약속하는 것으로 그 약속은 원래 지킬 생각이 없었다. **거짓 위협**은 흔히 “당신이 OO을 하지 않으면 벌을 주겠다”과 같은 말하는 것으로 실제 벌은 가하지 않는다.

③ 허위 진술(falsification)

거짓말의 세 번째 형태는 잘못된 정보를 진실인 것처럼 제시하는 것이다. 예를 들어, 돈이 없으면서 많다고 하거나, 증거가 없으면서 있는 척한다. 위조된 보증서나 가짜 증명서 등이 여기에 포함된다.

④ 속이기(deception)

상대방을 속인다는 것은 그의 논리적, 추론적 과정을 조작하여 잘못된 결론이나 추론을 하도록 유도하는 것이다. 속이는 방법은 두 가지로 나눌 수 있는데, 첫째, 관련 정보의

142 Lewicki (1983) 참고

일부만 제시하고 나머지는 감추는 것이다. 예를 들어, 취업을 위한 이력서를 작성하면서 자신에게 불리한 경력을 적지 않는 행위가 해당한다. 둘째, 상대방이 잘못된 결론에 이르게 하는 여러 주장을 늘어놓는 행위이다. 예를 들어, 이웃 마을에 장례식장 건설하는 것에 대해 명시적으로 반대한다고 공언하지는 않지만 반대를 암시하는 말이나 행동을 하여 주변 사람들이 그렇게 믿게끔 하는 행위이다. 이 경우 만약 반대한 것에 대해 여론이 좋지 않아 비난받게 되면 자기는 반대한다는 말을 한 적이 없다고 잡아뗀다.

⑤ 이해관계자에게 선별적 공개나 정보 왜곡

상대방 이외에 사건과 관련된 이해관계자가 또 있는 경우에 일어나는 경우로 이해관계자에게 협상 과정에서 논의한 사항을 선별적으로 전하거나 왜곡하여 알려주기도 하고, 반대로 협상 상대방에게 그 이해관계자들의 요구를 왜곡하여 전달하기도 한다.

2. 속임수의 수용 가능성

협상 테이블에서는 상대방과 눈치싸움이 벌어지고 진실과 거짓의 분별이 어려운 상황이 벌어지는데 아주 엄격한 윤리적 잣대를 들이대기엔 무리가 있다. 물론 거짓말과 속임수의 정도가 지나쳐서 사기죄나 공갈죄, 협박죄, 명예훼손죄와 같이 형사처벌을 받을 수 있는 행위는 당연히 해서는 안 된다.

그렇다면 협상 상황에서 어떤 속임수는 일반적으로 용인되고, 어떤 것은 안 되는 것일까?

가. 속임수가 허용될 수 있는 이유

앨런 스트라들러(Alan Strudler) 교수는 속임수가 협상에서 상호 문제 해결의 도구로 사용될 때 도덕적으로 허용될 수 있다며, 그 이유를 다음과 같이 설명한다.[143]

143 Strudler (1995) 참고

① 서로 신뢰하지 않는 상황에서 문제해결 가능

협상에서는 양측이 서로를 완전히 신뢰하지 못하는 경우가 많다. 이때, 한쪽이 자신의 진짜 최저 가격을 솔직하게 공개하면, 상대방이 이를 악용하여 더 낮은 가격을 제시할 수 있다. 이런 상황에서는 자신이 더 높은 가격을 받을 수 있도록 최저 가격에 대해 거짓말로 더 높은(낮은) 가격을 부르는 것이 전략적으로 유리할 수 있다.

예를 들어, 판매자가 실제로는 100만 원까지 가격을 내릴 의사가 있지만, 상대방이 이 정보를 알면 바로 100만 원을 요구할 것이기 때문에, “나는 120만 원이 최저입니다”라고 거짓말을 할 수 있다. 이렇게 함으로써 그 판매자는 실제로 원했던 110만 원에서 120만 원 사이의 가격으로 팔 수 있게 된다.

② 안전한 간접적 의사소통의 수단

협상에서 속임수가 직접적이고 솔직한 의사소통보다 더 안전할 수 있다. 이는 거짓 제안이 흥정의 기준선으로 작용하기 때문이다. 상대방이 나의 말을 완전히 믿지 않는 상황에서는, 직접적으로 솔직한 정보를 제공하는 것보다 속임수를 통해 상대방이 어느 정도까지 받아들일 의향이 있는지 탐색하는 것이 더 나을 수 있다.

예를 들어, 판매자가 110만 원 정도에 팔고 싶을 때는 자신의 최저 가격을 “나는 120만 원 이하로는 절대 안 돼요”라고 거짓말을 한다면, 상대방은 “나는 110만 원이면 사겠어요”라는 식으로 응답할 수 있다. 이렇게 되면 판매자가 실제로 원하는 범위 내에서 가격을 조율할 수 있는 기회가 만들어진다. 판매자는 자신의 실제 최저 가격을 말하지 않으면서도, 상대방의 제안이 적절한 범위 안에 들어오면 흔쾌히 합의를 할 수 있다.

③ 자율적 의사결정을 방해하지 않기 때문

속임수가 협상 상대방의 자유롭고 독립적인 의사결정을 방해하거나 침해하지 않을 수도 있다. 협상에서 거짓말이 빈번하게 발생하고 이를 모두가 예상하는 상황이라면, 속임수는 예상된 전략의 일부로 간주된다. 즉, 양측 모두가 서로의 주장을 100% 믿지 않으면서 협상에 임하는 것이다.

이렇게 서로 속임수가 있을 수 있다는 것을 염두에 두고 협상에 임하면, 상대방은 거짓말을 예상하고 그에 따른 대책을 마련할 수 있다. 이를 통해 상대방의 자율성이 침해되지 않고, 오히려 더 신중하고 전략적으로 협상에 임할 기회가 주어진다고 본다. 즉, 속임수가 상대방의 의사결정을 강제하거나 방해하는 것이 아니라, 상대방이 속임수를 충분히 인지하고 대응할 수 있는 환경을 제공한다고 보는 것이다.

④ 공정성과 상호 이익의 가능

속임수가 상호 인정한 협상 규칙 안에서 작동한다면 공정성에 대한 불만이 생기지 않고, 나아가 상호 이익이 되는 합의도 할 수 있다. 양측 모두가 일정 정도의 속임수 사용을 허용된 전술로 받아들이는 상황이라면, 속임수는 협상의 규칙 일부로 자리 잡게 된다. 그렇다면 협상자들은 속임수에 대해 공정성의 문제를 제기하지 않는다.

이제 서로 속이는 상황이므로 상대가 제시하는 제안은 거품이 들어가 있다고 보고 그것을 깎아내는 역제안을 한다. 이 과정을 반복하면 서로 이익이 되는 선에서 타결이 가능하다.

예를 들어, 판매자가 1,000만 원에 팔아도 되지만 거짓말로 "1,200만 원에 사세요."라고 한다. 구매자도 1,000만 원에 사고 싶지만 거짓말로 "900만 원에 파세요."라고 한다. 양측은 상대방이 거짓말을 하고 있다는 점을 알기 때문에 상대의 제안을 깎는다. 판매자는 1,100만 원에 사라고 조정하고, 구매자는 1,000만 원에 판매하라고 조정한다. 더 흥정한 끝에 1,050만 원에 타결이 되었다고 하면 판매자는 원래 희망 가격보다 약간 높게 팔아 만족이고, 구매자도 희망 가격보다 약간 높지만 큰 불만이 없는 정도이다. 이처럼 서로가 속임수를 쓰고 있다는 사실을 안다면 상호 이익이 되는 합의도 가능하다. 물론 이런 경우와 달리, 속이는 방법과 정도에 따라 한쪽은 크게 이득을 얻고 상대는 크게 손해를 보는 합의를 할 수도 있다.

나. 비윤리적 협상전술 중 허용되는 것과 안 되는 것

실제 협상에서는 다양한 비윤리적 전술이 사용되는데, 어떤 것은 용인되고 어떤 것은 안 되는지와 관련하여 흥미로운 실험연구가 있다. 로이 러위키(Roy Lewicki)교수와 로버트 로빈슨(Robert Robinson) 교수는 미국 오하이오 주립대학교 MBA 학생들을 대상으로 여러 협상 전술을 윤리적 적절성과 사용 가능성 유무에 따라 아래와 같은 3가지 전술 유형을 분류할 수 있었다.[144]

144 Lewicki & Robinson (1998) 참고

① 적절하고 사용할 가능성이 높은 전술

이 전술들은 연구 참여자들이 윤리적으로 적절하다고 판단했으며, 실제 협상에서 사용하겠다고 응답한 전술들이다.

- 자신의 인맥을 활용하여 상대방의 협상 입장과 전략에 대해 물어보고 정보를 얻는 것
- 실제 합의하고자 하는 수준보다 훨씬 높은(낮은) 요구를 먼저 제시하는 것
- 자신의 진짜 저항선(양보의 최소/최대 한계)을 상대방에게 숨기는 것
- 자신은 합의를 서두를 이유가 없다는 식으로 말하여 상대방에게 시간적 압박을 가하는 것

② 부적절하고 사용할 가능성이 낮은 전술

이 전술들은 연구 참여자들이 윤리적으로 부적절하다고 판단했으며, 실제로 사용하지 않겠다고 응답한 전술들이다.

- 언론이나 자신의 지지자에게 협상 내용을 의도적으로 다르게 전달하여 협상의 진전 과정에 불필요한 간섭을 받지 않으려는 하는 것
- 상대방의 상사에게 접근하여 회유책을 써서 자신의 편으로 끌어들이는 것.
- 상대방의 입장에 대한 정보를 얻기 위해 친구, 지인, 그 외 인맥에 돈으로 매수하는 것
- 상대방이 이미 당신에게 거짓말을 한 경우에 나도 의도적으로 거짓말을 하는 것
- 상대방을 상사 앞에서 무기력하고 능력 없어 보이게 만들겠다고 위협하는 것

③ 중간 정도의 전술

이 전술들은 윤리적 적절성과 사용 가능성에서 중간에 위치하며, 상황에 따라 사용 가능성이 달라질 수 있는 것이다.

- 사실 상대방이 다른 곳에서 더 저렴하거나 빠르게 원하는 것을 얻을 수 있음에도 불구하고 나와 협상해야만 원하는 것을 얻을 수 있다고 믿게 만드는 것
- 첫 제안이나 요구를 너무 높게 (또는 낮게) 하여 상대방의 협상 능력에 대한 자신감을 심각하게 저하시키는 것

이러한 분류는 협상에서 다양한 전술이 어떻게 윤리적으로 인식되고, 사용될 수 있는지에 대한 복잡한 의사결정을 보여준다. 특정 전술은 널리 수용되는 반면, 다른 전술은 윤리적 측면에서 회의적이거나 명백히 거부되기도 한다.

3. 속임수 사용의 동기

가. 속이는 이유

속임수 전술을 사용하는 이유는 주로 협상력을 키우기 위해서이다. 협상에서는 정보가 힘이며, 속임수를 이용하여 상대방의 정보를 확보하거나, 본인의 정보를 왜곡하여 전달함으로써 협상에서 우위를 점하려는 의도가 있다.

속임수를 잘 쓰는 사람에게 보이는 특징이 있는데, 다음과 같다.

① **속이는 성격**의 소유자이다.
② **속임으로써 뭔가 얻어내려고 하는 동기**를 지니고 있다.
③ **이전에 남을 속인 경험을 해본 사람이다**. 속이는 것이 습관이 되면 도덕적 해이(moral disengagement)에 빠져든다.[145]

이것은 자신이 하는 비윤리적 행위를 정당화하는 심리적 과정을 가리킨다. 상대방을 속이면서도 이를 단지 협상전략으로 간주하고, 그에 대한 도덕적 책임을 회피하려는 것이다.

추가로 사람들이 속임수를 계속 쓰는 이유는 다음 두 가지 요인이 작용한다.

① **속여도 처벌이 없거나 그것으로부터 이득을 얻었다면 속이는 행위를 지속하려고 한다**. 심하게 속여서 상대에게 큰 손해를 입혔을 때는 사기죄와 같은 형사처벌 대상이 되겠지만, 협상에서 서로 주고받는 약한 수준의 속임수에 대해 형사처벌까지 걸고 넘어가는 사람은 별로 없다. 그러다 보니 협상에서는 속임수와 거짓말은 거의 기본으로 받아들여지는 분위기이다.

145 Tenbrunsel & Messick (2004) 참고

② **다른 사람이 속이는 것을 보고 따라 하는 '행동 전염**(behavioral contagion)'도 속임수를 지속시키는 요인이 된다. 레오폴드 리드(Leipold Ried) 교수 등의 연구 결과를 보면, 모의 협상 참가자들이 다른 사람의 정직한 협상 행동을 보게 되면 이후 협상에서 정직한 행동을 보일 가능성이 높았으며, 속임수를 본 참가자들이 이후 협상에서 속임수를 쓸 가능성이 높았다.[146]

특히 그런 경험을 한 번만 겪어봐도 그것을 따라 하는 전염 효과가 나타났다. 흔히 사회적 규범이 이런 전염을 억제할 것이라고 믿는데 그런 예상과 달리, 정직이나 속임수를 경험하기만 하면 사회적 규범이 어떻든 상관없이 따라 하려는 경향을 보였다.

나. 속이는 자의 변명

속이는 측이 들통났을 때 늘어놓는 변명은 다음과 같은 것들이다.

- 속임수가 어쩔 수 없었고 피할 수 없는 것이었다.
- 해롭지 않았고, 사소한 것에 불과한 것이다.
- 나의 속임수 덕분에 오히려 부정적인 결과를 피할 수 있었다.
- 좋은 결과를 얻기 위해 속임수를 쓴 것으로 오히려 내가 희생한 것이고, 이타적인 동기에서 비롯되었다.
- 내가 하지 않았어도, 사태는 그렇게 되었을 것이고, 속였기 때문에 그 정도라도 얻을 수 있었다. 나는 단지 흐르는 물에 올라탄 것뿐이다.
- 상대도 그렇게 했을 것인데, 내가 그걸 알고 먼저 했을 뿐이다.
- 그 상황에서는 속임수가 공정하거나 적절한 전술이었다.

4. 속임수에 대처 방안

가. 속은 자의 반응

속은 측의 반응을 보면, 약하게는 섭섭함과 배신감을 나타내고 사과를 요구하는 선에

146 Ried et al. (2023) 참고

서 멈추기도 하고, 보복이나 관계 단절과 같은 강한 반발을 보이는 경우까지 나타난다. 특히 상대가 협상 내용을 잘 알고 있고, 관련 정보가 매우 중요하고, 상대가 속일 것이라고 상상하지 못하고 있었을 때는 관계 단절을 감수해야 한다.

다시 말하면, 상대가 협상이 어떤 내용이고 서로 어떤 요구를 할 것인지, 결과는 어떤 것으로 귀착될 것인지 예측하는 상황에서 내가 만약 속이면 상대의 극한 반발은 불 보듯 뻔한 일이다. 그리고 서로 주고받는 정보가 매우 중요한데 내가 그것을 속여서 가짜 정보를 제공하고, 나아가 상대가 나를 매우 신임하고 절대 속일 사람이 아니라고 믿고 있다면 다시 보지 못할 정도로 관계가 깨지는 것은 당연하다.

한 조사에 의하면,[147] 거짓말이 탄로 나면 상대와 관계가 끝날 확률은 2/3이며, 대부분 속은 측이 관계 단절을 요구한다고 한다. 또한 특정 정보가 서로 간 신뢰를 쌓는 데 중요한 것이었던 경우에 만약 그 정보가 거짓이었다고 들통나면 거의 100% 관계가 단절된다고 하였다.

나. 속임수에 대처 방안

속임수에 대처하려면 다음과 같은 방법을 쓴다.[148]

- 상대방의 의도를 떠보기 위해 질문을 많이 하는 것이다. 협상 과정에서 질문을 많이 하지 않는 경향이 있으나, 상대방의 의도를 파악하기 위해서는 질문을 적극적으로 활용하는 것이 중요하다.
- 상대방의 전술을 간파했을 때는 우선 모른 척하는 방법이 있다. 즉 상대방이 속임수를 사용하고 있다는 사실을 알아차렸다면, 이를 알고도 모른 척하고 지켜보는 것도 하나의 전략이다.
- 상대방에게 그가 속임수를 사용하고 있다는 사실을 알리는 방법도 있다. 상대에게 그런 것을 알고 있으니 더 이상 속이지 말고 진실로 내게 대하면 나도 잘 해줄 수 있음을 알린다.
- 상대와 같은 방법으로 속이는 것도 한 방법이다. 다만 서로 속이면 파국으로 갈 수 있으니 잘 판단해서 쓸 전술이다.

147 Lewicki et al. (1999) 참고
148 Lewicki et al. (1999) 참고

5. 비윤리적 행위의 결과

협상에서 비윤리적 행위가 불러오는 결과를 요약해보면 다음과 같다.

① 신뢰의 파괴

협상에서 비윤리적 행위가 발견되면, 상대방과의 신뢰가 크게 손상되며, 이는 협상 관계의 단절로 이어질 수 있다. 신뢰는 협상에서 가장 중요한 요소 중 하나이다. 신뢰가 없다면, 협상은 더 이상 공정하게 이루어질 수 없으며, 협상 당사자들은 서로의 말을 믿지 않게 된다. 이는 협상의 성공 가능성을 크게 낮추며, 장기적인 협상 관계를 유지하기 어렵게 만든다.

② 법적 문제의 발생

비윤리적 행위는 법적 분쟁으로 이어질 가능성이 있다. 협상에서 허위 정보 제공, 담합, 문서 위조, 정보 조작, 협박 등의 행위는 법적으로 처벌받을 수 있는 행위이다. 이러한 법적 문제는 협상자 본인뿐만 아니라, 그가 속한 조직 전체에 부정적인 영향을 미칠 수 있다. 법적 분쟁은 비용이 많이 들며, 시간도 오래 걸리므로 조직에 큰 부담이 된다. 또한, 법적 분쟁은 조직의 평판을 손상시킬 수 있으며, 이는 조직이 향후 협상에서 불리한 위치에 놓이게 만드는 요인이 된다.

③ 평판의 손상

비윤리적 행위는 협상자의 개인적 평판과 조직의 평판 모두에 심각한 손상을 줄 수 있다. 비윤리적인 협상은 결국 드러나기 마련이며, 이는 협상자와 그들의 조직에 대한 신뢰를 무너뜨린다. 평판 손상은 협상에서 매우 치명적인 결과를 초래할 수 있다. 평판이 손상된 조직은 새로운 협상 파트너를 찾는 데 어려움을 겪을 수 있으며, 기존의 협상 관계도 악화될 가능성이 크다. 또한, 평판 손상은 조직의 이미지에도 부정적인 영향을 미치며, 이는 장기적으로 조직의 성공을 저해하는 요인이 될 수 있다.

④ 협상의 장기적 실패

비윤리적 행위는 협상의 단기적 성과를 달성하게 할 수 있지만, 장기적으로는 협상의 성공 가능성을 저해할 수 있다. 협상에서 비윤리적 행위가 만연하면, 협상 당사자 간의 관계는 점차 악화되며, 지속 가능한 협상 관계를 구축하기 어려워진다. 이는 장기적으로 협상의 결과를 더욱 불확실하게 만들고, 협상이 실패할 가능성을 높인다. 특히, 협상에서 발생한 비윤리적 행위가 법적 문제로 이어질 경우, 협상 과정이 복잡해지고 비용이 증가할 수 있다. 이러한 법적 분쟁은 협상 당사자들 간의 관계를 더욱 악화시키며, 협상의 장기적인 성공 가능성을 더욱 낮춘다.

⑤ 사회적 책임과의 충돌

비윤리적 행위는 사회적 책임과도 충돌할 수 있다. 협상 과정에서 환경, 노동, 인권 등 사회적 책임과 관련된 윤리적 고려 사항을 무시하는 것은 단기적으로는 이익을 가져올 수 있으나, 장기적으로는 기업의 평판을 손상시키고, 사회적 비난을 받을 수 있다. 이는 궁극적으로 기업의 지속 가능한 성장을 저해하는 요인이 될 수 있다. 예를 들어, 환경 보호와 관련된 규정을 무시하고 협상에서 이익을 추구하는 행위는 단기적으로는 비용을 절감할 수 있지만, 장기적으로는 환경 훼손에 대한 책임을 지게 되어 막대한 비용이 발생할 수 있다.

6. 비윤리적 행위를 예방하는 방법

협상 과정에서 발생할 수 있는 기회주의적 행위를 방지하고 정직을 촉진하기 위한 방법으로 다음을 고려할 수 있다.[149]

① 신뢰 구축

협상 상대와 신뢰를 구축하면 그가 나를 속일 것이라는 의심을 줄여주며, 협상을 더 원활하게 진행할 수 있도록 한다. 신뢰는 시간을 두고 형성되며, 일관된 행동과 약속을 지키는 태도를 통해 쌓을 수 있다.

149 Cramton & Dees (1993) 참고

② 명확한 의사소통

정직을 촉진하기 위해서는 명확하고 투명한 의사소통이 필수적이다. 협상 당사자들은 서로의 기대와 목표를 명확하게 전달해야 하며, 불확실성이나 오해의 소지를 최소화하기 위해 노력해야 한다. 이를 통해 상대방의 신뢰를 얻고, 협상 과정에서 불필요한 갈등을 줄일 수 있다.

③ 정보 검증

협상에서 제공되는 정보의 정확성을 검증하는 것이 중요하다. 이를 위해 독립적인 제3자의 도움을 받거나, 다양한 출처에서 정보를 확인할 수 있다. 이는 협상 당사자 간의 불신을 줄이고, 정보의 신뢰성을 높일 방법이다.

④ 평판 관리에 대한 경각심

협상에서 정직한 태도를 유지하는 것은 장기적으로 자신의 평판을 관리하는 데 도움이 된다. 좋은 평판은 미래의 협상에서 유리하게 작용하며, 다른 사람들이 신뢰할 수 있는 협상 파트너로 인식하도록 만든다. 반대로, 속임수를 사용하는 것이 드러날 경우 평판이 손상되어 향후 협상에서 불이익을 받을 수 있다.

⑤ 계약 메커니즘 활용

계약 메커니즘을 활용하면 정직을 촉진할 수 있다. 예를 들어, 계약서에 명확한 조건과 벌칙 조항을 포함시키면, 당사자들은 계약을 준수해야 할 강한 동기를 가지게 된다. 이러한 계약적 장치는 상대방이 약속을 지키도록 유도하고, 협상에서 발생할 수 있는 불확실성을 줄여준다.

⑥ 상호 이익의 강조

협상에서 상호 이익을 강조하는 것도 정직을 촉진하는 방법이다. 양측이 모두 이익을 얻을 수 있는 협상을 목표로 삼으면, 속임수를 사용하려는 유혹이 줄어든다. 이는 협상 결과에 대한 만족도를 높이고, 장기적인 협력 관계를 유지하는 데 도움이 된다.

⑦ 비윤리적 행위에 대한 벌칙

비윤리적 행위를 한번 해본 사람을 그것을 계속하려는 습성을 가지기 때문에 그냥 둬서는 고칠 수 없다. 한번 들키면 그 자리에서 분명히 지적하고 그의 충분한 사과와 재발 방지 약속을 들어야 한다. 그렇지 않으면 협상을 계속하는 것은 언젠간 속을 위험 부담을 안고 하는 것이 된다.

⑧ 제3자 개입

필요한 경우, 제3자를 중재인으로 활용하여 협상에서 정직성을 확보할 수 있다. 제3자는 객관적인 입장에서 양측의 주장을 조정하고, 공정한 협상 과정을 보장하는 역할을 한다. 이는 양측의 신뢰를 높이고, 갈등을 해결하는 데 효과적일 수 있다.

이와 같은 전략들은 협상 과정에서 정직을 촉진하고, 윤리적인 협상 문화를 조성하는 데 기여할 수 있다. 이를 통해 협상 당사자들은 신뢰할 수 있는 파트너로 인식되고, 성공적인 협상 결과를 도출할 수 있다.

참고 변호사의 거짓말과 속임수

변호사는 법정에서 의뢰인의 권리를 대변하고 그들의 승소를 위해 최선을 다하는 전문가이다. 하지만 때로는 변호사의 행위가 윤리적인 경계를 넘어서는 경우가 발생한다. 의뢰인의 승소를 위해 사용되는 다양한 전략 중 일부는 진실을 왜곡하거나 상대방을 속이는 행위로 비춰질 수 있기 때문이다. 이러한 상황은 변호사의 거짓말과 속임수에 대한 논쟁을 불러일으키고, 법적 처벌과 윤리적 징계의 문제를 제기한다.

① 선택적 증거 제시
변호사는 재판에서 유리한 증거는 강조하고 불리한 증거는 은폐하거나 축소하는 방법으로 의뢰인을 변호할 수 있다. 예를 들어, 재산 분할 사건에서 변호사는 특정 재산의 가치를 부풀려 제시하고, 가치가 낮게 평가된 자료는 의도적으로 생략하는 경우가 있다. 이러한 선택적 증거 제시는 사실을 왜곡하고 재판부의 판단을 흐리게 하는 수단으로 악용될 수 있다.

② 법규 해석의 왜곡
법률 문구나 규정은 종종 해석의 여지가 있다. 변호사는 이러한 해석의 모호성을 이용해 의뢰인에게 유리

한 방향으로 법률을 해석하려고 할 수 있다. 예를 들어, 변호사는 의뢰인의 행위가 특정 법 조항에 해당되지 않는다고 주장하기 위해 그 법 조항의 의미를 고의로 좁게 해석하기도 한다.

③ 재판 지연 전술

변호사는 의도적으로 법적 절차를 지연시켜 상대방이 불리한 상황에 처하도록 만드는 것도 속임수의 한 형태로 볼 수 있다. 예를 들어, 변호사는 상대방이 추가 증거를 찾거나 준비할 수 없도록 법적 절차를 고의로 지연시킨다.

④ 허위 증언 유도 또는 묵인

변호사가 의뢰인이나 증인을 통해 허위 증언을 유도하거나 묵인하는 경우도 있다. 예를 들어, 변호사는 의뢰인에게 유리한 허위 알리바이를 제시하는 증인을 세우도록 묵인하는 경우가 있다.

⑤ 상대방의 허점을 이용

상대방의 허점을 이용하여 상대방의 진술이나 증거를 허위로 보이게 만들거나 혼란을 초래할 수 있다. 예를 들어, 변호사는 상대방이 실수하도록 유도하는 질문을 던지거나, 상대방의 증언을 왜곡하여 재판에서 불리하게 만든다.

위에서 제시된 예시들은 변호사가 직면하는 윤리적 딜레마를 잘 보여준다. 변호사는 의뢰인의 권리를 최대한 보호해야 할 의무가 있지만, 의뢰인의 승소를 위해 어떠한 수단과 방법을 가리지 않는 것은 결코 정당화될 수 없다. 실제로 많은 나라에서는 변호사의 거짓말이나 속임수 사용을 엄격하게 금지하고 있으며, 한국에서는 「변호사 윤리장전」 에서 그러한 행위를 금지한다.

11

인공지능(AI) 협상

I. AI 협상이 효과적인 분야

인공지능(Artificial Intelligence, AI) 기술의 발전은 협상 분야에서도 큰 변화를 일으키고 있다. AI는 대량의 데이터를 신속하게 처리하고 분석할 수 있으며, 감정적인 요소를 배제한 객관적인 판단을 통해 효율적이고 공정한 협상을 이끌어낼 수 있다. 그러나 AI가 모든 협상에서 동일한 효과를 발휘하는 것은 아니다. 이 장에서는 AI 협상이 특히 효과적으로 활용될 수 있는 분야들을 살펴보고, AI의 가능성과 과제에 대해 논의한다.

① 전자상거래 및 가격 협상

전자상거래는 AI 협상 시스템이 가장 활발하게 활용될 수 있는 분야 중 하나이다. 전자상거래에서는 다양한 제품과 서비스의 가격 협상이 일상적으로 이루어진다. AI는 시장 데이터를 실시간으로 분석해 최적의 가격을 제안하며, 가격 협상 과정에서 발생하는 복잡한 변수들을 빠르게 처리한다. 아마존(Amazon)과 같은 대형 전자상거래 플랫폼은 이미 AI를 이용해 가격 결정을 하고 있으며, 이는 판매자와 구매자 간의 가격 협상을 더 빠르고 효율적으로 이끌어내는 데 기여한다.

특히, AI는 고객의 구매 패턴을 분석하고 경쟁 업체의 가격을 비교하여 최적의 가격을 제시함으로써 거래 시간을 단축하고, 양측 모두가 만족할 수 있는 결과를 도출하는 데 도움을 준다. 이러한 AI 기반 가격 협상 시스템은 전자상거래에서 매우 유용하게 사용되며, 협상의 효율성을 높이는 데 기여한다.

② 공급망 관리 및 물류 협상

공급망관리(SCM: Supply Chain Management)는 다수의 이해관계자가 참여하는 복잡한 협상을 필요로 하는 분야이다. AI는 이러한 복잡한 환경에서 실시간으로 수요와 공급을 분석하고, 물류 비용 및 배송 일정 등 다양한 변수를 고려해 최적의 협상전략을 도출할 수 있다. AI는 인간 협상가가 놓칠 수 있는 시장 변화나 리스크 요인들을 실시간으로 파악하여 효율적인 협상을 이끌어낸다.

특히, AI는 공급망에서 발생하는 불확실성을 줄이고, 비용을 절감하며, 안정적인 공급을 유지하는 데 기여할 수 있다. 공급망 내 물류비용 협상 때 재고 부족에 따른 긴급 공급 요청을 신속하게 처리할 수 있어 기업들은 공급망 관리에서 AI의 도움을 받아 협상 지연을 줄일 수 있고 궁극적으로 비용 절감과 생산성 향상으로 이어진다.

③ 보험 산업

보험 산업은 복잡한 조건과 가격 협상이 빈번히 발생하는 분야로, AI는 이를 효과적으로 처리할 수 있다. AI는 보험 상품 가입 시 고객의 데이터를 분석하여 가장 적합한 보험 상품을 제시하거나, 보험료 산정에 있어 공정한 조건을 제안할 수 있다. AI는 보험사와 고객 간의 중립적인 조정자 역할을 하며, 감정에 휘둘리지 않는 객관적인 결정을 내려 협상의 신뢰성을 높인다.

특히 AI는 보험 접수 및 수리 과정에서도 활용되며, 고객의 불만을 신속히 처리하고, 불필요한 갈등을 최소화하는데 기여한다. 이미 여러 보험사에서 AI 기반의 상담 시스템을 운영하여 계약 체결 시간을 단축과 고객의 만족도를 향상에 도움을 받는다.

④ 국제 무역 및 관세 협상

국제 무역 분야에서는 다양한 국가 간의 무역 협정과 관세 협상이 중요한 역할을 한다. AI는 각국의 무역 규제, 관세 정책, 시장 동향 등을 실시간으로 분석하여, 협상에 필요한 정보를 제공하고, 이를 바탕으로 최적의 협상 전략을 도출할 수 있다. AI는 복잡한 규제 환경에서 발생할 수 있는 리스크를 줄이고, 효율적인 무역 협상을 지원한다.

또한, AI는 무역 협상에서 다양한 이해관계자의 요구를 동시에 처리할 수 있으며, 이를 통해 협상 과정에서 발생할 수 있는 충돌을 최소화한다. 예를 들어, 무역 장벽이나 규제 변화를 실시간으로 모니터링함으로써 신속한 대응을 가능하게 하고, 그 결과 협상 진행이 더 효율적으로 이루어질 수 있다.

⑤ 노사 협상 및 임금교섭

노동 협상은 고용주와 노동자 간의 이익 충돌이 빈번하게 발생하는 분야로, AI는 이를 해결하는 데 효과적이다. AI는 과거의 협상 데이터를 분석하여 임금 협상의 최적 조건을 도출하고, 고용주와 노동자 간의 갈등을 줄이는 데 기여할 수 있다. AI는 임금 수준, 직무의 난이도, 시장 상황 등을 분석하여 공정한 협상 조건을 제안하며, 노사 간 협상에서 발생할 수 있는 감정적 충돌을 줄이는 데 도움을 준다.

AI는 또한 협상의 속도를 높여 불필요한 갈등을 방지하며, 공정한 결과를 도출하는 데 기여할 수 있다. 이는 특히 대규모 노동 협상에서 효과적으로 활용될 수 있으며, 노동자와 고용주 간의 신뢰를 구축하는 데도 긍정적인 영향을 미친다.

⑥ 금융 및 부동산 거래

금융 거래와 부동산 거래는 복잡한 데이터 분석과 정교한 의사결정을 요구하는 분야로, AI는 이 과정에서 최적의 솔루션을 제공할 수 있다. 주식 거래, 외환 거래 등에서 AI는 실시간으로 시장 데이터를 분석하여 최적의 거래 전략을 도출할 수 있다.[150] 특히, 금융 분야에서는 신용 평가, 대출 조건 협상 등에서 AI가 인간 협상가보다 더 객관적이고 효율적인 결정을 내릴 수 있다.

부동산 거래에서도 AI는 시장 데이터를 기반으로 적정 매매 가격을 예측하고, 협상 과정을 효율적으로 이끌어낼 수 있다. 부동산 가격 예측, 임대 조건 협상 등에서 AI는 방대한 데이터를 분석해 최적의 조건을 제안함으로써 부동산 거래의 복잡성을 줄이고, 거래를 더 빠르게 마무리할 수 있다.

⑦ 고객 서비스 및 법률 서비스

AI는 고객 서비스와 법률 서비스 분야에서도 효과적으로 활용될 수 있다. 고객 서비스 센터에서는 AI 챗봇이 단순 반복적인 질문에 답변하고, 환불 요청이나 불만 처리 등의 초기 협상을 진행함으로써 상담원의 업무 부담을 줄일 수 있다.[151] AI는 고객의 요구를 신속히 파악하고 적절한 해결책을 제시함으로써 고객 만족도를 높인다.

법률 서비스에서는 표준화된 계약 협상이나 소송 합의금 협상에서 AI가 효과적으로 활용될 수 있다. AI는 계약서 작성과 계약 조건 비교 분석을 통해 최적의 조건을 제시할 수 있으며, 법률 업무의 효율성을 높이는 데 기여한다.

요약하면, AI 협상 시스템은 전자상거래, 공급망 관리, 보험 산업, 노동 협상, 금융 거래, 부동산 거래 등 다양한 분야에서 효과적으로 활용될 수 있다. AI는 대량의 데이터를

150 Deng et al. (2017) 참고
151 Shawar & Atwell (2007) 참고

빠르게 처리하고 분석하여, 객관적이고 효율적인 결정을 내림으로써 협상의 결과를 공정하고 신속하게 도출할 수 있다. AI의 도입은 인간 협상가의 역할을 보완하며, 협상 과정에서 발생할 수 있는 감정적 요소나 주관적인 판단을 배제할 수 있는 중요한 도구로 자리 잡고 있다. 다만, AI 협상이 성공적으로 이루어지기 위해서는 충분한 데이터와 정확한 알고리즘이 필요하며, 윤리적 문제에 대한 고려도 필수적이다.

Ⅱ. AI가 인간 협상가를 대체할 수 있는가

AI 협상 시스템의 발전은 현대 협상 환경에서 중요한 변화로 주목받고 있다. 특히 AI는 대규모 데이터를 처리하고, 신속하며 정확한 분석을 제공하는 데 탁월한 성능을 보이기 때문에 협상 과정에서 유용하게 활용될 수 있다. 그럼에도 불구하고, AI가 인간 협상가를 완전히 대체할 수 있는지는 여러 요소를 고려해야 한다. 본 절에서는 AI 협상 시스템의 강점과 약점, 그리고 인간 협상가와의 보완적 관계를 탐구하며, AI가 인간 협상가를 어느 정도 대체할 수 있는지 살펴본다.

1. AI 협상의 강점

AI를 협상에 이용하면 다음과 같은 이점이 있다.

① **데이터 처리와 분석 능력**: AI 협상 시스템이 가장 두드러지게 활용될 수 있는 분야는 대규모 데이터 처리 및 분석 능력이다. AI는 방대한 양의 데이터를 빠르게 분석하고, 협상 상황에 적합한 결정을 제시할 수 있다. 인간 협상가가 감당하기 어려운 속도로 데이터를 처리하고, 실시간으로 경제 지표나 시장 상황을 분석하여 최적의 협상전략을 제공할 수 있다.
또한, AI는 인간이 쉽게 간과할 수 있는 정보를 놓치지 않으며, 객관적인 판단을 내리기 때문에, 특히 감정적 요소가 배제된 협상 상황에서 큰 효과를 발휘한다. 예를 들어, 공급망 관리나 가격 협상과 같은 정형화된 협상에서 AI는 최적의 거래 조건을 제시하고, 빠른 의사결정을 지원하는 데 매우 유용하다. 이처럼 AI의 신속한 분석 능력은 인간 협상가를 보완하며, 더 나아가 단순하고 반복적인 협상 과정에서는 인간 협상가를 대신할 가능성도 있다.

② **감정에 휘둘리지 않는 객관성**: AI 협상 시스템은 감정에 휘둘리지 않는 객관성을 유지할 수 있다. 이는 인간 협상가가 종종 감정적 반응이나 개인적 편견에 의해 결정을 내리기 쉽다는 점에서 AI가 가지는 큰 장점이다. 예를 들어, 다자간 협상이나 복

잡한 계약 조건을 다룰 때, AI는 감정적 요소를 배제하고 순수하게 데이터에 기반한 결정을 내릴 수 있다. 이러한 특징은 협상의 투명성을 높이고, 협상 과정에서의 비합리적인 요소를 줄일 수 있다.

2. AI의 한계

AI가 뛰어난 분석 능력을 갖추고 있음에도 불구하고, 인간 협상가가 제공할 수 있는 고유한 직관과 감정적 요소는 AI가 쉽게 대체할 수 없는 영역이다. 협상은 단순히 데이터나 조건을 주고받는 것이 아니라, 인간 간의 상호작용과 신뢰 형성이 있어야 한다. 이런 점에서 AI가 가지는 한계는 명확하다.

① **감정 이해와 공감 능력 부족**: 협상은 종종 감정이 중요한 역할을 한다. 인간 협상가는 상대방의 미묘한 감정 변화나 표정, 어조 등을 파악하여 협상전략을 유연하게 변경할 수 있지만, AI는 이러한 감정적 신호를 이해하는 데 한계가 있다.[152] 예를 들어, 인간 협상가는 상대방이 지친 상태일 때 이를 파악하고 적절한 타협점을 제시하거나, 상대방이 열정적인 반응을 보일 때 이를 이용해 협상에서 우위를 점할 수 있다. 반면, AI는 감정적 변화를 인식하지 못하거나 잘못 해석할 가능성이 있다.
또한, 신뢰는 협상에서 매우 중요한 요소이다. 인간 간의 신뢰는 감정적 교류를 통해 형성되며, AI가 이러한 신뢰를 형성하기는 어렵다. 이는 특히 인간 대 인간의 상호작용이 중요한 협상에서 AI가 완전히 인간 협상가를 대체하지 못하는 이유이다.

② **창의적 문제 해결 능력 부족** : 협상 과정에서는 종종 예상치 못한 상황이 발생하거나, 기존의 협상 틀을 벗어난 새로운 해결책이 필요할 때가 많다. AI는 데이터를 기반으로 한 패턴 인식에 강하지만, 창의적으로 문제를 해결하는 능력은 부족하다. 인간 협상가는 직관을 바탕으로 창의적인 해결책을 제시할 수 있으며, 이를 통해 협상에서 더 나은 결과를 도출할 수 있다. 예를 들어, 인간 협상가는 상대방이 제시한 조건을 유연하게 변형하여 새로운 합의점을 찾을 수 있지만, AI는 학습된 범위 내에서만 결정을 내리는 경향이 있다.

152 De Melo et al. (2018) 참고

3. AI와 인간 협상가의 보완적 관계

AI가 가진 강점과 인간 협상가의 고유한 능력은 상호 보완적 관계를 형성할 수 있다. AI는 데이터 처리, 분석, 예측 등의 영역에서 인간 협상가를 보조하고, 인간 협상가는 감정적, 문화적, 윤리적 요소를 고려한 최종 결정을 내리는 방식이 효과적일 수 있다. 이러한 협력적 관계는 협상의 효율성을 극대화하고, 더 나은 결과를 도출하는 데 기여할 수 있다. 예를 들어, AI는 협상 초반에 가능한 시나리오를 제시하고, 인간 협상가는 이를 바탕으로 상대방의 감정이나 비언어적 신호를 파악해 협상을 진행하는 방식이다. 이는 특히 복잡한 다자간 협상이나 국제 무역 협상에서 효과적일 수 있다.

이상을 요약하면, AI 협상 시스템은 특정 분야에서 인간 협상가를 보완하고, 때로는 대체할 가능성을 보여주고 있다. AI는 방대한 데이터를 처리하고, 신속하고 객관적인 결정을 내릴 수 있으며, 단순하고 반복적인 협상 과정에서는 인간 협상가를 대신할 수 있다. 그러나 인간 협상가가 제공하는 직관, 감정적 교류, 창의적 문제 해결 능력 등은 AI가 대체하기 어려운 영역이다.

따라서 AI는 인간 협상가를 완전히 대체하기보다는 보완하는 역할을 수행할 것이다. AI와 인간 협상가가 상호 협력하여 협상의 효율성과 공정성을 높이는 것이 가장 이상적인 시나리오일 것이다. 이는 협상 과정에서 AI가 제공하는 데이터 분석과 예측 능력을 활용하면서도, 인간 협상가가 감정적 요소와 신뢰 형성을 통해 최종 결정을 내리는 형태로 발전할 수 있다.

III. AI 협상 시스템 도입 시 고려 사항

AI 협상 시스템 도입 시 고려해야 할 사항들은 기술적, 윤리적, 법적 과제를 포함해 다양한 측면에서 중요하다. AI가 협상 효율성을 향상하고, 더 나은 결과를 도출할 수 있는 잠재력이 있지만, 그 도입에는 신중한 검토가 필요하다. 본 절에서는 AI 협상 시스템 도입 시 필수적으로 고려해야 할 사항들을 다룬다.

① 데이터 품질과 보안

AI 협상 시스템의 성능은 사용되는 데이터의 품질에 크게 좌우된다. AI는 대량의 데이터를 학습하고 이를 기반으로 협상전략을 도출하는데, 데이터가 부정확하거나 편향되면 부정확한 결론을 도출할 가능성이 크다. 따라서 데이터의 정확성과 신뢰성을 확보하는 것이 필수적이다. 또한, 협상 과정에서 다루어지는 데이터는 민감한 경우가 많아, 데이터 보안과 프라이버시 보호가 매우 중요하다. 데이터 유출이나 해킹 같은 보안 문제는 큰 위험을 초래할 수 있으므로 강력한 보안 조치가 필요하다.

② AI의 투명성과 설명 가능성

AI 시스템의 의사결정 과정은 종종 복잡하며, 이를 설명하기 어려운 경우가 많다. 협상에서 AI가 내린 결정이 어떻게 도출되었는지를 명확하게 설명하지 못하면, 신뢰성 문제가 발생할 수 있다. 이는 '**블랙박스 문제**'라고 불리며, AI가 내린 결정의 이유를 이해하지 못하는 상황을 가리킨다.[153] 앞으로는 투명성을 확보하고, **설명 가능한 AI**(Explainable AI)를 구현하여, 사용자가 그 결정 과정을 이해할 수 있어야 한다.

③ 윤리적 문제

AI 협상 시스템은 윤리적 문제도 동반한다. AI는 감정이 없고, 인간의 도덕적 판단에 의존하지 않기 때문에 비윤리적인 전략을 사용할 가능성이 있다. 예를 들어, 상대방의 약점을 공략하거나, 지나치게 공격적인 협상 방식을 제안할 수 있다. AI가 윤리적 기준

153 Goodman & Flaxman (2017) 참고

을 준수하도록 시스템을 설계하고, 윤리적 결정을 내릴 수 있는 장치를 마련해야 한다.

④ 문화적·정서적 요소 반영

AI는 데이터를 기반으로 논리적 의사결정을 내리지만, 협상에서는 문화적 차이와 정서적 요소가 중요한 역할을 한다. 인간 협상가들은 상대방의 감정과 문화적 배경을 고려해 협상을 진행하지만, AI가 이러한 요소를 충분히 반영할 수 있을지는 불확실하다. AI가 협상 과정에서 문화적 차이와 감정적 요소를 어떻게 다룰 수 있을지 고민해야 하며, 이를 고려한 시스템 설계가 필요하다.

⑤ 인간 협상가와 AI의 협력

AI 협상 시스템은 인간 협상가를 완전히 대체하기보다는 보완적인 역할을 할 때 가장 효과적이다. AI는 데이터를 분석하고 예측하는 데 뛰어난 성능을 보이지만, 인간 협상가는 창의적이고 직관적인 결정을 내릴 수 있다. 따라서 AI와 인간이 협력하여 시너지를 발휘할 수 있도록, AI의 역할과 인간의 역할을 명확하게 구분하고 조율하는 것이 중요하다.

⑥ 법적·규제적 고려사항

AI 협상 시스템이 자율적으로 의사결정을 내리고 계약을 체결하는 경우, 법적 책임 문제도 고려해야 한다. 예를 들어, AI가 잘못된 결정을 내렸을 때 그 책임이 해당 AI의 개발자에 있는지, AI 사용자에게 있는지 불명확할 수 있다.[154] 또한, 협상 과정에서 AI 시스템이 법적 규제를 위반할 가능성도 있으므로, 이를 사전에 검토하고 법적 기준을 준수하도록 시스템을 설계해야 한다.

⑦ 데이터 편향성 문제

AI 협상 시스템은 과거 데이터를 학습하여 협상전략을 도출하는데, 이 데이터가 편향되어 있으면 불공정한 결과를 초래할 수 있다. 예를 들어, 특정 집단에 대한 편향이 내재된 데이터를 학습한 AI가 그 집단에 불리한 결정을 내릴 가능성이 있다.[155] 따라서 학습 데이터의 편향성을 철저히 검토하고, 공정한 결정을 내릴 수 있도록 보완해야 한다.

154 Goodman & Flaxman (2017) 참고
155 Mehrabi et al. (2021) 참고

⑧ 프라이버시와 개인정보 보호

AI 협상 시스템이 개인정보를 수집하고 처리하는 과정에서 프라이버시 침해 문제가 발생할 수 있다. 특히, 협상에서 사용되는 데이터는 민감한 정보가 많아, 그 데이터가 안전하게 보호되지 않으면 신뢰를 잃을 수 있다. 따라서 개인정보 보호를 위한 강력한 보안 체계를 구축하고, 데이터를 안전하게 처리하는 방법을 마련해야 한다.

결론적으로, AI 협상 시스템은 데이터를 기반으로 협상 효율성을 높이고 더 나은 의사결정을 내리는 데 기여하지만, 도입 시에는 여러 가지 요소를 신중하게 고려해야 한다. 데이터 품질, 윤리적 문제, 인간과 AI의 협력, 법적·규제적 측면 등을 종합적으로 고려하는 것이 중요하다. AI는 협상에서 강력한 도구로 활용될 수 있지만, 인간의 직관과 판단을 보완하는 수단으로 활용되어야 가장 큰 효과를 발휘할 것이다.

참고문헌

김동규 역 (2019),「그림으로 배우는 윈-윈 협상법 : 협상 여정을 위한 일곱 가지 지침」 사일런스북 (GeurtJan de Heus, *Mastering the Art of Negotiation: Seven Guides for Creating your Journey*. BIS Publishers, 2017).

김양균 , 서유미 , 윤석화 , 이기영 , 정혜정 역 (2024), 조직행동론. 생능 (Robbins, S. P. & Judge, T. A. *Organizational Behavior*. (19th ed.) Pearson 2024)

김성환, 김중근, 홍석우 역 (2020),「지성과 감성의 협상 기술」, 한울아카데미 (Leigh Thompson, *The Mind and Heart of the Negotiator* (6th ed.), Pearson, 2016)

김태훈 역 (2017),「어떻게 원하는 것을 얻는가」 8.0(에이트 포인트), (Stuart Diamond, *Getting More: How You Can Negotiate to Succeed in Work and Life. Paperback*. Currency, 2012)

김홍열 역 (2003),「공산주의자는 어떻게 협상하는가?」 한국해양전략연구소 (Admiral C. Turner *Joy, How Communists Negotiate*, The Macmillan Company. 1955

박승주 역 (2007),「이기는 협상의 기술 101가지」 (Peter B. Stark and Jane Flaherty, *The Only Negotiating Guide You'll Ever Need, Revised and Updated: 101 Ways to Win Every Time in Any Situation*, Currency, 2017)

박영환, 이성대 역 (2014),「Yes를 이끌어내는 협상법」 장락 (Roger Fisher, William L. Ury, and Bruce Patton. *Getting to Yes : Negotiating Agreement Without Giving In*. Penguin Books, 1991)

박헌준 역 (2006),「세상을 내편으로 만드는 협상의 전략」 김영사. (G. Richard Shell, *Bargaining for Advantage: Negotiation Strategies for Reasonable People* (2nd ed.) : Penguin Books, 2006)

안진환 역 (2014),「협상 천재」 웅진지식하우스. (Deepak Malhotra & Max Bazerman, *Negotiation Genius: How to Overcome Obstacles and Achieve Brilliant Results at the Bargaining Table and Beyond*. Random House, 2007)

이은경 역 (2016)「우리는 어떻게 마음을 움직이는가(FBI 설득의 심리학)」, 프롬북스 (Chris Voss, *Never Split the Difference: Negotiating as if Your Life Depended on It*. HarperCollins. 2016)

조자현 역 (2010),「협상과 설득 그 밀고 당기기의 심리학」, 예인 (Leigh Thompson, The Truth About Negotiations (2nd), 2013)

황선종 역 (2008),「질문력 : 상황을 장악하고 상대를 간파하는」 웅진지식하우스. (마사히코 쇼지 저,「嘘を見破る質問力」)

Van Avermaet, P. (1974). Personal Interpretations of the Concept of Fairness: A Cognitive Approach to Social Justice, *European Journal of Social Psychology*, 4(2), 183-202.

Barney, J. B., & Hansen, M. H. (1994). Trustworthiness as a Source of Competitive Advantage. *Strategic Management Journal*. 175-190.

Carnevale, P. (1991). Creativity in the Outcomes of Conflict, *Negotiation Journal*. 7(3), 213-219.

Carr, A. Z. (1968). Is Business Bluffing Ethical?. *Harvard Business Review*, 46(Jan-Feb). 143-153.

Cook, J. & Wall, T. (1980). New Work Attitude Measures of Trust, Organizational Commitment and Personal Need Non-Fulfillment. *Journal of Occupational Psychology*, 53(1), 39-52.

Cramton, P. C., & Dees, J. G. (1993). Promoting Honesty in Negotiation: An Exercise in Practical Ethics. Business Ethics Quarterly, 359-394.De Melo, C. M., Gratch, J., & Carnevale, P. J. (2018). The importance of cognition and affect for artificially intelligent decision makers. In *Thirty-Second AAAI Conference on Artificial Intelligence*. Deng, Y., Bao, F., Kong, Y., Ren, Z., & Dai, Q. (2017). "Deep direct reinforcement learning for financial signal representation and trading". *IEEE Transactions on Neural Networks and Learning Systems*, 28(3), 653-664.

Epley, N., Caruso, E. M., & Bazerman, M. H. (2006). When Perspective Taking Increases Taking: Reactive Egoism in Social Interaction. *Journal of Personality and Social Psychology*, 91(5), 872-889.

Fisher, R., & Brown, S. (1989). *Getting Together: Building Relationships as We Negotiate*. Penguin Books.

Fisher, R., & Shapiro, D. (2005). *Beyond Reason: Using Emotions as You Negotiate*. New York: Viking.

Fisher, R., & Ury, W. (1981). *Getting to Yes: Negotiating Agreement Without Giving In*. Penguin Books.

Friedman, M. & Friedman, R. (1990). *Free to Choose: A Personal Statement*, Houghton Mifflin Harcourt

Fry, W. R., Firestone, I. J., & Williams, M. (1983). Negotiation Process and Outcome of Stranger Dyads and Dating Couples: Do Lovers Lose?. *Basic and Applied Social Psychology*, 4(1), 1-16.

Fryer, R. G., Levitt, S. D., List, J., & Sadoff, S. (2012). Enhancing the Efficacy of Teacher Incentives Through Loss Aversion: A Field Experiment. *NBER Working Paper*, No. 18237.

Galinsky, A. D., & Mussweiler, T. (2001). First Offers as Anchors: The Role of Perspective-Taking and Negotiator Focus. *Journal of Personality and Social Psychology*, 81(4), 657-669.

Gates, S. (2015). *The Negotiation Book: Your Definitive Guide to Successful Negotiating*. Wiley.

Gelfand, M. (2018). *Rule Makers, Rule Breakers: How Tight and Loose Cultures Wire Our World*. Scribner

Goodman, B., & Flaxman, S. (2017). European Union regulations on algorithmic decision-making and a 'right to explanation'. *AI Magazine*.

Hackley, S. (2020). Get Past No. *Dealing with Difficult People*. Free Report, Program on Negotiation, Harvard Law School. 5-9

Hauser, M., Cushman, F., Young, L., Kang Xing Jin, R., & Mikhail, J. (2007). A Dissociation between Moral Judgments and Justifications. *Mind & language*, 22(1), 1-21.

Hofstede, G (1991). *Cultures and Organizations: Software of the Mind*. McGraw-Hill

Keenan, P. R., & Wilson, R. (1993). The Effects of Strikes on the Economic Outcomes of Collective Bargaining Agreements. *Industrial Relations*, 32(2), 178-189.

Kwon, S & Weingart, L. R. (2004). Unilateral Concessions From the Other Party: Concession Behavior, Attributions, and Negotiation Judgments. *Journal of Applied Psychology*. 89(2), 263-278.

Langer, E., Blank, A., & Chanowitz, B. (1978). The Mindlessness of Ostensibly Thoughtful Action: The Role of 'Placebic' Information in Interpersonal Interaction. *Journal of Personality and Social Psychology*, 36(6), 635-642.

Lewicki, R. J. (1983). Lying and Deception: A Behav ioral Model. in M. H. Bazerman and R. J. Lewicki (eds.), *Negotiating in Organizations*. Sage Publications, Beverly Hills, CA.

Lewicki, D. (2002). Trust and Distrust in Organizations: Dilemmas and Approaches. *Journal of Organizational Behavior*, 23(2), 99-106,

Lewicki, R. J. & Robinson, R. J. (1998), Ethical and Unethical Bargaining Tactics: An Empirical Study, *Journal of Business Ethics*. 665-682.

Lewicki, R, J., Saunders, D. M. & Minton, J. W. (1999), *Negotiation*. Irwin/McGraw-Hill,

Loewenstein, G. F. , Thompson, L. & Bazerman, M. H. (1989). Social Utility and Decision Making in Interpersonal Contexts. *Journal of Personality and Social Psychology*, 57(3), 426-441.

Maister, D. H., Green, C. H. & Galford, R. (2000). *The Trusted Advisor*. Free Press.

Mayer, R. C., Davis, J. H. & Schoorman, F. D. (1995). An Integrative Model of Organizational Trust. *Academy of Management Review*, 20(3), 709-734

Mehrabi, N., Morstatter, F., Saxena, N., Lerman, K., & Galstyan, A. (2021). "A survey on bias and fairness in machine learning". ACM Computing Surveys (CSUR), 54(6), 1-35.

Messick, D. M., & Rutte, C. G. (1992). The Provision of Public Goods by Experts: The Groningen Study. In Liebrand, W., Messick, D. M., and Wilke, H. (eds.) *Social*

Dilemmas: Theoretical Issues and Research Findings. Pergamon, London, 101-109.

Messick, David M. & Sentis, Keith P. (1979), Fairness and Preference, *Journal of Experimental Social Psychology*. 15(4). pp.418-434

Mnookin, R., Peppet, S., & Tulumello, A. (2004). *Beyond Winning: Negotiating to Create Value in Deals and Disputes*. Belknap Press: An Imprint of Harvard University Press.

Osgood, C. E. (1962). *An Alternative to War or Surrender*. University of Illinois Press.

Pace, R. (2002), 15 Relationship Traps Everyone Needs to Avoid. *marriage.com*

Pruitt, D. G. & Carnevale, P. J. (1993), *Negotiation In Social Conflict*. Open University Press.

Pruitt, D. G. & Rubin, P. J. (1986). *Social Conflict: Escalation, Stalemate, and Settlement.* Random House

Ried, L., Eckerd, S., Kaufmann, L., & Carter, C. R. (2023). From target to actor: Contagion of honesty and deception across buyer-supplier negotiations. *Journal of Operations Management*, 261-283.

Roth, A. E. (1993). Bargaining Experiments. In J. H. Kagel & A. E. Roth (Eds.), *The Handbook of Experimental Economics* (pp. 253-348). Princeton University Press.

Sezer, O., Brooks, A. W. & Norton, M. I. (2018). Backhanded Compliments: How Negative Comparisons Undermine Flattery. *Working Paper* 18-082, Harvard Business School.

Shell, G. R. (2006), *Bargaining for Advantage: Negotiation Strategies for Reasonable People* (2nd ed.) : Penguin Books.

Siedel, G. J. (2014). *Negotiating for Success: Essential Strategies and Skills*. Van Rye Publishing, LLC.

Shawar, B. A., & Atwell, E. (2007). "Chatbots: are they really useful?". *Journal for Language Technology and Computational Linguistics* (Vol. 22, No. 1, pp. 29-49).

Sherif, M. (1967). *Group Conflict and Cooperation: Their Social Psychology*. Routledge.

Sherif, M., & Sherif, C. W. (1953). *Groups in Harmony and Tension: An Integration of Studies of Intergroup Relations*. Harper and Brothers.

Shonk, K. (2024). 7 Tips for Closing the Deal in Negotiations. *Daily Blog*, April 25. Program On Negotiation, Harvard Law School.

Simon, H. A. (1954). Bounded Rationality. *Psychological Review*, 63(2), 129-138.

Strudler, A. (1995). On the Ethics of Deception in Negotiation. Business Ethics Quarterly, 805-822.

Tenbrunsel, A. E. &. Messick, D. M. (2004). Ethical Fading: The Role of Self-Deception in Unethical Behavior. *Social Justice Research*, 17(2), 223-236

Thompson, L. (2009). The mind and heart of the negotiator (4th ed.). Upper Saddle River, NJ: Prentice Hall.

Thompson, L., & Hrebec, D. (1996). Lose-lose agreements in interdependent decision making. *Psychological Bulletin*, 120(3), 396-409.

Ury, W (1991). *Getting Past No: Negotiating with Difficult People*. Bantam Books.

Ury, W (2007). *The Power of a Positive No: How to Say No and Still Get to Yes*. Bantam Books.

Ury, W., Brett, J. M., & Goldberg, S. B. (1988). *Getting Disputes Resolved: Designing Systems to Cut the Costs of Conflict*. Jossey-Bass Publishers.

Webb, P. (1996). Trust and Crisis. *Australian Journal of Emergency Management*, 11(3), 23-25.

찾아보기

영문

윈윈 협상법

2025년 2월 20일 초판 인쇄
2025년 2월 25일 초판 발행

저자 **박호환 최명원 정원준**
발행자 **박재린**
발행처 **도서출판 나무미디어**

주 소 **경기 성남시 분당구 정자1로 30길 107-1002**
전 화 **031-712-9489**
팩 스 **031-602-9489**

E-mail **injae8005@hanmail.net**
등 록 **제2016-000031호**
정 가 **25,000원**
ISBN **979-11-86756-36-2**